초중등학교 교원을 위한 정보과 지침서

정보과교육
이론과실제

　　우리 사회는 인공지능을 비롯한 다양한 디지털 기술을 활용하여 새로운 가치를 창출하는 '디지털 심화 시대'에 접어들었다. 이에 따라 교육부는 2022 개정 교육과정에서 초중등학교 학생들의 '디지털 소양'을 향상하기 위해 정보과 교육 시수를 2배 이상 증가시켰다. 초등학교에서는 실과 학교 자율시간을 활용하여 간단한 프로그래밍과 인공지능을 체험할 수 있도록 하고, 중학교 '정보' 교과는 68시간으로 확대하였으며, 고등학교 '정보' 교과는 심화 선택 과목에서 일반 선택 과목으로 변경하였다.

　　이 책은 교육대학교와 사범대학교에서 가르치고 있는 '정보과 교육론'과 '정보과 교재 연구 및 교수법' 강의에 필요한 정보과 교육의 이론과 실제를 포함하고 있어, 정보 교사를 꿈꾸고 있는 사범대학교 예비 교원과 초등교사를 꿈꾸고 있는 교육대학교 예비 교원에게 유용한 수험서가 될 수 있다. 최근 인공지능을 비롯한 디지털 교육이 강조됨에 따라 초중등학교 정보 교육의 목적과 내용, 교육 방법과 평가 방법, 교재와 교구에 대한 깊이 있는 이해를 바탕으로 집필함으로써 다양한 교과 수업에 AI·디지털 교육을 적용하려는 현장 교사에게도 유용한 교재가 될 것이다.

정영식, 홍지연, 임서은, 임지원

차례

정보과 교육
이론과 실제

PART 01 정보과 교육의 **이론**

정보과 교육
이론과 실제

PART 02 정보과 교육의 **실제**

정보과 교육의
이론과 실제

PART

01

정보과 교육의
이론

02

정보과 교육의 환경

1장에서는 디지털 시대의 도래에 따른 정보과 교육의 환경이 어떻게 변하고 있는지 알아본다. 산업 기술의 변화에 따라 사회 구조가 바뀌고, 나아가 컴퓨팅 기술의 진화로 새로운 세상을 맞이하게 되면서 자연스레 시대가 요구하는 인재상에도 변화가 따른다. 이러한 새로운 인재상의 출현이 교육 패러다임과 미래 학교, 디지털 교육에 어떤 영향을 미치는지, 그 의미는 무엇인지 살펴보자.

1 디지털 전환 시대의 도래

오늘날 디지털 전환 시대의 도래는 기술의 변화와 밀접한 연관이 있다. 산업 기술이 발전해 가는 과정에서 디지털 사회로의 전환이 가지는 의미를 살펴본다.

1 산업 기술의 변화

인류의 역사가 진화해 온 과정을 살펴보면 새로운 기술의 등장과 기술 혁신이 변화의 중심에 있었다. 새로운 기술은 단순한 기술의 변화가 아닌 사회, 문화, 경제, 예술 등 모든 산업 분야에 변혁과 혁신을 가져왔고 이를 우리는 '산업혁명'이라는 용어로 지칭하고 있다한국과학기술 기획평가원, 2017•

제1차 산업혁명 (18세기)	제2차 산업혁명 (19~20세기 초)	제3차 산업혁명 (20세기 후반)	제4차 산업혁명 (2015년~)
증기기관 기반의 기계화 혁명 (기계화)	전기 에너지 기반의 대량생산 혁명 (대량화)	컴퓨터와 인터넷 기반의 지식정보 혁명 (자동화)	IoT/CPS 인공지능 기반의 만물 지능화 혁명 (지능화)
증기기관을 활용하여 영국의 섬유공업이 거대산업화	공장에 전력이 보급되어 벨트 컨베이어를 사용한 대량생산 보급	인터넷과 스마트 혁명으로 미국 주도의 글로벌 IT 기업 부상	사람, 사물, 공간을 초연결 · 초지능화하여 산업구조 및 사회 시스템 혁신

[그림 1-1] 산업혁명의 변천

출처 정보통신기술진흥센터 홈페이지

제1차 산업혁명(18세기)은 200여 년 전에 영국에서 증기기관이 발명되었던 시점을 말한다. 증기기관의 발명은 인간의 손에서 기계로 생산 방식의 전환을 가져와 이전에 비해 생산성이 2~3배 높아지는 결과를 이끌었으며 이러한 1차 산업혁명의 특징을 '기계화 혁명'으로 정의할 수 있다. 제2차 산업혁명(19~20세기 초)은 전기를 활용한 대량 생산이 가능한 시기를 일컫는다. 이를 통해 철도 건설, 대규모 철강 생산은 물론 전기를 기반으로 한 통신 기술의 발달을 이루었으며 '대량 생산 혁명'을 특징으로 한다. 제3차 산업혁명(20세기 후반)은 컴퓨터와 인터넷을 기반으로 한 '지식 정보 혁명' 시대라 불린다. 전통적인 제조업 중심의 시대가 정보통신 기반의 사회적 네트워크 및 협업이 중요시하는 지식 정보화 시대로 넘어가게 되면서 IT를 통한 생산 자동화 기술이 도입되었다.

이러한 3차 산업혁명을 바탕으로 인공지능(AI) 등 지능 정보기술의 급격한 성장이 제4차 산업혁명(2015년 이후) 시대를 열었다. 인공지능(AI)에 의한 초자동화 및 초연결성은 다양한 산업 분야의 융합을 가능하게 하였을 뿐 아니라 지능화을 바탕으로 분석된 결과는 인간의 행동을 예측하고 이에 대응하도록 하여 사회의 많은 문제를 해결하고 있다_{정보통신기술진흥센터, 2017}.

제4차 산업혁명을 주도하는 핵심 기술인 인공지능(AI), 빅데이터(Big Data), 사물인터넷(IoT), 클라우드 컴퓨팅(Cloud Computing), 모바일(Mobile) 기술을 '지능정보 기술'이라 한다. 다양한 분야에 활용될 수 있는 범용적인 특성을 보유하여 사회 전반의 혁신을 유발하고 광범위한 사회경제적 파급력을 갖는 기술이라 정의할 수 있다_{대한민국정부, 2016}. 이러한 기술이 도시, 로봇, 자동차, 금융 분야 등에 적용되거나 융합되어 스마트시티, 로봇 서비스, 자율주행 자동차, 비트코인, 블록체인 등의 응용 분야로의 혁신을 이끈다.

제4차 산업혁명에 따른 사회의 변화는 크게 기술·산업 구조, 고용 구조, 직무 역량 등 세 가지 측면에서 살펴볼 수 있다.

1. 기술·산업 구조의 변화

제4차 산업혁명의 특성은 초지능(super-intelligence), 초연결(hyper-connectivity), 초융합(hyper-convergence)이다. 초지능은 최적의 의사결정을 통해 문제 해결 등 더 나은 서비스를 제공하는 역량을 의미하며, 초연결은 사람, 사물 등 개체 간의 상호 연결성이 확장됨을 의미한다. 초융합은 초연결 환경의 조성으로 이전에는 생각할 수 없었던 서로 다른 기술과 산업 사이의 결합이 촉진되어 새로운 융합 산업 출현이 촉진됨을 뜻한다_{대한민국정부, 2016}. 이러한 특성은 기술·산업 구조의 변화를 불러오는데, 예를 들어 사이버물리시스템을 갖춘 스마트 팩토리(Smart Factory)의 경우 초지능성과 초연결성을 바탕으로 부품이나 제품이 주체가 되어 기계 설비의 서비스를 받아 스스로 생산 과정을 거치는 형태의 산업 구조로 변한다. 이는 부품과 기계설비 간 연결로 소통하며 스스로 작업이 이루어짐을 의미하며 인간의 노동력이 더 이상 필요 없다는 뜻이기도 하다한국과학기술기획평가원, 2017. 또한 초연결성에 기반한 플랫폼의 진화는 O2O(Online to Offline)[1]와 같은 새로운 비즈니스 모델을 등장시킨다.

2. 고용 구조의 변화

제4차 산업혁명은 고용 구조에도 큰 변화를 불러오고 있다. 인공지능 기술의 발달로 업무 자동화가 가속화됨에 따라 단순 반복적인 업무는 상당 부분 기계로 대체되고 있다. The Future of Jobs Report 2023에 따르면 향후 5년 동안 25% 정도의 일자리가 사라지거나 사라질 위기에 놓인다세계경제포럼, 2023. 첨단 신기술 채택(86.2%), 디지털 접근성 확대(86.1%), ESG 표준 적용(80.6%), 소비자 생활비 상승(74.9%), 세계 경제 성장 둔화(73.0%), 녹색 전환 투자(69.1%) 등 매크로 트렌드(macro trend)[2]와 기술 채택에 의해 향후 5년('23~'27) 내 산업 혁신을 주도함으로써 고용에 영향을 미칠 것으로 전망하고 있다한국과학기술기획평가원, 2023. 또한 생성형 인공지능의 발전으로 인간 고유의 영역이라고 여겨졌던 창의적인 업무 분야에서도 인공지능이 인간을 대체하고 있어 앞으로 고용 구조의 변화는 더 빠르게 진행될 것으로 전망된다.

3. 직무 역량의 변화

고용 구조의 변화는 직무 역량의 변화를 불러온다. 기업들은 기업의 성과를 극대화하기 위해 향후 5년('23~'27) 동안 분석적 사고, 창의적 사고, AI 및 빅데이터, 리더십 및 사회적 영향력 등을 우선으로 갖춰야 할 역량으로 보았다. 자동화에 따라 창의적 사고가 분석적 사고에 비해 중요하게 여겨지며 기술의 성장 속도가 빨라짐에 따라 호기심이나 평생학습 등의 중요성도 강조되었다. 특히 AI 및 빅데이터와 리더십, 사회적 영향력은 앞으로 더욱 중요해질 것

---

1 O2O(Online to Offline)는 온라인과 오프라인을 연결하여 고객에게 편리하고 가치 있는 서비스를 제공하는 온/오프라인 연계 비즈니스를 총칭하는 말임
2 사회 전반에 영향을 미치기 시작하는 수준의 트렌드를 의미함

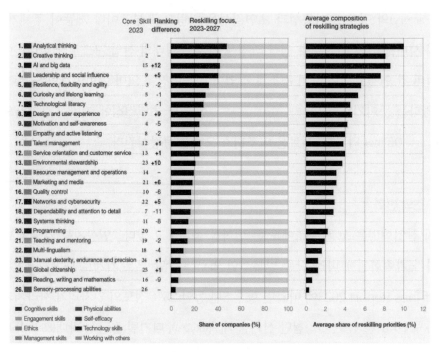

[그림 1-2] 직무 전환 및 역량 향상(2023~2027)

출처 한국과학기술기획평가원, 2023

으로 전망하였다. 반면, 전통적으로 중요하게 여겨졌던 읽고 쓰고 셈하는 능력(3R'S)과 글로

벌 시민의식, 지구력 및 정확성, 손재주 등의 중요성은 상대적으로 감소하였다세계경제포럼, 2023.

이렇게 제4차 산업혁명은 3차 산업혁명에서 등장한 디지털 기술의 확장과 고도화를 통해

사회의 기술·산업 구조와 그에 따른 고용 구조, 직무 역량에도 영향을 미치며 사회의 변화와

혁신을 이끌어가고, 기존에 없었던 정보가 축적되고 활용되는 '디지털 전환'을 핵심으로 하고

있다.

2 디지털 전환 사회의 의미

디지털 기술의 사용으로 조직, 문화, 절차, 시스템, 산업 등 사회 전반이 근본적으로 변화

하는 현상을 디지털 전환(Digital Transformation)이라고 한다국토교통부, 2022. 이는 기존과는 다른 차

원의 세계를 의미하는 것으로 디지트화(Digitization), 디지털화(Digitalization)와 같은 유사 개념

과의 차이점을 살펴볼 필요가 있다. 디지트화는 연속된 실수로 표현된 아날로그 자료와 정보

를 이진수(0과 1)로 표현된 자료와 정보로 변환하는 '전산화'를 의미한다. 디지털화는 디지털 기술을 적용하여 사회를 변화시키는 과정으로 정보를 바꾸는 디지트화와 절차에 대한 변화를 뜻한다. 예를 들어 우편 서비스가 전자우편 서비스로, 오프라인 시장이 온라인 쇼핑몰로, 오프라인 회의가 화상회의로 절차가 바뀌는 것을 디지털화라 볼 수 있다한국전자통신연구원, 2022.

반면, 디지털 전환은 새로운 가치 창출 등 디지털 기술 적용에 따른 사회 전체의 변화를 초래함을 강조한다. 예를 들어 최근 OTT(Over the Top)의 발달이 가속화되면서 사용자들은 기존에 없던 결제 방식인 구독 기반의 요금제를 사용하고 있다. 또한 대량 생산 방식의 서비스 제공에서 사용자별 데이터 분석을 통해 맞춤형 서비스를 제공하며 수익을 창출하는 마케팅 전략 역시 기존에 없는 새로운 형태의 가치 창출을 유발하는 디지털 전환의 사례라 볼 수 있다Oracle, 2020. 이처럼 1990년대 말 인터넷 도입은 디지털 인프라 구축을 가속하였고, 2000년대 초 인터넷 기반의 상거래 및 마케팅의 활성화로 디지털 비즈니스 추진 단계에 이르게 하였으며 2010년대에 정보통신기술의 고도화로 디지털 전환 단계까지 이르게 하였다. 따라서 디지털 전환은 일시적인 현상이 아닌 단계별 확장의 과정이며 디지트화에서 시작하여 디지털화를 걸쳐 현재의 디지털 전환에 이른 것이다.

〈표 1-1〉 디지트화, 디지털화, 디지털 전환 비교

출처 ETRI 기술전략연구센터, 홍지연 재구성(2024)

구분	디지트화(Digitization)	디지털화(Digitalization)	디지털 전환(Digital Transformation)
대상	데이터의 변환	정보 처리 과정의 변환	지식 활용의 전환
목표	아날로그 형식을 디지털 형식으로 변경	기존 업무 절차의 자동화	새로운 가치 창출
방법론	이미지 처리, 문자 인식	교육, (디지털) 기업가 정신	
		자동화	비즈니스 절차 관리, 변화 관리, 조직 변화, 역동적 능력
사회적 이슈	정확성, 저작권 및 지식재산권	디지털 혁신, 코로나19 팬데믹	
		상호운용성, 효율성	4차 산업혁명, 지속가능성, 가치 창출, 디지털 격차, 디지털 리터러시
시기	1990년대 후반	2000년대 초반~2010년대 중반	2010년대 후반

3 컴퓨팅 기술의 변화

제4차 산업혁명 시대까지의 산업 기술의 변화와 디지털 전환 시대로의 도래가 진행되는 가운데 컴퓨팅 기술에도 많은 변화가 일어났다. 주요 기종 또는 기술의 변화에 따라 메인프레임 컴퓨팅, PC 컴퓨팅, 유비쿼터스 컴퓨팅 등으로 분류할 수 있다. 각 분류에 대한 대응 관계 및 활용 방안 등은 <표 1-2>에 제시되어 있다.

〈표 1-2〉 컴퓨팅 기술의 변화
출처 광주정보·문화산업진흥원(2005)

구분	메인프레임 컴퓨팅	PC 컴퓨팅	유비쿼터스 컴퓨팅
시기	~1980년대	1990년대	2005년 이후
컴퓨터	메인프레임 (클라이언트-서버)	PC	인텔리전트 오브젝트
대응 관계	Many persons one computer	One person One computer	One person Many computer
활용 방안	대형 고가 컴퓨터를 수많은 이용자가 공유	1인 1대 사용	다양한 컴퓨터가 도처에 편재, 사용자가 컴퓨터를 의식하지 않게 됨

2021년 3월에 고시된 ICT 관련분야 기술분류체계에 따르면 크게 미래 통신·전파, SW·AI, 방송·콘텐츠, 차세대 보안(시스템 및 암호 보완), 디바이스, 블록체인·융합 등으로 범주화할 수 있다. 그중 SW·AI는 인공지능, 빅데이터, 응용 SW, 시스템 SW, 클라우드 컴퓨팅과 컴퓨팅 시스템 등이 있다. 컴퓨팅 시스템에 차세대 컴퓨팅으로서 HPC/병렬 컴퓨팅 기술과 뉴로 컴퓨팅 기술 등으로 분류한다과학기술정보통신부, 2021. 차세대 컴퓨팅이란 미래 정보 사회에서 요구되는 인간 중심 컴퓨팅 서비스를 제공하기 위해 성능, 경계, 형태 등의 제약을 극복하고 언제 어디서나 사용할 수 있도록 하는 창조적인 컴퓨팅 기술을 말한다. 이는 다시 사용자에게 적합한 형태로 개발하는 휴먼 컴퓨팅, IT 자원 및 서비스를 언제 어디서나 제공하는 클라우드 컴퓨팅, 고효율·저전력의 친환경 컴퓨팅 기술인 그린 컴퓨팅 등이 있다.

1. 휴먼 컴퓨팅(Human Computing)

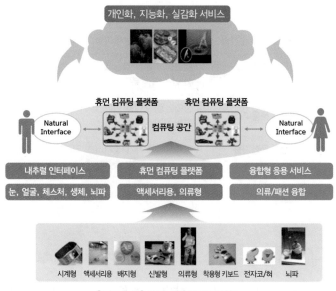

[그림 1-3] 휴먼 컴퓨팅의 개념도

출처 한국산업기술평가원, 2021

휴먼 컴퓨팅은 다양한 센서로 사용자의 동작, 의도를 파악하고 상황을 인식하여 맞춤형 서비스를 제공하는 인간 중심의 컴퓨팅 기술이다. 휴먼 컴퓨팅은 기존의 기계 중심에서 벗어나 다양한 형태의 센서를 통해 사용자의 동작이나 의도를 면밀하게 파악하고 상황을 인식해 맞춤형 서비스를 제공한다한국전자통신연구원, 2022. 먹고 입은 것 외에도 자연스럽게 인간의 본성과 어울리며 의사소통의 효율성과 자연성을 극대화하려는 인간 친화적인 기술로 볼 수 있다. 컴퓨터의 소형화, 내재화, 편재화에 따라 기계에서 인간 중심의 컴퓨팅 환경으로 변하고 있기 때문이며 더 개인화 되어가는 인간의 라이프 스타일에 따라 빠르게 성장하고 있다한국산업기술평가원, 2021. 휴먼 컴퓨팅 기술의 범위는 <표 1-3>과 같다.

〈표 1-3〉 휴먼 컴퓨팅 기술의 범위

출처 한국산업기술평가원(2021)

중분류	소분류	관련 기술 요소
인간 친화형 플랫폼 기술	웨어러블 플랫폼 기술	직물 회로 기반의 의류 일체형 플랫폼 제작 기술, ONE-CHIP 컴퓨터 기반 액세서리형 플랫폼 기술 등
	임플랜터블 플랫폼 기술	무선 전력 공급 기술 등
	단말 협력 플랫폼 기술	단말 간 상호작용 기술 등

감성 UX 인터랙션 기술	대화형 인터페이스 기술	멀티모달 인터페이스 기술, 감성 인식/처리 기술
	실감 인터페이스 기술	3차원 실감 터치 인터페이스 기술, 촉/후각 인식 및 표현 기술 등
휴먼 컴퓨팅 응용 서비스 기술	개인용 헬스케어 기술	생체신호 감지 센서 기술, 개인용 건강 모니터링 기술 등
	개인화 서비스 플랫폼 기술	개인정보 센싱/가공 및 경험 정보 추출 기술, 개인 성향 추론 및 개인 상황 인식 기술 등
	공공복지 응용 기술	장애인용/노인용 기기 및 가이드 서비스, 재난 구조용/경찰용 기기 및 지원 서비스 등
	패션산업 융합기술	액세서리형 기기 및 서비스, 멀티미디어 의복 등

2. 클라우드 컴퓨팅

클라우드 컴퓨팅(Cloud Computing)은 언제, 어디서나 필요할 때마다 네트워크, 서버, 스토리지 등의 공유된 컴퓨팅 자원을 최소한의 관리와 노력으로 신속하게 서비스할 수 있는 모델을 말한다_{미국 국립표준기술연구원, 2019}. 즉, 모든 소프트웨어 및 데이터는 클라우드(IDC 등 대형 컴퓨터의 연합체)에 저장되고 네트워크 접속이 가능한 PC나 휴대폰, 스마트폰 등의 다양한 단말기를 통

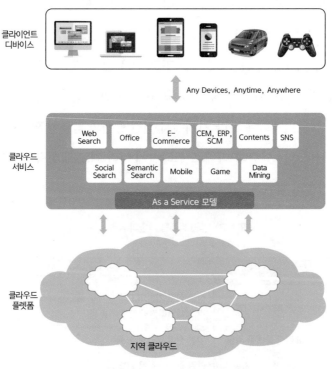

[그림 1-4] 클라우드 컴퓨팅의 개념도

출처 suanlab(2017), 미래 컴퓨팅 기술

해 장소에 구애받지 않고 원하는 작업을 할 수 있는 컴퓨팅 기술이다_{한국산업기술평가원, 2021}. IT 자원을 필요한 만큼 빌려서 사용하고, 서비스 부하에 따라 실시간으로 확장할 수 있으며, 사용한 만큼의 비용만 지불하면 된다. 이는 중앙 집중적인 서비스 공급자와의 계약을 통해 실제 사용한 양에 따라 요금을 지불하는 유틸리티 컴퓨팅(Utility Computing) 개념과 비슷하다. 클라우드 컴퓨팅은 필요할 때 플러그를 연결해 사용한다는 의미에서 주문형 컴퓨팅(On-demand Computing)이라고도 한다.

이처럼 클라우드 컴퓨팅의 경우 단말기에는 SW 설치가 불필요하여 HW를 단순화할 수 있다. 사용자는 SW를 구입할 필요도 없고 업그레이드 등의 관리도 필요하지 않다. 따라서 컴퓨팅 패러다임의 변화를 이끌어가는 미래 신기술로서 차세대 컴퓨팅 기술로 여겨지고 있다. 지텐드라 말릭(Jitendra Malik)₂₀₁₉은 현재의 컴퓨터 과학은 전환점에 도달했으며 앞으로 10년간 컴퓨터 구조에서의 비약적 도약이 이루어질 것이라고 보았다. 또한 사용자의 유무선 네트워킹 환경과 관계없이 Seamless 서비스가 가능하도록 N-Screen 컴퓨팅 작업을 수행할 수 있는 네트워킹 인프라(IaaS) 구축이 가능하다. 이는 유비쿼터스 컴퓨팅 환경 선점을 위한 서비

〈표 1-4〉 클라우드 컴퓨팅 기술의 범위

출처 한국산업기술평가원(2021)

중분류	소분류	관련 기술 요소
클라우드 서비스 및 응용 기술	SaaS 플랫폼 기술	SaaS 애플리케이션 생성 환경 기술 등
	클라우드 응용 컴포넌트 기술	서비스 및 응용 Open API, 클라우드 컴포넌트 기술 등
	클라우드 서비스 개발 기술	웹 기반 개발 도구, 분산 클라우드 서비스 디버깅 기술 등
	클라우드 클라이언트 기술	클라우드 경량 단말 플랫폼 기술, 클라우드-모바일 Sync. 기술 등
클라우드 플랫폼 기술	서비스 배치 및 관리 기술	서비스 생성 및 자동 프로비저닝 기술, 서비스 과금 기술 등
	클라우드 분산 시스템 기술	분산 파일시스템 기술, 분산 데이터 저장 및 관리 기술 등
	N-Screen 클라우드 플랫폼 기술	N-Screen 콘텐츠 전송 동기화 기술, 모바일 콘텐츠 로밍 프로토콜 기술 등
	클라우드 보안기술	프라이버시 및 데이터 보안 기술, 클라우드 SSO 기술, 클라우드 네트워크 보안 기술 등
클라우드 인프라 기술	인프라 지원 관리 기술	개방형 자원 모니터링 및 스케줄링 기술, 지능형 동적 부하 관리 기술 등
	인프라 지원 가상화 기술	서버 가상화 기술, 스토리지 가상화 기술 등
	클라우드 네트워크 기술	확장형 고속 네트워크 기술, 클라우드 간 연동 기술 등

스 이동성과 단말의 종류에 상관없이 원하는 응용 서비스를 제공하는 클라우드 컴퓨팅 환경 구축이 가능함을 의미한다. 클라우드 컴퓨팅 분야의 기술 범위는 <표 1-4>와 같다.

3. 그린 컴퓨팅

그린 컴퓨팅(Green Computing)은 서버, 스토리지, 네트워크 장비 등 HW 및 인프라의 전력 사용량과 발열량을 줄이고 가상화 등의 컴퓨팅 자원 효율화를 통해 고효율 저전력화를 지원하는 기술이다. 시스템 전력과 발열 관리, 효과적 에너지 관리를 위한 시스템 구축, 시스템 사용률 향상을 통해 그린 컴퓨팅을 구현할 수 있다. 그린 컴퓨팅 응용 기술, 자원 관리 기술, 인프라 기술 등의 기술을 IT 자원(서버, 스토리지, 네트워크, 데이터 센터 등)에 적용한다한국산업기술평가원, 2021.

IT 기기에 적용할 수 있는 그린 컴퓨팅 기술을 개발·적용을 통해 에너지 소비가 큰 IT 기기의 고효율화, 저전력화, 친환경을 견인할 수 있다. 향후 에너지 소비 급증이 예상되는 데이터 센터의 경우 데이터 센터 전력 소비 절감을 위한 그린 건설 및 솔루션 수요 증가도 전망된다.

[그림 1-5] 그린 컴퓨팅의 개념도
출처 한국산업기술평가원, 2021

〈표 1-5〉 그린 컴퓨팅 기술의 범위

출처 한국산업기술평가원(2021)

중분류	소분류	관련 기술 요소
그린 컴퓨팅 응용 기술	친환경 라이프 사이클 관리 기술	탄소 소비량 추적 관리 기술, 재활용/폐기물 관리 시스템 기술 등
컴퓨팅 자원관리 기술	HW 모니터링 및 관리 기술	소비 전력 모니터링 기술, 전력 제어 프로토콜 기술 등
	고효율 저전력 미들웨어 기술	전력 정책 기반 동적 부하 관리 기술, 저전력 시스템 소프트웨어 기술, 그린 컴퓨팅 솔루션 등
	고효율 저전력 가상화 기술	가상머신 고효율화 기술, 가상머신 이동성 관리 기술, 스토리지 자원 고활용 기술 등
그린 컴퓨팅 인프라 기술	그린 HW 기술	저전력 프로세서 기술, 저전력 서버 기술 등
	그린 IDC 설비 기술	고효율 쿨링 기술, 고효율 전력 공급 기술 등

4. 엣지 컴퓨팅

엣지 컴퓨팅(Edge Computing)은 정보의 처리가 말단, 즉 사물이나 사람이 정보를 생성하고 소비하는 곳에서 일어나는 분산 컴퓨팅의 하나이다한국전자통신연구원, 2020. 클라우드 컴퓨팅의 데이터 센터가 물리적으로 떨어져 있는 곳에서 중앙 집중형으로 데이터를 관리하는 것과 달리, 엣지 컴퓨팅은 각각의 기기에서 개별 데이터를 분석하고 활용한다. 따라서 네트워크 지연 시간의 감소, 네트워크 비용 및 처리 비용의 절감, 큰 확장성, 보안 등에서 장점이 있다. 특히 데이터 처리 시간의 감소는 증강현실, 가상현실, 생체 인식 등 빅데이터 기술 관련 컴퓨팅에서 매우 유의미하다. 또한 클라우드에 걸리는 데이터 부하가 대폭 줄어들기 때문에 기존 대역폭 상에서 문제가 많았던 낮은 화질 등의 문제가 개선될 수 있다. 네트워크나 클라우드상의 오류, DoS 공격 등으로 클라우드 서비스를 이용할 수 없을 때도 엣지 컴퓨팅에서는 가까운 엣지 플랫폼을 통해 빠르게 임시 처방을 받을 수 있어 보안 수준이 한층 강화되는 효과가 있다삼성뉴 스룸, 2017.05.17. .

[그림 1-6]에서도 알 수 있듯이 엣지 컴퓨팅은 클라우드 컴퓨팅 방식을 더 정교하게 만든 것이라 볼 수 있다. 상위의 '집중형' 클라우드와 하위의 '분산형' 클라우드 사이에 분업과 협업이 이루어지기 때문이다. 이런 연유로 최근 엣지 컴퓨팅을 클라우드렛(cloudlet)이라고 한다. 또한 클라우드 컴퓨팅에 비해 물리적으로 단말기 가까운 곳에 있기 때문에 포그(Fog, 안개)

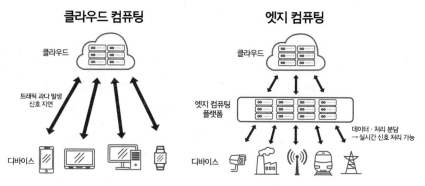

[그림 1-6] 클라우드 컴퓨팅과 엣지 컴퓨팅

출처 삼성 뉴스룸(2021.11.16)

컴퓨팅이라고한다. 자율주행차, 사물인터넷(IoT) 등에서 쏟아지는 데이터 중에는 실시간 대응이 필요한 것들이 많아 앞으로 엣지 컴퓨팅 기술의 활용 범위가 넓어질 것으로 전망된다.

5. 인지 컴퓨팅

인지 컴퓨팅(Cognitive Computing)은 인공지능을 기반으로 상황에 맞는 인프라 자원의 최적 구성 및 동적 서비스 환경을 제공할 수 있는 지능형 엣지 네트워킹 기술을 의미한다[연구개발특구진흥재단, 2021]. 인공지능 연구자들은 컴퓨터가 인간처럼 사고하는 일은 거의 불가능해서 인간의 뇌가 어떻게 작동하는지 이해해야 진정한 의미의 인공지능을 구현할 수 있다고 보았다. 이러한 이해를 바탕으로 인지 컴퓨팅을 정의하면 '인간의 뇌를 모델로 하는 컴퓨터 시스템의 개발을 목적으로 심리학, 생물학, 신호처리, 물리학, 정보이론, 수학 등의 학제를 아우르는 통섭적 연구 분야'라 할 수 있다. 따라서 [그림 1-7]과 같이 딥러닝 기술의 성공에 힘입어 뇌처럼 동작하는 컴퓨팅 기술을 확보하는 데 집중하고 있다. 인지 컴퓨팅은 지능형 시스템의 필수 기반 기술이 될 것이며, 현재 구글, 마이크로소프트, 페이스북 등에서 음성/영상 검색에 적용·시도되고 고도의 지능 서비스로 발전·확산할 전망이다.

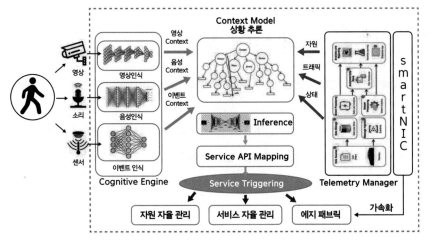

[그림 1-7] 인지 컴퓨팅 기술 개념도

출처 한국전자통신연구원(2021)

2 새로운 인재상의 출현

교육의 대상은 인간이고, 인간을 어떤 존재로 보느냐에 따라 교육의 내용과 방법이 달라진다. 따라서 4차 산업혁명을 넘어 디지털 전환 사회로 전환되고 있는 현 시점에 새로운 인재상이 요구되고 있다.

1 인재상과 핵심역량

급변하는 사회에 대비하기 위해 주요 선진국들은 미래 사회에 적합한 인재상을 제시하고 이들에게 요구되는 핵심 역량들을 제시하고 있다. 인재란 학식과 능력이 있고 인품이 남달리 뛰어난 사람, 재주가 뛰어나게 놀라운 사람을 의미하며 역량은 지식, 기술, 태도의 총합으로서 개인에게 체화된 가치 있는 능력을 의미한다[한국인적자원연구센터, 2008]. 슈왑(Schwab)[2016]은 4차 산업혁명 시대에 인간이 지녀야 할 능력과 역량을 상황 맥락적 지능, 정서지능, 영감 지능, 신체 지능 등으로 제시하고 있다. 특히 산업 현장과 관련된 분야에서 미래 사회의 인재상으로 복잡하게 얽혀 있는 문제를 해결할 수 있는 사람, 다양한 분야의 사람들과 협업할 수 있는 사회적 기술을 갖춘 사람, 정보를 다루고 합리적으로 활용하는 정보 처리 능력을 갖춘 사람, 시스템 기술과 서로 다른 규칙을 통찰할 수 있는 창조적인 사람 등을 제안하였다.

OECD[2015]는 OECD Education 2030 프로젝트를 통해 미래 사회에 필요한 역량을 탐색하고 현재 개별 국가에서 강조하는 교육 역량을 분석하여 역량 개념 틀로서 'OECD Learning Compass'를 제시하였다. Learning Compass는 미래 학습자가 어떻게 자신의 삶을 살아 갈 것인지, 미래 교육의 원리를 나침반으로 도식화한 것이다. 미래의 방향을 '모든 학생이 전인적 인간으로 성장'하고, '학생이 지닌 잠재력을 최대한 발현'하며, '개인과 사회의 웰빙에 기초한 공동의 미래 사회 구축'이라는 3가지로 규정하며 이를 실현하기 위한 교육의 역할을 강조하였다. 이 틀에서는 역량을 지식, 기술, 태도·가치로 구분하고 각 영역을 하위 영역으로 나눠 설명하고 있다. 지식은 개별 학문별 지식, 간학문적 지식, 인식론적 지식, 절차적 지식으로

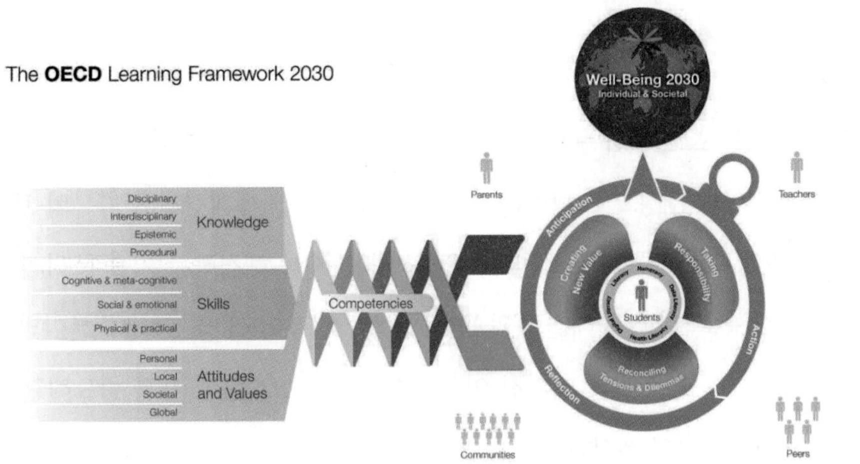

[그림 1-8] OECD 교육 2030의 학습 프레임워크

출처 OECD(2018), The Future We Want. The Future of Education and Skills: Education 2030

구분하였고, 기술은 인지·메타인지적 기술, 사회·정서적 기술, 신체·실용적 기술로 세분화하였으며 태도·가치는 개인적, 지역적, 사회적, 국제적 수준과 성격에 따라 구분하였다.

특히 사회를 혁신적으로 변화시키고 더욱 질 높은 삶을 위한 미래를 만드는 데 필요한 역량으로서 변혁적 역량(Transformative Competencies)을 제시하였다. 변혁적 역량은 빠르게 변화하는 미래 사회에서 창의적인 아이디어를 통해 새로운 가치를 개발할 수 있는 능력인 '새로운 가치 창조하기'와 상호의존적인 인간 사회에서 긴장과 딜레마에 적극적으로 대처하는 능력인 '긴장과 딜레마에 대처하기', 그리고 개인의 행동으로 인한 결과를 예상하고 그에 따른 성과와 실패를 분석하여 이에 대한 책임을 지고 수용할 수 있는 능력인 '책임감 갖기'를 포함하였다. 이러한 개인의 변혁적 역량은 학습자가 예측·기대 → 행동·실행 → 반추·숙고의 과정을 지속적으로 반복하는 과정에서 키워질 수 있으며 학습의 능동적 주체로서 학생이 매우 중요하다.

② 새로운 미래 인재상

과거에는 읽고, 쓰고, 셈하는 능력을 갖추고 성실하게 일하는 태도를 지닌 인재를 우리가 키워야 할 대표적인 인재상으로 보았다한국과학기술기획평가원, 2017. 세계경제포럼2016의 보고서에 따르면 4차 산업혁명 시대에는 변화에 따라 유연하게 문제를 해결하는 기술 능력이나 전문 지식을 활용할 수 있는 '복합문제 해결력'과 '인지 능력', '컴퓨터·IT 및 STEM' 분야의 지식을 갖춘 인재를 요구한다. 또한 시사 매거진 이코노미스트는 2020년에 가장 중요해질 10가지 업무 능력을 <표 1-6>과 같이 제시하였다.

〈표 1-6〉 2020년에 가장 중요할 10가지 업무 능력

출처 시사 매거진 이코노미스트(2020)

업무 능력	내용
맥락 파악 (Sensemaking)	이미 존재하거나 드러난 사실을 토대로 더 깊이 있고 새로운 의미와 신호를 읽어내는 능력
사회적 지능 (Social Intelligence)	다른 사람들과 직접적이고 깊게 교감·교류하는 능력
참신하고 적응할 수 있는 사고 (Novel and Adaptive Thinking)	기계적이고 틀에 박힌 방식이 아닌 새로운 방식으로 문제를 해결하는 능력
다문화 역량 (Cross-cultural Competency)	문화적 차이를 가진 타인을 이해하고 유연하게 받아들일 수 있는 능력
컴퓨터적 사고력 (Computational Thinking)	정답이 없어도 데이터에 근거해 판단하고 데이터에 숨어 있는 추상적 의미를 찾아내는 능력
뉴미디어 리터러시 (New Media Literacy)	뉴미디어를 활용해 새로운 콘텐츠를 만들고, 주체적으로 정보를 받아들이는 능력
초학문적 능력 (Transdisciplinary)	학문의 경계를 뛰어넘는 다양한 시각으로 현상을 이해하는 능력
디자인 마인드셋 (Design Mindset)	요구하는 결과를 얻기 위해 적절한 업무 프로세스를 개발하고 표현하는 능력
인지적 부하 관리 (Cognitive Load Management)	중요도에 따라 정보를 판별하고 걸러내는 능력
가상 협력 (Virtual Collaboration)	가상 팀의 멤버로 존재감을 드러내며 참여를 끌어내 생산성을 높이는 능력

맥락 파악, 사회적 지능, 참신하고 적응할 수 있는 사고, 다문화 역량, 컴퓨팅 사고력, 뉴미디어 리터러시, 초학문적 능력, 디자인 마인드셋, 인지적 부하 관리, 가상 협력 등을 4차 산업혁명 시대에 새로운 인재상이 갖춰야 할 덕목으로 볼 수 있다. 또한 인공지능 발달은 미래 사회에 인간과 기계의 공존이 불가피함으로 이에 대비한 능력을 갖춘 인재를 필요로 한다. 인공지능 시대에는 기계와는 다른 문화 예술적 감성, 창의성을 바탕으로 변화에 대한 적응력과 미래 예측 능력이 뛰어난 사람이 유능한 인재로 인정받을 수 있다최연구, 2017. 미래의 인간은 기계가 하기 힘든 일, 기계보다 더 잘할 수 있는 일, 인간의 고유한 속성과 관련된 일을 해야 하며 이는 문화 예술적인 감성이나 인문학적 상상력과 같은 역량을 필요로 한다.

최근에 발표된 2023 대한민국 100대 기업 인재상 보고서에서도 미래 사회에서 필요로 하는 새로운 인재상을 엿볼 수 있다. 보고서에 따르면 Z세대가 채용 시장에 본격적으로 나섬에 따라 기업들의 인재상에도 큰 변화가 있었다. 기업들이 요구하는 3대 인재상에는 <표 1-7>과 같이 '책임 의식', '도전정신', '소통·협력'으로 조사되었다. 책임 의식이 1위를 차지한 것은 기업이 인력의 핵심으로 떠오른 Z세대의 요구에 맞게 수평적 조직, 공정한 보상, 불합리한 관행 제거 등의 노력을 하는 한편, Z세대에게도 그에 상응하는 조직과 업무에 대한 책임 의식을 요구하고 있는 것이라고 분석할 수 있다.

〈표 1-7〉 인재상 변화 추이
출처 대한상공회의소(2023)

구분	2008년	2013년	2018년	2023년
1위	창의성	도전정신	소통·협력	책임 의식
2위	전문성	책임 의식	전문성	도전정신
3위	도전정신	전문성	원칙·신뢰	소통·협력
4위	원칙·신뢰	창의성	도전정신	창의성
5위	소통·협력	원칙·신뢰	책임의식	원칙·신뢰
6위	글로벌 역량	열정	창의성	전문성
7위	열정	소통·협력	열정	열정
8위	책임의식	글로벌 역량	글로벌 역량	글로벌 역량
9위	실행력	실행력	실행력	실행력
10위	-	-		사회 공헌

또한 '사회 공헌'이 새로운 인재상으로 등장하게 된 것은 최근 사회가 기후 환경과 사회 규범 하에 책임 있는 주체로서 기업의 역할을 요구함에 따라 이러한 인식을 구성원에게도 공유하기 위해 인재상에 반영한 결과로 볼 수 있다.

한편, 정부는 2022년 8월, '디지털 인재 양성 종합 방안'을 통해 디지털 전환 시대에 필요한 디지털 인재상을 제시하였다. 디지털 인재란, 디지털 신기술을 개발·활용·운용하는 데 필요한 지식과 역량을 갖춘 인재를 말한다. 이러한 디지털 인재가 이끄는 역동적 혁신 성장을 비전으로 2022년에서 2026년까지 전 국민의 디지털 교육 기회 확대 및 역량 강화를 통해 총 100만 디지털 인재 양성을 목표로 하고 있다_{관계부처 합동, 2022}.

초·중등 디지털(SW·AI) 소양 교육과 디지털 격차 해소 교육을 통해 교양 차원의 디지털 이해를 제고하고, 고등교육과 대학 교육을 통해 일상에서 디지털 기술을 활용할 수 있는 인재를 양성한다. 또한 비전공자를 위한 디지털(AI 등)+X 교육과정과 재직자 디지털 전환 교육으로 전공(도메인) 분야에 디지털 기술을 적용하는 인재를 기른다. 그뿐만 아니라 4차 산업혁명 선도학과 디지털 관련학과의 정원을 유연화하고, 연구개발 인력의 AI·메타버스 등 창업을 창작하며, 영재학교, 마이스터고 등을 육성하여 고도화된 디지털 전문 인재를 양성하고자 한다.

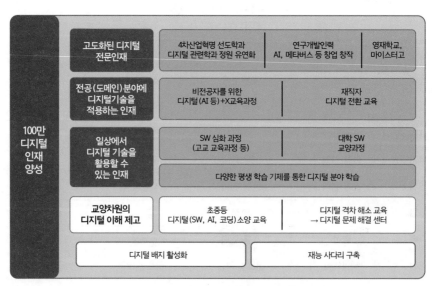

[그림 1-9] 디지털 인재 양성 종합 방안 추진 과제 중 일부

출처 디지털 인재 양성 종합 방안(2022)

③ 교육과정에서 추구하는 인재상

우리나라의 교육과정은 사회 변화와 시대적 요구에 따라 지속적으로 개정하며 발전을 거듭하고 있다. 특히 2022 개정 교육과정에서는 빠르게 변화하는 시대상을 반영하기 위해 개정의 주요 배경을 다음과 같이 제시한다교육부, 2022.

- 인공지능 기술 발전에 따른 디지털 전환, 감염병 대유행 및 기후·생태환경 변화, 인구구조 변화 등에 의해 사회의 불확실성이 증가하고 있다.
- 사회의 복잡성과 다양성이 확대되고 사회적 문제를 해결하기 위한 협력의 필요성이 증가함에 따라 상호 존중과 공동체 의식을 함양하는 것이 더욱 중요해지고 있다.
- 학생 개개인의 특성과 진로에 맞는 학습을 지원해 주는 맞춤형 교육에 대한 요구가 증가하고 있다.
- 교육과정 의사 결정 과정에 다양한 교육 주체들의 참여를 확대하고 교육과정 자율화 및 분권화를 활성화해야 한다는 요구가 높아지고 있다.

우리나라의 교육은 홍익인간의 이념 아래 모든 국민이 인격을 닦고, 자주적 생활 능력과 민주시민으로서 필요한 자질을 갖추어 인간다운 삶을 영위하고, 민주 국가의 발전과 인류 공영의 이상을 실현할 수 있도록 함을 목적으로 한다. 이러한 교육의 이념과 목적을 바탕으로 교육과정에서 추구하는 인간상은 [그림 1-10]과 같다. 전인적 성장을 바탕으로 자아정체성을 확립하고 자신의 진로와 삶을 스스로 개척하는 '자기 주도적인 사람', 폭넓은 기초 능력을 바탕으로 진취적 발상과 도전을 통해 새로운 가치를 창출하는 '창의적인 사람', 문화적 소양과

[그림 1-10] 2022 개정 교육과정에서 추구하는 인간상
출처 교육부(2022)

다원적 가치에 대한 이해를 바탕으로 인류 문화를 향유하고 발전시키는 '교양 있는 사람', 공동체 의식을 바탕으로 다양성을 이해하고 서로 존중하며 세계와 소통하는 민주시민으로서 배려와 나눔, 협력을 실천하는 '더불어 사는 사람'이다.

이러한 교육과정이 추구하는 인간상을 구현하기 위해 교과 교육과 창의적 체험활동을 포함한 학교 교육 전 과정을 통해 중점적으로 기르고자 하는 핵심 역량은 다음과 같다.

- 자아정체성과 자신감을 가지고 자신의 삶과 진로를 스스로 설계하며 이에 필요한 기초 능력과 자질을 갖추어 자기 주도적으로 살아갈 수 있는 **자기관리 역량**
- 문제를 합리적으로 해결하기 위하여 다양한 영역의 지식과 정보를 깊이 있게 이해하고 비판적으로 탐구하며 활용할 수 있는 **지식정보처리 역량**
- 폭넓은 기초 지식을 바탕으로 다양한 전문 분야의 지식, 기술, 경험을 융합적으로 활용하여 새로운 것을 창출하는 **창의적 사고 역량**
- 인간에 대한 공감적 이해와 문화적 감수성을 바탕으로 삶의 의미와 가치를 성찰하고 향유하는 **심미적 감성 역량**
- 다른 사람의 관점을 존중하고 경청하는 가운데 자기 생각과 감정을 효과적으로 표현하며 상호협력적인 관계에서 공동의 목적을 구현하는 **협력적 소통 역량**
- 지역·국가·세계 공동체의 구성원에게 요구되는 개방적·포용적 가치와 태도로 지속 가능한 인류 공동체 발전에 적극적이고 책임감 있게 참여하는 **공동체 역량**

2022 개정 교육과정을 2015 개정 교육과정과 비교했을 때 크게 3가지가 눈에 띈다. 첫째는 미래 사회의 불확실성에 대응할 수 있는 기본 역량 및 변화 대응력이고, 둘째는 학습자 주도성, 셋째는 개별 맞춤형 교육과정이다. 특히 추구하는 인간상이 '자기 주도성', '창의와 혁신', '포용과 시민성'이라는 3가지 핵심 가치를 중심으로 재구조화되었다. 또한 이전 교육과정에서는 바른 인성을 갖춘 창의융합형 인재를 양성하는 것이 목표였다면 새 교육과정에서는 '포용성과 창의성을 갖춘 주도적인 사람'을 목표로 한다_{교육부, 2022}.

3 디지털 교육의 변화

교육 패러다임의 변화란 교육의 재구조화와 제도 변경, 체제적 변화를 중핵적인 요소로 포함한다. 이와 동시에 체제 제도 구조의 기반이 되는 문화 풍토와 상위의 정책적 수준에서 교육을 이끌어 가는 행정 철학과 정책 논리, 제도 운용상 규범, 교육 행위와 제도 운용에 작용하는 개념과 의식의 변화까지도 포괄하는 추상적인 개념_{한국교육개발원, 1999}.

1 교육 패러다임의 변화

사회의 빠른 변화는 교육 패러다임에 영향을 미친다. 전통 사회는 농업 혁명을 계기로, 산업사회는 산업혁명을 계기로, 지금의 지식사회는 디지털 혁명을 계기로 촉발되었다. 세 가지 패러다임의 특징을 간단하게 정리하면 <표 1-8>과 같다_{한국교육개발원, 2016}.

〈표 1-8〉 시대별 패러다임의 특징
출처 한국교육개발원(2016)

구분	전통 사회 패러다임	산업사회 패러다임	지식사회 패러다임
계기	농업 혁명(불)	산업혁명(기계)	디지털 혁명(인터넷)
핵심 자산	토지, 산림	공장, 광산, 유전 등 유형 재산	정보와 지식 등 무형 재산
생산 수단	manual work(생산도구의 발명)	hardware(산업혁명), software(경영 혁명)	netware(디지털 혁명)
분업	신분상 분업(세습 직업)	작업상 분업(전문화)	융합
조직	피라미드형	수직적, 전문적 조직(인위적 네트워크)	네트워크화 구조(자생적 네트워크)
전달 매체	문자의 발명, 종이의 사용	인쇄술, 전기, 전화	디지털 중심의 네트워크, 인터넷
생활 문화	지배문화와 피지배 문화의 고착, 대중문화와 고급문화의 분리	분화, 제 영역의 전문화, 대중문화의 저변화 및 고급화	융합, 융합에 의한 전문화, 고급문화와 대중문화의 융합
개인	신분 질서 정체성	민주시민 정체성	뉴 노마드(new nomad)
자유	신분 질서의 시여(status)	구속으로부터 해방, 자기 통제	상호작용에 의한 욕망 충족, 자기 통제의 철회

이러한 패러다임별 특징은 교육에 있어서 교육이 지향하는 가치 체계, 교육 방법과 내용, 조직 등과도 관련된다. 전통 사회에서는 신분 질서가 존재하였고 이러한 세계의 두드러진 가치와 윤리 체계는 복종의 윤리였다. 따라서 교육에서 '듣는 것(listening)'은 복종의 의미였으며 소수의 유한 계층이 일대일 방식의 교육을 통해 신비적, 권위적, 세습적 습속을 따르는 것이 지성을 형성할 수 있는 방법이었다. 반면에 시민사회가 형성된 산업사회 패러다임에서는 개인의 합리성이 윤리적 판단의 근거가 되었다. 이때 교육은 듣는 것보다 보는 것 'seeing'에 치중되었으며 합리적 판단과 자율이 존중되었다. 하지만 지식사회 패러다임에서는 개인의 합리성이 오히려 집단지성의 출현에 방해가 될 수 있으며 접속(linking), 유대(solidarity), 호혜(reciprocity)의 윤리가 강조된다. 이는 엮는 교육, 'weaving' 또는 통합 교육, 학제 간 교육이라 할 수 있겠다. 세 가지 교육 패러다임의 교육 목적, 교육 내용, 앎의 형식, 교육체제 등을 중심으로 각각의 특징을 비교하면 <표 1-9>와 같다한국교육개발원, 2016.

<표 1-9> 세 가지 교육 패러다임의 특징
출처 한국교육개발원(2016)

구분	전통 사회 패러다임	산업사회 패러다임	지식사회 패러다임
교육 목적	듣는 교육	보는 교육	엮는 교육
교육 내용(지식)	세습적 직업 역량(전해오는 내용)	전문적 핵심역량(분절된 지식)	네트워크에 따른 가공물(융합 지식)
앎의 형식	명제적 지식과 실천적 지식의 이분화	명제적 지식의 우위	명제적 지식과 암묵적 지식의 융합
교육체제	도제 제도, 일대일 방식	강의 등 대중 교육, 일대다 방식	가상교육(사이버교육), 다대다 방식(P2P)
교수자	카리스마적 존재	전문직으로서의 교사	코치, 멘토 등으로서의 교사
학습자	듣는 사람	불 줄 아는 사람	참여자, 공감자
자유교육	자유인을 위한 교육	만인을 위한 교육(보편 교육)	상호 참여를 통한 뉴 노마드의 욕구 실현

이러한 교육 패러다임의 변화는 코로나19를 맞이하며 변화의 속도를 더 강화했다. 세계 경제뿐 아니라 인간의 삶에 전반적인 변화를 촉구하였고, 디지털 기술을 기반으로 한 빠른 시대적 전환을 요구하였다. 특히 교육 분야에서 학생은 원격 교육과 온라인 학습 플랫폼을 통한 수업과 과제 제출이 일상화되었고 디지털 리터러시가 기본 소양으로 요구되는 학습 환경

을 맞이하였다. 또한 기존의 교사 중심의 지식 전달식 교육은 Chat GPT와 같은 자연어 처리 모델을 활용한 대화형 학습으로 거듭나며 학생 중심의 참여식 교육으로 발전하고 있다_{한옥영, 2023}.

2 미래 학교의 모습

4차 산업혁명 및 디지털 전환 사회로의 도래는 이에 대한 인재 양성을 실현할 수 있는 미래 학교에 대한 관심으로 이어진다. 많은 사례에서 제시되는 미래 학교의 공통점으로 첫째, 맞춤형 교육과정을 추구하고, 둘째, 개인에서부터 지역사회, 나아가 국제적 문제 해결을 위한 프로젝트 중심의 융합 수업 및 개별화 수업을 진행하며 셋째, 교실 이외 다양한 테마별 학습 공간 또는 첨단기술을 활용한 학습 공간, 학습과 수행평가를 위한 AI 기반 지능화 기술을 지원한다_{김현진 외, 2017}. 미래 교육을 실천하고자 했던 국내외 다양한 미래 학교 사례를 살펴보면 다음과 같다.

- OECD₂₀₂₀는 2040년에 일어날 법한 미래 학교 교육의 시나리오를 4가지로 제시하였다. 첫째는 학교 교육의 확대(School Extended), 둘째는 교육 아웃소싱(Education Outsourced), 셋째는 학습 허브로서의 학교(Schools as Learning Hubs), 넷째는 삶의 일부로서의 학습(Learn as you go)이다.

시나리오 1. 학교 교육의 확대

유아기부터 중등 이후 수준까지 정규 교육을 확장하려는 전 세계적 추진이 이루어지고 있으며, 이를 경제적 경쟁력과 사회경제적 성공에 결정적인 요소로 인식하고 있다. 커리큘럼과 평가 시스템은 많은 국가에서 표준화되고 있으며 핵심역량을 강조하는 동시에 노동시장에서의 비공식 경험과 자원봉사 활동도 중요하게 생각한다. 이러한 발전에도 불구하고 교사와 학생의 전통적인 역할은 그대로 유지되며, 디지털화로 촉진된 학생 학습의 자율성 증가로 인해 교사가 학생의 정서적 요구를 지원하는 데 중점을 두는 방향으로 전환되고 있다.

1 SCHOOLING EXTENDED
participation in formal education continues to exand, International collaboration and technological advances support more individualised learning. The structures and processes of schooling remain.

2 EDUCATION OUTSOURCED
Traditional schooling systems break dread down as society becomes more directly involved in educating its citizens. Learning takes place through more diverse, privatised and flexible arrangements, with digital technology a key driver.

3 SCHOOLS AS LEARNING HUBS
Schools remain, but diversity and experimentation have become the norm. Opening the "school walls" connects schools to their communities, favouring ever-changing forms of learning, civic engagement and social innovation.

4 LEARN-AS-YOU-GO
Education takes place everywhere, anytime. Distincations between formal and informal learning are no longer valid as society turns itself entirely to the power of the machine.

[그림 1-11] 학교 교육의 미래를 위한 4가지 OECD 시나리오

출처 OECD(2020)

시나리오 2. 교육 아웃소싱

홈스쿨링, 온라인 플랫폼, 커뮤니티 주도 이니셔티브를 포함한 학생과 학부모의 교육 선택의 폭이 확대된다. 공공 부문과 민간 부문은 교육 수준을 높이기 위해 적극적으로 경쟁하고 협력하며, 품질과 형평성을 보장하기 위한 정부 개입이 이루어진다. 이러한 변화는 개별 학습자의 선호도를 수용하고 평생학습을 촉진하는 동시에 더욱 세분된 교육 생태계에서 품질과 포용성을 유지하는 과제를 해결하고자 하는 중요한 움직임으로 나타난다.

시나리오 3. 학습 네트워크로서의 학교

학교는 전통적인 학문적 역할을 뛰어넘어 인지적, 사회적, 정서적으로 포괄적인 학생 개발을 지원하는 중요한 커뮤니티 센터가 된다. 획일적인 기준이 아닌 지역사회의 요구에 맞는 교육 표준을 통해 지역 및 국제 상호작용의 허브 역할을 수행한다. 디지털 전환 시대에 맞게 온라인과 오프라인 교육을 혼합하는 맞춤형 학습으로 중점이 옮겨가고 교사는 다양한 커뮤니티 구성원과 함께 강력한 네트워크와 파트너십을 통해 학습 생태계를 풍부하게 하고, 외부 리소스를 활용하여 교육 경험을 향상시킨다.

시나리오 4. 삶의 일부로서의 학습

AI, VR, AR, IoT의 급속한 발전으로 인해 형성될 미래에는 교육환경이 극적으로 변화하여 학습이 어디서나 무료로 이루어지며 사전 정의된 커리큘럼 및 학교 시스템과 같은 전통적인 교육 구조가 해체된다. 디지털 인프라를 통해 지식과 기술을 즉시 평가하고 인증할 수 있

으므로 중개자로서의 전통적인 교육기관의 필요성이 줄어들게 되는 것이다. AI 개인 비서는 개인의 학습 요구 사항을 충족하여 장벽 없이 언어 전반에 걸쳐 창의력과 협업을 촉진한다. 이는 교육, 업무, 여가 사이의 경계를 모호하게 만들어 학습과 교육에 대한 보다 개방적이고 유연한 접근 방식을 제공한다.

OECD에서 제시한 미래 학교 교육 시나리오를 목적과 기능, 조직과 구조, 교사 인력, 거버넌스 등을 바탕으로 요약하면 <표 1-10>과 같다.

<표 1-10> OECD 미래 학교 교육 시나리오 요약

출처 교육정책 네트워크(2020)

구분	시나리오 1 학교 교육의 확대	시나리오 2 교육 아웃소싱	시나리오 3 학습 허브로서의 학교	시나리오 4 삶의 일부로서의 학습
목적과 기능	사회화, 습득된 지식과 역량에 대한 인증 및 자격 부여, 돌봄	유연한 서비스를 찾는 고객들의 요구에 따라 다양해짐	유연한 학교 구조를 통해 학습 개별화와 지역사회의 참여가 활성화됨	테크놀로지가 기존 학교의 목적과 기능을 재구성
조직과 구조	교육기관이 독점적으로 학교 교육의 전통적인 기능을 담당	여러 가지 조직적 구조가 개인 학습자에게 제공됨	학습 허브로서 학교가 다양한 지역적, 국제적 자원을 조직함	사회적 제도로서의 학교 교육이 사라짐
교사 인력	규모의 경제와 기능 분화의 가능성이 있으나 학교 교육을 교사가 독점함	학교 안팎을 운영하는 교사 인력의 역할과 지위가 다양해짐	교사 전문직이 광범위하고 유연한 전문가 네트워크의 연결점으로 기능	프로슈머들이 중심적인 역할을 하는 개방형 시장
거버넌스	전통적인 행정부가 강력한 역할을 담당하면서 국제 협력이 강조됨	더 큰 교육 시장(지역, 국가, 국제 수준의) 내에서 학교 교육 시스템이 가능	지역의 의사결정에 중점을 둠. 다양한 파트너십을 구축	데이터와 디지털 테크놀로지에 대한 (글로벌) 거버넌스가 핵심
공교육의 도전	공통의 교육체제 내에서 다양성과 질을 보장하는 것, 합의와 혁신 간 균형이 필요함	시장실패를 해결하기 위해 접근성과 질을 보장하는 것. 다른 교육 공급자들과 경쟁하고 정보를 공유하는 것	다양한 관심사와 권력관계의 역동성, 지역적 목적과 제도적 목적의 잠재적 갈등, 지역 간 역량 차이	정부 혹은 기업의 강력한 개입이 민주적 통제와 개인의 권리에 영향을 미칠 수 있음. 사회가 분열될 위험이 있음

- 영국의 미래 학교 프로젝트₂₀₀₄~₂₀₂₃는 학교 교육 환경 변화를 목적으로 2004년부터 향후 20년을 상정해 미래 학교를 정의하였다. 이에 따르면 미래 학교란 학습을 촉진하고 모든 학생과 교사들의 개별적 특성을 고려해 양성하는 시설 및 환경을 의미한다.

- MS와 필라델피아 주가 협력해 2006년에 설립한 미래 학교(School of the Future: SOF)는 첨단기술을 이용해 학생들에게 혁신적이고 기술적인 역량을 키워줌으로써 낙오

자 없는 학교, 지식사회에 적합한 문제의식과 도전 의식을 키워주는 학교를 미래 학교의 주요 개념으로 삼았다.

- 싱가포르의 경우 1997년에서 2020년까지의 기간을 상정하고 미래 학교 사업을 통해 기존 일반 학교 중 ICT 기술이 뛰어난 학교를 선발해 교육 전반의 ICT 통합을 지원하고, 혁신적인 기술과 교수 방법, 학교 디자인을 통해 학생들에게 의미 있고 참여적인 경험을 제공하는 미래 학교를 운영하였다.

- 네덜란드의 스티브 잡스 스쿨(Steve Jobs School)의 경우 네덜란드 교육부가 정한 58개 중요 교육 목표들을 달성하기 위해 개인의 재능을 촉진하는 한편 ICT 및 정보 처리, 협업, 비판적 사고, 문제 해결 능력, 창의적 사고력 등의 개발을 추구하였다. 특히 학생이 실제 삶에서 활용할 수 있는 디지털 활용 능력 및 유추와 같은 중요한 기술을 가르치는 교육과정을 운영하였다.

- 미국의 알트 스쿨(Alt School)의 경우 교실을 작게 나눈 마이크로 학교를 철학으로 삼고 있으며 테크놀로지를 활용한 학생 개개인의 요구와 열정에 중점을 둔 개인별 맞춤형 교육 제공을 교육 목표로 한다. 알트 스쿨은 1인 1기기 지원 및 학습 플랫폼을 활용한 학습 데이터 분석이 이루어지며 학습 플랫폼은 학생의 진도에 대한 포괄적인 기록을 포함하며 학생의 역량에 대한 궤적을 추적하는 포트레이트(Portrait), 학생들의 과업과 관련된 모든 주제를 제공하는 플레이리스트(Playlist), 학습자의 학습 진도와 과정을 저장하는 소프트웨어인 러닝 프로그레션(Learning Progression), 학교와 가정의 실시간 커뮤니케이션을 지원하는 알트스쿨 스트림(AltSchool Stream), 카메라를 통해 학생들의 말, 행동, 상호작용 등을 포착하는 알트 비디오(Alt Video) 등으로 구성된다.

- 한국교육학술정보원2021에서는 '미래 학교 체제 도입을 위한 Future School 2030 모델 연구'를 통해 미래 사회, 첨단기술 및 교육의 체제적 변화를 적극적으로 반영하여 미래 사회 구성원의 자아실현과 국가 발전을 위해 필요한 학습 경험을 체계적으로 제공하는 중심 교육기관으로 정의하였다.

이상의 사례들을 바탕으로 미래 학교 요소별 시사점을 추출한 결과는 <표 1-11>과 같다.

〈표 1-11〉 미래 학교 사례 분석에 따른 요소별 시사점

출처·교육정책 네트워크(2020)

	미래 학교 사례 분석	시사점
비전	▪ 미래를 위한 적합한 환경 제공 ▪ 21세기 역량 개발 및 사회적 소통 능력 강조 ▪ 실용적 지식 제공 ▪ 테크놀로지를 활용한 맞춤형 교육 ▪ 학습자의 개별 성장 중시 ▪ 학습자 자율권 추구 및 참여 유도 ▪ 철학에 기반한 미래 학교 가치 공유	▪ 지역적 특성을 고려한 혁신 범위 설정 ▪ 미래 학교 학습자 역량을 고려한 비전제시 ▪ 4차 산업혁명에 따른 경제적, 기술적, 환경적 격차의 문제 개선 ▪ 미래 학교에 대한 철학 공유 ▪ 학교 안팎의 총체적 변화 도모
교육과정	▪ 학생이 실생활에서 활용할 수 있는 디지털 활용 능력 및 중요 기술 중심 ▪ 핵심 학문적 기술 및 학습 습관 형성에 초점 ▪ 무학년제를 활용한 프로젝트 기반 학습 ▪ 데이터 수집을 통한 맞춤형 개별화 교육	▪ 지역 단위의 민간 및 공공 협력 ▪ 학교 구성원 단위의 실천 공동체 형성을 지원하는 클라우드 기반 교육과정 운영 ▪ 교사, 학생, 학부모의 협력을 도모하는 차세대 LMS 구축 ▪ 학습자 능동성을 강조하는 자기 주도형 맞춤형 액션 플랜 설정 및 과정 평가
교육 방법 및 평가	▪ 자기 주도적인 프로젝트 활동 ▪ 실제 학습을 통한 학생 주도적 참여 지원 ▪ 창의적 문제 중심의 프로젝트 학습 ▪ 미션 중심의 학습 ▪ 개인의 학습을 위한 다양한 기회 제공 ▪ 학생 스스로 수업을 기획 및 관리 ▪ 자기 평가 및 ICT 기반 접근 ▪ 재능 코치로서의 교사	▪ 실제적 학습 경험 기회 제공 ▪ 학습자와 교사의 재량권 창작권 확대에 따른 시민 윤리, 정보 윤리 문제에 대한 제도적 정책 마련 ▪ 적용적 학습 기술로 개별 학습자의 특성을 고려한 고도의 맞춤 교육 제공 ▪ 학교 변화를 이끌어 갈 교사 역할 재정립 및 지원
기술 및 공간	▪ 혼합현실 학습 공간 ▪ 클라우드 기반의 학습 지원 및 개별 학습 플랫폼 ▪ 친환경적 설계 ▪ 첨단기술을 활용한 인터렉티브 환경 및 교사, 학습자 지원 환경 ▪ 소규모 학생들의 협업 공간 ▪ 언제나 활용 가능한 벽과 책상 등	▪ 다양한 디바이스의 활용성을 강조하는 몰입적, 실제적, 주체적 학습 활동을 지원하는 학습 공간의 재설계 ▪ 미래 사회환경 변화를 고려한 지속적 학교 공간 설계 ▪ 혁신 문화 형성을 위한 프로젝트 기반 상호작용 지원형 온오프라인 혼합 인터랙티브 공간 설계 ▪ 학교, 가정, 전문기관 및 지역사회 등 연계 학습 공간 구성

③ 디지털 교육의 변화와 의미

　　앞서 살펴본 교육 패러다임의 변화에 따른 디지털 교육의 변화는 우리나라의 교육 정보화 정책 변화를 통해 한눈에 살펴볼 수 있다. 교육부는 1996년부터 5년 단위로 교육 정보화 기본 계획을 수립하여 국가 수준의 교육 정보화를 체계적으로 추진하고 있다. <표 1-12>에서 알 수 있듯이 교육 정보화 기본 계획 1단계는 1996년부터 2000년까지로 교육 정보화 사업 추

〈표 1-12〉 1~6단계 교육 정보화 기본 계획 주요 내용

출처 교육정보화백서(2022)

구분	정책 분야	주요 정책 과제	비고
1단계 (1996~ 2000)	• 교육 정보화 기반 구축 • 교육 정보자료 개발 및 보급 • 정보기술 활용 교육 강화 • 교육행정 정보화 • 학술·연구 정보 기반 고도화	• 교육 정보화 사업 추진 기반 마련 • 교육 정보화 인프라 구축을 통한 정보 접근성 강화	• 최초의 중장기 교육 정보화 기본 계획 • 정보화 촉진 기본계획과 연계
2단계 (2001~ 2005)	• 지식기반사회 대처 능력 함양 • 창조적인 산업인력양성 • 함께하는 정보문화 창달 • 종합적인 성과지원 체제 구축	• ICT 활용 수업의 안정적 정착 • 이러닝의 보편화 • 나이스(NEIS) 구축 • 학술정보 유통 체계 구축	• 평생교육, 건전 정보문화 • 교육 정보화 지표개발
3단계 (2006~ 2010)	• e교수학습, e평생학습 혁신 체제 구축 • e교육 안정망, 지식 관리체제 구축 • 이러닝 세계화, 유러닝 기반 구축 • e교육행정 지원 체제 구축 • 교육 정보화 성과 및 질 관리	• 정보 인프라 보급 • ICT 활용 교육 활성화 • 나이스(NEIS) 교무학사 3개 영역 분리 운영 • 교육 영역에 정보화 접목	• 이러닝 세계화, 성과 관리 포함 • 정보화 사업의 지방 이양(90%)
4단계 (2010~ 2014)	• 창의적 디지털 인재 양성 • 선진 R&D 역량 강화 • 소통화 융합의 정보화 • 교육과학기술 정보인프라 조성	• 스마트교육 도입 및 적용 • ICT 미래 교육 연구, 시범운영 • 에듀파인, EDS 서비스 • 유아 교육 정보화	• 교육부·과학기술부 통합에 따른 시기, 범위 조정
	• 스마트교육 추진 전략 • 디지털교과서 개발 적용 • 온라인수업 및 평가 활성화 • 교육콘텐츠 자유 이용 환경 조성 • 교원의 스마트교육 실천 역량 강화 • 클라우드 교육 서비스 기반 조성	• 디지털교과서 시범 개발 • 온라인 수업 실시 • 교육콘텐츠 저작권 논의 • 교원 ICT 역량 강화 • 클라우드 교육 서비스 기반 조성	• 초·중등교육 한정
5단계 (2014~ 2018)	• 맞춤 학습 지원 체제 구축 • 능력 중심 사회 구현 • 학습과 일이 연계된 평생 직업교육 • 아우르고 배려하는 교육복지 • 건전한 사이버문화 조성	• 창의적 교수학습 활동 지원 체제 구축 • 학술정보 공유 유통 체계 고도화 • 온라인 평생학습 체제 구축 • 사회적 배려 계층 정보 격차 해소 • 교육 행·재정 운영 인프라 구축	• 활용 중심 정책으로 전환 • 교육 정보화 영역 교육 전반으로 확장
6단계 (2019~ 2023)	• 미래형 스마트 환경 조성 • 지속 가능한 교육 정보화 혁신 • ICT를 통한 맞춤형 교육 서비스 실현 • 공유형 교육정보 디지털 인프라 구축	• 미래형 스마트교육 환경 조성 • 지속 가능한 교육 정보화 혁신 • 맞춤형 교육 서비스 실현 • 공유형 교육 정보 인프라 구축	• 미래형 • 지속형 • 맞춤형 • 공유형

진 체제와 안정적인 인프라 및 제도적 기반을 마련하는 데 중점을 두었다. 2단계는 2001년에서 2005년까지로 확산 및 정착기로서 ICT 활용 교수학습 활동이 큰 폭으로 증가하였다. 3단계는 2006년부터 2010년까지로 이러닝 및 유러닝 학습 체제 구축을 중심으로 추진되었으며 4단계인 2011년에서 2014년까지는 교육 영역과 과학기술 영역을 융합하는 방향으로 정책이 추진되었다. 5단계는 2014년부터 2018년까지 교육 정보화 영역을 교육 전반으로 확장해 나갔고, 6단계는 2019년부터 2023년까지로 4차 산업혁명 시기에 선제적으로 대응하고 준비하기 위한 '사람 중심의 미래 지능형 교육 환경 구현'을 정책 비전으로 삼아 정책을 추진하고 있다_{교육정보화백서, 2022}.

특히 6단계 교육 정보화 기본 계획은 4대 분야, 13대 정책 과제, 51개 실행 과제를 수립하여 2019년부터 2023년까지 추진하고 있는데 코로나19와 디지털 전환 시대의 출현으로 <표 1-13>에서 알 수 있듯이 초창기 기본 계획과 2023년 기본 계획이 다소 차이를 보인다. 이렇듯 빠르게 변화하는 사회는 교육 패러다임에 변화를 불러오고, 디지털 전환 사회로의 도약은 우리나라의 교육 정보화 정책의 변화를 통해서도 확인할 수 있다.

〈표 1-13〉 1~6차 교육정보화기본계획 개요

출처 정한성 외(2019) 재구성

구분	명칭(연도)	영역	특징
1차	교육정보화촉진 시행계획 ('96~'00)	▪ 교육정보화 기반구축 ▪ 교육정보자료 개발 · 보급 ▪ 정보기술 활용 교육 강화 ▪ 교육행정 정보화 ▪ 학술 · 연구 정보 기반 고도화	▪ 최초의 교육정보화 종합계획 ▪ 교육육정보화 전담 조직인 KERIS 설립('99) ▪ 초중고 인터넷 연결 완료('00), 에듀넷('96), RISS('97) 개통, ICT운영지침('00) 제정
2차	2단계 교육정보화 종합 발전방안 ('01~05)	▪ 지식기반사회 대처 능력 함양 ▪ 창조적인 산업인력 양성 ▪ 함께하는 정보문화 창달 ▪ 종합적인 성과지원체제 구축	▪ 교수학습활동에서 ICT 활용 촉진 및 학습 효과 제고 ▪ 소외계층 PC와 통신비 지원 ▪ NEIS 개통('02), 초중고 교육정보화수준 측정('03)
3차	3단계 교육정보화 종합 발전방안 ('06~'10)	▪ 교e교수학습/e평생학습혁신체제 구축 ▪ e교육안전망, 지식관리체제 구축 ▪ e러닝 세계화/u러닝 기반 구축 ▪ e-교육행정지원체제 구축 ▪ 교육정보화 성과 및 질 관리	▪ 교육정보 유비쿼터스화 ▪ 콘텐츠 품질 인증 및 표준화 ▪ 디지털교과서 원형 개발('08), 교육사이버안전센터 구축('06), 전자서명인증센터('07)

4차	교육과학기술정보화 종합계획 ('10~'14)	▪ 창의적 디지털인재 양성 ▪ 선진 R&D 역량 강화 ▪ 소통과 융합의 정보화 ▪ 교육과학기술 정보인프라 조성	▪ 교육·과학 분야 통합 계획 ▪ 스마트교육추진전략('11) ▪ 분권화된 거버넌스 체계 구축 ▪ 데이터기반 정보화정책 지원
5차	5차 교육정보화 기본계획 ('14~'18)	▪ 맞춤학습지원체제구축(유초중등교육) ▪ 능력중심사회 구현(고등교육) ▪ 학습과 일이 연계된 평생직업교육 ▪ 아우르고 배려하는 교육복지 ▪ 건전한 사이버 문화조성	▪ 활용 중심 정책으로 전환 ▪ 교육정보화의 영역을 교육 전반으로 확장(유·초·중등,대학,평생,직업 등)
6차	6차 교육정보화 기본계획 ('19~'24)	▪ 미래형 스마트 교육 환경 조성 ▪ 지속가능한 교육 정보화 혁신 ▪ ICT를 통한 맞춤형 교육서비스 실현 ▪ 공유형 교육정보 디지털 인프라 구축	▪ 미래지능형 교육 환경 구현 ▪ 무선 인프라 및 기기 확충 ▪ 데이터 기반의 교육행정 시스템 도입

평가문항

 새로운 기술은 단순한 기술의 변화가 아닌 사회, 문화, 경제, 예술 등 모든 산업 분야에 변혁과 혁신을 가져왔고 이를 우리는 '산업혁명'이라 한다. 제4차 산업혁명의 특징에 관해 설명하시오.

 '디지털 인재 양성 종합 방안'에 제시된 디지털 인재란 어떤 인재를 의미하는지 설명하고, 2022 개정 교육과정에서 추구하는 인간상을 구현하기 위해 중점적으로 기르고자 하는 핵심역량을 제시하시오.

 전통 사회는 농업 혁명을 계기로, 산업사회는 산업혁명을 계기로, 지금의 지식사회는 디지털 혁명을 계기로 촉발되었다. 세 가지 사회의 교육 패러다임의 특징을 간단하게 비교하여 설명하시오.

정보과 교육의 목적

> 2장에서는 미래 사회에서 요구하는 핵심역량에 따라 학교에서 이루어
> 지는 정보과 교육의 목적에 대해 알아본다. 정보과에서 중점적으로 길
> 러주어야 하는 교과 역량이 무엇인지 알아봄으로써 예비·현직 교원이
> 갖춰야 할 교육 역량이 무엇인지 알 수 있다.

1 미래 사회의 핵심역량

디지털 전환 시대의 도래는 지식 기반 교육에서 역량 기반 교육으로의 변화를 가져왔다. 이러한 교육의 변화에 따라 미래 사회가 요구하는 핵심 역량에 대해 살펴보도록 한다.

1 미래 핵심역량

OECD(2015)에서는 역량을 '지식이나 기술 이상을 의미하는 개념으로 특정한 맥락에서 기술이나 태도 등의 심리사회적 자원들을 동원하여 복잡한 요구를 충족하는 능력'으로 정의하였다한국교육과정평가원, 2018. 역량은 [그림 2-1]에서 보는 것처럼 크게 3가지 속성을 지닌다. 첫째, '수행성'으로 지식과 기술, 전략 등을 새로운 상황에 맞는 형태로 재조정하는 능력을 의미한다. 둘째, '총체성'으로 지식과 기술, 동기, 태도 등과 유기적으로 연계한다. 셋째, '맥락성'으로 맥락적이고 즉각적이다. 핵심역량은 이러한 역량 중에서 국가적·사회적 합의를 거쳐 모든 개인에게 필요하며 다양한 삶의 요구를 충족시키고 사회에 기여할 수 있다고 생각되는 역량을 말한다.

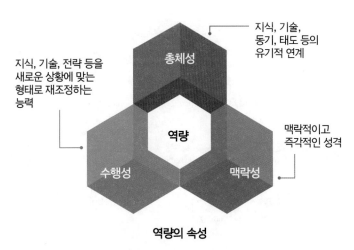

역량의 속성

[그림 2-1] 역량의 속성

출처 한국교육과정평가원(2018)

이러한 역량 교육의 시작은 1960년대로 거슬러 올라간다. 최초의 역량 교육은 1960년대 미국에서 시작되었다. 1957년 소련이 세계 최초로 위성을 발사하면서 미국 사회는 교육의 혁신이 필요함을 깨닫고 역량 기반 교사 교육 프로그램을 개발하여 진행하였다_{Chappell, Gonczi, & Hager, 2000; Morcke, Dornan, & Eika, 2013}. 이때의 역량 교육은 지금의 역량 기반의 교육과는 다소 다른 개념으로서 결과에 목적을 둔 성과 중심의 교육이라 볼 수 있다. 이후 1970년대에 들어서 기존 역량교육이 직업교육에도 영향을 미치게 되면서 역량 교육의 영역이 보다 넓어지게 되었다. 하지만 여전히 성과 중심의 역량 교육이었으며 따라서 성과를 얼마나 정확하게 측정하고 표준화된 교육과정을 운영하는지에 관심을 두었다.

이러한 역량 교육이 비판받게 되면서 보다 통합적인 개념으로 역량을 바라보는 접근이 시작되었다. 1990년대 오스트리아의 직업교육 및 훈련과 관련된 역량 보고서에서는 좁은 업무뿐 아니라 업무 성과의 모든 측면이 포함되는 보다 넓은 의미의 역량 개념이 포함되어 있다. 또한 1997년부터 OECD를 중심으로 DeSeCo 프로젝트(1997~2003)가 시작됨에 따라 지식보다는 역량이 강조되었고, 학교에서 학습자의 능력을 높이고자 하는 노력이 시도되었다. 또한 이때 OECD는 지속적인 사회 발전과 개인의 성공을 위해 모든 사람이 핵심역량을 갖춰야 함을 이야기하였다_{박영균, 김동일, 김성희; 2009, OECD, 2005}. 이때 강조된 핵심역량의 특징은 특정한 전문 분야에서만 요구되는 것이 아니라 평생에 걸쳐서 함양해야 하는 포괄적, 필수적 역량으로서

[그림 2-2] 역량 기반 교육의 발전 단계
출처: 설연경(2020)

21세기에 반드시 갖춰야 할 핵심역량으로 제안되었다. 이렇게 이전 역량교육에 비해 더 포괄적이며 통합적인 역량을 제안하고 있다는 점에서는 발전된 모습을 보이지만 여전히 모든 사람에게 필요한 역량을 평가하기 위한 '결과'에 초점을 둔 것으로 과정을 간과하고 있다는 평가를 받고 있다이상은, 소경희, 2019.

　　최근 들어 교육의 성과, 즉 결과뿐 아니라 과정에 대한 관심을 기울이면서 새로운 역량교육을 시도하고 있다. 기존의 DeSeCo 프로젝트가 성공과 성과를 목적으로 했다면, OECD의 'Education 2030' 프로젝트(2015)는 더욱 교육의 과정에 초점을 둔 것으로 '웰빙 well-being'을 목적으로 한다. 인간의 삶의 질과 관련된 '포용적 성장'(inclusive growth)을 추구하는 것으로서 인간 개인의 웰빙과 사회의 웰빙을 위해 헌신할 것을 제안하였다이상은, 소경희, 2019; OECD, 2019. 이러한 역량교육의 변화를 더욱 명시적으로 나타내기 위해 '변혁적 역량(transformative competencies)'을 도입하였다. 지식 기반 교육에서 역량 기반 교육까지의 교육과정을 비교하면 <표 2-1>과 같다.

〈표 2-1〉 지식 기반 교육에서 역량 기반 교육까지의 교육과정 비교
출처 설연경(2020)

지식 기반 교육	역량 기반 교육		
	1, 2단계	3단계	4단계
객관주의	행동주의	실증주의	구성주의, 인본주의
-	좁은 의미		넓은 의미
내용(Contents)	결과(Outcomes)		과정(Progress)
목표(Objectives)	역량(Competencies)	역량(Key Competencies)	역량(Transformative Competencies)
교육 전달	학습자 수행 성과	개인과 사회의 성공	개인과 사회의 웰빙
지식과 이론	지식, 기술 수행	특정한 맥락을 충족할 수 있는 지식, 기술, 태도	복잡한 요구를 충족할 수 있는 지식, 기술, 태도와 가치
고정적, 시간 제약 표준화	고정적, 시간 제약 표준화	여전히 고정적, 시간 제약, 표준화	시간 제약이 없으며 유연하고 개인의 학습에 초점
교육학(Pedagogy)	성인교육(Androgogy)	교육학(Pedagogy)	교육학(Pedagogy)
객관적 평가	수행평가	수행평가	과정의 증거 평가

② 학교 교육에서의 핵심역량

　　2015 개정 교육과정에서는 '미래 사회 시민으로서 성공적이고 행복한 삶을 살아가기 위해 필요한 핵심적인 능력으로서 지식, 기능, 태도 및 가치가 통합적으로 작용하여 발현되는 능력'을 핵심역량으로 정의하고 자기관리 역량, 지식정보 처리 역량, 창의적 사고 역량, 심미적 감성 역량, 의사소통 역량, 공동체 역량을 지정하였다_{한국교육과정평가원, 2018}.　이러한 핵심역량 함양을 위한 교육의 주요 특징은 첫째, 교과과정 편성 및 운영에서 교과 내와 교과 간 연계·통합, 교과와 창의적 체험활동 연계·통합 등을 통한 교육과정 재구성이 이루어져야 한다는 점이다.　둘째, 교수·학습에서 학생 참여 중심 수업, 실생활 문제 중심 수업, 협력 및 토의 중심 수업이 이루어져야 하며 셋째, 평가에서도 과정 중심의 수행평가가 강조된다.　또한 동료 평가 및 자기 평가, 정의적 특성에 대한 평가가 시도된다.　넷째, 학교 문화에 있어서도 교사들 간의 소통과 협력이 중요시되며 유연한 리더십을 바탕으로 학부모 및 학생과의 소통 및 참여가 필요하다.

　　기존의 학문 중심 교육과정이 '지식의 구조'를 강조하고, 인지적 측면이 중요시되며 유사한 학문 분야에서의 '전이'가 중요했다면 역량 기반 교육과정에서는 '역량'의 함양이 강조된다.　지식, 기능, 정의적 영역까지 총체적인 발달을 지향하며 실생활에서의 '전이'가 매우 중요하다.　따라서 핵심역량을 키우기 위한 학교 교육과정 설계의 방향은 배움과 삶이 연계되는, 즉 학교에서 배운 것을 삶 속에 적용하고 타인과의 협력을 통해 자신의 배움을 스스로 재구성해 갈 수 있도록 안내한다.　핵심역량 함양을 위한 학교 교육과정 설계의 구체적인 원리를 정리하면 <표 2-2>와 같다.

<표 2-2> 핵심역량 함양을 위한 학교 교육과정 설계의 원리

출처 한국교육과정평가원(2018)

구분	주요 원리	내용
교육과정 측면	• 삶과 연계된 주제 중심의 교육과정 재구성	- 교과 지식을 실생활의 맥락과 관련하여 학습하도록 함 - 교과 내, 교과 간, 교과와 창의적 체험활동 간 연계·통합을 통한 교육과정 재구성이 필요

교수·학습 측면	• 학생 참여 수업·협력 학습·자기 성찰	- 과제 및 문제 해결을 위해 학습자가 지식이나 기능, 전략 등을 능동적으로 사용하고 그 과정에 대한 반성적 성찰을 통해 자신의 역량을 확장해 가도록 함 - 또래끼리의 협력 학습, 토의·토론을 통한 문제 해결 과정에 대한 경험 제공
평가 측면	• 과정 중심의 수행평가	- 평가 과정 자체가 학습자의 역량 개발을 위한 학습 경험이 되도록 함 - 과제 해결을 위해 필요한 지식이나 기능을 창조적으로 재구성할 수 있는 수행 능력을 평가하는데 초점을 둠
학교 문화 측면	• 학교 구성원 간 협력	- 권위주의적이고 위계적인 학교 문화에서 수평적이고 협력적인 학교 문화로 전환 - 교사 간, 교사와 학생 간, 교사·학생·학부모·지역사회 간 협력이 원활하게 이루어져야 함

2022 개정 교육과정의 개정 배경을 살펴보면 첫째, 디지털 전환과 기후·생태 환경 변화, 인구구조의 변화 등 미래의 불확실성에 대한 대응 때문이다. 둘째, 다양성이 확대되는 사회 속에서 자신의 삶을 책임감 있게 이끌어갈 주도성과 서로 존중하며 살아갈 수 있는 공동체 의식의 함양이 강조되고 있기 때문이다. 셋째, 학습자 개개인의 특성에 따라 개별화된 학습 경험을 가질 수 있도록 맞춤형 교육체제 구축에 대한 사회적 요구 때문이다. 이외에도 교육과정 분권화 및 자율화에 대한 요구가 높아지면서 2022 개정 교육과정이 추진되었다교육부, 2022c.

이에 따른 개정 중점 사항으로 첫째, 미래 사회가 요구하는 역량 함양이 가능한 교육과정을 추구한다. 이때 말하는 미래 사회가 요구하는 역량이 바로 '변혁적 역량(Tranformative Competencies)'으로 학습자들은 자신과 타인 및 지구촌 구성원 전체의 웰빙을 향해 나아가는 법을 배울 필요가 있다고 보았다교육부, 2022b. 둘째, 학습자의 삶과 성장을 지원하는 교육과정을 마련한다. 이는 결과로써의 성공이 아닌 과정으로서의 성장을 추구하며 성과보다는 성장해 가는 과정에 더 집중해야 함을 의미함과 동시에 학습자 스스로 자기 삶과 학습을 주도적으로 설계하고 구성하는 능력, 즉 학습자 주도성을 키우는 교육을 강조하고 있다. 셋째, 지역·학교 교육과정 자율성 확대 및 책임교육을 구현하며 넷째, 디지털·AI 교육환경에 맞는 교수·학습 및 평가 체제를 구축하고자 한다. 핵심역량 측면에서 이전 교육과정과 비교했을 때 달라진 점은 기존 핵심역량 중 하나인 '의사소통'이 '협력적 소통' 역량으로 교체되었다는 점이다. 이는 사회의 복잡성과 다양성이 커지면서 타인과의 상호 협력성 및 공동체성이 더 중요해졌기 때문이다이지은, 2023.

2 정보과에서의 교과 역량

2022 개정 정보과 교육과정 역시 시대의 변화에 적극적으로 대응하고 디지털 전환 시대의 요구 사항을 반영하고자 '디지털 리터러시'를 비롯한 인공지능 등 최신 핵심 기술 내용을 반영한 '컴퓨팅 사고력'을 함양하는 데 중점을 두고 있다. 2015 개정 교육과정과 2022 개정 교육과정에서의 정보 교과 역량 변화를 살펴보면 <표 2-3>과 같다.

<표 2-3> 2015 개정 교육과정과 2022 개정 교육과정의 정보 교과 역량

출처 2022 개정 정보과 교육과정 시안 개발 연구(2022)

2015 개정 교육과정		2022 개정 교육과정		변동 사항
컴퓨팅 사고력	▪ 추상화 능력 ▪ 자동화 능력 ▪ 창의·융합 능력	컴퓨팅 사고력	▪ 추상화 능력 ▪ 자동화 능력 ▪ 창의·융합 능력	유지
정보 문화 소양	▪ 정보 윤리의식 ▪ 정보보호 능력 ▪ 정보기술 활용 능력	디지털 문화 소양	▪ 디지털 의사소통·협업 능력 ▪ 디지털 윤리 의식 ▪ 디지털 기술 활용 능력	수정
협력적 문제 해결력	▪ 협력적 컴퓨팅 사고력 ▪ 디지털 의사소통 능력 ▪ 공유와 협업 능력	-	-	삭제
-	-	인공지능 소양	▪ 인공지능 문제해결력 ▪ 데이터 문해력 ▪ 인공지능 윤리의식	추가

2015 개정 교육과정에 이어 2022 개정 교육과정에서도 컴퓨팅 사고력을 강조하고 있고, 정보문화 소양은 '디지털 문화 소양'으로 변경하며 컴퓨팅 사고력과 디지털 문화, 인공지능이 영역 수준으로 위치한다는 점을 강조하였다. 또한 디지털 문화 소양은 의사소통과 협업이 강조되는 방향으로 바뀌었으며, 협력적 문제 해결력은 정보 교과만의 역량이 아니므로 삭제되었다. 인공지능 소양 역시 과목 및 영역 수준으로 중요하게 고려되었으며 하위 역량으로 인공지능 문제 해결력, 데이터 문해력, 인공지능 윤리의식이 포함되었다교육부, 2022

교육과정에서 제시하고 있는 3가지 교과 역량에 대한 정의를 살펴보면 <표 2-4>와 같다. 이는 2022 개정 교육과정의 핵심역량 중 '지식정보처리', '창의적 사고', '협력적 소통', '공동체 역량'과 연계하여 설정된 것이며 하위 역량을 상위 역량이 포괄하는 형태로 구성된 것이다.

<표 2-4> 정보과 교과 역량

출처 2022 개정 정보과 교육과정 시안 개발 연구(2022)

구분	정의
컴퓨팅 사고력	컴퓨팅을 활용한 문제 해결을 전제로 문제를 발견, 분석하여 실생활과 다양한 학문 분야의 문제를 해결하기 위한 새로운 방법론을 제시할 수 있는 능력
디지털 문화 소양	디지털 사회의 구성원으로서의 윤리의식과 시민성을 갖추고 디지털 기술을 기반으로 의사소통하고 협업할 수 있는 능력
인공지능 소양	사람 중심의 인공지능 윤리의식과 데이터에 대한 이해를 기반으로 인공지능을 통해 문제를 해결할 수 있는 능력

이상에서 살펴본 2022 개정 교육과정의 총론에서 제시하고 있는 핵심역량과 정보과의 교과 역량과의 관계를 살펴보면 [그림 2-3]과 같다.

[그림 2-3] 핵심역량과 정보과 교과 역량

출처 교육부(2022)

① 컴퓨팅 사고력

윙(Wing)[2006]은 문제에 대한 인식과 분석, 그리고 자료의 수집과 분석을 통해 문제를 해결하는 다양한 사고 과정을 거치는 중에 컴퓨터를 활용한 해결책을 구현하는 설계 전반을 '컴퓨팅 사고력'이라 보았다. 이는 단순히 컴퓨터 과학이나 프로그래밍에 대한 지식을 갖추거나 프로그래밍을 할 수 있는 기술적인 측면만을 의미하지 않는다[Wing, J.M., 2006]. 국제교육공학협회(ISTE)와 미국 컴퓨팅교사협회(CSTA)는 컴퓨팅 사고력을 문제 해결 과정으로 보았다. 따라서 문제를 해결하기 위해 컴퓨터를 비롯한 다양한 도구를 이용할 수 있도록 문제를 정의하고, 문제를 해결하기 위한 데이터를 분석하며 모델링이나 시뮬레이션 등의 추상화를 통해 데이터를 재표현할 수 있어야 한다. 또한 절차적 단계와 알고리즘적 사고로 문제의 해결책을 자동화할 수 있어야 한다[ISTE & CSTA, 2011].

교육부는 소프트웨어교육 운영 지침에서 컴퓨팅 사고력을 '실생활에서 직면할 수 있는 복잡하고 다양한 문제를 어떤 방법으로 해결할 것인지를 단순화하여 순차적으로 사고하고, 컴퓨팅 기기가 제공하는 강력한 기능들을 활용해 효과적이고, 효율적으로 문제를 해결하는 종합적, 복합적 사고 과정'으로 정의하였다[교육부, 2015]. 컴퓨팅 기술이 사회 발전의 근간으로 자리 잡고 이를 활용한 문제 해결력이 미래 사회 인재에게 필요한 역량으로 주목받게 되면서 2015 개정 교육과정에 이어 2022 개정 교육과정의 정보 교과에서 반드시 키워야 할 중요한 교과 역량으로 자리 잡게 되었다. 컴퓨팅 사고력에 대한 학자, 기관 등의 다양한 정의를 정리하면 <표 2-5>와 같다.

<표 2-5> 다양한 컴퓨팅 사고력 정의
출처 이광수(2021)

학자	정의
Wing(2006)	문제 해결, 시스템 설계 및 인간 행동에 관한 이해를 컴퓨터 공학적 기본 개념을 통한 접근 방법, 추상화와 자동화 등 컴퓨터를 활용한 문제 해결 능력
Cuny, Snyder & Wing(2010)	컴퓨팅 사고력은 문제 해결을 위한 사고 과정이며, 그 해결 방법의 형태는 정보 처리 에이전트(대행자)에 의해 효과적으로 수행될 수 있도록 나타나야 한다.
CSTA(2011)	컴퓨터를 이용하여 구현하는 방법으로 문제를 해결해 나가는 접근 방식 및 과정
이영준 외(2014)	컴퓨팅 시스템의 역량을 이용하여 해결하려는 문제를 효과
Google(2016)	컴퓨팅 사고력은 데이터 정렬 및 분석을 논리적으로 수행하고, 알고리즘을 사용하여 해결책을 고안하며 디버깅하는 등 다양한 특성을 포함한 일련의 문제 해결 과정이다.

ISTE와 CSTA는 컴퓨팅 사고력의 구성 요소로 자료 수집, 자료 분석, 자료 표현, 문제 분해, 추상화, 알고리즘과 절차, 자동화, 시뮬레이션, 병렬화를 제시하였고 세부 내용을 살펴보면 <표 2-6>과 같다.

<표 2-6> 컴퓨팅 사고력 구성 요소
출처 ISTE & CSTA(2021)

구성 요소	정의
자료 수집	해결해야 하는 문제와 관련된 알맞은 자료 수집하기
자료 분석	자료를 이해하고 공통된 패턴을 찾아 결론 도출하기
자료 표현	분석된 내용을 그래프, 글, 그림, 차트 등의 자료로 표현하기
문제 분해	문제를 해결 가능한 작은 단위의 문제로 나누어 분석하기
추상화	문제를 해결하기 위한 핵심 요소 및 정의를 파악하고 복잡한 문제를 단순화하기
알고리즘과 절차	목표를 달성하거나 문제를 해결하기 위해 수행되는 순차적인 단계로 표현하기
자동화	컴퓨터 시스템을 이용하여 반복적인 작업 수행하기
시뮬레이션	자동화의 결과로 문제 해결을 위한 모델을 가지고 모의실험 후 결과 파악하기
병렬화	공동의 목적을 달성하기 위해 동시에 작업을 수행하도록 자원을 조직하기

이러한 컴퓨팅 사고력 구성 요소가 수업의 전 과정에 모두 포함될 것을 요구하는 것은 아니며 9개의 요소 중 일부 요소만으로 수업을 구성할 수 있다.

또한 ISTE와 CSTA2011가 제시한 컴퓨팅 사고력 구성 요소 중 '추상화'와 윙(Wing)2006이 컴퓨팅 사고력을 정의할 때 사용한 '추상화'는 <표 2-7>과 같이 그 의미가 다르므로 구분할 필요가 있다.

<표 2-7> 추상화와 자동화의 의미 비교
출처 한국교육학술정보원(2018)

Wing(2006)	ISTE & CSTA(2011)
자동화 (Automation)	자동화(Automation)
	시뮬레이션(Simulation)
	병렬화(Parallelization)

추상화 (Abstraction)	자료 수집(Data Collection)
	자료 분석(Data Analysis)
	자료 표현(Data Representation)
	문제 분해(Problem Decomposition)
	추상화(Abstraction)
	알고리즘 및 절차(Algorithm & Procedure)

윙(Wing)[2006]의 추상화는 문제 해결을 위한 사고 과정의 전반을 의미한다. 반면 ISTE와 CSTA[2011]의 추상화는 문제 해결에 활용되는 핵심 요소를 정의하고 불필요한 것은 삭제하여 복잡한 것을 단순하게 만드는 단계인 점에서 차이가 있다. 자동화 역시 윙(Wing)[2006]은 컴퓨팅 시스템 능력을 갖춘다는 의미라면 ISTE와 CSTA[2011]의 자동화는 컴퓨터가 이해할 수 있는 언어로 해결 방법을 구현하는 것을 뜻한다.

한국정보교육학회[2019]는 <표 2-8>과 같이 컴퓨팅 사고력의 구성 요소를 문제 분석, 자료 분석, 추상화, 자동화, 일반화로 범주화하여 제시하고 있다.

<표 2-8> 한국정보교육학회의 컴퓨팅 사고력 구성 요소
출처 소프트웨어교육론(2019)

영역	항목	설명
문제 분석	문제 이해	문제의 현재 상태와 목표 상태를 알 수 있다.
	문제 정의	문제 상황을 파악하여 문제를 표현할 수 있다.
	문제 분해	복잡한 문제를 쪼개어 생각할 수 있다.
자료 분석	자료 수집	문제 해결에 필요한 자료를 수집할 수 있다.
	자료 표현	문제 해결을 위해 자료를 분석하여 말, 글, 그림 등으로 표현할 수 있다.
	자료 구조화	분석된 결과를 표나 그래프 등으로 구조화할 수 있다.
추상화	패턴 분석	문제 해결 과정에서 반복되는 요소를 찾을 수 있다.
	논리적 추론	알고리즘과 프로그램의 결과를 예측할 수 있다.
	모델링	문제를 해결하는 데 불필요한 요소를 제거할 수 있다.
	추상화	문제 해결에 필요한 절차와 방법을 단순화하여 나타낼 수 있다.
	알고리즘	문제 해결 과정을 그림이나. 순서도, 의사코드로 나타낼 수 있다.

일반화	최적화	더 나은 문제 해결 과정으로 개선할 수 있다.
	평가	문제를 목적에 맞게 효과적으로 해결하였는지를 판단할 수 있다.
	사례 적용	문제 해결 과정을 유사한 문제에 적용할 수 있다.

문제 분석은 문제 이해, 문제 정의, 문제 분해를 포함한다. 자료 분석은 자료의 수집, 자료의 표현, 자료의 구조화로 나눠 생각해 볼 수 있으며 추상화는 패턴분석, 논리적 추론, 모델링, 추상화, 알고리즘으로 제시하고 있다. 영역에 제시된 추상화와 항목에 제시된 추상화는 앞에서 제시된 것과 마찬가지로 그 의미가 다르므로 구분할 필요가 있겠다. 자동화 역시 프로그래밍과 디버깅, 자동화를 포괄하는 개념으로 제시되어 있고, 일반화의 경우 최적화, 평가, 사례 적용으로 나눠 생각해 볼 수 있겠다.

한편 교육부[2015]는 정보 교육과정에서 컴퓨팅 사고력의 하위 구성 요소를 추상화, 자동화, 창의·융합 능력으로 구분하고 있다. 실생활 문제를 해결 가능하도록 표현하기 위한 사고 과정으로서 추상화와 추상화의 결과로 만들어진 모델링을 컴퓨터가 이해할 수 있는 프로그래밍 언어로 표현하는 자동화가 상호 복합적으로 작용하며 다양한 문제를 해결해 간다고 본 것이다.

② 디지털 문화 소양

디지털 전환 시대에 들어서면서 디지털 리터러시에 대한 관심이 높아졌지만 디지털 리터러시의 개념은 1990년대 중반부터 사용되었다. 길스터(Gilster)[1997]는 컴퓨터를 사용해 정보를 이해하고 사용할 수 있는 능력을 디지털 리터러시로 보았다[Gilster, P., 1997]. 2010년대에 들어서 많은 학자에 의해 디지털 리터러시는 기존 리터러시를 포함하는 최신 기술의 적합한 사용, 정보의 효과적 수집과 분석, 새로운 디지털 콘텐츠의 생산, 디지털 사회에서 고려되어야 할 윤리 문제 등 디지털 사회를 살아가는 데 필요한 역량으로 확장되었다[한정선 외, 2006; 홍지연, 2023].

디지털 리터러시에 대한 정의는 학자마다 다양하지만, 디지털 전환 시대를 살아가는 인간에게 새롭게 나타나는 윤리적, 문화적, 규범적 문제에 대비하기 위해 전통적 의미의 디지털 리터러시보다 개념이 확대되고 있다[이철현, 2020]. 스피어스(Spires H. A.), 폴(Paul C.), 커크호프(Kerkhoff S. N.)[2018]는 전통적 디지털 리터러시 개념으로 여겨지던 디지털 콘텐츠 검색 및 소비, 디지털 콘텐츠 생성, 디지털 콘텐츠 통신에 '디지털 시민의식'을 추가하여 디지털 리터러시의 개념을 확대하였다. 디지털 시민의식은 디지털 기술의 지능적 사용, 디지털 기술 관련 문화 및 사회의 문제 이해, 디지털 기술의 책임감 있는 사용, 디지털 기술 사용에 대한 긍정적 태도, 협업 등을 포함한다.

최숙영[2018]은 디지털 사회를 살아가는 구성원들이 일상적 생활을 이어가고, 학습하며 자신의 직업 분야에서 창의적이고 혁신적으로 업무를 수행하는 데 필요한 능력으로 보았다[최숙영, 2018]. 김인숙 외(2020)는 디지털 매체 기반의 의사소통을 통해 인간의 삶 전반의 문제들을 해결해 가는 능력으로 보았다[김인숙, 서수현, 김종윤, 옥현진, 2020]. 교육부[2022]는 2022 개정 교육과정에서 디지털 리터러시를 '디지털 지식과 기술에 대한 이해와 윤리의식을 바탕으로 정보를 수집·분석하고 비판적으로 이해·평가하여 새로운 정보와 지식을 생산·활용하는 능력을 함양할 수 있도록 지원하는 교육'으로 정의하고 있다[교육부, 2022]. 2022 개정 교육과정에서 디지털 리터러시는 '초·중학교 전 교과 교육을 통해 습득해야 할 역량'이자 '정보과 교육 내용 학습에 선행하여 기초적으로 함양해야 할 역량'으로 제시되고 있다. 따라서 초등학교 실과 내 정보 관련 내용, 중학교 정보 관련 내용과 중복되지 않는 범위에서 디지털 리터러시 내용의 범위와 위계를 설정하고 있고 이에 따른 학교급별 디지털 리터러시 내용 체계 표는 <표 2-9>와 같다.

<표 2-9> 디지털 리터러시 학교급별 내용 체계 최종안

출처 교육부(2022)

대영역	세부 요소	세부 요소 설명
디지털 기기와 소프트웨어의 활용	디지털 기기의 활용	디지털 기기를 조작하는 데 필요한 기본 원리와 기능을 이해 및 활용한다.
	소프트웨어의 활용	소프트웨어의 기본 원리와 기능을 이해하고 다양한 작업에서 소프트웨어를 활용한다.
	인공지능의 활용	다양한 문제 해결 과정에 인공지능 기술이 탑재된 도구를 활용한다.
디지털 정보의 활용과 생성	자료의 수집과 저장	사용 목적을 고려해 자료를 수집하고 비판적 시각으로 정확성을 평가하여 효율적으로 저장 및 관리한다.
	정보의 분석과 표현	정보를 효과적으로 전달하기 위해 데이터를 분석, 종합, 시각화한다.
	디지털 콘텐츠 생성	디지털 미디어를 통해 제공될 수 있는 다양한 유형의 콘텐츠를 생성한다.

디지털 의사소통과 문제해결	디지털 의사소통	디지털 환경에서 정보를 비판적으로 분석하고 정보 공유, 의사결정 참여, 협업을 수행한다.
	디지털 문제해결	문제 해결 방안을 구안하고 디지털 도구를 활용하여 실행한다.
디지털 윤리와 정보보호	디지털 윤리	디지털 사회의 성숙한 시민으로서 타인을 배려하고 예절과 윤리를 실천한다.
	디지털 정보 보호	자신과 타인의 정보를 보호하기 위한 방법을 실천한다.

첫 번째 대영역인 디지털 기기와 소프트웨어 활용은 디지털 기기 조작, 소프트웨어의 기본 원리와 기능에 대해 이해하고, 디지털 기기와 소프트웨어를 목적에 맞게 사용할 수 있도록 하며 생활 속에서 인공지능 서비스 등을 경험하고 문제 해결 과정에 이러한 인공지능 기술이 있는 도구를 활용할 수 있는 능력을 키운다. 두 번째 대영역인 디지털 정보의 활용과 생성은 목적에 맞는 자료 수집 및 저장, 효율적인 데이터 분석 및 종합, 시각화까지 다뤄볼 수 있도록 한다. 세 번째 대영역인 디지털 의사소통과 문제 해결은 인간을 둘러싼 디지털 환경에서 의사소통하는 능력, 디지털 도구를 활용해 문제를 해결하는 내용을 다루고 있다. 네 번째 대영역인 디지털 윤리와 정보보호의 경우 디지털 사회에 필요한 성숙한 시민으로 자라 타인을 배려하고, 디지털 세상의 예절과 윤리를 실천하며 개인 정보를 보호하는 방법을 알아 실천하는 내용 등을 종합적으로 다루고 있다.

③ 인공지능 소양

인공지능 기술이 점차 발전하고, 일상에서의 활용이 보편화되면서 인공지능과 소통하고 활용할 수 있는 능력이 점차 중요해지면서 인공지능 리터러시에 대한 관심도 높아지고 있다. 아운(Aoun)[2017]은 인공지능 리터러시를 인공지능의 개념 및 사용 방법을 알고 이를 구현하며 활용할 수 있는 능력으로 정의하였고[Aoun, J.E.,2017], 두리 롱(Duri Long)과 브라이언 마거코(Brian Magerko)[2020]는 효과적으로 인공지능과 소통하며 협업할 수 있는 능력, 문제해결에 인공지능을 활용할 수 있는 능력을 인공지능 리터러시로 보았다[Long, D., & Magerko, B.,2020; 홍지연, 2023]. 부산시 교육청[2019]에서 발표한 인공지능 기반 교육 가이드북에서는 인공지능 시대에 일상적인 삶을 영위하고 직무를 수행하는 데 필요한 소양으로서 인공지능 리터러시를 정의하고 있으며 윤리적인 태도로 인공지능과 관련된 기술, 데이터 관리 등의 과정을 통해 문제를 해결하는 실천적 역량임을 명시하고 있다_{부산광역시교육청, 2019}.

최현종₂₀₂₁은 인공지능 리터러시를 정의하기 위해 Bloom's Taxonomy를 활용하였다. [그림 2-4]에서 알 수 있듯이 '인공지능에 대해 알고 이해'하는 것은 하위 두 단계인 Know와 Understand에 해당하며, 개념을 적용하여 '인공지능을 사용'하는 것은 Apply 수준에 해당한다. '인공지능을 평가하고 작성'하는 것은 상위 3개 단계인 Analyse, Evaluate, Create에 해당한다고 볼 수 있다. 따라서 인공지능 리터러시를 키워주기 위해서는 인공지능에 대해 알아야 하며, 인공지능 응용 프로그램을 사용하고, 이를 다른 맥락으로 적용할 수 있어야 한다. 또한 인공지능 응용 프로그램을 분석, 평가, 제작하는 학습 경험을 통해 고차원 사고 활동이 가능하도록 해야 한다.

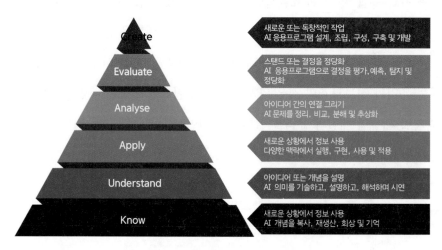

[그림 2-4] 블룸의 분류학과 인공지능 리터러시

출처 최현종(2021)

2022 개정 정보과 교육과정에서도 컴퓨팅 사고력, 디지털 리터러시와 더불어 인공지능 소양을 특히 길러주어야 할 시대적 역량으로 보고 인공지능의 기본 원리와 개념에 대한 이해, 인공지능 윤리, 인공지능을 활용한 문제해결 등을 키울 수 있도록 지식·이해, 과정·기능, 가치·태도 면에서 강조하고 있다. 인공지능 소양의 하위 영역은 인공지능 문제 해결력, 데이터 문해력, 인공지능 윤리의식으로 이는 미국의 AI4K12, 영국의 ML for Lids, 인도의 CBSE 커리큘럼, 핀란드의 Elements of AI 등을 분석하여 세계적 수준의 인공지능 소양 교육이 가능

하도록 구성한 것이다_{교육부, 2022}.

　　교육부₂₀₂₂에서 발간한 인공지능 교육 종합방안 마련 연구 보고서를 살펴보면 초·중·고등학교 교육과정 내에서의 인공지능 소양 교육의 범위와 예시를 제시하고 있다. 첫째, 유치원에서 초등학교 4학년까지는 각종 놀이와 체험을 통해 AI·SW에 대한 기본적인 인해와 흥미를 배양하도록 한다. 둘째, 초등학교 5학년에서 중학교까지는 AI·SW 관련 수업 시수를 확대하여 충분히 기본 소양을 함양할 수 있는 기반을 마련한다. 셋째, 중학교에서는 문제 분석 능력 확대 및 알고리즘 설계 교육을 추진하고 넷째, 고등학교에서는 고교학점제와 연계하여 AI·SW 관련 선택과목을 편성 및 운영을 확대하도록 한다. 인공지능 기본 소양 교육과정 구성의 예시는 <표 2-10>과 같다.

〈표 2-10〉 학교급별 인공지능 소양 교육과정 구성 예시

출처 인공지능 교육 종합방안 마련 연구(2022)

학교급	주요 내용
초	일상생활에서 활용되는 인공지능 사례
	인공지능의 개념, 가치, 영향
	인공지능 체험, 활용 가능성 탐색
중	인공지능 지식 표현 방법 이해
	머신러닝 학습 방법 이해와 기본 원리 탐색
	다양한 추론 방법 원리 이해 및 기초 알고리즘 작성
	머신러닝의 접근 방법 탐색
	다양한 분야의 지식과 연결된 인공지능의 이해
	다양한 분야의 지식과 연결된 인공지능 학습 방법 이해 및 탐색
고	머신러닝 이해 및 기초 알고리즘 작성
	인공신공망 개념 및 프로그램 작성
	인공신경망 프로그램의 적용

4 컴퓨팅 사고력과 인공지능 사고력

이상의 논의에서 컴퓨팅 사고력과 인공지능 소양에 대해 자세하게 알아보았다. 젱 (Zeng)[2013]은 인공지능 사고력을 강조하며 기존 컴퓨터교육에서 컴퓨팅 사고력을 기반으로 한 알고리즘 모델링 기반의 문제해결 과정이 인공지능 교육에 필요하다고 이야기하였다. 정영식[2022]은 인공지능 사고력을 '인공지능의 개념과 원리를 이해하고 인공지능을 활용해 실생활 문제를 효율적으로 해결할 수 있는 능력'이라 보며 단순한 코딩이나 인공지능 활용 능력, 인공지능처럼 사고하는 것이 아니라고 보았다. 또한 컴퓨팅 사고력과 인공지능 사고력을 <표 2-11>과 같이 비교하여 제시하며 유사한 면이 있음을 지적하였다.

<표 2-11> 컴퓨팅 사고력과 인공지능 사고력 비교
출처 정영식(2022)

컴퓨팅 사고력		인공지능 사고력	
문제분석	문제 이해	인식과 해석	센서 인식
	문제 정의		자료 이해
	문제 분해		자료 분석
자료 분석	자료 수집	표현과 추론	정보 표현
	자료 표현		논리 생성
	자료 구성		모델 추론
프로그래밍	추상화	훈련과 학습	모델 훈련
	자동화		모델 학습
	최적화		모델 시험
일반화	평가	상호작용과 평가	상호작용
	적용		영향 분석
	응용		영향 평가

컴퓨팅 사고력의 '문제 분석'은 인간이 문제를 이해하고, 정의하며 분해하는 과정을 거친다. 인공지능 사고력의 '인식'은 인공지능이 여러 센서를 활용해 다양한 자료를 인식하고 이해하며 분석하는 과정을 거친다는 점에서 유사하다. 컴퓨팅 사고력의 '자료 분석' 역시 자료 수집, 자료 표현, 자료 구성으로 이루어져 있다. 인공지능 사고력의 '표현과 추론'은 인공지능

이 인식한 자료에서 논리적인 사고를 통해 문제해결에 필요한 인공지능 모델을 추론하는 과정을 거친다는 점에서 비슷한 면이 있다. 또한 컴퓨팅 사고력의 '프로그래밍'은 문제해결의 방법이나 절차를 추상화하고 이를 프로그래밍으로 자동화하는 과정 등을 거친다. 인공지능 사고력의 '훈련과 학습'에서도 문제해결 방법으로써 추론한 인공지능 모델을 훈련용 데이터, 시험용 데이터 등을 활용해 인공지능이 문제해결에 적절하게 작동되는지 알아본다. 컴퓨팅 사고력의 마지막 '일반화' 단계는 문제해결의 전 과정을 살펴보며 평가하고 비슷한 문제에 적용하거나 응용해 보는 과정을 거친다. 인공지능 사고력의 '상호작용과 평가'를 통해 이와 같은 역할을 수행함을 알 수 있다. 따라서 컴퓨팅 사고력에 기반한 인공지능 사고력이란 인공지능이 센서로 세상을 인지, 학습, 적응하는 것과 같이 학생들이 데이터를 통해 문제를 인식하고, 자료로 표현하며 모델을 만들어 훈련하고, 학습으로 실생활 문제에 적응할 수 있는 능력을 말한다. 세부 하위 요소는 <표 2-12>와 같다.

<표 2-12> 컴퓨팅 사고력 기반 인공지능(CAT)

출처 정영식(2022)

영역		요소
인식		문제 이해, 문제 정의, 문제 분해
표현		자료 수집, 자료 표현, 자료 구성
학습	모델 생성	패턴화, 추론화, 모형화, 절차화
	모델 훈련	프로그래밍, 디버깅, 최적화
적응		모델 평가, 모델 적용, 모델 응용

컴퓨팅 사고력 기반 인공지능의 '인식'은 센서 등을 통해 문제를 이해, 정의, 분해를 통해 문제를 더 정확하게 알 수 있는 능력을 의미한다. '표현'은 문제해결에 필요한 자료를 수집, 표현, 구성하여 인공지능 모델을 만들어 낼 수 있도록 하는 능력이다. '학습'의 모델 생성은 반복되는 패턴을 찾아 그 결과를 추론하여 인공지능 모델을 구성할 수 있는 능력을 말한다. '학습'의 모델 훈련은 완성한 인공지능 모델을 프로그래밍 언어로 구현하고, 오류 수정 및 최적화할 수 있는 능력이다. 마지막 '적응'은 문제 해결 과정을 평가하고 유사한 문제에 완성한 인공지능 모델을 적용해 문제를 해결하는 가운데 인공지능의 성능을 향상시키며 인공지능의 적응력을 높이는 능력을 의미한다.

3 교원의 AI·디지털 교육 역량

디지털 전환 시대를 맞이하여 교육에서의 혁신이 어느 때보다 강조되고 있고, 이에 따른 교사의 역할과 교수 역량에 대한 관심이 높다. UNESCO[2021]에서도 불확실한 미래에 교육의 중요성과 교사의 역할을 강조하며 지식 생산자로서 교사의 교수 활동 변혁에 적극적으로 참여할 것을 요구하고 있다[UNESCO, 2021].

1 예비·현직 교원의 AI·디지털 역량

한국교원교육학회[2022]는 AIEDAP 1차 연도 사업과제로 '예비·현직 교원의 AI·디지털 역량 체계 정립' 연구를 수행하였다. 이때 AI·디지털 역량은 AI 역량과 디지털 역량을 따로 구분하지 않고 각각의 역량을 모두 포괄하는 'AI를 포함한 디지털 기술'로서 AI·디지털 역량을 의미하며 AI와 디지털을 이해하고 수용할 수 있으며 활용하는 능력으로 통칭한다[한국교육학회, 2022]. 즉, 교원의 AI·디지털 역량이란 AI·디지털에 관한 기초 지식과 교육적 의의에 대한 이해를 바탕으로 교원의 직무와 관련된 AI·디지털을 적용할 수 있는 능력, 그에 대한 가치와 윤리적 태도를 갖추고 있는 것을 의미한다. 예비·현직 교원의 AI·디지털 역량 개념 체계를 더욱 논리적으로 도출하기 위해 4가지 차원으로 정립하였다. 1차원은 AI·디지털 기술에 관한 3가지 측면인 이해·지식, 기능, 태도를 고려하였다는 점이다. 2차원은 교원의 직무를 4개의 영역(교수·학습, 생활지도, 학교 업무, 자기 계발)으로 분류하여 학교 현장에서의 예비·현직 교원이 맡고 있는 모든 직무를 고려하고자 하였다. 3차원은 'AI·디지털의 이해(지식), AI·디지털의 교육적 활용(실행, 기능·기술), AI·디지털 활용 태도(윤리·가치)'의 세 가지 측면과 관련된 주요 하위요인이 반영될 수 있도록 설계하였다는 점이다. 4차원은 직무 영역별 AI·디지털 역량을 행동 지표로 제시하여 교원의 AI·디지털 역량 함양을 위한 구체적인 기준을 제시하고자 하였다. 이러한 과정에 따라 도출된 예비·현직 교원 AI·디지털 역량 개념 모델은 <표 2-13>과 같다.

〈표 2-13〉 교원의 AI·디지털 역량 개념 모델

출처 한국교원교육학회(2023)

구분	교원의 직무 영역별 역량 영역			
	1. 교수·학습	2. 생활지도	3. 학교 업무	4. 자기 계발
이해 (지식)	1-1. 교수·학습에 필요한 AI·디지털에 대한 기초 지식 이해 역량 - 디지털 소양에 대한 기초지식 이해 - AI·디지털 환경 및 활용에 대한 이해 - AI·디지털 기술과 교과별 핵심역량과의 관련성 이해	2-1. AI·디지털 세계와 정보의 유용성 및 위험성에 대한 이해 역량 - AI·디지털 기술의 사회적 영향력 이해 - AI·디지털 기술을 활용한 생활교육 가능성 이해 등	3-1. AI·디지털 환경의 학교 운영 플랫폼에 대한 이해 역량 - 행정 업무 관련 정보·데이터 분석 및 처리 방법 이해 - 학교 업무 소프트웨어 등에 대한 이해	4-1. 최신의 AI·디지털 기기·정보에 능동적으로 적응해 가는 역량 - AI·디지털 기술 활용의 교육적 의의 이해 - 메타인지를 활용한 AI·디지털 역량 진단 - 디지털 역량에 대한 자기진단/디지털 기술에 대한 수용력 등
기능 (기술)	1-2. AI·디지털을 기반으로 교수·학습 자료를 개발·적용하는 역량 - AI·디지털 기반의 교육과정 재구성 능력 - 교과별 특성에 맞는 AI·디지털 관련 에듀테크 활용 능력 - 학생의 자기 주도성 향상을 위한 AI·디지털 기술 활용 능력 1-3. AI·디지털 환경에 적합한 진단·평가·피드백 기술 개발 역량 - AI·디지털 기술을 활용한 학습자 진단 및 교수학습 개별화 전략 수립 능력 - 데이터 기반 학생·수업 평가를 위한 데이터 해석 및 피드백 능력 1-4. AI·디지털 환경의 학교 현장 연구 전문성 신장 역량 - 디지털 환경의 수업 성찰 능력 - AI·디지털 기반 플랫폼 및 콘텐츠 개발 능력 - AI·디지털 활용의 기술적 문제 해결 능력 등	2-2. AI·디지털 세계의 이해·거짓 정보 식별을 지도하는 역량 - 학생 맞춤형 지도를 위한 AI·디지털 기술 활용 능력 - AI·디지털 기술 활용 회복적 생활교육 능력 - AI·디지털 활용으로 습득한 정보의 질 판단 - 거짓 정보 생산·전파 방지 등 2-3. AI·디지털 환경에서 학생의 부적절한 행동에 대한 교정·지도 역량 - AI·디지털 환경에서의 윤리의식 및 시민성 함양 - 데이터 기반 학교폭력 및 사이버폭력 예방·대처 능력 - 디지털 저작권 교육 - 학생의 디지털 여건에 대한 이해 등	3-2. AI·디지털 환경에서 교육 활동 정보를 생산하는 역량 - AI·디지털 기술을 활용한 공문서 및 회계업무 처리 능력 - 교육행정정보시스템(NEIS)의 기능 활용 능력 - AI·디지털 기술을 활용한 교과 외 교육 활동 및 프로젝트 기획 능력 등 3-3. AI·디지털 기술을 활용하여 학교 업무를 새롭게 혁신하는 역량 - 학교 업무 효율화를 위한 AI·디지털 기기 활용 능력 - AI·디지털 기술을 활용한 업무 공유 및 협업 능력 등	4-2. AI·디지털 기기·정보를 활용하여 교수학습 공동체를 조직·참여하는 역량 - 디지털 환경에서의 협력 - 발전하는 AI·디지털 기술에 대한 지속적 학습 - AI·디지털 기술 활용 숙련도 향상 - AI·디지털 활용에 대한 자기효능감 등 4-3. AI·디지털 환경의 다양한 커뮤니티 활동을 통해 시민사회에 참여하는 역량 - AI·디지털 활용 수집 정보의 신뢰성·정확성 판단 - AI·디지털 기술 발전으로 인한 사회 변화에 대한 적응력 - AI·디지털 기술에 대한 비판적 수용 등
태도 (윤리, 가치)	1-5. 교수·학습 디지털 정보의 저작권을 준수하는 역량 - 디지털 교수·학습 자료의 라이센스 준수 등	2-4. 학생의 개인정보를 보호하는 역량 - 학생의 개인 정보 보호 - 디지털 정보 보호 및 보안을 위한 조치 등	3-4. 학교 AI·디지털 기기 및 플랫폼의 안전성을 확보하는 역량 3-5. 학교 AI·디지털 정보의 보안을 점검·유지하는 역량 - 디지털 기기·소프트웨어의 안전한 사용 - 디지털 정보 저장·가공·전파의 보안 유지 등	4-4. AI·디지털 관련 윤리 기준을 준수하는 역량 - 디지털 환경에서의 네티켓 준수 - 사적·공적인 디지털 커뮤니티의 차이 이해 등

이러한 교원의 AI·디지털 역량 개념 모델 따라 이해, 실행, 태도라는 세 가지 측면으로 범주화하여 교원의 AI·디지털 역량을 세분화한 하위 역량은 <표 2-14>와 같다.

<표 2-14> 예비·현직 교원의 AI·디지털 공통 역량 및 하위 역량(1차 연도)

출처 한국교원교육학회(2022)

공통 역량 분류		하위 역량 분류
AI·디지털의 이해		AI·디지털 관련 기초지식 이해 역량
		AI·디지털의 사회적 영향력 이해 역량
		AI·디지털의 교육적 의의 이해 역량
AI·디지털의 교육적 활용	설계	AI·디지털 기반 교육과정 재구성 역량
		AI·디지털 기반 개별화 학습 설계 역량
		AI·디지털 기반 실제적 학습 설계 역량
		AI·디지털 기반 평가 설계 역량
		AI·디지털 기술·데이터·서비스·콘텐츠 평가, 선정 또는 개발 역량
	운영	AI·디지털 기반 교수-학습 매체 활용 역량
		AI·디지털 관련 기술적 문제 진단 역량
		AI·디지털 기반 의사소통 및 데이터 활용 역량
	평가	평가 데이터 해석 및 활용 역량
		데이터 활용 피드백 역량
AI·디지털 활용 전문성 개발		AI·디지털 활용을 위한 수업 성찰 역량
		AI·디지털 활용을 위한 현장 연구 역량
AI·디지털의 윤리적 활용		AI·디지털의 비판적 수용 역량
		AI·디지털 관련 개인 정보 보호 역량
		AI·디지털 관련 저작권 보호 역량

AI·디지털 공통 역량 중 'AI·디지털의 이해'는 AI·디지털의 기초 지식, 사회적 영향력, 교육적 의의 및 필요성에 대해 이해하는 역량을 말한다. 이는 다시 AI·디지털 기술의 기본적인 특징 및 활용 방법을 이해하는 역량인 AI·디지털 관련 기초지식 이해 역량과 AI·디지털 기술이 사회에 미치는 영향력을 이해하는 역량인 AI·디지털의 사회적 영향력 이해 역량, AI·디지털이 교육 영역에 미치는 영향력 및 필요성에 대해 이해하는 역량인 AI·디지털의 교육적 의의

이해 역량으로 나눌 수 있다.

'AI·디지털의 교육적 활용'은 AI·디지털을 교수학습의 설계, 운영, 평가에 활용하는 역량을 말한다. 이는 크게 설계, 운영, 평가로 나눌 수 있고, 설계는 5개의 하위 역량으로 구성된다. 먼저 AI·디지털 기반 교육과정 재구성 역량은 교육과정과 성취 기준을 고려하여 AI·디지털을 효과적으로 활용할 수 있도록 교육과정을 재구성하는 역량이다. 두 번째 AI·디지털 기반 개별화 학습 설계 역량은 학습자의 개별 특성과 학습 수준을 고려하여 AI·디지털을 활용하는 개별화 학습을 설계하는 역량이다. 세 번째 AI·디지털 기반 실제적 학습 설계 역량은 AI·디지털을 활용하여 실제적 학습을 설계하는 역량이며 네 번째 AI·디지털 기반 평가 설계 역량은 AI·디지털을 활용하여 학습자의 학업성취 평가 계획을 수립하는 역량이다. 다섯 번째, AI·디지털 기술·데이터·서비스·콘텐츠 평가, 선정 또는 개발 역량은 교육 내용, 교수-학습, 평가 등에 적합한 AI·디지털 기술·데이터·서비스·콘텐츠를 평가하여 선정하고 이를 개선 또는 개발하는 역량을 말한다.

다음으로 운영은 3개의 하위 영역으로 구성된다. 첫 번째, AI·디지털 기반 교수-학습 매체 활용 역량은 AI·디지털 기반 교수-학습 매체를 활용하여 학습을 촉진하는 역량이다. 두 번째, AI·디지털 관련 기술적 문제 진단 역량은 교수-학습 과정에서 발생하는 AI·디지털 관련 기술적 문제를 진단하는 역량이며, 세 번째 AI·디지털 기반 의사소통 및 데이터 활용 역량은 AI·디지털을 활용하여 학생들과 의사소통하고 생성된 데이터의 의미를 파악하여 교수-학습에 활용하는 역량을 말한다. 마지막으로 평가는 AI·디지털을 활용한 평가 데이터를 이해 및 해석하고 이를 교수-학습에 활용하는 평가 데이터 해석 및 활용 역량과 AI·디지털을 활용한 데이터를 바탕으로 학생에게 피드백을 제공하고 교수-학습 개선에 적용하는 데이터 활용 피드백으로 구성된다.

AI·디지털 공통 역량 중 'AI·디지털 활용 전문성 개발'은 AI·디지털을 교육적으로 활용하기 위한 전문성을 자기 주도적으로 개발하는 역량으로 이는 다시 AI·디지털 활용을 위한 수업 성찰 역량과 AI·디지털 활용을 위한 현장 연구 역량으로 나뉜다. AI·디지털 활용 관련 교수 능력을 강화하기 위해 수업을 성찰하는 역량이 AI·디지털 활용을 위한 수업 성찰 역량이며, AI·디지털 활용 교수 역량을 강화하기 위해 현장 연구를 수행하는 역량이 AI·디지털 활용을 위한 현장 연구 역량이다.

마지막으로 'AI·디지털의 윤리적 활용'은 AI·디지털을 비판적으로 판단하고 윤리적으로 활용하는 역량이다. 이는 AI·디지털이 사회와 교육에 미칠 수 있는 영향에 대해 이해하고 비판적으로 수용하는 역량인 AI·디지털의 비판적 수용 역량, AI·디지털 활용 시 취급하는 개인정보를 이해하고 올바르게 관리 및 사용하는 역량인 AI·디지털 관련 개인 정보 보호 역량, AI·디지털 활용 시 창작자의 권리를 준수하는 방향으로 자신과 타인의 창작물을 활용 및 공유하는 역량인 AI·디지털 관련 저작권 보호 역량으로 나눌 수 있다황영식, 김희규, 신형석, 주영호, 2023.

AIEDAP 1차 연도 사업과제로 수행된 '예비·현직 교원의 AI·디지털 역량 체계'는 이후 2차 연도 사업과제인 '예비·현직 교원의 AI·디지털 역량 측정 도구 개발' 과정에서 재구조화가 이루어졌다. 그 결과는 <표 2-15>와 같다.

〈표 2-15〉 재구조화된 교원의 AI·디지털 역량 체계(2차 연도)

출처 한국교육학술정보연구원(2023)

영역	역량	역량 정의
AI·디지털 기본	AI·디지털 기술 활용	AI·디지털 기술을 올바르게 활용한다.
	AI·디지털 윤리 실천	AI·디지털 기술 활용에 관련된 윤리적인 측면을 내면화하고 실천한다.
AI·디지털 교육 실행	AI·디지털 기술 활용 교육맥락분석	AI·디지털 기술을 활용하여 수업 설계를 위한 요구와 제한점을 도출한다.
	AI·디지털 기술 활용 교수-학습 설계	AI·디지털 기술을 활용하여 교육 내용과 학습 과제를 구성하고 교수-학습 방법을 설계한다.
	AI·디지털 기술 활용 교육자원 개발	AI·디지털 기술을 활용하여 교수-학습 자료, 평가 자료를 개발한다.
	AI·디지털 기술 활용 수업 실행	설계한 수업을 AI·디지털 기술을 활용하여 실행한다.
	AI·디지털 기술 활용 교육평가와 성찰	AI·디지털 기술을 활용하여 학습자의 학업 성취를 평가하고 수업을 성찰한다.
전문적 참여	자기 계발	AI·디지털 역량을 꾸준히 개발한다.
	사회 참여	AI·디지털 기술을 이용하여 긍정적인 사회 변화에 기여한다.

2 교사의 AI·디지털 교육 역량 프레임워크

유럽연합(EU)의 연구 단체인 Joint Research Centre(이하 JRC)2017는 교사를 위한 디지털 역량 프레임워크인 DigCompEdu를 [그림 2-5]와 같이 개발하였다. DigCompEdu는 총 6개 영역(전문적 참여, 디지털 자원, 교수·학습, 평가, 학습자 강화, 학습자의 디지털 역량 촉진) 22개의 기본 역량으로 구성되어 있다.

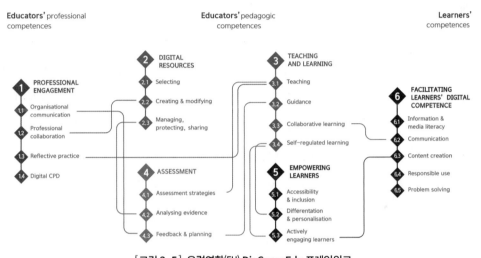

[그림 2-5] 유럽연합(EU) DigCompEdu 프레임워크

출처 Redecker, C.(2017)

첫째, 전문적 참여(Professional Engagement) 영역은 조직과 기관 간 의사소통, 전문가들 간의 협력, 반성적 실천, 디지털과 관련된 지속적 전문성 개발이라는 4개의 기본 역량으로 구성된다. 둘째, 디지털 자원(Digital Resources)은 디지털 자원을 선택하고, 디지털 자원을 제작 및 수정하며, 디지털 자원의 관리와 보호, 그리고 공유하는 역량을 포함한다. 셋째, 교수·학습(Teaching and Learning)은 학생들을 교수(tTeaching)하고, 안내하며 협력 학습과 자기조절 학습을 할 수 있도록 하는 역량을 포함하고 있다. 넷째, 평가(Assessment)는 평가 전략을 세우고, 증거를 분석하며 시의적절한 피드백을 제공하면서 이를 바탕으로 계획을 세울 수 있도록 하는 역량을 포함한다. 다섯째, 학습자 강화(Empowering Leaners)는 접근성과 포괄성, 차별화와 개인화, 학습자의 적극적인 참여라는 역량을 포함한다. 이때 접근성과 포괄성은 특별한 요구가 있는 사람을 포함한 모든 학습자에게 학습 자원 및 활동에 대한 접근성을 보장해야 하며, 디지털 기술 사용에 대한 문맥적, 신체적, 인지적 제약을 포함해 학습자의 디지털 기대, 능력,

활용 및 오개념을 고려하고 대응하는 것을 의미한다. 또한 차별화와 개인화는 디지털 기술의 사용을 통해 학습자가 다양한 수준과 속도로 발전하고 개별 학습 경로와 목표를 따르게 함으로써 학습자의 다양한 요구를 해결하도록 하는 것을 의미한다. 여섯째, 학습자의 디지털 역량 촉진(Facilitating Learners' Digital Competence)은 정보 및 미디어 리터러시, 디지털 의사소통과 협력, 디지털 콘텐츠 창작, 책임 있는 사용, 디지털 문제해결이라는 5가지 역량을 포함한다.

정기민 외₂₀₂₃는 2022 개정 교육과정이 도입될 때를 대비해 일반 교원을 위한 인공지능 소양 프레임워크를 개발하였다. 실과 및 정보 교과를 전공한 교사가 아닌 일반 교원들을 대상으로 한 인공지능 소양 프레임워크로서 전 교과에 적용할 수 있는 인공지능 소양 교육 내용 체계를 제시하고자 하였다. 또한 내용 중심보다는 활용 중심으로 구성함으로써 빠르게 변화하는 인공지능 기술 패러다임의 변화에도 융통성 있게 적용할 수 있는 방향으로 설계되었다. 교사의 경우 학생과 달리 수업에 적용하기 위한 인공지능 소양이 필요하므로 Bloom의 인지적 목적분류법에 따랐으며 '인공지능 개념교육'에서부터 '인공지능 창의·융합 교육'까지 방향성을 단계적으로 제시하였다. [그림 2-6]에서 확인할 수 있듯이 인공지능 개념교육과 인공지능 원리교육을 통해 인공지능에 대해 이해하고, 인공지능 활용 문제해결 교육과 인공지능 창의·융합 교육을 통해 인공지능 융합 교육의 방향으로 나아가고 있다. 인공지능 윤리교육의 경우 다른 영역의 교육에서도 이루어지며 인공지능 윤리교육 단계에서 집중적으로 이루어진다.

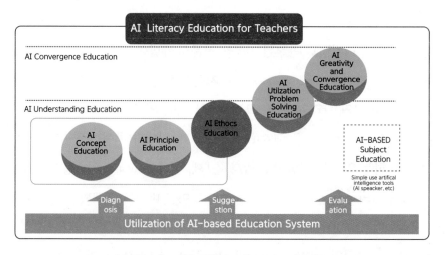

[그림 2-6] 교원을 위한 인공지능 소양 프레임워크

출처 정기민 외(2023)

신수범2023은 교원의 AI·디지털 역량에 대한 단계별 프레임워크를 개발하여 교원의 AI·디지털 역량 평가에 활용하고자 하였다. [그림 2-7]에서 알 수 있듯이 진입단계(Entry Level)에서는 교원은 기초적인 AI·디지털 역량이 있지만 이를 교직의 업무에 적용하기에는 불필요하게 인식하는 경우에 해당한다. 적응 단계(Adaption Level)는 교육 활동을 위해 AI·디지털 도구를 적절하게 선택할 수 있는 능력을 갖추고 있으며 현재 교사의 다양한 직무 활동에 AI·디지털을 적용할 수 있는 능력이 있음을 의미한다. 마지막 선도 단계(Leading Level)는 교원 스스로 AI·디지털이 가진 잠재성을 이해하고 기존의 교사 직무 활동 전반의 개선을 위해 AI·디지털을 활용할 수 있고 다른 교사에게 모범이 되는 단계이다.

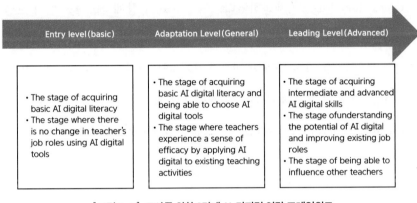

[그림 2-7] 교사를 위한 3단계 AI·디지털 역량 프레임워크
출처 신수범(2023)

3 교육 역량과 TPACK

슐먼(Shulman)[1986]은 교사에게 필요한 지식은 가르치는 내용과 방법의 결합체임을 주장하며 교과 내용에 대한 지식인 내용 지식(Content Knowledge)과 교수·학습 과정과 방법, 실행 등 교육학적 지식으로서 교수 지식(Pedagogical Knowledge)을 결합한 PCK(Pedagogical Content Knowledge) 모델을 제안하였다. 이는 교과의 특정 내용을 특정 학생들의 이해를 촉진할 수 있도록 가르치는 방법에 대한 교사의 지식이라 볼 수 있다[강지연, 2023]. 미쉬라(Mishra)와 쾰러(Koehler)[2006]는 PCK 모델에 테크놀로지 지식(Technical Knowledge)을 추가한 TPACK(Technology, Pedagogy and Content Knowledge)을 제안하였다. 이는 교육 현장에 테크놀로지가 보편화되면서 테크놀로지를 다룰 수 있는 기초적인 기술이나 교수·학습 과정에서 학습자의 사고 확장을 위해 테크놀로지를 통합할 수 있는 역량이 필요해졌기 때문이다. TK는 단순히 기술을 활용하는 지식을 넘어 이를 활용한 문제해결 역량의 개념으로 발전할 수 있음을 고려해야 한다[Mishra & Koehler, 2009]. TPACK의 프레임워크를 살펴보면 [그림 2-8]과 같다.

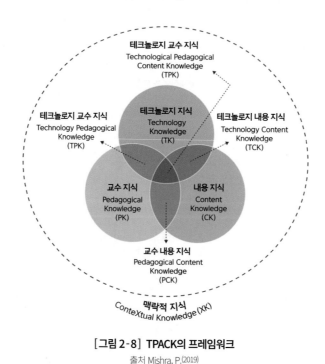

[그림 2-8] TPACK의 프레임워크

출처 Mishra, P.(2019)

TPACK 모델은 교육에 테크놀로지를 의미 있게 활용하기 위하여 CK(내용 지식), PK(교수 지식), TK(테크놀로지 지식)의 상호작용을 강조한다. 이들의 상호작용이 일어나는 교집합 부분을 살펴보면 내용교수지식(PCK), 테크놀로지 내용지식(TCK), 테크놀로지 교수지식(TPK)이 있다. 내용교수지식(PCK)은 앞에서도 살펴보았듯이 교과 내용을 잘 가르치기 위한 효과적인 전략과 교수 방법에 대한 지식이다. 학생들의 이해를 촉진할 수 있도록 가르치는 방법에 대한 교사의 지식으로 볼 수 있겠다. 테크놀로지 내용지식(TCK)은 다양하고 적절한 테크놀로지를 활용해 교수 내용을 효과적으로 전달하기 위한 지식을 말하며, 테크놀로지 교수지식(TPK)은 교수·학습의 전 과정에 테크놀로지를 적절히 활용할 수 있는 지식으로서 교수전략과 설계에 도움이 되는 테크놀로지를 선택하고 사용하는 방법에 대한 지식을 의미한다Mishra & Koehler, 2006.

따라서 TPACK은 테크놀로지 지식, 교수지식, 내용지식을 통합하는 핵심 요소로 볼 수 있다. 즉, 교수자가 수업에서 테크놀로지를 활용하여 교과의 내용을 효과적으로 교육하기 위한 가장 핵심적이고 종합적 지식으로 볼 수 있다Koehler, Mishra, Kereluik, Shin & Graham, 2014. 또한 미쉬라(Mishra)2019는 최근 연구에서 TPACK 모델에 맥락적 지식(Contextual Knowledge)을 추가하여 교수자가 갖춰야 할 역량에 내부 기업가(또는 창조자)를 의미하는 intrapreneur로서의 역량을 강조하였다. 이는 교육이 이루어지는 다양한 환경과 과정에서 발생하는 여러 가지 제약에 대해 단순한 교수·학습 설계를 아닌 지속 가능한 시스템으로서의 변화와 혁신이 되도록 교수·학습의 경영자로서 책임을 진다는 의미이다Mishra, 2019. 즉, TPACK은 교수·학습 상황에 필요한 지식 간 맥락적 상호작용으로 발현되는 총체적인 틀로 볼 수 있다. 따라서 디지털 기술이 요구되는 교수 역량을 지원하는 핵심적인 프레임워크라 할 수 있다.

강지연2023은 국내외 선행 연구 및 사례 분석을 통해 TCK, TPK, PCK, TPACK 4개의 요소를 바탕으로 [그림 2-9]와 같이 TPACK 기반 신임 교원의 교수 역량 개발 프레임워크를 마련하고자 하였다. 신임 교원에게 필요한 역량을 교수·학습 과정에 따라 단계별로 제시하고, TPACK의 지식 체계에 따라 적용함으로써 교수 역량을 끌어올리기 위함이다강지연, 2023. 먼저 신임 교원의 요구에 따라 역량의 수준은 접근, 설계, 적용, 환류로 구분된다. '접근'은 자신의 교과에 대한 전반적인 이해 단계이며 '설계'는 지식과 전략을 활용한 수업 설계 단계이다. '적용'은 학습 환경과 맥락을 반영한 수업 실천 단계이며, '환류'는 평가하고, 공유 및 성찰을 통해 개선하는 단계이다.

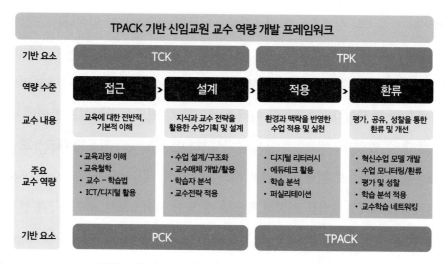

[그림 2-9] TPACK 기반 신임 교원 교수 역량 개발 프레임워크

출처 강지연(2023)

최정원 외[2022]는 2022 개정 교육과정에서 도입되는 인공지능 교육에 대비하여 예비 교사의 인공지능 융합 수업 전문성 함양을 위한 AI-TPACK 모델을 개발하였다. 기존 테크놀로지와 차별화되는 특징을 가진 테크놀로지로서의 인공지능이라는 점, 현재 학습자로서의 과업과 예비 교사로서의 과업을 동시에 고려해야 한다는 점 등을 반영한 모델로서 1단계 인공지능 이해, 2단계 TPACK의 이해, 3단계 TPACK 수업 관찰 및 참여, 4단계 TPACK 수업 설계 및 실천, 5단계 TPACK 수업 평가 및 반영으로 이루어지며 세부적인 내용은 <표 2-16>과 같다[최정원, 전수진, 김성애, 박정호, 2022].

<표 2-16> 예비 교사의 수업 전문성 양성을 위한 AI-TPACK 모델

출처 최정원 외(2022)

구분	인공지능의 이해	TPACK의 이해	TPACK 수업 관찰 및 경험	TPACK 수업 설계 및 실천	TPACK 수업 평가 및 반영
교사 과업	• AI의 개념과 원리 • AI 모델 생성을 통한 문제해결	• TPACK의 개념 소개하기 • 테크놀로지로서의 AI 소개하기	• 의미 있는 TPACK 수업 과정 소개 • TPACK 수업 실습 • (선택) 우수 TPACK 수업 소개	• AI를 접목한 TPACK 수업 주제 도출 • TPACK 수업의 설계 및 실습 과정 선도	• TPACK 수업 실습 피드백

예비 교사 과업	<ul><li>TPACK 개념과 이론 토의하기</li><li>테크놀로지로서의 AI 정의하기</li><li>AI의 필요성</li><li>학습자의 깊은 이해 유도</li><li>스킬 강화</li><li>AI를 기술로 활용하는 방법</li></ul>	<ul><li>교사의 수업에 참여</li><li>학습자 관점 이해</li><li>교생실습을 통한 관찰</li><li>AI가 사용되는 이유와 방법</li><li>TPACK 수업 구성 방법</li></ul>	<ul><li>TPACK 수업 설계</li><li>TPACK 수업 실시 (비디오 녹화)</li><li>(선택) 수업 자유 주제 선택</li></ul>	<ul><li>TPACK 수업 자기 평가</li><li>(선택) 수업 동료 평가</li><li>교수 전문성 향상을 위한 교사 및 동료 피드백 반영</li></ul>

1단계 인공지능의 이해는 교사와 예비 교사 모두 인공지능의 개념과 원리를 이해한 뒤 인공지능 모델을 생성하는 방법을 파악하고 여러 가지 문제 상황에 인공지능 모델을 활용하여 해결하는 활동을 실시한다. 2단계 TPACK의 이해의 경우 교사는 TPACK의 개념과 원리, 테크놀로지로서의 인공지능에 대해 안내하고 예비 교사는 교사의 설명을 듣고 TPACK의 개념 등에 대해 토론의 시간을 가지며 TPACK의 중요성에 대해 알아간다. 또한 예비 교사는 인공지능이 교과에 통합될 필요에 대해 학습자가 깊이 있게 이해할 수 있도록 유도해야 하며 교과에 인공지능을 통합하는 방법을 알 수 있는 활동을 한다. 3단계 TPACK 수업 관찰 및 경험에서는 교사의 경우 인공지능과 통합된 유의미한 TPACK 수업을 구성하는 방법을 설명한다. 예비 교사의 경우 교사의 TPACK 수업에 대해 단순한 참관을 넘어 학습자로 참여하는 경험을 통해 학습자로서의 반응, 수업 전략 등을 깨달아 TPACK 수업을 구성할 수 있도록 한다. 경우에 따라 우수 TPACK 수업 사례를 소개함으로써 예비 교사의 이해를 도울 수 있다. 4단계 TPACK 수업 설계 및 실천에서는 교사의 경우 의미 있는 주제를 제안함으로써 학습자의 적극적인 참여를 끌어냄과 동시에 예비 교사들이 TPACK 수업을 설계하고 실행해 가는 과정을 촉진시켜야 한다. 예비 교사는 실제 수업 설계와 실천을 진행해야 하고, 이 과정을 녹화함으로써 자기 평가 과정에서 활용할 수 있다. 5단계 TPACK 수업 평가 및 반영에서는 교사가 예비 교사에게 수업에 대한 피드백을 실시한다. 예비 교사는 자신의 수업을 스스로 평가함과 동시에 동료의 수업을 분석하고 평가함으로써 자신의 수업 발전에 반영할 수 있다.

평가문항

 핵심역량 함양을 위한 학교 교육과정 설계의 원리를 교육과정, 교수·학습, 평가, 학교 문화 측면에서 각각 설명하시오.

 컴퓨팅 사고력과 인공지능 사고력을 비교하여 설명하시오.

3 내용교수지식(PCK), 테크놀로지 내용지식(TCK), 테크놀로지 교수지식(TPK)에 대해 각각 설명하시오.

정보과 교육과정

"
3장에서는 2022 개정 교육과정에 포함된 정보과 교육과정을 학교급별로 제시하였다. 다만, 초등학교는 정보과 교육과정이 별도로 고시되어 있지 않고, 5~6학년 실과에 포함되어 있으므로 이 내용을 중심으로 제시하였다.
"

1 초등학교 교육과정

초등학교 실과 교육과정에 정보 교육이 처음 시작된 것은 5차 교육과정 시기부터이다. 이후 2022 개정 교육과정까지 실과에 정보 교육 관련 단원이 포함되었다.

1 5차 교육과정

5차 교육과정은 1987년에 고시되었고, 1989년부터 연차적으로 적용되었으며, <표 3-1>과 같이 초등학교 3~4학년 중에서 4~6학년 실과에 '컴퓨터와 일의 세계', '컴퓨터의 종류와 쓰임새', '컴퓨터와 생활' 등을 포함하였다.

<표 3-1> 5차 초등학교 교육과정에서의 정보 교육

구분	학년	교육 내용
제5차	4학년 5학년 6학년	▪실과 - 컴퓨터와 일의 세계 - 컴퓨터의 종류와 쓰임새 - 컴퓨터와 생활

초등학교에서는 1987년 '학교 컴퓨터 교육 강화 방안'이 발표된 후 정보 교육이 강화되었다. 우선, 초등학교 4학년은 '컴퓨터와 일의 세계', 5학년은 '컴퓨터의 종류와 쓰임새', 6학년은 '컴퓨터와 생활' 영역이 추가되었다. 특히 6학년은 일상생활에서 활용되는 컴퓨터의 중요성을 이해하고, 기초적인 조작 활동을 통해 컴퓨터와 친숙해지도록 컴퓨터의 기초와 컴퓨터 다루기 내용을 포함하였다.

2 6차 교육과정

6차 교육과정에서는 <표 3-2>와 같이 3~6학년 실과 내용 중에서 5학년에 '컴퓨터 다루기'와 '컴퓨터 관리하기' 내용을 포함하였고, 초등학교 6학년에 '컴퓨터로 글쓰기' 내용을 포함하였다.

<표 3-2> 6차 초등학교 교육과정에서의 정보 교육

구분	학년	교육 내용
제6차	5학년 6학년	▪ 실과 - 컴퓨터 다루기, 컴퓨터 관리하기 - 컴퓨터로 글쓰기

3 7차 교육과정

7차 교육과정에서는 실과를 5~6학년에서만 가르치도록 하였다. 다만, 모든 교과에서 정보 기술을 학습 활동에 활용하도록 명시함으로써 컴퓨터가 모든 교과의 학습 도구로 자리매김하게 되었다. 실과 이외에도 <표 3-3>과 같이 국어과에서도 컴퓨터 활용 교육을 포함하였다.

<표 3-3> 7차 초등학교 교육과정에서의 정보 교육

구분	학년	교육 내용
제7차	3학년 5학년 6학년	▪ 국어 - 컴퓨터로 글쓰기 ▪ 실과 - 컴퓨터 다루기 - 컴퓨터 활용하기

과목별 구체적인 내용은 다음과 같다.

첫째, 국어는 '컴퓨터로 글쓰기' 내용을 포함하였는데 글을 컴퓨터로 옮겨 쓰기, 컴퓨터를 이용하여 자기 생각을 글로 쓰기, 전달 효과를 고려하여 자신의 글을 컴퓨터로 편집하기 등의 내용을 포함하였다.

둘째, 실과는 초등학교 5학년에 '컴퓨터 다루기'를 포함하여 컴퓨터의 구성을 이해하고 자판을 다루는 능력을 길러 간단한 문서를 작성하고 편집·인쇄할 수 있도록 하였다. 6학년에는 '컴퓨터 활용하기'를 포함하여 컴퓨터를 이용하여 간단한 그림을 그릴 수 있고, 전자 우편, 인터넷 등 컴퓨터 통신에 관한 기본 능력을 길러 생활 주변의 정보를 주고받을 수 있도록 하였다.

4 2007 개정 교육과정

2007 개정 교육과정은 <표 3-4>와 같이 초등학교 5학년 실과에서 '정보 기기와 사이버 공간' 단원을 포함하여 정보기기의 종류, 특성, 기능을 이해하여 생활 속에서 다양한 방법으로 활용하고, 사이버 공간의 특성을 이해하며 사이버 공간에서의 올바른 윤리 의식을 실천할 수 있도록 하였다. 6학년 실과에서는 '인터넷과 정보' 단원을 포함하여 인터넷을 통해 원하는 정보를 효율적으로 탐색하고 유용한 정보를 선택할 수 있도록 하며, 가족이나 친구들과 함께할 수 있는 여가와 취미 활동 등에 관한 여러 가지 정보를 인터넷으로 수집한 후 컴퓨터로 작성하여 활용할 수 있도록 하였다.

〈표 3-4〉 2007 개정 초등학교 교육과정에서의 정보 교육

구분	학년	교육 내용
2007 개정 교육과정	5학년 6학년	▪ 실과 - 정보기기와 사이버 공간 - 인터넷과 정보

5 2009 개정 교육과정

2009 개정 교육과정은 <표 3-5>와 같이 초등학교 5~6학년군 실과의 '생활과 정보' 영역에서 일상생활 속에서 올바른 정보 윤리의식을 가지고 정보 기기와 사이버 공간을 이용하고,

정보 기기를 활용하여 멀티미디어 자료를 창의적으로 만들어 활용할 수 있도록 하였다. 이를 위해 정보 기기의 종류와 기능을 이해하여 다양한 활용 방법을 익히며, 올바른 정보 윤리의식을 가지고 정보기기와 사이버 공간을 이용할 수 있도록 하였다. 또한, 사용하기 쉬운 소프트웨어로 창의적인 발표 자료를 만들고, 일상생활에서 많이 사용되는 정보기기를 이용하여 사용자의 환경에 적절한 멀티미디어 자료를 만들어 활용할 수 있도록 하였다.

〈표 3-5〉 2009 개정 초등학교 교육과정에서의 정보 교육

구분	학년	교육 내용
2009 개정 교육과정	5학년 6학년	▪ 실과 - 생활과 정보 - 생활과 전기·전자

⑥ 2015 개정 교육과정

2015 개정 교육과정에서는 초등학교 5~6학년 실과 내 ICT 중심의 정보 교육을 소프트웨어 기초 소양 중심으로 개편하였고, 실습·체험 위주의 내용을 구성하여 누구나 쉽게 소프트웨어 교육을 받을 수 있도록 하였다. 주요 내용을 살펴보면, <표 3-6>과 같이 기술 시스템 영역에서 소프트웨어의 이해와 절차적 문제해결, 프로그래밍 요소와 구조를 포함하였고, 기술 활용 영역에서는 개인정보와 지식 재산 보호, 로봇의 기능과 구조를 포함하였다.

〈표 3-6〉 2015 개정 초등학교 교육과정에서의 정보 교육

영역	핵심 개념	내용 요소
기술 시스템	소통	▪ 소프트웨어의 이해 ▪ 절차적 문제해결 ▪ 프로그래밍 요소와 구조
기술 활용	혁신	▪ 개인정보와 지식 재산 보호 ▪ 로봇의 기능과 구조

7 2022 개정 교육과정

2022 개정 초등학교 교육과정 총론에서는 정보 교육을 확대하기 위하여 실과의 정보 영역 시수와 학교 자율시간 등을 활용하여 34시간 이상 편성·운영하도록 명시하였다.

1. 실과에서의 정보 교육

초등학교 정보 교육의 내용은 <표 3-7>과 같이 5~6학년 실과의 '디지털 사회와 인공지능' 영역에 포함되어 있으며, 지식·이해의 범주에 컴퓨터의 개념, 문제 찾기와 문제 해결 절차, 컴퓨터에 명령하는 방법, 데이터의 종류와 표현, 생활 속 인공지능 등을 포함하고 있다.

〈표 3-7〉 2022 개정 초등학교 교육과정에서의 정보 교육

핵심 아이디어	<ul><li>프로그래밍은 디지털 사회에서 발생하는 다양한 문제를 해결하는 데 도움을 준다.</li><li>컴퓨터로 처리할 수 있는 데이터는 디지털 데이터이며, 문제 해결을 위한 명령은 명확한 절차가 필요하다.</li><li>인공지능은 인간의 지능을 모방하여 만든 프로그램 시스템으로 생활 속의 다양한 분야에 영향을 미친다.</li></ul>
범주 〈 구분	**내용 요소** 초등학교 5~6학년
지식·이해	<ul><li>컴퓨터의 개념</li><li>문제 찾기와 문제 해결 절차</li><li>컴퓨터에 명령하는 방법</li><li>데이터의 종류와 표현</li><li>생활 속 인공지능</li></ul>
과정·기능	<ul><li>생활 속에서 활용되는 컴퓨터의 사례 탐색하기</li><li>일상생활의 문제를 해결하기 위한 알고리즘 구상하기</li><li>문제를 해결하는 기초적인 프로그래밍하기</li><li>데이터 간에 공통되는 유형이나 형태 탐색하기</li><li>인공지능이 만들어지는 과정 탐색하기</li></ul>
가치·태도	<ul><li>생활 속에서 컴퓨터를 활용해 해결 가능한 문제를 탐색해 보려는 자세</li><li>프로그래밍을 통해 만든 산출물을 타인과 공유하고 협력하려는 자세</li><li>생활 속의 여러 가지 데이터가 갖는 의미를 파악하는 자세</li><li>인공지능이 사회에 미치는 영향을 파악하는 자세</li></ul>

초등학교 5~6학년 실과의 '디지털 사회와 인공지능' 영역에 포함된 정보 교육의 성취 기준은 다음과 같다.

[6실05-01]

컴퓨터를 활용한 생활 속 문제해결 사례를 탐색하고 일상생활 속 문제를 해결하기 위한 알고리즘을 다양한 방법으로 표현한다. 이 성취 기준은 컴퓨터의 개념을 이해하고 다양한 문제 상황에서 컴퓨터가 활용되는 사례 탐색을 통해 그 가치와 활용 방법을 알 수 있어야 한다. 일상생활에서 컴퓨터를 활용해 해결할 수 있는 문제를 탐색하고, 문제 상황에 제시된 요소들을 분석해 문제의 현재 상태와 목표 상태를 정의한다. 언플러그드 활동 등을 통한 문제 해결 과정을 알고리즘으로 작성하기 위해 자연어, 의사코드(pseudocode), 순서도 등으로 문제 해결 과정을 표현하도록 한다.

[6실05-02]

컴퓨터에 명령하는 방법을 체험하고, 주어진 문제를 해결하는 프로그램을 작성한다.

[6실05-03]

실생활의 문제를 해결하는 프로그램을 협력하여 작성하고, 산출물을 타인과 공유한다.

[6실05-04]

디지털 데이터와 아날로그 데이터의 특징을 이해하고, 인공지능에 활용할 수 있는 데이터의 유형이나 형태를 탐색한다. 이 성취 기준은 놀이·체험을 중심으로 생활 주변에서 접할 수 있는 디지털 및 아날로그 데이터를 찾아 각각의 특징을 비교하는 과정을 통해 데이터의 의미를 이해하고, 인공지능에 활용할 수 있는 숫자, 글자, 소리, 이미지 데이터의 유형이나 형태를 탐색할 수 있도록 한다.

[6실05-05]

인공지능이 만들어지는 과정을 체험하고, 인공지능이 사회에 미치는 영향을 탐색한다. 이 성취 기준은 기계학습이 적용된 간단한 인공지능 도구의 체험을 통해 기계학습의 기본 원리를 이해하고 인공지능으로 인한 사회의 발전과 직업의 변화를 이해하여 인공지능이 사회에 미치는 영향을 탐색할 수 있어야 한다.

성취 기준 적용 시 고려 사항을 정리하면 다음과 같다.

- 다양한 디지털 기기를 실제로 활용하며 생활 속 컴퓨터의 활용 사례를 탐색하도록 한다.
- 우리 일상을 돕고 문제를 해결하기 위해 컴퓨터를 활용한 사례를 탐색하여 발표하도록 한다.
- 특정 프로그래밍 언어의 기능을 익히는데 치중하지 않도록 유의하고 알고리즘을 토대로 프로그래밍을 작성하는 활동을 통해 프로그래밍의 기본 원리를 익히도록 한다.
- 단순한 프로그래밍 산출물 평가를 지양하고 프로그래밍 과정을 통한 컴퓨팅사고력의 향상 정도를 측정할 수 있도록 한다.
- 다양한 사례로 데이터의 의미를 파악하는 활동을 통해 디지털 소양을 함양하도록 한다.
- 인공지능 기술을 단순히 체험하는 것을 넘어 인공지능의 기계학습 과정을 이해할 수 있도록 지도하여 학생들이 인공지능 소양을 함양할 수 있도록 한다.

2. 학교 자율시간에서의 정보 교육

2022 개정 교육과정에서는 부족한 정보 교육 시수를 확보하기 위해 초등 실과 교과 내 '정보 교육' 중 '(5) 디지털 사회와 인공지능' 영역과 연계하여, 학교가 학생의 필요에 따라 학교 자율시간 등에서 초등 '정보 교육'을 확대 편성·운영할 때 활용하도록 명시하고 있다.

[06자율-1]

생활 속에서 컴퓨터가 활용되는 사례를 찾아보는 활동을 경험한다.

[06자율-2]

놀이를 통해 알고리즘의 다양한 사례를 체험하는 활동을 수행한다. 이 성취 기준은 [6실05-01]과 연계하여, 생활 속 문제를 해결하는 알고리즘의 다양한 사례를 이야기로 제시하거나 신체를 움직이고, 다양한 도구 및 학습지를 활용하여 알고리즘을 이해하며 필요성을 설명할 수 있어야 한다.

[06자율-3]

프로그래밍으로 해결된 사례를 찾아보고, 나에게 필요한 프로그램을 만드는 과정을 수행한다. 이 성취 기준은 [6실05-02]와 연계하여, 우리 주변의 가까운 곳에서 프로그래밍으로 해결된 문제를 찾아 간단한 프로그램을 작성하며 자료의 입·출력, 변수를 이용하는 경험을 하고 순차, 반복, 선택 과정을 이해할 수 있어야 한다.

[06자율-4]

공유된 타인의 프로그램을 탐색해 보고 수정하는 활동을 수행한다.

[06자율-5]

생활 속에서 접하는 다양한 데이터가 서로 다른 의미가 있음을 파악하는 활동을 경험한다. 이 성취 기준은 [6실05-04]와 연계하여, 생활 속에는 많은 데이터가 있으며, 그 데이터들은 각각 사용되는 목적이 다르고 목적에 따라 다양한 의미가 있다는 것을 활동을 통해 이해할 수 있어야 한다.

[06자율-6]

인공지능이 데이터의 공통되는 부분을 찾아 분류하는 과정을 체험한다. 이 성취 기준은 [6실05-04]와 연계하여, 인공지능이 우리에게 추천하는 다양한 내용, 즉, 인터넷 동영상 플랫폼에서 추천, 서점에서 내가 좋아하는 책 종류 추천 등을 할 때, 인공지능은 어떤 기준을 갖고 내가 선호하는 것을 알아서 추천하는 지 등의 과정을 체험해서 인공지능의 분류 과정을 내면화할 수 있어야 한다.

[06자율-7]

사례를 중심으로 인공지능을 올바르게 사용하는 방법을 토론하고 실천하는 활동을 수행한다.

2 중학교 교육과정

중학교에서 정보 교육은 5차 교육과정의 기술과 상업 과목에서 처음 시작되었다. 이후 6차 교육과정에서 선택 과목인 '컴퓨터' 과목이 신설되었고, 2007 개정 교육과정에서 '정보'로 개명되었다. 2015 개정 교육과정에서는 필수 과목으로 34시간 편성된 이후 2022 개정 교육과정에서는 68시간까지 확대되었다.

1 5차 교육과정

5차 교육과정에서는 <표 3-8>과 같이 실업·가정 교과의 선택 과목인 '기술'과 '상업' 과목에서 정보 교육이 이루어졌다.

<표 3-8> 5차 중학교 교육과정에서의 정보 교육

구분	교과목	필수 여부
제5차	▪ 기술 - 컴퓨터의 이용	선택
	▪ 상업 - 상업 계산, 컴퓨터 및 진로	선택

첫째, 기술 과목에 '컴퓨터의 이용' 영역이 포함되었다. 현대 생활과 컴퓨터의 역할, 활용 분야 및 컴퓨터의 주요 구조와 원리를 알게 하여 간단한 프로그램을 이용할 수 있도록 하였으며, 주요 내용은 컴퓨터와 생활, 컴퓨터의 구성과 원리, 컴퓨터의 사용 방법 등으로 구성하였다.

둘째, 상업 과목에 '상업 계산, 컴퓨터 및 진로' 영역이 포함되어 계산 용구의 사용 방법과 상업에서의 컴퓨터 활용을 익히게 하여 일상생활에 이용할 수 있게 하고, 적성에 맞는 진로를 탐색할 수 있는 능력을 기르게 하였다. 주요 내용은 계산 용구의 이용, 컴퓨터의 활용, 진로의 탐색 등으로 구성하였다.

② 6차 교육과정

6차 교육과정에서는 <표 3-9>와 같이 필수 교과인 '기술·산업'에서 정보 교육이 이루어졌고, 선택교과에는 '컴퓨터' 과목이 신설되어 34~68시간을 이수하도록 하였다.

〈표 3-9〉 6차 중학교 교육과정에서의 정보 교육

구분	교과목	필수 여부
제6차	▪ 산업기술 　- 컴퓨터의 이용	필수
	▪ 컴퓨터 　- 컴퓨터의 이해 　- 컴퓨터의 조작 　- 컴퓨터의 이용	선택

첫째, 필수 교과인 '기술·산업' 과목에서는 '컴퓨터의 이용'이라는 단원이 추가되어 컴퓨터의 주요 구조 및 원리를 이해시키고, 기초적인 사용 방법을 알게 하여 컴퓨터를 이용할 수 있도록 하였다. 주요 내용은 컴퓨터의 구성과 컴퓨터의 사용 방법을 포함하였다.

둘째, 선택교과에 포함된 '컴퓨터' 과목의 영역은 <표 3-10>과 같이 컴퓨터와 이해, 컴퓨터의 조작, 컴퓨터의 이용 등 3대 영역으로 구분하였다. 특히, 컴퓨터의 이용 영역에 '프로그램의 개념과 작성 절차를 익혀 간단한 프로그램 작성하기'를 포함하여 프로그래밍 교육이 시작되었다.

〈표 3-10〉 중학교 컴퓨터 과목의 주요 내용(6차)

영역	내용
컴퓨터의 이해	▪ 컴퓨터의 기능, 특성, 종류 등에 대해 이해하기 ▪ 컴퓨터 하드웨어의 기본 구성과 역할을 이해하기 ▪ 소프트웨어에 대한 기본 개념과 역할을 이해하기
컴퓨터의 조작	▪ 컴퓨터를 이용할 수 있게 설치 및 조작 방법 익히기 ▪ 컴퓨터 자판 익히기 ▪ 운영 체제에 대한 이해와 사용 방법 익히기
컴퓨터의 이용	▪ 워드프로세서를 이용하여 문서 작성하기 ▪ 스프레드시트를 이용하여 계산표 작성하기 ▪ 소프트웨어를 학습 활동에서 이용하기 ▪ 프로그램의 개념과 작성 절차를 익혀 간단한 프로그램 작성하기 ▪ 정보화 사회에서 컴퓨터의 역할 이해하기

③ 7차 교육과정

7차 교육과정에서는 <표 3-11>과 같이 국민 공통 기본교과인 '기술·가정'에서 정보 교육이 이루어졌고, 선택교과에는 '컴퓨터' 과목이 신설되어 34~68시간을 이수하도록 하였다.

〈표 3-11〉 6차 중학교 교육과정에서의 정보 교육

구분	교과목	필수 여부
제7차	▪ 기술·가정 - 컴퓨터와 정보 처리 - 컴퓨터와 생활	필수
	▪ 컴퓨터: 선택 과목 유지 - 인간과 컴퓨터 - 컴퓨터의 기초 - 워드프로세서 - PC통신과 인터넷 - 멀티미디어	선택

첫째, 기술·가정은 '컴퓨터와 정보 처리', '컴퓨터와 생활' 등 2개 단원을 포함하였다. 컴퓨터와 정보 처리 단원은 컴퓨터의 구조와 원리를 이해하고, 컴퓨터로 자료를 처리하여 정보를 생산, 저장하여 필요한 곳에 분배하는 방법을 알고 이를 일상생활에서 활용할 수 있도록 하였다. 컴퓨터와 생활 단원은 다양한 컴퓨터 소프트웨어를 이용할 수 있고, 인터넷을 통해 생활에 필요한 정보를 찾고 활용할 수 있도록 하였다.

둘째, 컴퓨터 과목은 <표 3-12>와 같이 영역을 '인간과 컴퓨터', '컴퓨터의 기초', '워드프

〈표 3-12〉 중학교 컴퓨터 과목의 주요 내용(제7차)

영역	내용
인간과 컴퓨터	▪ 컴퓨터의 발달, 컴퓨터와 인간 생활, 컴퓨터와 일
컴퓨터의 기초	▪ 컴퓨터의 구성과 조작, 소프트웨어의 구성
워드프로세서	▪ 문서의 작성, 문서의 편집, 그림 그리기, 표 작성
PC통신과 인터넷	▪ PC통신의 활용, 인터넷의 활용
멀티미디어	▪ 소리 자료 만들기, 그림 자료 만들기, 멀티미디어 제작

로서서', 'PC통신과 인터넷', '멀티미디어' 등의 내용을 포함하였다. 다만, 6차 교육과정 달리 7차 교육과정에서는 프로그래밍 관련 내용이 모두 삭제되어 소프트웨어를 활용하는 교육으로 전환되었다.

4 2007 개정 교육과정

2007 개정 교육과정에서는 <표 3-13>과 같이 국민 공통 기본교과인 '기술·가정'의 '정보 통신 기술' 영역에서 정보 교육을 포함하였고, 선택 과목은 '컴퓨터'를 '정보'로 개명하였다.

〈표 3-13〉 2007 개정 중학교 교육과정에서의 정보과 교육

구분	교과목	필수 여부
2007 개정 교육과정	▪ 기술·가정 - 정보 통신 기술	필수

	▪ 정보
	  - 정보 기기의 구성과 동작
	  - 정보의 표현과 관리
	  - 문제 해결 방법과 절차
	  - 정보 사회와 정보 기술
		선택

첫째, '기술·가정'에서는 '정보 통신 기술' 단원이 추가되어 정보 통신의 개념과 특성을 알고, 정보 통신 기술이 우리 생활에 미치는 영향을 이해하도록 하였다. 또한, 정보 통신 시스템을 이해하고, 정보 통신 기술을 이용하여 정보를 효율적·능률적으로 계획하고 처리하며, 정보 통신 윤리와 개인정보 보호 및 지식재산권에 대한 이해를 통해 정보 창작자의 권리를 보호하고, 올바른 정보의 관리와 공유 활동을 실천하도록 하였다.

둘째, '정보'는 '정보 기기의 구성과 동작', '정보의 표현과 관리', '문제해결 방법과 전략', '정보 사회와 정보 기술' 등 4개 영역으로 통합하였으며, 주요 내용은 <표 3-14>와 같다.

〈표 3-14〉 2007 개정 중학교 교육과정에서의 정보 교육

영역	1단계	2단계	3단계
정보 기기의 구성과 동작	▪ 컴퓨터의 구성과 동작 　· 컴퓨터의 구성 요소 　· 컴퓨터의 동작 원리	▪ 운영 체제의 이해 　· 운영 체제의 원리 　· 운영 체제의 기능 　· 운영 체제의 종류와 활용	▪ 네트워크의 이해 　· 네트워크의 개념 　· 네트워크의 구성 요소와 동작 방식 　· 네트워크 서비스
정보의 표현과 관리	▪ 정보와 자료 구조 　· 정보와 자료의 개념 　· 정보의 유형과 표현유형 ▪ 자료의 표현과 연산 　· 이진수와 이진 연산 　· 이진 코드	▪ 선형 구조 　· 선형 구조의 개념 　· 배열의 개념 ▪ 멀티미디어 정보의 표현 　· 그림 및 사진의 표현 　· 소리의 표현	▪ 선형 구조 　· 스택의 개념과 연산 　· 큐의 개념과 연산 　· 리스트의 개념 ▪ 멀티미디어 정보의 표현 　· 동영상의 표현
문제 해결 방법과 절차	▪ 문제와 문제 해결 과정 　· 문제의 분석과 표현 　· 문제 해결 과정 ▪ 프로그래밍의 기초 　· 변수의 개념과 활용 　· 자료의 입력과 출력 　· 제어문의 이해	▪ 알고리즘의 개요 　· 알고리즘의 이해 　· 알고리즘의 표현 ▪ 알고리즘의 실제 　· 알고리즘의 설계 　· 알고리즘의 분석 　· 알고리즘의 구현	▪ 자료의 정렬 　· 자료의 정렬 방법 　· 정렬 알고리즘의 구현 ▪ 자료의 탐색 　· 자료의 탐색 방법 　· 탐색 알고리즘의 구현
정보 사회와 정보 기술	▪ 정보 사회와 윤리 　· 정보 사회의 역기능과 대책 　· 개인정보 보호 ▪ 정보의 수집과 전달 　· 정보의 수집과 가공 　· 정보의 전달	▪ 정보의 공유와 보호 　· 정보의 공유와 관리 　· 정보 보호 기술과 지식재산권 ▪ 웹 문서의 작성 　· 웹 문서의 이해 　· 웹 문서의 편집	▪ 정보 기술과 산업 　· 정보 기술의 변화 　· 정보 산업의 미래 ▪ 멀티미디어 정보의 가공 　· 애니메이션의 제작 　· 동영상의 가공

5 2009 개정 교육과정

2009 개정 교육과정에서는 <표 3-15>와 같이 과학/기술·가정 교과군의 필수 과목인 '기술·가정'과 선택 과목인 '컴퓨터'에서 정보 교육을 실시하였다.

〈표 3-15〉 2009 개정 중학교 교육과정에서의 정보 교육

구분	교과목	필수 여부
2009 개정 교육과정	▪ 기술·가정 　- 정보와 통신 기술	필수
	▪ 정보 　- 정보 과학과 정보 윤리 　- 정보 기기의 구성과 동작 　- 정보의 표현과 관리 　- 문제 해결 방법과 절차	선택

첫째, 기술·가정의 '정보와 통신 기술' 영역은 우리 생활 속에서 정보 통신 기술의 세계를 탐색하고, 정보 미디어 및 정보 통신의 원리와 기능을 활용하여 정보 통신 기술과 관련된 문제를 해결할 수 있도록 정보 통신 기술의 세계, 컴퓨터와 통신 기술, 정보 통신 기술 체험과 문제해결 활동 등을 주요 내용으로 다루고 있다.

둘째, 정보는 <표 3-16>과 같이 '정보 과학과 정보 윤리', '정보 기기의 구성과 동작', '정보의 표현과 관리', '문제해결 방법과 절차' 등 4개 영역으로 수정되었고, 문제해결 방법과 절차에서는 알고리즘의 이해와 표현, 설계, 정렬과 탐색, 이진트리와 그래프, 프로그램의 기초와 응용 등을 포함하였다.

〈표 3-16〉 2009 개정 중학교 교육과정에서의 정보 교육

구분	중학교
정보 과학과 정보 윤리	▪ 정보 과학과 정보 사회 ▪ 정보의 윤리적 활용 ▪ 정보 사회의 역기능과 대처
정보 기기의 구성과 동작	▪ 컴퓨터의 구성과 동작 ▪ 운영 체제의 이해 ▪ 네트워크의 이해
정보의 표현과 관리	▪ 자료와 정보 ▪ 정보의 이진 표현 ▪ 정보의 구조화
문제 해결 방법과 절차	▪ 문제 해결 방법 ▪ 문제 해결 절차 ▪ 프로그래밍의 기초

6 2015 개정 교육과정

2015 개정 교육과정에서는 그동안 선택 교과로 운영되었던 '정보' 과목이 필수 교과로 변경되어, <표 3-17>과 같이 영역으로 정보 문화, 자료와 정보, 문제해결과 프로그래밍, 컴퓨팅 시스템 등 4가지로 구분하였다.

〈표 3-17〉 2015 개정 중학교 정보과 교육과정

영역	핵심 개념	일반화된 지식	내용 요소	기능
정보 문화	정보 사회	정보 사회는 정보의 생산과 활용이 중심이 되는 사회이며, 정보와 관련된 새로운 직업이 등장하고 있다.	■ 정보 사회의 특성과 진로	■ 탐색하기 ■ 분석하기 ■ 실천하기 ■ 계획하기
	정보 윤리	정보 윤리는 정보 사회에서 구성원이 지켜야 하는 올바른 가치관과 행동 양식이다.	■ 개인정보와 저작권 보호 ■ 사이버 윤리	
자료와 정보	자료와 정보의 표현	숫자, 문자, 그림, 소리 등 아날로그 자료는 디지털로 변환되어 컴퓨터 내부에서 처리된다.	■ 자료의 유형과 디지털 표현	■ 분석하기 ■ 표현하기 ■ 수집하기 ■ 관리하기
	자료와 정보의 분석	문제 해결을 위해 필요한 자료와 정보의 수집과 분석은 검색, 분류, 처리, 구조화 등의 방법으로 이루어진다.	■ 자료의 수집 ■ 정보의 구조화	
문제해결과 프로그래밍	추상화	추상화는 문제를 이해하고 분석하여 문제해결을 위해 불필요한 요소를 제거하거나 작은 문제로 나누는 과정이다.	■ 문제 이해 ■ 핵심 요소 추출	■ 비교하기 ■ 분석하기 ■ 핵심 요소추출하기 ■ 표현하기 ■ 프로그래밍하기 ■ 구현하기 ■ 협력하기
	알고리즘	알고리즘은 문제 해결을 위한 효율적인 방법과 절차이다.	■ 알고리즘 이해 ■ 알고리즘 표현	
	프로그래밍	프로그래밍은 문제의 해결책을 프로그래밍 언어로 구현하여 자동화하는 과정이다.	■ 입력과 출력 ■ 변수와 연산 ■ 제어 구조 ■ 프로그래밍 응용	
컴퓨팅 시스템	컴퓨팅 시스템의 동작 원리	다양한 하드웨어와 소프트웨어가 유기적으로 결합된 컴퓨팅 시스템은 외부로부터 자료를 입력받아 효율적으로 처리하여 출력한다.	■ 컴퓨팅 기기의 구성과 동작 원리	■ 분석하기 ■ 설계하기 ■ 프로그래밍하기 ■ 구현하기 ■ 협력하기
	피지컬 컴퓨팅	마이크로컨트롤러와 다양한 입출력 장치로 피지컬 컴퓨팅 시스템을 구성하고 프로그래밍을 통해 제어한다.	■ 센서 기반 프로그램 구현	

7 2022 개정 교육과정

2022 개정 중학교 교육과정에서 정보 교과는 다음과 같이 컴퓨팅 시스템, 데이터, 알고리즘과 프로그래밍, 인공지능, 디지털 문화 등 5가지 영역으로 구성하였다.

1. 컴퓨팅 시스템 영역

컴퓨팅 시스템 영역은 <표 3-18>과 같이 컴퓨팅 시스템의 동작 원리, 운영 체제의 기능, 피지컬 컴퓨팅에 대한 지식과 개념을 습득하도록 구성하였으며, 성취 기준은 다음과 같다.

〈표 3-18〉 2022 개정 중학교 정보과 교육과정(컴퓨팅 시스템 영역)

핵심 아이디어	• 하드웨어와 소프트웨어의 유기적 연결을 통해 동작하는 컴퓨팅 시스템은 사회적, 기술적 가치를 높이는 데 활용된다. • 컴퓨팅 시스템을 설계하는 것은 시스템에 대한 전체 흐름과 자원 할당의 가치를 이해하는 데 도움을 준다.
범주 〉 구분	내용 요소
	중학교
지식·이해	• 컴퓨팅 시스템의 동작 원리 • 운영 체제의 기능 • 피지컬 컴퓨팅의 개념
과정·기능	• 컴퓨팅 시스템의 구성 요소를 파악하고, 동작 원리를 운영 체제와 관계짓기 • 생활 속에서 피지컬 컴퓨팅이 적용된 사례 조사하기 • 피지컬 컴퓨팅 시스템 구성하기
가치·태도	• 컴퓨팅 시스템의 필요성과 가치를 판단하는 자세 • 피지컬 컴퓨팅 시스템의 구성 요소를 목적에 맞게 선택하는 유연한 태도

[9정01-01]

컴퓨팅 시스템의 구성 요소와 동작 원리를 이해하고, 운영 체제의 기능을 분석한다.

[9정01-02]

피지컬 컴퓨팅의 개념을 이해하고, 생활 속에서 적용된 사례 조사를 통해 컴퓨팅 시스템의 필요성과 가치를 판단한다.

[9정01-03]

문제 해결 목적에 맞는 피지컬 컴퓨팅 구성 요소를 선택하여 시스템을 구상한다.

2. 데이터 영역

데이터 영역은 <표 3-19>와 같이 디지털 데이터 표현 방법, 데이터 수집과 관리, 데이터 구조화 및 해석에 대한 지식과 개념을 습득하도록 구성하였으며, 성취 기준은 다음과 같다.

핵심 아이디어	<ul><li>데이터를 관리하기 위해서는 아날로그 데이터를 컴퓨터에서 처리할 수 있는 디지털 형태로 변환하는 과정이 필요하다.</li><li>문제 해결을 위해서는 필요한 데이터를 수집하고, 분석하여 의미를 해석하는 것이 필요하다.</li><li>수집된 데이터 간의 관계를 파악하고, 구조화하는 것은 데이터를 통해 새로운 지식을 찾는 데 도움을 준다.</li></ul>
범주　　구분	내용 요소
	중학교
지식·이해	<ul><li>디지털 데이터 표현 방법</li><li>데이터 수집과 관리</li><li>데이터 구조화 및 해석</li></ul>
과정·기능	<ul><li>다양한 데이터를 디지털 데이터로 표현하기</li><li>데이터를 목적에 맞게 수집·분류·저장하기</li><li>데이터를 구조화하고 의미 해석하기</li></ul>
가치·태도	<ul><li>실생활의 많은 데이터가 디지털 형태로 변환되어 활용되는 긍정적 측면의 인식</li><li>데이터에 기반하여 현상을 바라보는 관점</li></ul>

[9정02-01]

실생활의 데이터가 디지털 형태로 변환되어 활용되는 긍정적 가치를 탐색하고, 다양한 데이터를 디지털 형태로 표현한다.

[9정02-02]

문제 해결에 적합한 데이터를 수집하고, 목적에 맞게 구분하여 관리한다.

[9정02-03]

실생활의 데이터를 표, 다이어그램 등 다양한 형태로 구조화한다.

[9정02-04]

사례를 중심으로 데이터 간의 관계를 파악하고, 데이터에 기반하여 의미를 해석한다.

[9정02-05]

여러 학문 분야의 사례를 중심으로 데이터를 수집·분석하여 융합적으로 문제를 해결한다.

3. 알고리즘과 프로그래밍 영역

알고리즘과 프로그래밍 영역은 <표 3-20>과 같이 문제 추상화, 알고리즘 표현 방법, 순차적인 데이터 저장, 논리 연산, 중첩 제어 구조, 함수와 디버깅에 대한 지식과 개념을 습득하도록 구성하였으며, 성취 기준은 다음과 같다.

〈표 3-20〉 2022 개정 중학교 정보과 교육과정(알고리즘과 프로그래밍 영역)

핵심 아이디어	• 알고리즘은 다양한 설계 전략을 통해 일상생활의 문제를 해결하는 데 활용된다. • 자동화를 고려해 설계된 알고리즘은 컴퓨터가 이해할 수 있는 언어로 구현되어 생활을 더욱 편리하게 하는 데 활용된다. • 프로그램 개발은 협력이 필요하며, 공유하는 문화를 통해 더 좋은 프로그램이 개발된다.
범주 \ 구분	내용 요소
	중학교
지식·이해	• 문제 추상화 • 알고리즘 표현 방법 • 순차적인 데이터 저장 • 논리 연산 • 중첩 제어 구조 • 함수와 디버깅
과정·기능	• 문제의 초기 상태, 현재 상태, 목표 상태를 정의하고 해결 가능한 형태로 구조화하기 • 문제 해결을 위한 다양한 알고리즘을 설계하고 적용하기 • 논리 연산, 중첩 제어 구조, 순차적인 데이터 저장을 활용하여 프로그램 작성하기 • 함수를 활용하여 프로그램을 모듈화하고, 프로그램의 오류를 발견하여 수정하기
가치·태도	• 문제 분석을 통한 추상화의 중요성을 이해하고, 실생활 문제 해결을 실천하는 자세 • 문제 해결을 위한 다양한 해법을 탐색하고, 명확하게 알고리즘으로 표현하는 자세 • 소프트웨어를 통한 협력과 공유의 가치 • 프로그램의 효과성을 분석하고, 프로그램의 오류를 해결하려는 자세

[9정03-01]

문제의 상태를 정의하고 수행 가능한 형태로 구조화한다.

[9정03-02]

문제 해결을 위한 추상화의 중요성을 이해하고, 핵심 요소를 중심으로 알고리즘을 표현한다.

[9정03-03]

알고리즘의 중요성을 이해하고, 문제를 해결하는 다양한 알고리즘을 비교·분석한다.

[9정03-04]

사례를 중심으로 문제 해결에 적합한 전략을 선택하여 알고리즘을 설계한다.

[9정03-05]

데이터를 순차적으로 저장할 수 있는 구조를 활용하여 문제 해결 프로그램을 작성한다.

[9정03-06]

논리 연산과 중첩 제어 구조를 활용하여 문제를 해결하는 프로그램을 작성한다.

[9정03-07]

프로그램 작성에서 함수를 활용하고, 프로그램 수행 결과를 디버거로 분석하여 오류를 수정한다.

[9정03-08]

실생활의 문제를 탐색하여 발견하고, 프로그래밍을 통해 해결한다.

[9정03-09]

다양한 학문 분야의 문제 해결을 위해 협력하여 소프트웨어를 개발한다.

4. 인공지능 영역

인공지능 영역은 <표 3-21>과 같이 인공지능의 개념과 특성, 인공지능 시스템에 대한 지식과 개념을 습득하도록 구성하였으며, 성취 기준은 다음과 같다.

〈표 3-21〉 2022 개정 중학교 정보과 교육과정(인공지능 영역)

핵심 아이디어	• 인공지능 기술로 구현된 에이전트는 외부와의 상호 작용을 통해 기존에 해결할 수 없었던 복잡하고 어려운 문제를 해결하는 데 활용된다. • 인공지능은 데이터를 기반으로 문제 해결을 가능하게 하므로, 인공지능에 사용되는 데이터는 윤리적 편향성이 없도록 하는 것이 중요하다.
범주 \ 구분	**내용 요소**
	중학교
지식·이해	• 인공지능의 개념과 특성 • 인공지능 시스템
과정·기능	• 인공지능 소프트웨어 구별하기 • 인공지능 학습에 필요한 데이터를 수집하여 활용하기 • 인공지능 시스템을 활용하여 해결할 수 있는 문제 발견하기 • 인공지능 시스템을 선택하여 문제 해결하기
가치·태도	• 인공지능 시스템에서 적용 가능한 문제를 발견하는 자세 • 인공지능 학습에서 데이터로 인한 문제 가능성을 최소화하는 태도

[9정04-01]

인공지능의 개념과 특성을 설명하고 인공지능 소프트웨어를 구별한다.

[9정04-02]

인공지능 학습에서 데이터의 중요성을 이해하고, 학습에 필요한 데이터를 수집하여 분류한다.

[9정04-03]

다양한 데이터를 활용하여 인공지능 시스템을 구성하고 적용한다.

[9정04-04]

인공지능 시스템으로 해결 가능한 문제를 발견하고, 문제 해결에 적합한 인공지능 시스템을 적용한다.

[9정04-05]

인공지능 학습에 필요한 데이터의 수집과 활용에서 발생하는 윤리적인 문제의 해결 방안을 구상한다.

5. 디지털 문화 영역

디지털 문화 영역은 <표 3-22>와 같이 디지털 사회와 직업, 디지털 윤리, 개인정보와 저작권에 대한 지식과 개념을 습득하도록 구성하였으며, 성취 기준은 다음과 같다.

〈표 3-22〉 2022 개정 중학교 정보과 교육과정(디지털 문화 영역)

핵심 아이디어	• 디지털 기술의 발전에 따라 디지털 사회에서 지켜야 할 규칙과 주의해야 할 위험 요소가 새롭게 등장한다. • 디지털 세상에서의 직업이나 진로는 기술의 발전에 따라 변화되므로, 기술과 사회 변화의 관계를 파악하는 것이 중요하다.		
범주　　구분	내용 요소		
	중학교		
지식·이해	• 디지털 사회와 직업 • 디지털 윤리 • 개인정보와 저작권		
과정·기능	• 디지털 사회의 특성에 따른 직업의 변화 탐구하기 • 디지털 공간에서 지켜야 하는 윤리 토론하기 • 디지털 공간에서 나와 다른 사람을 보호하는 방법 탐구하기		
가치·태도	• 디지털 사회로의 변화가 나의 삶과 진로 결정에 미치는 영향력을 탐색하는 자세 • 디지털 공간에서 함께 살아가기 위한 윤리적인 태도		

[9정05-01]

디지털 사회의 특성을 탐구하고, 사회 변화에 따른 직업의 변화를 탐구한다.

[9정05-02]

디지털 사회의 구성원으로서 편리하고 안전한 생활을 위한 규칙에 대해 민주적으로
논의하고 실천 방안을 수립한다.

[9정05-03]

사례를 중심으로 디지털 공간에서 함께 살아가기 위해 개인정보 및 권리와 저작권을
보호하는 실천 방법을 탐구한다.

3 고등학교 교육과정

고등학교에서 정보 교육은 3차 교육과정의 기술 과목에서 처음 시작되었다. 이후 4차 교육과정에서 '산업기술'로 과목명이 변경되었고, 5차와 6차 교육과정에서는 '실업·가정' 교과의 '기술', '상업', '정보 산업'에서 운영되었다. 7차 교육과정에서는 '정보 사회와 컴퓨터'에서 운영되었다가 2007 개정 교육과정에서 '정보' 과목으로 변경되었다. 이후 2015 개정 교육과정과 2022 개정 교육과정에서 '정보' 과목은 일반 선택 과목으로 편성되었다.

① 3차 교육과정과 4차 교육과정

3차 교육과정에서는 <표 3-23>과 같이 실업 교과의 선택 과목인 '기술(남)'에서 8~10단위로 정보 교육이 이루어졌고, 4차 교육과정에서는 '산업 기술'로 과목명을 변경하여 전자계산기의 개요와 응용을 가르쳤다.

<표 3-23> 3차와 4차 고등학교 교육과정에서의 정보 교육

구분	교과목	필수 여부
제3차	▪ 기술 - 전자계산기의 구성 - 전자계산기의 활용	선택
제4차	▪ 산업기술 - 전자계산기의 개요 - 전자계산기의 응용	선택

3차 교육과정에서는 일반계 고등학교의 보통교과로서, 남학생만 배우는 '기술' 과목에서 전자계산기의 구성과 활용을 처음 시행하였고, 4차 교육과정에서는 과목명을 '산업 기술'로 변경하고, 전자계산기의 개요와 전자계산기의 응용을 포함시켜 산업과 금융 등 생활 속에서 전자계산기가 활용됨을 강조하였다.

② 5차 교육과정

5차 교육과정에서는 <표 3-24>와 같이 '실업·가정' 교과의 선택 과목인 '기술'과 '상업', '정보산업' 과목에서 정보 교육이 이루어졌다. 일반계 고등학교에 '정보 산업'이 별도의 과목으로 신설되어 프로그래밍 교육을 본격적으로 시작하게 되었다.

<표 3-24> 5차 고등학교 교육과정에서의 정보 교육

구분	교과목	필수 여부
제5차	▪ 기술 - 컴퓨터	선택
	▪ 상업 - 계산과 컴퓨터 활용	선택
	▪ 정보 산업 - 정보와 정보 산업 - 정보 통신 - 컴퓨터와 정보 처리	선택

기술·가정, 상업, 정보 산업 과목에 포함된 정보 교육의 주요 내용을 살펴보면 다음과 같다.

첫째, '기술·가정'은 컴퓨터와 산업 사회와의 관계를 이해하게 하고, 그 구성과 기능 및 원리에 대한 기초 지식을 습득하게 하여 컴퓨터를 이용할 수 있도록 주요 내용을 컴퓨터와 산업 사회, 컴퓨터의 구성과 원리, 컴퓨터의 이용 등으로 구성하였다.

둘째, '상업'은 컴퓨터 등에 관한 기본적인 지식과 기능을 습득하고, 계산 용구의 사용 방법과 상업에서의 컴퓨터 활용을 알게 하여 일상생활 및 각종 실무 계산에 이용할 수 있게 하였다. 주요 내용은 계산 용구의 이용, 컴퓨터의 활용 등을 포함하였다.

셋째, '정보 산업'의 영역을 정보와 정보 산업, 정보 통신, 컴퓨터와 정보 처리 등 3개 영역으로 구성하였다. 특히 컴퓨터와 정보 처리 영역에서는 정보를 처리하는 데 컴퓨터를 활용할 수 있도록 컴퓨터의 구조와 기능, 정보의 표현, 프로그래밍, 컴퓨터의 이용 등을 포함하였다.

3 6차 교육과정

6차 교육과정에서는 <표 3-25>와 같이 '실업·가정' 교과의 '기술', '상업', '정보산업'에서 정보 교육이 이루어졌다.

〈표 3-25〉 6차 고등학교 교육과정에서의 정보 교육

구분	교과목	필수 여부
제6차	▪ 기술 - 정보 통신 기술	선택(8단위)
	▪ 상업 - 컴퓨터	선택(6단위)
	▪ 정보 산업 - 정보와 산업 - 정보 처리와 컴퓨터 - 컴퓨터의 이용 - 프로그래밍 - 정보 통신과 뉴미디어	선택(6단위)

일반계 고등학교의 '기술', '상업', '정보 산업'에 포함된 주요 내용은 다음과 같다.

첫째, '기술'의 '정보 통신 기술' 단원은 컴퓨터와 정보 통신과의 관계를 이해하게 하고, 컴퓨터의 활용에 대한 기초 지식과 기능을 습득하게 하여 정보 통신에 활용할 수 있도록 하였다. 이를 위해 정보 통신의 개요, 컴퓨터와 정보 통신, 컴퓨터의 이용 등의 내용을 포함하였다.

둘째, '상업'의 '컴퓨터' 단원은 컴퓨터의 기능을 알게 하여 일상생활과 계산 및 문서 처리에 컴퓨터를 활용할 수 있도록 워드프로세서, 스프레드시트, 데이터베이스와 같은 소프트웨어의 활용 방법을 포함하였다.

셋째, '정보 산업'은 영역을 '정보와 산업', '정보 처리와 컴퓨터', '컴퓨터의 이용', '프로그래밍', '정보 통신과 뉴미디어' 등 5개 영역으로 구분하였으며, 주요 내용은 <표 3-26>과 같다. 특히 프로그래밍 영역은 프로그램의 기초와 절차, 알고리즘, 순서도, 프로그래밍의 실제 등을 포함하였다.

<표 3-26> '정보산업'의 영역별 주요 내용

영역	내용
정보와 산업	• 정보의 개념과 이용, 정보 산업의 발달과 종류, 정보화 사회에 대한 이해
정보 처리와 컴퓨터	• 정보 처리의 절차, 정보 처리 시스템의 형태, 컴퓨터의 구성과 원리, 컴퓨터의 운용 방법
컴퓨터의 이용	• 소프트웨어의 개요, 워드프로세서를 이용한 문서 작성, 스프레드시트를 이용한 계산표 작성, 데이터베이스를 이용한 자료 관리, 컴퓨터의 새로운 이용 분야
프로그래밍	• 프로그래밍의 기초, 프로그래밍의 절차, 알고리즘과 순서도, 프로그래밍의 실제
정보 통신과 뉴미디어	• 정보 통신의 개요, 정보 통신망의 구성, 뉴미디어

4 7차 교육과정

7차 교육과정에서는 선택 중심 교육과정을 운영하면서 모든 교과와 과목을 국민 공통 기본 교과와 선택 과목으로 구분하였다. 선택 과목은 일반 선택 과목과 심화 선택 과목으로 구분하였는데, 일반계 고등학교의 정보 교육은 <표 3-27>과 같이 일반 선택 과목에 '정보 사회와 컴퓨터'를 신설하여 운영하였다.

<표 3-27> 7차 고등학교 교육과정에서의 정보과 교육

구분	교과목	필수 여부
제7차	• 정보 사회와 컴퓨터 - 사회 발달과 컴퓨터 - 컴퓨터의 운용 - 워드프로세서 - 스프레드시트 - 컴퓨터 통신망 - 멀티미디어	선택(4단위)

'정보 사회와 컴퓨터'의 주요 영역은 <표 3-28>과 같이 '사회 발달과 컴퓨터', '컴퓨터의 운용', '워드프로세서', '스프레드시트', '컴퓨터 통신망', '멀티미디어' 등 6개 영역으로 구성하였다. 제6차 교육과정의 '정보 산업'과 비교해 보면 정보 처리와 프로그래밍 교육이 삭제되었고, 제7차 교육과정의 중학교 컴퓨터 과목과 비교해 보면 스프레드시트가 추가된 것 이외에는 많은 부분에서 내용이 중복되었다.

〈표 3-28〉 '정보 사회와 컴퓨터'의 영역별 내용

영역	세부 내용
사회 발달과 컴퓨터	▪ 정보화 사회, 컴퓨터 시스템의 구성 요소, 데이터의 표현
컴퓨터의 운용	▪ 운영 체제의 역할, 윈도
워드프로세서	▪ 문서의 작성과 편집, 표 문서, 그림과 메일 머지
스프레드시트	▪ 전자 계산표 작성, 워크시트 작성, 차트와 데이터 관리
컴퓨터 통신망	▪ 컴퓨터 통신망의 개요, PC통신과 인터넷
멀티미디어	▪ 소리 데이터, 그래픽 데이터, 동영상과 애니메이션, 멀티미디어 제작

5 2007 개정 교육과정

2007 개정 교육과정에서는 '기술·가정' 교과의 선택 과목인 정보에서 중학교의 '정보'와 함께 영역을 <표 3-29>와 같이 4가지로 통합하였다.

〈표 3-29〉 2007 개정 고등학교 교육과정에서의 정보과 교육

구분	교과목	필수 여부
2007 개정 교육과정	▪ 정보 - 정보 기기의 구성과 동작 - 정보의 표현과 관리 - 문제 해결 방법과 절차 - 정보 사회와 정보 기술	선택(6단위)

'정보'는 6단위로 운영되며, 영역을 '정보 기기의 구성과 동작', '정보의 표현과 관리', '문제해결 방법과 전략', '정보 사회와 정보 기술' 등 4개 영역으로 구분하였으며, 영역별 세부 내용은 <표 3-30>과 같다.

영역	고등학교
정보 기기의 구성과 동작	▪ 논리 연산과 논리 회로 ▪ 운영 체제의 이해 ▪ 네트워크의 이해
정보의 표현과 관리	▪ 논리와 추론 ▪ 관계와 함수 ▪ 대량의 자료 관리
문제해결 방법과 절차	▪ 문제해결 전략 ▪ 구조적 프로그래밍 ▪ 객체 지향 프로그래밍
정보 사회와 정보 기술	▪ 정보 사회의 변화 ▪ 웹의 활용

6 2009 개정 교육과정

2009 개정 교육과정에서는 교과를 크게 보통 교과와 전문 교과로 구분하고, 보통 교과의 영역을 기초, 탐구, 체육·예술, 생활·교양으로 구분하였다. '정보' 과목은 <표 3-31>과 같이 생활·교양 교과군에 속하는 '기술·가정' 교과의 선택 과목으로서 5단위로 운영하되, 1단위 범위 내에서 증감 운영이 가능하였다.

〈표 3-31〉 2009 개정 중학교 교육과정에서의 정보 교육

구분	교과목	필수 여부
2009 개정 교육과정	▪ 정보 - 정보 과학과 정보 윤리 - 정보 기기의 구성과 동작 - 정보의 표현과 관리 - 문제 해결 방법과 절차	선택

고등학교의 '정보'는 중학교와 동일하게 <표 3-32>와 같이 '정보 과학과 정보 윤리', '정보 기기의 구성과 동작', '정보의 표현과 관리', '문제해결 방법과 절차' 등 4개 영역으로 수정되었으며, 문제해결 방법과 절차에서는 알고리즘의 이해와 표현, 설계, 정렬과 탐색, 이진트리와 그래프, 프로그램의 기초와 응용 등을 포함하였다.

〈표 3-32〉 '정보' 과목의 영역별 내용

구분	고등학교
정보 과학과 정보 윤리	• 정보 과학과 정보 사회 • 정보의 윤리적 활용 • 정보 사회의 역기능과 대처
정보 기기의 구성과 동작	• 컴퓨터의 구성과 동작 • 운영 체제의 이해 • 네트워크의 이해
정보의 표현과 관리	• 정보의 효율적 표현 • 자료와 정보의 구조 • 정보의 관리
문제 해결 방법과 절차	• 문제 해결 전략 • 프로그래밍 • 알고리즘의 응용

⑦ 2015 개정 교육과정

2015 개정 교육과정에서는 보통 교과를 공통 과목과 선택 과목으로 구분하고, 선택 과목은 일반 선택과 진로 선택으로 구분하였다. '기술·가정' 교과에 포함된 '정보' 과목은 일반 선택 과목으로 편성되었으며, 5단위를 기본으로 운영되었다. 영역별 주요 내용을 살펴보면, <표 3-33>과 같이 '정보 문화', '자료와 정보', '문제해결과 프로그래밍', '컴퓨팅 시스템' 등 4가지로 구분하였다.

〈표 3-33〉 2015 개정 고등학교 정보의 주요 내용

영역	핵심 개념	일반화된 지식	내용 요소	기능
정보 문화	정보 사회	정보 사회는 정보의 생산과 활용이 중심이 되는 사회이며, 정보와 관련된 새로운 직업이 등장하고 있다.	▪ 정보 과학과 진로	▪ 탐색하기 ▪ 평가하기 ▪ 실천하기 ▪ 계획하기
	정보 윤리	정보 윤리는 정보 사회에서 구성원이 지켜야 하는 올바른 가치관과 행동 양식이다.	▪ 정보 보호와 보안 ▪ 저작권 활용 ▪ 사이버 윤리	
자료와 정보	자료와 정보의 표현	숫자, 문자, 그림, 소리 등 아날로그 자료는 디지털로 변환되어 컴퓨터 내부에서 처리된다.	▪ 효율적인 디지털 표현	▪ 분석하기 ▪ 선택하기 ▪ 수집하기 ▪ 관리하기 ▪ 협력하기
	자료와 정보의 분석	문제 해결을 위해 필요한 자료와 정보의 수집과 분석은 검색, 분류, 처리, 구조화 등의 방법으로 이루어진다.	▪ 자료의 분석 ▪ 정보의 관리	
문제해결과 프로그래밍	추상화	추상화는 문제를 이해하고 분석하여 문제 해결을 위해 불필요한 요소를 제거하거나 작은 문제로 나누는 과정이다.	▪ 문제 분석 ▪ 문제 분해와 모델링	▪ 비교하기 ▪ 분석하기 ▪ 핵심 요소 추출하기 ▪ 분해하기 ▪ 설계하기 ▪ 표현하기 ▪ 프로그래밍하기 ▪ 구현하기 ▪ 협력하기
	알고리즘	다양한 제어 구조를 이용하여 알고리즘을 설계하고, 수행 시간의 관점에서 알고리즘을 분석한다.	▪ 알고리즘 설계 ▪ 알고리즘 분석	
	프로그래밍	프로그래밍은 문제의 해결책을 프로그래밍 언어로 구현하여 자동화하는 과정이다.	▪ 프로그램 개발 환경 ▪ 변수와 자료형 ▪ 연산자 ▪ 표준 입출력과 파일 입출력 ▪ 중첩 제어 구조 ▪ 배열 ▪ 함수 ▪ 프로그래밍 응용	
컴퓨팅 시스템	컴퓨팅 시스템의 동작 원리	다양한 하드웨어와 소프트웨어가 유기적으로 결합된 컴퓨팅 시스템은 외부로부터 자료를 입력받아 효율적으로 처리하여 출력한다.	▪ 운영체제 역할 ▪ 네트워크 환경 설정	▪ 활용하기 ▪ 관리하기 ▪ 설계하기 ▪ 프로그래밍하기 ▪ 구현하기 ▪ 협력하기 ▪ 활용하기 ▪ 관리하기 ▪ 설계하기 ▪ 프로그래밍하기 ▪ 구현하기 ▪ 협력하기
	피지컬 컴퓨팅	마이크로컨트롤러와 다양한 입·출력 장치로 피지컬 컴퓨팅 시스템을 구성하고 프로그래밍을 통해 제어한다.	▪ 피지컬 컴퓨팅 구현	

🔲8 2022 개정 교육과정

2022 개정 교육과정은 보통 교과를 공통 과목과 선택 과목으로 구분하였고, 선택 과목은 일반 선택, 진로 선택, 융합 선택으로 구분하였다. 정보 교과는 '기술·가정' 교과와 별도의 교과 위치를 확보하였으며, 일반 선택 과목으로 '정보', 진로 선택 과목으로 '인공지능 기초'와 '데이터 과학', 융합 선택 과목으로 '소프트웨어와 생활'을 편성하였다.

1. 정보

고등학교의 '정보' 과목은 중학교와 같이 컴퓨팅 시스템, 데이터, 알고리즘과 프로그래밍, 인공지능, 디지털 문화 등 5개 영역으로 구성하였다.

첫째, 컴퓨팅 시스템 영역은 <표 3-34>와 같이 네트워크의 구성, 사물인터넷 시스템의 구성 및 동작 원리에 대한 지식과 개념을 습득하도록 하였으며, 성취 기준은 다음과 같다.

〈표 3-34〉 고등학교 정보(컴퓨팅 시스템 영역)

핵심 아이디어	• 하드웨어와 소프트웨어의 유기적 연결을 통해 동작하는 컴퓨팅 시스템은 사회적, 기술적 가치를 높이는 데 활용된다. • 네트워크는 여러 개의 컴퓨팅 시스템 간 연결의 원리를 파악하고, 통신을 통해 데이터 공유를 가능하게 한다.
범주 〳 구분	내용 요소
지식·이해	• 네트워크의 구성 • 사물인터넷 시스템의 구성 및 동작 원리
과정·기능	• 컴퓨팅 시스템 간 네트워크를 구성하고 공유 설정하기 • 문제 해결에 적합한 사물인터넷 시스템 설계하기
가치·태도	• 협력적 의사소통을 위해 네트워크 환경을 적극적으로 활용하는 자세 • 사물인터넷 시스템으로 인한 사회 변화에 대처하는 능동적 태도

[12정01-01]
유무선 네트워크의 특성을 이해하고, 컴퓨팅 시스템 간 공유, 협력, 소통을 위한 네트워크 환경을 구성한다.

[12정01-02]
사물인터넷의 구성과 동작 원리를 분석하고, 사물인터넷 기술로 인한 개인의 삶과 사회의 변화를 예측한다.

[12정01-03]

문제 해결에 적합한 피지컬 컴퓨팅 시스템 장치를 선택하여 사물인터넷 시스템을 설계한다.

둘째, 데이터 영역은 디지털 데이터 압축과 암호화, 빅데이터 개념과 분석에 대한 지식과 개념을 습득하도록 하였으며, 성취 기준은 다음과 같다.

〈표 3-35〉 고등학교 정보(데이터 영역)

핵심 아이디어	▪ 데이터의 압축과 암호화는 데이터를 효율적으로 관리하고 보호하는 데 도움을 줌. ▪ 수집된 데이터 간의 관계를 파악하여 구조화하는 것은 데이터를 통해 새로운 지식을 찾는 데 도움을 줌. ▪ 빅데이터 기술을 활용하여 데이터를 수집, 처리, 관리하는 과정에서 윤리적인 문제를 고려해서 수행해야 올바른 결과가 도출됨.
범주 　　구분	내용 요소
지식·이해	▪ 디지털 데이터 압축과 암호화 ▪ 빅데이터 개념과 분석
과정·기능	▪ 디지털 데이터 압축의 효율성을 분석하고 평가하기 ▪ 암호화 활용 사례 탐색하기 ▪ 빅데이터 기술을 활용하여 데이터를 분석하고 시각화하기
가치·태도	▪ 효율적인 데이터 표현의 긍정적 측면을 활용하려는 자세 ▪ 데이터를 안전하게 관리하고 보호하는 태도 ▪ 빅데이터 분석의 가치에 대한 사회적, 윤리적 측면의 성찰

[12정02-01]

디지털 데이터 압축의 개념과 필요성을 이해하고, 압축의 효율성을 분석하여 평가한다.

[12정02-02]

암호화의 개념을 이해하고, 암호화를 활용하여 데이터를 안전하게 관리하는 사례를 비교·분석한다.

[12정02-03]

빅데이터의 개념과 특징에 대한 이해를 바탕으로, 문제 해결에 적합한 데이터를 수집한다.

[12정02-04]

빅데이터 분석 도구를 활용하여 데이터를 시각화하고 그 의미와 가치를 해석한다.

셋째, 알고리즘과 프로그래밍 영역은 문제 분해와 모델링, 정렬, 탐색 알고리즘, 자료형, 표준 입출력과 파일 입출력, 다차원 데이터 활용, 제어 구조의 응용, 클래스와 인스턴스에 대한 지식과 개념을 습득하도록 하였으며, 성취 기준은 다음과 같다.

〈표 3-36〉 고등학교 정보(알고리즘과 프로그래밍 영역)

핵심 아이디어	· 문제를 효율적으로 해결하기 위해서는 문제를 추상화하고, 프로그래밍을 위한 알고리즘을 설계한다. · 데이터 모델링을 하기 위해 문제 해결에 필요한 데이터 간의 관계를 분석하고, 정의한다. · 프로그래밍을 통한 자동화는 다양한 학문 분야의 문제를 해결하는 데 도움을 준다.
범주 \ 구분	내용 요소
지식·이해	· 문제 분해와 모델링 · 정렬, 탐색 알고리즘 · 자료형 · 표준 입출력과 파일 입출력 · 다차원 데이터 활용 · 제어 구조의 응용 · 클래스와 인스턴스
과정·기능	· 문제를 분해하고 모델링하기 · 알고리즘의 수행 과정 및 효율성 비교·분석하기 · 문제 해결에 적합한 자료형과 입출력 구조를 활용하여 프로그램 작성하기 · 복잡한 문제를 해결하기 위해 제어 구조와 다차원 데이터 구조를 복합적으로 활용하기 · 클래스를 정의하고 인스턴스를 생성하여 문제 해결에 적합한 객체를 구현하기
가치·태도	· 문제 해결 모델을 구성하고 적극적으로 표현하는 자세 · 알고리즘 효율의 가치와 영향력을 인식하고 적극적으로 탐구하는 태도 · 다양한 학문 분야의 문제 해결을 위해 설계한 알고리즘을 프로그램으로 구현하는 실천적 자세 · 디지털 사회의 민주시민으로서 협력적 문제 해결력의 중요성을 인식하는 자세

[12정03-01]

복잡한 문제를 해결 가능한 작은 문제로 분해하고 모델링한다.

[12정03-02]

데이터를 정렬하는 다양한 알고리즘의 특징과 효율을 비교·분석한다.

[12정03-03]

데이터를 탐색하는 다양한 알고리즘의 특징과 효율을 비교·분석한다.

[12정03-04]

자료형의 종류와 특성을 알고, 적합한 자료형을 선택하여 프로그램을 작성한다.

[12정03-05]

표준 입출력과 파일 입출력을 활용한 프로그램을 작성한다.

[12정03-06]

다차원 데이터 구조를 활용한 프로그램을 작성한다.

[12정03-07]

다양한 제어 구조를 복합적으로 활용한 프로그램을 작성한다.

[12정03-08]

객체를 구현하는 클래스와 인스턴스를 활용하여 프로그램을 작성한다.

[12정03-09]

실생활 및 다양한 학문 분야의 문제 해결을 위한 프로그램을 협력적으로 설계·구현한다.

[12정03-10]

문제 해결을 위한 프로그램의 성능을 평가하고 공유한다.

넷째, 인공지능 영역은 지능 에이전트의 역할, 기계학습의 개념과 유형에 대한 지식과 개념을 습득하도록 하였으며, 성취 기준은 다음과 같다.

〈표 3-37〉 고등학교 정보(인공지능 영역)

핵심 아이디어	▪ 지능 에이전트는 외부와의 상호 작용을 통해 기존에 해결할 수 없었던 복잡하고 어려운 문제를 해결하는 데 활용된다. ▪ 기계학습 기반의 인공지능을 구현하기 위해서는 문제 해결에 적합한 데이터와 기계학습 모델을 활용한다.
범주 ＼ 구분	내용 요소
지식·이해	▪ 지능 에이전트의 역할 ▪ 기계학습의 개념과 유형
과정·기능	▪ 인공지능 제품이나 서비스에서 지능 에이전트의 역할 탐색하기 ▪ 기계학습으로 해결할 수 있는 문제의 유형 비교하기
가치·태도	▪ 인간과 인공지능의 관계에 대한 올바른 인식 ▪ 사회문제를 해결하기 위해 기계학습을 적극적으로 활용하는 자세

[12정04-01]

지능 에이전트의 개념과 특성을 이해하고, 인간과 인공지능의 관계를 분석한다.

[12정04-02]

기계학습의 개념을 이해하고, 지도학습과 비지도학습의 차이를 비교·분석한다.

[12정04-03]

기계학습을 활용하여 해결할 수 있는 문제와 그렇지 않은 문제를 구분하고, 사회문제 해결에 기계학습을 적용한다.

다섯째, 디지털 문화 영역은 디지털 사회와 진로, 정보 보호와 보안에 대한 지식과 개념을 습득하도록 하였으며, 성취 기준은 다음과 같다.

〈표 3-38〉 **고등학교 정보**(디지털 문화 영역)

핵심 아이디어	▪ 디지털 세상에서의 직업이나 진로는 기술의 발전에 따라 변화되므로, 기술과 사회 변화의 관계를 파악하는 것이 중요함. ▪ 디지털 사회를 안전하게 살아가기 위해서는 정보 보호와 정보 보안의 규칙을 우리 모두가 지켜야 함.		
범주 　　구분	내용 요소		
지식·이해	▪ 디지털 사회와 진로 ▪ 정보 보호와 보안		
과정·기능	▪ 디지털 기술의 발전에 따른 사회 변화와 연계하여 진로 설계하기 ▪ 정보 보호와 보안 기술의 적용이 필요한 문제를 발견하고 해결 방법 적용하기		
가치·태도	▪ 미래 사회의 발전 방향에 대해 예측하고 통찰하는 자세 ▪ 올바른 정보 보호 및 보안 의식		

[12정05-01]

디지털 기술이 사회에 미치는 영향력을 분석하고 발전 방향을 예측하여 진로를 설계한다.

[12정05-02]

보호해야 할 정보와 공유해야 할 정보를 구분하고, 올바른 정보 보호 방법을 실천한다.

[12정05-03]

정보보안의 필요성을 이해하고, 보안 기술을 활용하여 디지털 윤리를 실천한다.

2. 인공지능 기초

인공지능 기초 교과는 선택 중심 교육과정 중 진로 선택 교과에 해당하며, 인공지능의 이해, 인공지능과 학습, 인공지능의 사회적 영향, 인공지능 프로젝트 등 4개 영역으로 구성하였다.

첫째, 인공지능의 이해 영역은 인공지능의 원리, 인공지능과 탐색, 지식의 표현과 추론에 대한 지식과 개념을 습득하도록 하였으며, 성취 기준은 다음과 같다.

〈표 3-39〉 **인공지능 기초**(인공지능의 이해 영역)

핵심 아이디어	▪ 인공지능은 인간의 지능적인 행동을 모방하는 것으로 실생활에 도움을 준다. ▪ 탐색과 추론으로 문제를 해결하는 인공지능을 구현하는 것은 다양한 학문 분야에 활용된다.
구분 범주	내용 요소
지식·이해	▪ 인공지능의 원리 ▪ 인공지능과 탐색 ▪ 지식의 표현과 추론
과정·기능	▪ 인공지능 기반 문제 해결 사례 탐색하기 ▪ 탐색 알고리즘을 문제 해결에 적용하기 ▪ 추론을 통해 새로운 지식을 생성하는 방법 탐색하기
가치·태도	▪ 인공지능의 필요성과 적용 가능성 인식 ▪ 인공지능을 활용하여 실생활 및 다양한 학문 분야의 문제를 해결하는 자세

[12인기01-01]

인공지능의 지능적 판단에 대한 이해를 바탕으로 인공지능을 활용한 실생활 및 다양한 학문 분야의 문제 해결 사례를 비교·분석한다.

[12인기01-02]

인공지능에서 탐색의 중요성을 이해하고 문제 해결을 위한 탐색 과정을 설계한다.

[12인기01-03]

맹목적 탐색과 정보 이용 탐색의 차이를 중심으로 지능적 탐색의 원리를 파악한다.

[12인기01-04]

지능적 탐색이 필요한 문제를 찾아보고 문제 해결을 위해 정보 이용 탐색 알고리즘을 적용한다.

[12인기01-05]

규칙과 사실을 활용하여 지식을 표현하고, 새로운 지식을 추론하여 생성한다.

둘째, 인공지능과 학습 영역은 기계학습과 데이터, 기계학습 알고리즘, 인공신경망과 딥러닝에 대한 지식과 개념을 습득하도록 하였으며, 성취 기준은 다음과 같다.

〈표 3-40〉 인공지능 기초(인공지능과 학습 영역)

핵심 아이디어	• 기계학습 기반의 인공지능을 구현하기 위해서는 문제 해결에 적합한 데이터와 기계학습 모델을 활용한다. • 딥러닝은 다중의 은닉층으로 구성된 인공신경망으로 복잡한 문제를 효과적으로 해결하는 데 활용된다.
범주 \ 구분	내용 요소
지식·이해	• 기계학습과 데이터 • 기계학습 알고리즘 • 인공신경망과 딥러닝
과정·기능	• 기계학습을 적용할 문제 정의하기 • 해결하고자 하는 문제에 적합한 데이터 탐색하기 • 문제에 적합한 기계학습 알고리즘을 선정하고, 모델 구현하기 • 딥러닝을 활용한 문제 해결 방법 탐색하고 구현하기
가치·태도	• 기계학습에 적용하는 데이터의 중요성 판단 • 학습을 통한 인공지능의 효과성과 효율성 인식

[12인기02-01]

기계학습을 적용할 문제를 정의하고, 문제 해결에 필요한 데이터를 선정하여 수집한다.

[12인기02-02]

수집한 데이터를 가공하여 핵심 속성을 추출한다.

[12인기02-03]

문제 해결에 적합한 기계학습의 유형과 알고리즘을 선정한다.

[12인기02-04]

훈련 데이터를 이용하여 학습을 진행하고, 테스트 데이터를 사용하여 성능을 평가한다.

[12인기02-05]

인공신경망과 딥러닝의 특성에 대한 이해를 바탕으로 활용 분야를 탐색한다.

[12인기02-06]

딥러닝을 활용하여 실생활 및 다양한 학문 분야의 문제를 해결하고, 성능을 평가한다.

셋째, 인공지능의 사회적 영향 영역은 인공지능의 발전과 사회 변화, 인공지능과 진로, 인공지능과 윤리에 대한 지식과 개념을 습득하도록 하였으며, 성취 기준은 다음과 같다.

〈표 3-41〉 인공지능 기초(인공지능의 사회적 영향 영역)

핵심 아이디어	• 인공지능이 현대 사회에 끼치는 영향력이 커지고 있고, 이에 따라 직업의 변화 속도가 빨라지고 있음. • 인공지능을 올바르게 활용하기 위해서는 인공지능에 의해 발생할 수 있는 윤리적 문제에 대한 이해가 필요함.	
구분 범주	내용 요소	
지식·이해	• 인공지능의 발전과 사회 변화 • 인공지능과 진로 • 인공지능과 윤리	
과정·기능	• 인공지능으로 해결할 수 있는 사회적 문제 탐색하기 • 인공지능에 의해 변화하는 인간의 삶과 직업의 양상 파악하기 • 인공지능과 인간의 공존 방안에 대해 탐색하기 • 인공지능과 관련된 윤리적 딜레마 상황에 대해 논의하기	
가치·태도	• 진로 및 직업 관점에서 인공지능의 중요성 인식 • 인공지능의 다양한 측면에 대한 비판적 자세와 윤리적 태도	

[12인기03-01]

인공지능의 발전으로 인한 사회 변화를 살펴보고, 인공지능으로 해결할 수 있는 사회적 문제를 분석한다.

[12인기03-02]

인공지능에 의해 변화하는 인간의 삶과 직업의 양상에 대해 이해하고 진로를 탐색한다.

[12인기03-03]

인공지능에 대한 비판적 자세를 바탕으로 인공지능과 인간의 공존 방안을 도출한다.

[12인기03-04]

인공지능의 활용 사례와 윤리적 딜레마 상황을 인공지능 윤리 관점에서 분석한다.

넷째, 인공지능 프로젝트 영역은 인공지능과 지속 가능 발전목표, 인공지능 문제 해결 절차에 대한 지식과 개념을 습득하도록 하였으며, 성취 기준은 다음과 같다.

〈표 3-42〉 인공지능 기초(인공지능 프로젝트 영역)

핵심 아이디어	• 인공지능은 다양한 분야와 융합하여 새로운 가치를 창출하는 데 도움을 준다. • 인공지능은 지속 가능한 발전 목표를 달성하는 데 도움을 준다.

구분 범주	내용 요소
지식·이해	• 인공지능과 지속가능발전목표 • 인공지능 문제 해결 절차
과정·기능	• 인공지능 프로젝트 주제 탐색하기 • 인공지능 프로젝트 수행 계획 구안하기 • 인공지능 소프트웨어 개발 및 평가 방법 설정하기
가치·태도	• 인류의 지속 가능한 발전에서 인공지능의 중요성 및 가치를 판단하는 태도 • 인공지능 프로젝트를 수행하는 과정에서 협력적으로 문제를 해결하는 자세 • 프로젝트를 수행하는 과정에서 윤리 문제 등 사회적 영향 인식

[12인기04-01]

지속 가능한 발전 목표를 해결하기 위해 인공지능을 적용할 수 있는 방안을 탐색하고, 인공지능 프로젝트 활동에 적합한 주제를 도출한다.

[12인기04-02]

인공지능 문제 해결 과정에 기반하여 프로젝트 수행 계획을 구안한다.

[12인기04-03]

인공지능 프로젝트를 수행하는 과정에서 협력적인 문제 해결 자세를 바탕으로 인공지능 소프트웨어를 개발한다.

[12인기04-04]

인공지능의 사회적 영향을 고려하여 인공지능 소프트웨어를 개발하고, 평가 결과를 반영하여 성능을 개선한다.

3. 데이터 과학

데이터 과학 과목은 진로 선택 과목에 해당하며, 다음과 같이 데이터 과학의 이해, 데이터 준비와 분석, 데이터 모델링과 평가, 데이터 과학 프로젝트 등 4개 영역으로 구성하였다.

첫째, 데이터 과학의 이해 영역은 데이터 과학의 개념, 데이터의 형태와 속성, 데이터셋과 데이터베이스에 대한 지식과 개념을 습득하도록 하였으며, 성취 기준은 다음과 같다.

〈표 3-43〉 데이터 과학(데이터 과학의 이해 영역)

핵심 아이디어	• 디지털 사회의 시민에게는 데이터에 기반한 합리적인 의사 결정이 필요하다. • 데이터 과학에 대한 이해는 데이터를 활용하여 복잡한 문제를 해결하는 데 도움을 준다.

범주\구분	내용 요소
지식·이해	• 데이터 과학의 개념 • 데이터의 형태와 속성 • 데이터셋과 데이터베이스
과정·기능	• 데이터 과학의 문제 해결 사례 탐색하기 • 데이터의 형태와 속성 파악하기 • 데이터 통합의 의미 파악하기
가치·태도	• 데이터 기반 의사 결정의 중요성 인식 • 데이터의 잠재적 가치 내면화 • 데이터 과학을 통한 진로 설계 참여

[12데과01-01]

데이터 과학의 개념을 이해하고, 문제 해결 사례를 데이터 기반 의사 결정 상황에 적용한다.

[12데과01-02]

정형 데이터와 비정형 데이터를 구분하고, 데이터 속성에서 데이터의 잠재적 가치를 파악한다.

[12데과01-03]

데이터셋의 집합인 데이터베이스를 이해하고, 서로 다른 데이터셋의 데이터를 분석이 가능한 형태로 통합하는 것의 의미를 파악한다.

[12데과01-04]

데이터로 인한 사회 변화를 인식하고, 진로 및 직업과 관련한 데이터 기반 문제 해결 사례를 분석한다.

둘째, 데이터 준비와 분석 영역은 데이터 전처리, 데이터 분석 방법에 대한 지식과 개념을 습득하도록 하였으며, 성취 기준은 다음과 같다.

〈표 3-44〉 데이터 과학(데이터 준비와 분석 영역)

핵심 아이디어	• 데이터 분석을 위해서는 데이터를 수집, 전처리하는 과정이 필요하다. • 데이터 처리는 데이터를 분석에 효과적인 형태로 변환하며, 지식을 추출하는 데 도움을 준다.
범주\구분	내용 요소
지식·이해	• 데이터 전처리 • 데이터 분석 방법

과정·기능	▪ 데이터 시각화하고 분석하기 ▪ 이상치와 결측치 처리하고 정규화 활용하기 ▪ 데이터 속성 간의 관계를 파악하고 통합하여 탐색하기 ▪ 서로 다른 데이터 분석 방법 비교하기
가치·태도	▪ 데이터가 편향되지 않도록 수집하는 자세 ▪ 데이터의 불확실성과 오류 가능성 인식

[12데과02-01]

데이터를 편향되지 않도록 수집하고, 수집된 데이터의 특성을 분석한다.

[12데과02-02]

이상치와 결측치 탐색 및 정규화를 통해 전처리하여 오류 가능성을 최소화하고, 데이터 분석을 위해 시각화한다.

[12데과02-03]

데이터를 분석하기 위해 데이터 속성 간의 관계를 파악하고 통합한다.

[12데과02-04]

동일한 데이터를 서로 다른 분석 방법을 적용하여 분석 결과를 비교한다.

셋째, 데이터 모델링과 평가 영역은 데이터 모델의 개념, 회귀 분석, 군집 분석, 연관 분석, 데이터 전처리, 데이터 분석 방법에 대한 지식과 개념을 습득하도록 하였으며, 성취 기준은 다음과 같다.

〈표 3-45〉 데이터 과학(데이터 모델링과 평가 영역)

핵심 아이디어	▪ 데이터 모델은 문제를 합리적으로 해결할 수 있도록 도움을 준다. ▪ 데이터 기반의 합리적 의사 결정을 위해 데이터를 분석해서 새로운 지식을 추출하고, 의미를 해석한다.	
범주 　구분	내용 요소	
지식·이해	▪ 데이터 모델의 개념 ▪ 회귀 분석 ▪ 군집 분석 ▪ 연관 분석	
과정·기능	▪ 분석을 위한 도구 탐색하기 ▪ 분석 결과 평가하기 ▪ 분석 결과에 대한 의미 해석하기	
가치·태도	▪ 데이터에 대한 다양한 해석을 수용하는 태도 ▪ 적절한 분석 방법을 선택하여 적용하는 자세	

[12데과03-01]

데이터 모델 개념을 이해하고 데이터 분석에 활용할 수 있는 도구를 탐색한다.

[12데과03-02]

동일한 데이터를 통계적 회귀모델과 기계학습을 통한 회귀모델로 분석하여 결과 해석 내용을 비교한다.

[12데과03-03]

데이터의 속성에 대한 유사성을 측정하고 분석하여 군집을 형성하고, 군집 분석 결과의 의미를 해석한다.

[12데과03-04]

데이터 간의 관계를 분석하고 상호 연관성을 파악하여 결과의 의미를 해석한다.

[12데과03-05]

데이터 분석 방법에 따른 데이터 모델의 분석 결과를 비교하고 평가한다.

[12데과03-06]

다양한 분석 방법을 비교하고 평가하여 분석 목적에 가장 적합한 분석 방법을 적용한다.

넷째, 데이터 과학 프로젝트 영역은 데이터 과학의 주제, 탐색적 데이터 분석·결과의 의미 해석에 대한 지식과 개념을 습득하도록 하였으며, 성취 기준은 다음과 같다.

〈표 3-46〉 데이터 과학(데이터 과학 프로젝트 영역)

핵심 아이디어	• 데이터 기반 문제 해결을 위해 데이터 과학의 기본 개념과 원리를 바탕으로 탐구 과정을 수행한다. • 데이터 과학으로 문제를 해결할 때, 통계적 방법이나 기계학습 등 다양한 방법을 활용한다.
범주 ＼ 구분	내용 요소
지식·이해	• 데이터 과학의 주제 • 탐색적 데이터 분석 • 결과의 의미 해석
과정·기능	• 분야별 데이터 과학의 주제 조사하기 • 탐색적 데이터 분석으로 데이터 속 의미 파악하기 • 기계학습 방법으로 분석하기 • 결과를 활용하는 방법 탐색하기

가치·태도	▪ 문제를 해결하기 위한 창의적인 방법을 고민하는 자세 ▪ 복잡하고 어려운 문제를 끝까지 해결하기 위해 노력하는 태도 ▪ 일반화 및 공유 과정에서 윤리 문제 등 사회적 영향 인식

[12데과04-01]

  분야별 데이터 과학의 적용 사례를 조사하여 분석하고, 데이터로 해결 가능한 주제를 찾아 적합성을 판단한다.

[12데과04-02]

  수집된 데이터를 탐색적으로 분석하여 데이터 속 의미를 파악하고, 문제 해결을 위한 창의적인 방법을 구상한다.

[12데과04-03]

  데이터 분석을 진행할 때, 2개 이상의 방법을 사용하여 분석하고 결과를 비교한다.

[12데과04-04]

  복잡하고 어려운 문제라도 끝까지 해결하기 위한 자세를 갖추고 분석하여, 분석 결과에 대한 의미를 해석한다.

[12데과04-05]

  분석을 위한 목적부터 데이터 수집 및 분석에 이르는 전 과정을 성찰하고, 사회적 영향을 고려하여 분석 결과의 활용 방안을 탐색한다.

4. 소프트웨어와 생활

  소프트웨어와 생활 교과는 진로 선택 과목에 해당하며, 다음과 같이 세상을 변화시키는 소프트웨어, 창작을 지원하는 소프트웨어, 현상을 분석하는 소프트웨어, 모의 실험하는 소프트웨어 등 5개 영역으로 구성하였다.

  첫째, 세상을 변화시키는 소프트웨어 영역은 소프트웨어와 사회 변화, 소프트웨어 융합과 문제 해결에 대한 지식과 개념을 습득하도록 하였으며, 성취 기준은 다음과 같다.

〈표 3-47〉 **소프트웨어와 생활**(세상을 변화시키는 소프트웨어 영역)

핵심 아이디어	▪ 디지털 기술의 발전에 따라 소프트웨어는 인간의 삶과 사회 전반을 변화시키고 있다. ▪ 학문 분야와 소프트웨어의 융합은 세상의 문제와 현상을 효과적으로 탐구하고 해결하는 데 도움을 준다.

구분 범주	내용 요소
지식·이해	▪ 소프트웨어와 사회 변화 ▪ 소프트웨어 융합과 문제 해결
과정·기능	▪ 소프트웨어를 통해 세상을 변화시킨 사례 탐색하기 ▪ 소프트웨어의 발전에 따른 미래 사회 예측하기 ▪ 소프트웨어와의 융합을 통한 문제 해결이 가능한 사례 탐색하기
가치·태도	▪ 문제와 현상을 소프트웨어의 관점으로 바라보는 자세 ▪ 실생활 및 다양한 학문 분야의 문제 해결에 소프트웨어를 적용하는 자세

[12소생01-01]

소프트웨어가 세상을 변화시킨 사례를 탐색하고 소프트웨어가 사회 변화에 미치는 영향을 분석한다.

[12소생01-02]

실세계의 문제와 현상을 소프트웨어의 관점으로 바라보고 소프트웨어 발전에 따른 미래 사회의 변화를 예측한다.

[12소생01-03]

소프트웨어 융합을 통한 문제 해결 사례를 바탕으로, 다양한 학문 분야에서 소프트웨어와의 융합을 통해 문제를 해결하는 방법을 비교·분석한다.

둘째, 창작을 지원하는 소프트웨어 영역은 피지컬 컴퓨팅 도구, 미디어 아트, 웨어러블 장치에 대한 지식과 개념을 습득하도록 하였으며, 성취 기준은 다음과 같다.

〈표 3-48〉 소프트웨어와 생활(창작을 지원하는 소프트웨어 영역)

핵심 아이디어	▪ 다양한 장치와 센서를 소프트웨어를 통해 작품과 결합함으로써 작품의 창작을 지원한다. ▪ 피지컬 컴퓨팅을 통한 작품 창작은 생각을 현실화하고, 문제를 해결하는 데 도움을 준다.
구분 범주	내용 요소
지식·이해	▪ 피지컬 컴퓨팅 도구 ▪ 미디어 아트 ▪ 웨어러블 장치
과정·기능	▪ 피지컬 컴퓨팅 시스템의 구성 및 작동 원리 분석하기 ▪ 목적에 맞는 센서와 액추에이터 탐색하기 ▪ 피지컬 컴퓨팅을 통해 작품 구현하기
가치·태도	▪ 소프트웨어를 통한 아이디어 표현의 다양성과 유연성 ▪ 다양한 분야에서 활용된 소프트웨어의 가치 성찰

[12소생02-01]

피지컬 컴퓨팅 도구로 구현된 작품의 구성 및 작동 원리를 분석한다.

[12소생02-02]

소프트웨어를 통해 아이디어를 표현하는 데 필요한 센서와 액추에이터를 선택하여

피지컬 컴퓨팅 시스템을 구성한다.

[12소생02-03]

피지컬 컴퓨팅을 통해 미디어 아트 작품을 창작하고, 창작에 활용된 소프트웨어의 가

치를 파악한다.

[12소생02-04]

웨어러블 장치 작품을 창작하고 공유하는 과정을 통해 소프트웨어의 가치를 확산

한다.

셋째, 현상을 분석하는 소프트웨어 영역은 데이터 유형별 수집 방법, 데이터 시각화와 분

석에 대한 지식과 개념을 습득하도록 하였으며, 성취 기준은 다음과 같다.

〈표 3-49〉 소프트웨어와 생활(현상을 분석하는 소프트웨어 영역)

핵심 아이디어	▪ 데이터를 다루는 소프트웨어는 사회 각 분야에서 발생하는 방대한 데이터를 효율적으로 수집, 가공, 분석하는 데 활용된다. ▪ 데이터 분석은 다양한 분야의 현상을 합리적으로 해석할 수 있도록 도움을 준다.
구분 범주	내용 요소
지식·이해	▪ 데이터 유형별 수집 방법 ▪ 데이터 시각화와 분석
과정·기능	▪ 다양한 분야의 데이터 탐색하기 ▪ 데이터 처리하고 관리하기 ▪ 데이터를 분석하여 의미 파악하기
가치·태도	▪ 데이터의 사회적 가치 인식 ▪ 데이터 분석 결과를 윤리적으로 활용하는 태도

[12소생03-01]

사회 현상을 분석할 수 있는 데이터의 중요성과 가치를 인식하고, 데이터를 탐색하여

활용 방안을 구상한다.

[12소생03-02]

데이터 유형에 따라 적합한 방법으로 데이터를 수집하고, 목적에 맞게 처리하고 관리한다.

[12소생03-03]

데이터를 분석하고 시각화하여 다양한 사회 현상의 의미를 해석한다.

[12소생03-04]

데이터의 사회적 가치에 대한 이해를 토대로 데이터를 분석하고 의미를 파악한 후, 결과를 윤리적으로 활용한다.

넷째, 모의 실험하는 소프트웨어 영역은 시뮬레이션의 개념과 구성 요소, 시뮬레이션 활용 분야, 시뮬레이션 모델에 대한 지식과 개념을 습득하도록 하였으며, 성취 기준은 다음과 같다.

〈표 3-50〉 **소프트웨어와 생활**(모의 실험하는 소프트웨어 영역)

핵심 아이디어	▪ 실제와 비슷한 모형을 소프트웨어로 구현한 시뮬레이션은 복잡한 문제나 현상의 원리를 탐구하고, 개념을 이해하는 데 도움을 준다. ▪ 소프트웨어 시뮬레이션을 통해 실세계에서 실행하기에 어렵거나 불가능한 대상을 모의적으로 실행한다.
범주 \ 구분	내용 요소
지식·이해	▪ 시뮬레이션의 개념과 구성 요소 ▪ 시뮬레이션 활용 분야 ▪ 시뮬레이션 모델
과정·기능	▪ 시뮬레이션 프로그램 활용하기 ▪ 시뮬레이션 모델 구성하기 ▪ 시뮬레이션을 위한 소프트웨어 구현하기
가치·태도	▪ 시뮬레이션의 가치 인식 ▪ 소프트웨어를 활용한 현실 세계 모델링에 적극적으로 도전하는 태도

[12소생04-01]

시뮬레이션 프로그램의 개념과 구성 요소를 이해하고 가치를 파악한다.

[12소생04-02]

다양한 시뮬레이션 프로그램의 활용 분야를 탐색하고 활용 방안을 구상한다.

[12소생04-03]

시뮬레이션 프로그램 구성 방법에 따라 복잡한 문제나 현상의 원리를 시뮬레이션 모델로 표현한다.

[12소생04-04]

소프트웨어를 적극적으로 활용하여 시뮬레이션 모델을 구현한다.

다섯째, 가치를 창출하는 소프트웨어 영역은 소프트웨어 스타트업의 개념, 소프트웨어 스타트업 프로젝트에 대한 지식과 개념을 습득하도록 하였으며, 성취 기준은 다음과 같다.

〈표 3-51〉 소프트웨어와 생활(가치를 창출하는 소프트웨어 영역)

핵심 아이디어	<ul><li>소프트웨어 스타트업은 창의적인 아이디어를 실제로 구현하고, 사회적 경제적 가치를 창출한다.</li><li>소프트웨어 스타트업 프로젝트는 윤리적이고 협력적인 문제 해결 과정이 필요하다.</li></ul>
구분 범주	내용 요소
지식·이해	<ul><li>소프트웨어 스타트업의 개념</li><li>소프트웨어 스타트업 프로젝트</li></ul>
과정·기능	<ul><li>소프트웨어 스타트업 사례 탐색하기</li><li>사용자의 요구 분석하기</li><li>스타트업 아이디어 표현하기</li><li>스타트업 프로젝트에 적합한 소프트웨어 구현하기</li></ul>
가치·태도	<ul><li>소프트웨어와 융합을 통해 새로운 가치를 창출하는 자세</li><li>협력적으로 문제를 해결하고 공유하는 태도</li><li>개발한 소프트웨어의 가치에 대한 성찰</li></ul>

[12소생05-01]

소프트웨어 스타트업의 개념을 이해하고 새로운 가치를 창출하는 소프트웨어 스타트업 사례를 분석한다.

[12소생05-02]

소프트웨어 스타트업 프로젝트의 수행 과정을 이해하고, 사용자 요구를 분석하여 소프트웨어 스타트업 아이디어를 구안한다.

[12소생05-03]

스타트업 프로젝트에 적합한 소프트웨어를 협력적으로 설계하고 구현한다.

[12소생05-04]

개발한 소프트웨어의 가치를 사회적, 기능적, 윤리적 관점에서 평가한다.

평가문항

1 2015 개정 교육과정과 2022 개정 교육과정에 제시된 초중고 정보 교육을 학교급별로 구분하여 주요 내용과 특징을 표로 나타내시오.

2 2022 개정 초등학교 교육과정의 5~6학년군 실과 교육과정에 포함된 '디지털 사회와 인공지능' 영역에서 지식 및 이해 범주에 포함된 내용 요소를 표로 나타내시오.

3 2022 개정 중고등학교 교육과정에 제시된 정보 교과의 영역별 지식 및 이해 범주에 포함된 내용 요소를 표로 나타내시오.

정보과 교수학습

> 정보과는 학습자의 흥미와 다양성을 고려하여 학습 소재, 학습 환경 및 학습 과정에 대한 선택의 기회를 제공하고, 교수·학습의 설계 과정에 학습자 참여 기회를 증진하는 등 학습자 맞춤형 교수·학습을 통해 역량 함양을 위한 깊이 있는 학습 지도 방안을 구성해야 한다. 따라서 4장에서는 정보과에서의 교수 설계 전략과 교수학습 모형, 교수학습 방법을 제시하였다.

1 교수 설계 전략

교수 설계란, 교육 목표를 효과적으로 달성하기 위해 학습 경험과 교육 방법 등을 체계적으로 계획하고, 개발하고, 실행하고, 평가하는 과정을 의미한다. 따라서 교수 설계 전략은 교육 내용, 교육 방법, 교육 자료 등을 체계적으로 계획하고 조직하는 과정이며, 이는 교육 목표와 학습자 특성, 학습 환경 등을 고려하여 최적의 학습 경험을 제공하기 위한 전략을 의미한다.

1 교수 활동의 기본 원리

데이비드 메릴(David Merrill)은 미국의 심리학자이자 교수 설계 이론가로서 효과적인 학습을 촉진할 수 있도록 교수 기본 원리(First Principles of Instruction)와 그에 따른 교수 방법과 전략을 제안하였다. 데이비드 메릴이 제안한 교수 기본 원리는 다양한 교수 설계 이론과 모형들이 공통으로 지닌 것으로서 그 내용은 다음과 같다.

문제 중심의 원리(Problem-Centered Principle)
학습자가 실제 상황에서 직면할 수 있는 과제나 문제를 중심으로 학습을 진행하면서 지식을 적용하고 통합할 수 있도록 한다.

활성화의 원리(Activation Principle)
학습은 학습자가 갖고 있는 기존의 지식이 학습 경험을 활성화하여 새로운 지식과 연계함으로써 학습자가 깊이 있는 이해를 할 수 있도록 한다.

시연의 원리(Demonstration Principle)
학습할 내용이나 기능을 예시나 교수자의 시범을 통해 정확하고 구체적으로 제시함으로써 학습자가 학습 내용에 대한 이해도를 높이고 기능이나 기술을 올바르게 익힐 수 있도록 한다.

적용의 원리(Application Principle)

학습자가 배운 내용을 실제로 적용하고 연습할 수 있도록 실습과 피드백을 제공함으로써 학습한 내용을 내재화하고 숙달할 수 있도록 한다.

통합의 원리(Integration Principle)

학습자가 새로운 지식을 일상생활과 통합할 수 있도록 토론과 발표, 프로젝트 등을 수행하고, 학습 내용을 공유하고 확장할 수 있도록 한다.

데이비드 메릴(David Merrill)의 교수 기본 원리의 절차를 살펴보면, [그림 4-1]과 같이, 특정 과제의 해결 방법이나 기능을 시연한 후 과제 해결에 필요한 기능을 가르치고, 그것을 과제에 적용하는 방법을 시연으로 보여준다. 이러한 과정은 다음 과제에도 동일하게 적용하되, 교수자의 지원을 점차 줄여나간다.

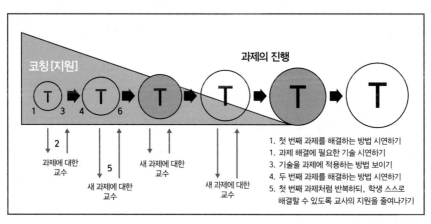

[그림 4-1] Merrill의 교수 기본 원리

1. Pebble 모형

데이비드 메릴(David Merrill)은 전통적인 교수 설계 절차를 개선하고자 Pebble(pebble-in-the-pond) 모형을 개발하였는데, 이것은 조약돌을 연못에 던져 물결이 퍼져가는 모양을 비유하여, 핵심 문제를 중심으로 교수 활동을 설계하는 절차를 도식화한 것이다. Pebble 모형은 [그림 4-2]와 같이 문제 명시, 문제 분해, 요소 분석, 전략 수립, 교수 설계, 매체 개발 등 6단계로 구분하였다.

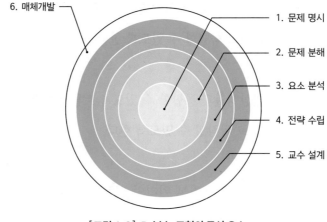

[그림 4-2] Pebble 모형의 구성 요소

문제 명시(specify a problem)

교수자가 조약돌을 연못에 던져 넣듯이 학습자에게 제시할 핵심적인 문제를 명확하게 정의하는 단계이다. 제시된 문제는 새로운 지식과 기술을 학습자가 효과적으로 학습할 수 있도록 고안한다.

문제 분해(progression of problems)

어렵고 복잡한 문제를 하위 문제나 단계로 분해하거나 확장하는 단계이다. 이때 확장된 문제는 본래 주어진 과제의 속성을 잃지 않고, 단계별 학습을 통해 점진적으로 이해와 숙달이 가능하게 한다.

요소 분석(component analysis)

문제 해결과 관련된 지식, 기능, 유형, 방법, 사건 등과 같은 구성 요소를 자세히 분석함으로써 학습자가 습득해야 할 핵심 내용을 정의하는 단계이다. 이를 통해 학습 목표가 명확해지고, 학습 과정에서 어떤 능력을 습득해야 하는지 할 수 있다.

전략 수립(instructional strategy)

학습자가 어떻게 학습할지를 결정하는 교수 전략을 포함하는 단계이다. 문제 해결력을 높이기 위해 시연, 실습, 협력, 추론, 공개, 통합 등의 다양한 교수 전략을 결정한다.

교수 설계(instructional design)

수립된 교수 전략을 토대로 교수 전달 방법과 자료를 결정하는 단계이다. 교수·학습 지도안 등을 작성하여 수업 계획을 구체화하고, 학습 내용과 활동을 효과적으로 배열하여 학습자가 체계적으로 학습할 수 있도록 한다.

매체 개발(production)

교수 설계를 실현하는 데 필요한 교수학습 자료와 매체를 개발하는 단계이다. 교수·학습 자료와 매체의 효과성, 효율성 등을 평가하기 위해 데이터를 수집하고, 전문가 검토나 개별 평가, 그룹 평가 등을 실시하여 산출물을 수정·보완한다.

2. ADDIE 모형

ADDIE 모형은 효과적인 교수 설계를 위해 널리 사용되는 대표적인 모형으로서, 학습자의 요구 분석에서 시작하여 교수 자료를 개발하고, 그것을 교육 현장에 적용하며, 결과를 평가하여 지속해서 개선하는 과정까지 포함되어 있어 교육의 질을 높이고 학습자가 목표를 성공적으로 달성할 수 있다.

ADDE 모형은 교수 설계에 대한 체계적이고 논리적인 접근을 제공하여 교육 프로그램의 효과성과 일관성을 높이고, 다양한 교육 환경과 주제에 적용할 수 있어 교수자의 필요에 따라 조정 가능하다. ADDIE의 모형은 [그림 4-3]과 같이 분석, 설계, 개발, 실행, 평가 등 5단계로 구분할 수 있다. 각 단계는 독립적으로 수행되지만, 하나의 단계가 끝나면 다음 단계로 넘어가는 순환적 과정을 거친다. 만약, 평가 단계에서 문제가 발견되면, 다시 분석 또는 설계 단계로 돌아가 수정 및 보완이 가능하다.

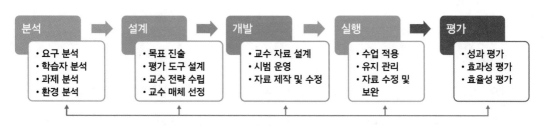

[그림 4-3] ADDIE 모형의 절차

분석(Analysis)

학습자의 요구와 교육 목표를 명확히 정의하고, 교육이 필요한 이유와 문제점을 분석하는 단계로서, 요구 분석, 학습자 분석, 과제 분석, 환경 분석 등이 이루어진다.

설계(Design)

분석 단계에서 파악한 정보를 바탕으로 구체적인 교수 전략과 평가 방법을 설계하는 단계로서, 학습 목표 진술, 평가 도구 설계, 교수 전략 수립, 교수 매체 선정 등이 이루어진다.

개발(Development)

설계된 교수 전략과 계획을 바탕으로 교수학습 방법과 자료를 개발하는 단계로서 교수 자료 설계, 시범 운영, 자료 제작 및 수정 등이 이루어진다. 자료 초안을 개발하여 파일럿 테스트를 실시하고, 그 결과를 토대로 자료를 수정한다.

실행(Implementation)

개발된 교수학습 자료를 교육 현장에 실제로 적용하고, 학습자들이 학습할 수 있도록 지원하는 단계로서, 수업 적용, 유지 관리, 자료 수정 및 보완 등이 이루어진다. 교수학습 방법과 자료를 교육 현장에서 활용하면서 피드백을 통해 그것이 적절한지 점검한다.

평가(Evaluation)

학습자가 학습 목표를 얼마나 달성했는지를 측정하고, 교수학습 방법과 자료를 전반적으로 평가하는 단계로서 성과 평가, 효과성 평가, 효율성 평가 등이 이루어진다. 학습 성과를 바탕으로 실행 단계 이외에도 ADDIE 모형의 모든 단계를 평가하며 수정 및 보완한다.

3. 적용 방안

데이비드 메릴(David Merrill)의 교수 설계를 위한 기본 원리는 실생활 문제 중심의 교수·학습 설계 방향을 제시하고 있다. 정보 교육은 학습자들의 실제 생활과 관련된 문제를 제시하고, 그것을 직접 해결하면서 컴퓨팅 사고를 기를 수 있다. 교수자의 시범을 통해 배운 방법을 주어진 문제에 적용하고, 나아가 실생활과 관련된 유사한 문제에 적용할 수 있는 능력을 기른다. 또한, 정보 교육에서 과제를 제시할 때는 쉬운 것부터 시작하여 점차 난이도를 높여 가되, 학습자 스스로 사고하고 해결할 수 있도록 다양한 자료와 매체를 활용하고, 과제의 난이도는 점차 높이되 교수자의 조언은 점차 줄여나간다.

예를 들면, 인공지능 프로그래밍을 처음 시작하는 학습자에게는 충분한 도움말과 함께 시연을 통해 세부 기능을 익히도록 한다. 또한, 구체적 조작기인 어린 학생들은 직접 만지면서 누구나 쉽게 프로그래밍할 수 있는 체감형 프로그래밍(tangible programming) 도구를 활용하고, 이후에 블록(컴포넌트) 기반의 시각형 프로그래밍(visible programming), 텍스트 기반의 스크립트 프로그래밍(scripting programming) 순으로 활용한다. 초기에는 Entry나 Scratch와 같이 레고를 조립하듯이 프로그래밍할 수 있는 블록 기반 도구를 사용하다가 이후에는 Python이나 Java와 같은 텍스트 기반 언어로 전환하여 학생들이 자신감을 갖고 인공지능 프로그래밍을 배울 수 있도록 한다.

2 동기 유발 전략

정보 교육에서 동기(motive)는 학습자가 학습에 적극적으로 참여하고, 지속적으로 학습을 이어가게 만든다. 그러나 학습자의 동기를 유지하기가 어렵고, 동기가 부족하면 학습 효과도 높이기 어렵다. 따라서 학습자의 동기를 유발하고 지속시키기 위한 전략이 필요하다.

켈러(Keller)는 학습 동기를 유발하고 지속하기 위한 요건으로 주의집중, 관련성, 자신감, 만족도 등 4가지를 제시하였다. 켈러의 ARCS 전략을 살펴보면 [그림 4-4]와 같다.

[그림 4-4] Keller의 동기 유발 전략

1. 주의집중(Attention)

주의집중은 학습자의 주의를 끌고 유지하는 것을 말한다. 정보 교육이 효과적으로 이루어지려면 학습자의 주의집중이 요구되며, 교수자는 학습자의 주의집중이 지속될 수 있도록 호기심을 자극해야 한다. 즉, 학생 스스로 궁금한 것을 탐구하고, 탐색해 볼 수 있는 기회를 제공함으로써 흥미를 계속 유지할 수 있도록 해야 한다. 켈러는 학습자의 주의를 끌고, 주의를 유지하기 위한 구체적인 방법으로 감각적 주의집중, 인지적 주의집중, 다양성 등 3가지 전략을 제시하였다.

감각적 주의집중

학습자가 새롭고 흥미롭게 느낄만한 매체나 전달 방식을 통해 학습 내용에 관심을 기울이게 한다. 효과음, 음성 자료, 애니메이션, 동영상 자료 등 멀티미디어 자료를 활용하는 것은 학습자의 감각적 주의집중을 높이는 데 효과가 있다.

인지적 주의집중

학습자가 학습 내용에 대해 스스로 의문을 품고 그것을 탐구하고자 하는 욕구를 갖도록, 학습 내용과 관련된 질문거리를 주거나 역설적인 상황을 제시한다. 예를 들면, 누구나 쉽게 계산할 수 있는 문제보다는, 복잡하고 시간이 오래 걸리는 문제를 간단한 프로그램으로 해결할 수 있는 문제를 제시함으로써, 학습자가 프로그래밍의 효율성이나 효과성을 느끼도록 한다.

다양한 매체와 방법

아무리 새롭고 놀라운 자료를 제공하더라도 그것이 반복된다면 학습자는 지루하게 느껴져 학습 동기가 떨어지게 된다. 예를 들면, 같은 문제를 수업 시간마다 다룬다면 지루할 수 있으므로 관련 문제와 욕구에 일치시키고, 유사하거나 특이한 사례를 제시함으로써 동기를 유지하도록 한다.

2. 관련성(Relevance)

관련성은 학습자에게 유의미하고 관련성이 있는 학습 내용을 제공하는 것을 말한다. 정보 교육의 학습 목표와 학습 내용이 학습자의 흥미나 목적과 관련성이 높을 때 학습자의 학습 동기는 높아진다. 학습자가 학습에 뚜렷한 목적이 없고, 그것을 배워야 할 이유를 찾지 못한다면 학습에 대한 흥미가 떨어지고, 쓸모없는 것으로 생각하게 된다. 관련성을 높이려면 다음과 같이 학습자 목표에 맞추고, 학습자에게 친숙한 사례와 상황을 제시한다.

학습 목표에 맞춤

학습 목표와 내용을 학습자의 경험과 관련성을 높여야 한다. 이를 위해 학습자의 필요를 잘 파악하고, 그것에 맞춰 학습 목표를 설정해야 한다. 또한, 이미 설정된 학습 목표를 학습자에게 잘 설명하여 그 목표가 유용하게 느끼도록 해야 한다.

학습자 욕구와 일치

학습자의 개인적 성취가 무엇인지 파악하고, 그것과 부합한 학습 목표와 활동을 제공해야 한다. 아울러, 협력 활동과 긍정적인 역할 모델을 제공하여 학습 내용을 학습자의 동기나 가치와 부합하게 해야 한다.

친숙한 사례와 상황 제시

학습자에게 친숙한 것을 제시하고 학습자의 발달 단계나 학습 환경을 파악하여 관련된 예시나 상황 자료를 제공해야 한다. 예를 들면, 초등학생들에게 친숙한 전래동화를 이용한 프로그래밍 교육은 별도의 설명을 하지 않더라도 전체적인 프로그램 흐름을 파악할 수 있어 프로그래밍 교육에 도움이 된다.

3. 자신감(Confidence)

자신감은 학습자가 자기 능력을 믿고, 성공할 수 있다는 자신감을 갖게 돕는 것을 말한다. 특정 과업을 수행하는 데 있어서 자신감을 갖게 되면, 그 과업을 더 적극적으로 참여하게 된다. 따라서 정보 교육에 대한 동기를 유발하고, 그것을 지속하려면 학습 문제를 성공적으로 해결할 수 있다는 자신감을 갖게 한다. 자신감을 높이려면 다음과 같이 성공할 수 있는 요건과 기회를 제공하고, 자기 통제감을 부여해야 한다.

성공할 수 있는 요건 제공

학습자가 문제를 성공적으로 해결할 수 있도록 학습 요건과 해결 조건을 명확히 제시해야 한다. 학습자들에게 문제를 성공적으로 해결하는 방법을 설명하고, 어떤 기준에 의해 성공 여부를 평가받을 수 있는지를 자세히 알려주고, 선행 과정에서 성공한 또래 학습자의 사례를 제시함으로써 성공에 대한 자신감을 갖게 한다.

성공할 기회 제공

교수학습 과정에서 학습자가 성공한 기회를 갖도록 다양한 학습 경험을 제공하고, 과제를 점진적으로 심화시킨다. 처음부터 어려운 문제를 제시하여 문제를 성공적으로 해결할 수 있는 기회를 얻지 못하면 학습자는 무기력해지고 그로 인해 학습 흥미가 현저하게 떨어질 수 있다. 따라서 초기에는 쉽고 단순한 문제를 제시한 후, 점차 어렵고 복잡한 문제를 제시한다.

자기 통제감 부여

학습자들은 자신의 노력과 통제로 학습의 성패가 좌우될 때 더 큰 노력을 한다. 학습자가 운이나 외부적인 요인이 아니라 자신의 노력과 능력에 따라 성공이 좌우된다는 것을 믿게 되면, 더 나은 성공을 위해 자발적으로 노력한다. 따라서 초기에는 다양한 힌트나 도움말을 제공하다가 점차 그것을 줄임으로써 학습자가 스스로 해결했다는 자신감과 통제감을 느끼게 한다.

4. 만족도(Satisfaction)

만족도는 학습자가 학습 결과에 대해 만족감을 느낄 수 있도록 하는 것을 말한다. 만족도는 학습자의 학습 동기를 유발하지는 않지만, 그것을 유지할 수 있게 한다. 특히 이전 학습에 대한 만족감이 높으면 다음 학습에 대한 기대와 동기 유발에도 큰 도움이 된다. 학생들의 만족도를 높이려면 다음과 같이 내재적 강화, 외재적 강화, 평가의 형평성을 유지한다.

내재적 강화

학습자가 내적으로 학습에 대해 긍정적인 인식을 갖도록 학습자가 이룬 학습 성과가 교사나 동료가 아닌 자신의 노력에 좌우된다는 것을 인식시키고, 학습자의 노력과 성과에 칭찬과 격려, 긍정적인 피드백을 수시로 제공한다.

외재적 강화

외재적인 강화는 학습 동기를 더욱더 견고하게 하고, 학습자의 성과를 확인하는 기회를 제공할 수 있으므로 긍정적인 피드백 이외에도 적절한 보상과 유인이 필요하다. 그러나 자신의 노력과 상관없이 보상이 반복적으로 이루어진다면 오히려 학습 동기를 떨어뜨릴 수 있으므로, 간헐적이면서도 적절한 보상과 유인책이 필요하다.

평가의 형평성 유지

보상과 유인은 반드시 형평성을 유지해야 한다. 학습자는 또래 학습자와의 비교를 통해서 자신의 성과를 인식하므로 학습자들이 받은 보상과 유인이 스스로 받을만했고, 타인도 인정할 만한 것이어야 교수·학습 활동에 적극적으로 참여한다. 따라서 교수자는 결과물에 대한 평가 기준을 명확히 제시하고, 그 기준에 따라 평가가 엄정하게 이루어질 수 있도록 한다.

3 과제 해결 전략

교수학습 과정에서 교사는 학생들에게 다양한 학습 과제를 제시하고 해결하도록 지도한다. 반 메리엔보어(Van Merriënboer)와 그의 동료들은 복합적인 기술과 문제 해결 능력을 가르치는 데 효과인 과제 해결 전략으로 4C/ID(Four Component/Instructional Design) 모형을 제안하였다.

1. 구성 요소

4C/ID 모형은 학습자가 실생활의 복잡한 과제를 성공적으로 해결할 수 있도록 [그림 4-5]에 제시한 것과 같이 학습 과제, 지원 정보, 절차 정보, 과제 연습 등 4가지로 구성하였으며, 이러한 구성 요소를 통해 학습자가 지식과 기능을 단계적으로 습득하고, 실제 과제에서 이를 통합적으로 적용할 수 있도록 하였다.

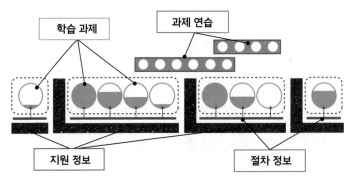

[그림 4-5] 4C/ID의 구성 요소

학습 과제(Learning Tasks)

학습자가 학습할 과제나 수행할 프로젝트 등을 말하며, 교수자는 실생활과 관련된 실제적이고 통합적인 경험을 제공할 수 있는 과제를 선정한다. 간단한 것부터 시작하여 복잡한 것으로 나열하고, 지원과 안내를 점진적으로 감소시키되, 최대한 실생활의 많은 부분을 학습자들이 통합하고 조정할 수 있도록 학습 과제를 선정한다.

지원 정보(Supportive Information)

학습 과제를 해결하는 데 필요한 이론적 지식과 개념적 지식을 제공하는 것을 말한다. 지원 정보는 수업 전반에 걸쳐 제공되며 언제든지 활용할 수 있다. 학습 과제가 어떻게 조직되고, 그것을 해결하려면 어떻게 접근해야 하는지 구체적으로 제시한다.

절차 정보(Procedural Information)

학습자가 과제를 수행하는 과정에서 필요한 절차적 지식과 단계별 수행 방법을 제공하는 것을 말한다. 학습 과제를 수행하는 방법을 구체적으로 제시하거나 시연함으로써 학습 능력이 부족한 학습자가 학습 과제를 해결할 수 있도록 지원한다. 선수 학습 과제에 대한 경험을 떠올려 현 과제를 해결할 수 있도록 힌트를 제공하되, 학습자들이 문제 해결 방법에서 규칙을 찾고 그것을 능숙하게 사용하게 되면 절차 정보는 즉시 제거한다.

과제 연습(Part-task Practice)

학습자가 전체 과제를 수행하기 전에 특정한 부분 과제에 대한 집중적인 연습을 진행하는 것을 말한다. 학습 과제를 능숙하게 해결하려면 학습 과제 중 일부를 포함한 연

습 문제를 추가로 제시하여 순환적으로 반복한다. 단순한 것부터 시작한 후 점차 복
잡한 것을 연습하고, 연습 과제는 상황에 따라 다양하게 제시하되, 중요한 부분은 필
수적으로 연습하게 한다.

2. 적용 방안

인공지능이나 컴퓨팅 기술이 실생활에 깊숙이 적용됨에 따라 정보 교육에서 다루는 학습
과제도 복잡한 문제를 해결하고, 컴퓨팅 사고력을 기를 수 있도록 해야 한다. 따라서 4C/ID
모형을 프로그래밍 교육에 적용하려면 다음과 같은 사항을 고려해야 한다.

- 실생활과 관련된 문제를 제시한다. 일상생활에서 일어나는 복잡한 문제를 해결할
  수 있도록 학습 과제를 설계하고, 필요한 지원 정보와 절차 정보를 설계하며, 반복
  적으로 사용되고 일반화할 수 있는 필수 과제를 연습 과제로 선정한다.

- 모듈별 프로그램을 제시한다. 복잡한 문제를 해결하는 데 필요한 프로그램을 유사
  한 기능에 따라 모듈화하고, 그것을 협력 학습을 통해 해결할 수 있도록 한다. 예를
  들면, 프로그램의 기능을 몇 개의 하위 모듈로 구분하고, 쉬운 모듈부터 차례대로
  해결할 수 있도록 한다.

- 문제를 해결하는 데 필요한 지원 정보를 제공한다. 전체 문제를 해결하는 데 필요
  한 자료나 정보를 제공하고, 이것을 언제든지 확인하고 활용할 수 있게 한다.

- 모듈 내의 프로그램을 작성할 때 필요한 절차 정보를 제공한다. 기능별로 분리된
  모듈을 작성할 때 필요한 정보를 제공하려면 학습자에게 직접 시연하거나 결과를
  보여주는 등 단계별로 단서를 제공하여 학생들이 원하는 모듈을 구현할 수 있도록
  도와준다.

- 모듈에 대한 정보나 단서를 점차 줄여나가면서, 마지막 단계에서는 해결에 필요한
  힌트를 전혀 주지 않고 학생들이 스스로 해결할 수 있도록 한다.

- 학습 과제를 해결하면서 핵심적인 부분은 반복적으로 연습할 수 있도록 한다. 여러
  모듈에서 공통으로 사용할 수 있는 기능은 함수나 라이브러리로 만들어서 반복적으
  로 사용할 수 있도록 한다. 또한, 핵심 기능은 순서도나 의사코드로 만들어 보게 하
  여 그 기능을 깊이 있게 이해하게 한다.

4 실습 교육 전략

정보 교육은 학습 문제를 해결하기 위해 인공지능이나 컴퓨팅 시스템을 활용하거나, 학생들이 직접 프로그램을 설계하고 개발한다. 따라서 정보 교육은 이론 중심의 강의보다는 실습 중심의 교육이 필요하다. 이러한 실습 중심의 교육은 작업의 효율성을 높이기 위한 기능 습득에 중점을 두기보다는, 학습을 통해 습득한 컴퓨팅 사고력을 점차 복잡하고 다양한 상황에 적용하는 데 중점을 두어야 한다.

정보 교육에서 실습 교육을 위한 전략으로 인지적 도제 모형(Cognitive Apprenticeship Model)을 적용할 수 있다. 인지적 도제 모형은 실제 상황에서 문제 해결 능력을 길러주는 학습 방법으로, 학습자가 전문가의 사고 과정을 직접 경험하고 학습할 수 있도록 지원한다. 학습자는 단순히 지식이나 기능을 습득하는 것이 아니라, 실제로 문제를 해결하는 과정을 배우며, 자신의 사고 과정을 명확히 하고 발전시킬 수 있다.

1. 실습 교육 절차

정보 교육에서 인지적 도제 모형에 따른 실습 교육 전략을 [그림 4-6]과 같이 시연하기, 코칭하기, 조력하기, 명료화하기, 성찰하기, 탐구하기 등 6단계로 제시하였다.

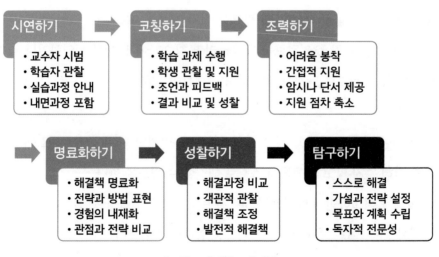

[그림 4-6] 실습 교육 전략

시연하기(Modeling)

교수자가 시범을 통해 학습할 과제를 직접 수행하고, 학습자가 그것을 관찰함으로써 관련 지식과 전략, 수행 과정을 이해하도록 한다. 교수자의 시범은 외형적인 과정뿐만 아니라 내면적인 과정을 모두 포함한다. 학습자에게 실습 방법이나 절차를 말로 표현하게 함으로써 학습자의 내면적 처리 과정을 이해할 수 있다.

코칭하기(Coaching)

학습자가 직접 과제를 수행하면서 필요에 따라 교수자의 도움을 받을 기회를 제공한다. 교수자는 학습자를 관찰하면서 힌트를 주고, 필요할 때는 조언이나 피드백을 줄 수 있으나, 가능한 학습자가 스스로 해결하고 탐색할 기회를 제공하고, 다른 학습자의 수행 결과와 비교하고 성찰할 수 있게 한다.

조력하기(Scaffolding)

학습자가 실습 과정에서 문제나 어려움을 겪게 되면 교수자가 도움을 제공한다. 교수자는 가급적 직접적인 도움을 주기보다는 학습자 스스로 문제를 해결할 수 있도록 중간 단계의 암시나 단서를 제공하고, 학습자가 과제 수행에 익숙해지면 지원을 점차 줄이고 더 이상 필요가 없을 때는 제공하지 않는다.

명료화하기(Articulation)

학습자가 습득한 지식과 문제 해결 과정, 전략, 추론 등을 명료하게 설명하게 한다. 학습자는 자기 행동에 대해 생각하고, 자신의 결정과 전략을 말로 표현하거나 다른 학습자들의 관점이나 전략을 비교하면서 내재적인 지식을 더욱 명료하게 할 수 있다.

성찰하기(Reflection)

학습자 스스로 문제 해결 과정을 다른 사람의 것과 비교하면서 뒤돌아보게 한다. 자신의 문제 해결 과정을 교수자나 전문가, 동료 학습자들의 해결 과정과 비교하면서 자신의 것을 객관적으로 관찰하고 조정하여 더 넓은 안목을 가질 수 있다. 이러한 안목은 향후에 보다 발전적인 문제 해결 전략을 세우는 데 도움이 된다.

탐구하기(Exploration)

학습자의 성취도가 적절한 수준에 도달하면 학습자 스스로 문제를 해결하게 한다. 학습자는 스스로 가설을 설정하고 전략을 수립하여 문제를 해결하는 과정을 수행한다. 또한, 목표와 계획을 수립하고, 그것을 성취하기까지의 일련의 과정을 스스로 해 봄으로써 자신감을 갖고 점차 독자적인 전문가가 될 수 있다.

2. 적용 방안

인지적 도제 이론에 따른 실습 교육 전략을 정보 교육에 적용할 때 고려할 사항을 구체적으로 제시하면 다음과 같다.

- 지식을 스스로 습득할 기회를 제공한다. 정보 교육은 대부분 실습 위주이지만, 실습하는 데 필요한 개념적 지식을 체계적으로 습득할 기회를 제공하고, 그 지식을 실습 과정을 통해 심화시킬 수 있도록 실습 과제를 선정해야 한다.

- 습득한 지식과 전략을 내면화할 기회를 제공한다. 교수자의 시연과 코칭의 목적은 학습자들이 학습할 지식과 기능을 스스로 습득할 수 있도록 하는 것이다. 따라서 그대로 따라하는 실습 교육에서 벗어나, 새로운 문제를 스스로 해결할 수 있도록 실습 과정이나 방법을 자신의 글과 말로 표현하고, 문제 해결 과정과 결과를 스스로 평가하고 조정할 기회를 제공한다.

- 동료 학습자들의 다양한 의견을 듣고 비교할 기회를 제공한다. 학생들은 내면화 과정에서 자칫 잘못하면 자신의 편견에 빠질 수 있으므로 동료 학습자들과 활발하게 의견을 주고받으면서 자신의 의견을 표현하고 탐구할 기회를 제공한다. 특히 정보 교육에서는 하나의 문제를 해결하는 데 다양한 알고리즘이나 프로그래밍이 가능하므로 각자가 구현한 것을 비교·분석하여 최적의 해결 방법을 찾을 기회를 제공한다.

- 실생활에서 접할 수 있는 문제를 해결하도록 한다. 정보 교육의 목적은 컴퓨팅 사고력을 이용하여 실생활의 문제를 해결하는 것이다. 교수자의 시연과 코칭을 통해 스스로 문제 해결 방법을 찾고, 그것을 비교하고 성찰하는 과정에서 습득한 문제 해결 전략을 실제 생활 속 문제를 해결하는 데 적용할 수 있도록 한다.

2 교수학습 모형

교수학습 모형은 교육 목표를 효과적으로 달성하기 위해 교수학습 과정을 체계적으로 설계한 틀로서, 교육 상황에서 어떤 방식으로 교수학습 활동을 진행할 것인지 구조화된 방법과 절차를 제공한다. 정보과 교육도 다른 교과와 마찬가지로 직접 교수법을 포함하여 문제해결학습, 순환학습, 발견학습, 탐구학습, 프로젝트 학습 등 다양한 모형을 적용할 수 있지만, 컴퓨팅 사고력과 디지털 문화 소양, 인공지능 소양 등 정보과 교과 역량을 길러주는 데 특화된 모형을 중심으로 적용할 수 있다.

1 컴퓨팅 사고력 신장 모형

정보과 교육은 특정 정보 기술이나 도구의 사용법 습득에 치중하지 않도록 유의하고, 문제 해결을 위한 프로그램 설계 및 개발 과정을 통해 컴퓨팅 사고력을 신장하는 데 초점을 두어야 한다. 김진숙 외2015는 컴퓨팅 사고력을 신장시키기 위한 교수·학습 모형으로 <표 4-1>에 제시한 것처럼 전통적인 교수법과 연계된 시연 중심 모델, 재구성 중심 모델, 개발 중심 모델, 디자인 중심 모델 등을 제시하였다.

〈표 4-1〉 컴퓨팅 사고력 신장 모형

모델명	교수법	수업 절차
시연 중심	직접 교수	Demonstration(시연) → Modeling(모방) → Making(제작)
재구성 중심	발견학습	Using(놀이) → Modify(수정) → reCreate(재구성)
개발 중심	탐구학습	Discovery(탐구) → Design(설계) → Development(개발)
디자인 중심	프로젝트학습	Needs(요구) → Design(설계) → Implementation(구현) → Share(공유)

1. 시연 중심 모델

시연 중심 모델(DMM)은 직접 교수법을 기반으로 한 모델로서 프로그래밍 언어의 문법과 실습 중심의 명령어를 지도할 때 유용하다. 다음과 같이 시연, 모방, 제작 단계를 거치며 교사가 시연하고, 학습자들이 특정 기능을 모방하면서 질의하고, 반복적이고 단계적인 연습이 필요한 실습 활동에서 유용하다.

시연(Demonstration)

프로그래밍 언어의 기본적인 문법이나 용법을 설명할 때도 컴퓨팅 사고를 향상시키기 위한 관점에서 시연하고, 어려운 용어는 될 수 있으면 배제함으로써 그 의미를 자연스럽게 이해할 수 있도록 한다. 특히 복잡한 모듈을 시연할 때는 모듈의 기능을 작게 분해하거나 알고리즘을 단계별로 분해하여 시연한다.

모방(Modeling)

교사의 컴퓨팅 사고 과정을 학습자가 따라하는 과정이다. 학생들은 교사가 제시한 알고리즘 설계 과정이나 프로그래밍 과정을 따라하면서 컴퓨팅 사고를 이해하고, 질문과 대답을 통해 활동에 필요한 지식과 개념을 이해한다. 교사는 발문을 통해 학생들이 자연스럽게 컴퓨팅 사고를 할 수 있도록 노력하고, 모방을 통해 문제를 이해하고 해결할 수 있도록 지도한다.

제작(Making)

교사를 모방하면서 자신만의 모델을 만들며 학생이 주도적으로 참여한다. 복잡한 모듈을 분해하고, 그것을 다시 조립하면서 패턴을 인식하고, 패턴에서 발견된 개념을 추상화한다. 교사는 학습 촉진자로서 학생들이 문제 해결을 위한 알고리즘과 자료 구조를 설계하여 추상화 능력을 기르고, 그것을 프로그래밍하면서 자동화할 수 있는 능력이 향상되도록 지도한다.

2. 재구성 중심 모델

재구성 중심 모델(UMC)은 발견학습법을 기반으로 한 모델로 다양한 예제를 중심으로 정보과의 핵심 개념과 원리를 발견하고, 제시된 예제의 수정과 재구성을 통해 컴퓨팅 사고력을 길러주는 모델이다. 학습 동기를 유발하기 위해 놀이를 통해 배우고자 하는 지식과 기능을 탐색하고, 사전에 준비된 프로그램을 조금씩 수정하면서 학습 목표에 도달한다.

놀이(Use)

알고리즘이나 프로그램 모듈, 완성된 소프트웨어 패키지, 피지컬 컴퓨팅 부품, 완제품을 포함한 다양한 예시 모듈을 보여주면서 놀이 활동을 진행한다. 이때 놀이 활동은 학습자가 제시된 알고리즘이나 모듈을 직접 사용해 보고 경험을 하는 활동을 의미한다. 이러한 놀이 활동에서 일정한 패턴을 자연스럽게 인식함으로써 제시된 모듈 속에 포함된 알고리즘을 발견할 수 있다.

수정(Modify)

교사는 놀이 활동에 포함된 모듈을 의도적으로 변형하여 학생들이 컴퓨팅 사고력을 기를 수 있도록 한다. 학생들은 수정 활동을 통해 소스 코드의 순서를 변경하거나 새로운 코드를 채우고, 오류를 제거하는 등 다양한 활동을 전개한다. 이를 통해 알고리즘과 프로그래밍의 문법을 더 쉽게 이해할 수 있다.

재구성(reCreate)

새로운 모듈을 창작하기보다는 놀이 활동과 수정 활동을 통해 사용된 모듈을 조금씩 발전시키는 단계이다. 사전에 준비한 모듈을 바탕으로 다양한 알고리즘을 적용하고, 그에 따른 프로그래밍을 통해 자신의 지식과 기능을 확대할 수 있다.

3. 개발 중심 모델

개발 중심 모델(DDD)은 탐구학습 기반 모델로서 요구 분석, 설계, 구현, 시험, 운용 단계가 순차적으로 진행되는 소프트웨어 공학적인 관점에서 프로그램을 개발한다. 교사가 제시한 모듈을 확장시키기보다는 학습자가 주도하면서 새로운 프로그램을 개발하도록 하되, 교사는 탐구 및 설계 과정에서 학습 목표에 도달할 수 있도록 의도적으로 개발 범위를 제한할 수 있다.

탐구(Discovery)

교사가 자료를 제시하되 설명식 자료보다는 실제 프로그램을 분석하고 활용하면서 적극적인 탐구 활동이 전개되도록 한다. 복잡한 문제를 분해하여 문제를 쉽게 해결할 수 있도록 하고, 개발하고자 하는 모듈에 대한 패턴을 스스로 탐구하여 추상화를 위한 핵심 내용을 파악하게 한다.

설계(Design)

학습 경험이 충분할 경우, 소프트웨어 공학적인 접근 방법을 활용하여 기능과 절차를 설계할 수 있다. 구상도, 순서도, 의사코드(pseudo) 등을 활용하여 문제 해결 방법을 구체적으로 설계한다.

개발(Development)

개발 과정은 학습자 중심으로 진행하되, 프로그래밍 문법 설명은 교사가 진행한다. 최종 산출물은 수업 시간을 고려하여 시뮬레이션이나 원형(prototype) 등으로 개발할 수 있다.

4. 디자인 중심 모델

디자인 중심 모델(NDIS)은 프로젝트 기반 모델로서, 디자인 사고(Design Thinking)에 따라 시뮬레이션이나 원형을 개발한다. 디자인 사고는 소프트웨어 개발을 통해 인간의 삶을 개선하고, 인류의 안전과 요구에 맞는 활동임을 인식함으로써 고도의 창의적 설계가 가능하다. 또한, 산출물을 공유하고 평가하면서 그 기능을 개선하는 선순환 구조를 가진다.

요구 분석(Needs)

산출물의 가치를 인간에게 이롭고 발전시킬 수 있는 방향으로 인식하여, 개발 과정보다는 요구 분석과 설계 과정에 더 많은 관심을 두고 진행한다.

설계(Design)

단순히 설계도를 그려가는 단계에서 벗어나 사고의 확장과 창의적인 아이디어 산출에 집중하고, 마인드맵이나 브레인스토밍, 도식화를 통해 자기 생각을 구체화한다.

구현(Implementation)

단순한 모듈 개발을 넘어 통합적인 시스템을 고려하고, 타 영역과의 융합을 통해 실생활에 유익한 산출물을 만들도록 지도한다. 학생은 주도적으로 주제를 선정하고, 요구를 분석하고, 창의적인 설계와 구현 전략을 수립하며, 교사는 발문을 통해 학생을 지원하는 조력자의 역할을 한다.

공유(Share)

산출물 소개와 함께 제작 의도와 과정을 공유한다. 자기 성찰을 통해 인간 중심의 요구 분석과 설계에 대한 근본적인 평가를 진행하며, 공유와 평가를 통해 논의된 결과를 모든 단계에 반영할 수 있도록 한다.

② 창의적 문제 해결 학습

문제 해결 학습(Problem Based Learning)은 문제를 확인하고, 해결 방법을 찾고, 그 방법에 따라 해결하고, 그것을 일반화시키는 모형이다. 학습자들이 여러 가지 문제 상황 속에서 해결 방법을 스스로 찾아 해결함으로써 자발적인 학습 참여가 가능하고, 문제 해결 과정에서 지식이나 개념을 나름대로 재구성하거나 탐구함으로써 자기 주도적인 학습이 가능하다. 정보과 교육에서 강조하는 컴퓨팅 사고력 역시 문제를 이해하고, 분석하고, 최적화된 해결 방법을 찾아 일반화시키는 과정임을 고려할 때, 정보과 교육에서 문제 해결 학습은 매우 중요한 모형이다.

펠듀슨(Feldhusen)과 트레핑거(Trefinger)[1983]는 창의성과 문제 해결을 결합한 창의적 문제 해결력(Creative Problem Solving)을 제안하였다. 창의적 문제 해결은 특정한 문제 상황에서 발산적 사고와 수렴적 사고를 사용하여 문제를 발견하고, 창의적으로 해결하는 일련의 사고 과정을 말한다. 따라서 창의적인 문제 해결 학습에서 발산적 사고는 문제를 발견하고 정의하게 하며, 독창적이고 창의적인 해결책을 도출하는 데에 사용된다. 반면, 수렴적 사고는 발견한 문제 상황에 초점을 맞추어 논리적, 비판적, 분석적, 종합적 시각으로 다양한 아이디어를 평가하며, 문제의 해결책을 결정하는 데에 사용된다.

1. 교수·학습 절차

창의적 문제 해결 학습은 기본 지식과 탐구 기술을 기반으로 주어진 문제 상황에서 적절하고 새로운 해결 방법을 발견하는 것을 중요한 목표로 삼는다. 또한, 문제를 해결하는 과정 중에 다양한 탐구 과정과 활동을 경험할 수 있으며, 확산적 사고와 비판적 사고를 통한 학습자의 탐구 능력을 향상시킬 수 있다. 오스본(Osborn)과 판스(Parnes)는 창의적 문제 해결 학습을 목표 발견하기, 사실 발견하기, 문제 발견하기, 아이디어 발견하기, 해결책 발견하기, 수용한 발견하기 등 6단계로 구성하였으며, 단계별 세부 활동은 다음과 같다.

목표 발견하기(Objective Finding)

문제 상황에 관해 이야기를 나누고, 창의성을 발휘해야 할 목표에 대해 브레인스토밍을 통해 목록을 작성하며, 최종적으로 도전할 목표를 결정하여 목표 진술문을 작성한다. 목표 진술문은 학습자들의 흥미와 능력 정도에 따라 다양하게 설정할 수 있으나, 창의적 능력을 발휘할 수 있는 목표를 정하여 간결하고 명쾌한 문장 형태로 작성한다.

사실 발견하기(Fact Finding)

목표와 관련된 사실들을 브레인스토밍(brain storming)하여 학습 과제나 문제 상황과 관련된 정보를 검토한다. 문제와 관련된 사실, 느낌, 의문점, 예감, 걱정 등 모든 정보를 자세히 조사하여 리스트를 작성한다. 수집된 자료는 현재 문제 상황을 이해하고 해결하는 데 도움이 될 수 있는 자료들만 선별하여 정리한다.

문제 발견하기(Problem Finding)

문제에 대해 다시 브레인스토밍하여 문제를 진술하는 단계이다. 이전 단계에서 수집된 자료와 정보를 토대로, 해결해야 할 문제를 진술한다. 진술문에는 문제 당사자, 목적, 방법, 행위 동사를 포함하고, 부정적인 표현이나 사고를 억제하는 진술은 피한다. 최종적으로 여러 개의 진술문 중 새로운 아이디어로 해결할 수 있는 문제를 선정한다.

아이디어 발견하기(Idea Finding)

해결책을 찾기 위해 가능한 한 많은 아이디어를 표출하는 단계로 브레인스토밍이 매우 중요하다. 가급적 확산적 사고에 중점을 두어 많은 아이디어를 산출한다. 새롭고 특이한 아이디어를 많이 도출할 수 있도록 격려하고, 제시된 아이디어를 버리거나 거부되지 않게 최종 판단이나 아이디어 평가는 잠시 보류한다.

해결책 발견하기(Solution Finding)

수집된 아이디어의 평가 기준을 정한 후 최선의 해결안을 찾아낸다. 문제 해결을 위한 아이디어에 대한 목록을 만들고, 그중에서 가장 적합한 해결책을 결정한다. 이 단계에서는 비용, 모양, 장점 등과 같은 아이디어 평가 기준에 대해 브레인스토밍한 후 그 기준을 바탕으로 아이디어를 평가한다. 다만, 완벽한 아이디어 하나를 찾는 것에 초점을 두기보다 현재 갖고 있는 아이디어 중에서 문제 해결에 가장 적합하다고 판단 되는 것을 찾는 것에 초점을 둔다.

수용안 발견하기(Acceptance Finding)

문제 해결책을 계획하고, 실천하고, 평가한다. 문제를 해결했던 과거의 방법과 현재 의 새로운 방법을 비교하고, 해결책을 실행할 때 영향을 주거나 방해가 될 수 있는 요 인을 다양한 관점에서 살펴보며, 실행 계획을 수립한다. 실행 과정에서 발생하는 새 로운 도전은 새로운 문제를 해결하기 위한 기회이며, 계획한 해결책이 충분하지 못할 때는 또다시 문제를 해결하고 도전하려는 자세가 필요하다.

2. 적용 방안

특정 문제 상황을 해결할 수 있는 알고리즘을 만드는 것은 매우 다양하며, 그중에서 가장 적합한 알고리즘을 찾거나, 프로그래밍을 통해 발생되는 오류를 찾아 프로그램의 성능을 개 선하는 일 자체가 창의적 활동이기 때문에 창의적 문제 해결 학습은 정보과 교육에 적합하지 만, 그것을 수업에 적용할 때는 다음에 제시된 사항을 고려해야 한다.

- 학습 목표는 자기 능력에 맞게 정하고, 교사는 관련된 자료를 충분하게 제공한다. 즉, 학생들이 문제 상황을 충분히 인지하도록 관련 자료를 제공하고, 학습자의 능력 에 따라 목표를 정하도록 지도한다.
- 학습 목표와 관련된 문제 상황을 설정하되, 학습자의 능력, 흥미, 경험 등을 고려한 다. 즉, 학습자의 발달 단계나 학년군의 위계에 맞는 문제를 선정하여 학습자들이 스스로 문제를 해결할 수 있도록 한다.
- 학습자 스스로 관심이 있는 영역의 문제를 제기함으로써 학습의 주도자가 되도록 한다. 초기에는 여러 가지 조언과 자료, 정보 등을 지원하지만, 수업이 전개됨에 따 라 점차 그 지원을 줄인다.
- 문제 상황을 해결하기 위한 다양한 알고리즘을 제시할 수 있는 브레인스토밍 환경

을 조성한다. 미숙한 알고리즘을 제시하더라도 비판하거나 평가하지 않고, 제안한 알고리즘과 그 이유를 충분히 설명할 기회를 제공한다.

- 학생들의 발달 수준을 고려하여 말로 표현하기, 글로 표현하기, 그림으로 나타내기, 순서도 그리기, 의사코드 사용하기 등 알고리즘을 표현할 수 있는 다양한 방법을 안내한다. 알고리즘을 프로그램으로 옮기기 전에 실행 결과를 예측하여 최적의 방법을 찾게 하고, 실행된 결과가 예상하지 못한 것일지라도 그 이유를 파악하여 함께 해결책을 찾게 한다. 또한, 발견된 해결책보다 나은 방법이 없는지를 동료의 해결책과 비교하면서 개선하도록 한다.

- 개별 학습과 함께 모둠 학습을 병행함으로써 다른 학생의 해결 방법과 자신의 해결 방법을 비교하게 한다. 문제 해결 과정에서도 수시로 자신의 문제 해결 전략을 반추할 기회를 제공하여 주도적인 학습이 가능하게 한다.

- 문제 해결의 결과보다는 과정을 중시한다. 예상되는 결과를 도출하는 것만으로 만족하는 것이 아니라, 적절한 방법을 찾았는지, 그 방법을 제대로 적용했는지, 새로운 방법은 없었는지, 더 나은 해결 방법은 없었는지를 종합적으로 살필 수 있게 한다.

③ 언플러그드 활동

뉴질랜드 캔터베리 대학의 팀벨(Tim Bell) 교수는 '놀이로 배우는 컴퓨터 과학'이라는 교재에서 컴퓨터 없이 컴퓨터 과학의 원리를 학습할 수 있는 언플러그드 활동(Unplugged Project)을 제안하였다. 이것은 학습자들이 컴퓨터의 동작 원리와 창의적인 아이디어를 게임이나 놀이, 구체적인 조작 활동을 통해 학습함으로써 컴퓨터 과학자가 경험한 것을 학습자들이 직접 경험하게 하여 컴퓨터 과학의 원리를 배울 수 있는 교육 방법이다.

1. 특징

언플러그드 활동은 컴퓨터를 전혀 사용하지 않고도 데이터의 표현, 정렬, 검색, 라우팅,

교착 상태 등 알고리즘과 컴퓨터의 동작 원리를 이해하도록 구체적인 조작 활동 형태의 놀이 학습 자료를 활용한다. 학습자들은 구체적 경험 및 실생활과 관련한 놀이를 통해 정보과 교육을 쉽고 재미있게 학습할 수 있으므로 초중등학교 교육에서 매우 효과적이다. Code.org나 Google for Education 사이트에서는 초중등학교 학습자들을 위해 다양한 언플러그드 활동을 제시하고 있다.

언플러그드 활동은 개인의 경쟁보다는 협업을 중시하며, 짧은 시간에 문제를 파악하고 해결할 수 있다. 노작, 활동, 게임, 놀이, 그리기 등의 전통적인 수업 방식을 사용함으로써 학습자들의 신체를 많이 사용하게 한다. 따라서 언플러그드 활동은 시스템이 복잡하여 추상적으로밖에 설명할 수 없는 컴퓨터의 작동 원리를 이해시키고, 기본적인 알고리즘 교육을 하는데 도움을 줄 수 있다.

2. 교육 절차

언플러그드 활동의 교육 절차는 문제 제시하기, 활동 안내하기, 해결 방법 찾기, 해결 방법 나누기, 일반화하기 등 5단계로 구분할 수 있다.

문제 제시하기

언플러그드 활동으로 해결하고자 하는 문제 상황을 제시한다. 학습자가 직접 경험할 수 있는 실생활과 관련된 문제를 제시함으로써 학습자의 관심과 동기를 유발한다.

활동 안내하기

학습자에게 언플러그드 활동을 구체적으로 안내한다. 교사가 계획한 언플러그드 활동을 명확하게 안내하고, 인지 능력이 부족한 학습자는 별도의 자료를 준비하여 모든 학습자가 활동 내용과 방법을 명확히 인지할 수 있게 한다.

해결 방법 찾기

학습자가 탐색 활동을 통해 문제를 인지하고, 언플러그드 활동을 통해 문제 해결 방법을 찾는다. 해결 방법은 학습자 혼자가 아닌 다양한 의견을 수렴하여 찾을 수 있도록 모둠별 활동을 강화한다.

해결 방법 나누기

모둠에서 찾은 해결 방법을 발표하고 다른 모둠과 서로 의견을 나누며 문제를 해결한다. 문제를 해결하지 못할 때는 학습자들의 사고를 자극할 수 있는 자료를 제공하여 스스로 문제를 해결하도록 유도한다.

일반화하기

문제 해결 결과를 유사한 문제에 적용한다. 해결 방법을 통해 실제 문제에 적용함으로써 해결 방법을 평가하고, 그것을 유사한 문제에도 적용함으로써 일반화를 유도하고, 문제 과정에 포함된 핵심 개념을 정확하게 인지하게 한다.

3. 적용 방안

언플러그드 활동은 컴퓨터 없이 컴퓨터 과학 개념을 학습할 수 있도록 구성된 교육 방법이다. 문제를 제시하고, 해결 방법을 찾아가는 과정을 통해 학습자들은 논리적 사고와 협력적인 문제 해결을 경험하며, 마지막으로 그 개념을 일반화하여 컴퓨터 과학 원리를 학습하게 된다. 따라서 언플러그드 활동을 정보과 교육에서 적용할 때는 다음에 제시된 사항을 고려한다.

활동 주제 측면

흥미 중심의 놀이로만 끝나는 활동이 아니라 놀이를 통해 컴퓨팅 사고력을 키울 수 있는 활동 주제를 선정한다. 컴퓨터를 사용하지 않고, 놀이나 게임, 구체적 조작물을 사용할 때 효과가 있는 주제를 선정하되, 컴퓨팅 사고력을 기를 수 있게 한다.

교육 내용 측면

학습자의 수준을 고려하여 교육 내용을 준비한다. 학습자의 발달 단계, 추상화와 구체화 능력, 사전 지식과 학습 경험에 따라 교육 내용을 제시하고, 학습자들이 개발한 알고리즘이나 해결 방법을 개선하여 범용적인 해결책으로 일반화할 수 있게 한다.

교육 방법 측면

어린 학생들의 발달 단계를 고려할 때 모니터 앞에서 하는 수업보다 놀이나 게임 중심의 수업이 더 재미있고 효과적일 수 있다. 따라서 언플러그드 활동이 더 효과적이라고 생각된다면 컴퓨터를 활용하지 않을 수 있다.

수업 시간 측면

학생들의 사고를 촉진할 수 있는 최소한의 시간을 확보한다. 언플러그드 활동을 통해 학습 내용을 전달하는 것보다 새로운 해결책을 찾는 경험을 갖게 하는 것이 중요하므로, 충분한 시간을 할애하여 새로운 해결 방법들을 구안하게 한다. 또한, 편견에 빠지지 않도록 모둠 활동과 구성원 간의 토론 및 발표가 필수적이다.

교육 자료 측면

학습자들이 쉽게 접할 수 있는 자료를 준비하되, 학생들의 규모에 따라 활동 자료의 크기를 달리한다. 협력적인 활동 자료는 대형 자료로 제작하여 그것을 지켜보는 학습자들도 동료들의 활동을 관찰하고 자신의 활동과 비교해 봄으로써 해결 방법을 수정할 기회를 제공한다.

④ PUMA 교수법

정보과 교육의 핵심 내용 중 하나는 프로그래밍 교육이다. 그동안 프로그래밍 교육은 엄격한 문법을 중시하는 텍스트 기반 프로그래밍 언어를 사용하였기에 프로그래밍 교육에서도 문법 중심의 교육이 이루어졌다. 그러나 최근에 문법을 몰라도 레고를 조립하듯이 프로그램을 개발할 수 있는 블록 기반 프로그래밍 언어가 도입되면서 문법보다는 전체적인 흐름을 파악하는 프로그래밍 교육이 중요해졌다. 즉, 특정 예약어나 구문의 기능, 함수나 라이브러리의 기능을 짧은 구문을 통해 이해하기보다는 전체적인 프로그램의 흐름과 쓰임새를 파악하는 것이 중요하다.

따라서 프로그래밍의 정확성보다는 유창성에 중심을 둔 정보과 교육이 필요하다. 프로그래밍 언어의 문법이나 구문을 기계적으로 반복하여 문법의 오류를 최소화하거나 최적화된 프로그램을 작성하기보다는, 비록 정확하지는 않지만 자기 생각을 자유롭게 프로그램으로 구현하고, 결과가 잘못되었을 때는 그 이유를 찾아 분석하여 스스로 해결 방안을 찾도록 한다.

1. 절차

정영식 외2015는 프로그래밍 교육 방법의 하나로 PUMA 교수법을 개발하였다. PUMA 교수법은 프로그래밍 과정에서 특정 구문을 반복(repetition)하게 하고, 그것을 다른 구문에 넣어 확장(expansion)하며, 특정 구문을 채우거나(completion), 다른 구문으로 치환하고 (substitution), 완성된 구문을 서로 비교하는(comparison) 등 다양한 활동을 제시한다. PUMA 교수법의 구체적인 수업 절차를 엔트리 기반의 '벽돌깨기' 게임을 활용하여 [그림 4-7]과 같이 제시하였다.

[그림 4-7] PUMA 교수법의 절차

프로그램 준비하기(Preparing)

완성된 프로그램 소스를 불러와서 실행하고 결과를 확인한다. 완성된 소스를 준비할 때는 [그림 4-8]에 제시한 '벽돌 깨기'와 같이 실행 결과를 충분히 예측할 수 있고, 학생들이 재미있게 실행해 볼 수 있는 게임이나 동화를 활용한다.

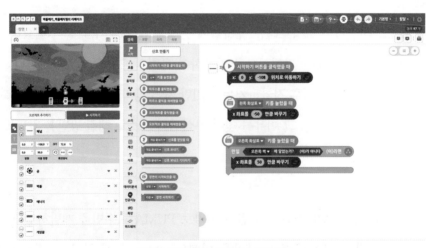

[그림 4-8] 벽돌 깨기 게임 예시 화면

프로그램 탐색하기(Un-coding)

마우스 클릭만으로 프로그램을 간단히 수정한다. 블록 기반 프로그래밍 도구는 그래픽 기반으로 구성되어 있으므로, 마우스 클릭만으로 이미지의 크기나 색상, 위치 등을 수정할 수 있다. 예를 들면, [그림 4-9]와 같이 소스 코드를 수정하지 않고, 마우스 클릭과 드래그만을 이용하여 배경 이미지나 오브젝트의 색상, 크기 등을 변경하면서 엔트리 사용법을 익힐 수 있다. 사용하는 프로그래밍 도구의 모든 기능을 익히기보다는 자주 사용하는 기능을 중심으로 익힘으로써 학습의 효율성도 높아진다.

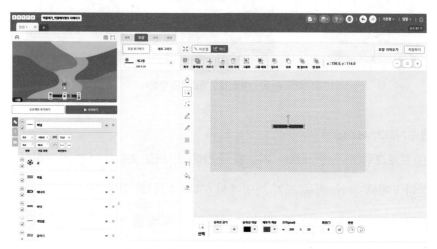

[그림 4-9] 배경 이미지와 패널 색상 바꾸기

프로그램 수정하기(Modifying)

주어진 프로그램 소스를 직접 수정하여 프로그램의 기능을 변경한다. 복잡한 기능보다는 반복 횟수나 크기, 위치, 개수 등 간단한 수치나 텍스트를 수정함으로써 프로그램의 구조나 흐름을 파악할 수 있다. 예를 들면, 벽돌 깨기 게임에서 [그림 4-10]과 같이 가로와 세로에 펼쳐진 벽돌 개수를 변경함으로써 반복 구조를 이해할 수 있다.

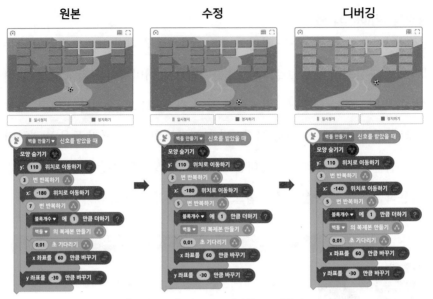

[그림 4-10] 벽돌 개수 변경하고 수정하기

프로그램 추가하기(Adding)

주어진 프로그램 소스에 새로운 기능을 추가하고, 프로그램의 불편한 점이나 오류를 수정한다. 예를 들면, 벽돌 깨기 게임에서 [그림 4-11]과 같이 새로운 사과 아이템을 추가하거나 2인용 게임 만들기, 점수판 만들기 등 다양한 게임 요소를 추가하면서 프로그래밍 개념과 기능을 익힐 수 있다.

[그림 4-11] 사과 아이템 추가하기

2. 적용 방안

하나의 프로그래밍 언어를 사용할 수 있다는 것은 문법적으로 정확한 구문을 표현할 수 있는 능력과, 생성된 구문을 실제 상황에서 적절하게 사용할 수 있는 능력을 의미한다. 따라서 학교 현장에서 PUMA 교수법을 활용하여 프로그래밍 교육의 효과를 높이려면 다음과 같은 점을 고려한다.

- 완성된 프로그램 소스는 짧고 간단한 것을 준비한다. 처음에는 학생들에게 친숙한 게임이나 동화와 같이 누구나 재미있게 따라 할 수 있는 프로그램 소스를 준비하되, 그 기능을 조금씩 추가하면서 확장할 수 있는 것을 준비한다.

- 초기에는 교사의 시범에 따라 프로그램 소스를 수정하되, 수정된 프로그램의 결과를 예측하고, 그 이유가 무엇인지를 묻고 답하며, 오류를 어떻게 수정할 수 있는지를 문답하게 하여 컴퓨팅 사고를 자극한다.

- 학생 스스로 프로그램의 일부를 수정하게 하고, 그 결과가 무엇일지를 학습 경험에 근거하여 대답하게 한다. 또한, 처음부터 끝까지 하나의 프로그램을 완성해 볼 수 있는 기회를 제공한다.

- 주어진 프로그램의 핵심 기능이나 알고리즘을 파악하게 하고, 유사한 문제를 제시하여 그것을 적용할 수 있는 능력을 기른다. 이를 위해 프로그램에 제시된 주요한 아이디어나 핵심 알고리즘을 설명하고, 그것을 활용할 수 있는 새로운 문제를 제시한다.

- 학습자들의 수준에 따라 주어진 프로그램의 양이나 복잡도를 달리한다. 초기에는 혼자서 해결할 수 있는 간단한 프로그램을 제공하지만, 점차 복잡한 프로그램을 제공하여 동료 학생들과 함께 해결할 수 있도록 모둠 활동 경험을 제공한다.

- 학습자가 프로그래밍하는 동안에 오류가 있어도, 교사가 그 오류를 즉시 수정하지 않는다. 교사는 학습자들이 어려움을 겪을 때만 도와주고 질문에 답해준다. 학습자는 프로그램을 스스로 작성하면서 발생하는 오류를 가급적 동료들과 함께 해결하도록 하되, 해결이 어려울 때는 교사에게 도움을 요청한다. 교사는 학생들의 공통된 오류를 정리하여 전체 학생들에게 그 해결 방법을 안내한다.

⑤ 캡스톤 디자인

캡스톤(Capstone)은 건축에서 건조물의 꼭대기에 얹힌 것으로 구조상 가장 정점에 놓인 마무리가 되는 갓돌을 의미한다. 캡스톤 디자인(Capstone Design)은 학생들이 학습한 이론적 지식과 기술을 실제 프로젝트에 적용하여 문제 해결 능력을 개발하는 교육 방법으로서, 배운 모든 지식을 종합하여 결과물을 제시하는 최종 교육 단계를 의미한다. 캡스톤 디자인은 학생들이 팀으로 협력하여 문제를 해결하고, 그 결과를 프로토타입이나 보고서 등으로 구체화한다. 이 과정은 마지막 수업 단계에서 주로 실시되며, 학생들이 그동안 배운 것을 통합적으로 적용하여 평가하고 실무 경험을 쌓을 기회를 제공한다.

1. 절차

캡스톤 디자인은 학생들이 학습한 지식이나 기능을 실제 프로젝트에 적용하고 동료 학생과 협력하여 문제를 해결한다. 따라서 [그림 4-12]와 같이 팀 구성, 과제 준비, 과제 수행, 과제 완료의 4단계로 구분할 수 있다.

[그림 4-12] 캡스턴 디자인 절차

팀 구성하기

학생들이 팀원의 특성을 파악하고, 그것을 반영하여 팀원을 선정하고 조직하도록 하되, 팀원의 능력 등을 고려하여 교사의 적절한 개입이 필요하다. 우선, 과제 수행을 위한 최적의 팀을 선정 및 조직하고, 과제 수행을 위해 팀에서 해야 할 규칙이나 목표를 확인한다. 또한, 팀원 간의 유대관계를 형성하기 위해 의사소통 방법이나 일정을 정한다.

과제 준비하기

해결할 문제가 무엇인지 심층 면담이나 자료 조사를 통해 구체적인 요구 사항을 분석한다. 요구 분석으로 수행해야 할 핵심 문제를 발견하고, 핵심 문제에 포함된 과제를 도출한다. 과제 수행을 위해 학생들의 사전 지식이나 경험을 파악하고, 더 알아야 할 지식이나 기능을 분석한다.

과제 수행하기

더 알아야 할 지식이나 기능을 학습하기 위해 팀원끼리 학습한다. 브레인스토밍, 체크리스트법, 스캠퍼 등 확산적 사고 방법을 활용하여 과제 해결을 위한 아이디어를 발견하고, 팀원 간 토론을 통해 실현 가능한 해결 방안을 찾아 우선순위를 매긴다. 수렴된 해결 방안에 따라 과제를 어떻게 수행할지 설계안을 작성하고, 그에 따라 산출물을 제작한다.

과제 완료하기

제작된 산출물을 전시하고 발표한다. 다양한 설계안과 산출물, 그것들의 제작 과정과 방법 등을 살피고, 자신이 속한 산출물의 결과를 성찰한다. 산출물의 결과와 특성을 이해하고, 학습자의 자기 성찰을 통해 발전적인 모습을 끌어낸다.

2. 적용 방안

정보과 교육에서 캡스톤 디자인을 성공적으로 적용하려면 학생들이 배운 이론과 기술을 실질적으로 적용할 수 있도록 현실적이고 체계적인 프로젝트 설계하고, 이를 통해 창의적 문제 해결 능력과 실무 능력을 극대화할 수 있도록 지도해야 한다. 구체적인 고려 사항은 다음과 같다.

- 난이도를 고려한 현실적인 과제를 제시한다. 그동안 학습자들이 배운 지식이나 기능을 실질적으로 적용할 수 있는 현실적 과제를 제시하되, 프로젝트가 너무 단순하거나 복잡하면 학습 효과를 떨어뜨릴 수 있으므로, 학생들의 역량 수준에 맞는 과제 난이도를 설정한다. 이를 위해 팀별 학생들의 배경지식과 기능 수준을 파악하고, 현실 세계에서 발생하는 데이터 처리, 소프트웨어 개발, 인공지능 모델 설계 등을

경험할 수 있게 한다.

- 다양한 능력을 갖춘 팀을 구성한다. 프로그래밍과 인공지능은 매우 다양한 분야를 포함하기 때문에 팀 구성 시 다양한 능력을 가진 학습자들이 조화롭게 협력할 수 있도록 한다. 팀원들은 각자의 전문 영역에 따라 역할을 분담하고, 팀원 간의 협력 및 의사소통을 원활히 할 수 있는 구조를 설정한다. 교사는 학생들의 기술 수준과 성향을 파악하여 최적의 팀 구성을 지원한다.

- 지속적인 피드백과 멘토링을 제공한다. 실생활 문제는 복잡한 경우가 많아, 학생들이 프로젝트 중간에 난관을 겪을 수 있으므로 정기적인 피드백과 멘토링이 필수적이다. 교사는 팀별 프로젝트의 진행 상황을 주기적으로 점검하고, 학생들이 겪는 문제를 실시간으로 해결할 수 있도록 코칭 한다. 특히 프로그래밍 오류, 데이터 처리 오류, 알고리즘 최적화 문제 등 기술적 문제에 대한 피드백은 프로젝트의 성공적인 수행을 위해 매우 중요하다.

- 인공지능 윤리나 정보 윤리를 고려한다. 정보과 교육에서 인공지능을 활용할 때 데이터 보호, 알고리즘의 편향성, 저작권 및 오픈 소스 코드의 사용, 인공지능의 공정성과 투명성 등 다양한 윤리적 이슈가 발생할 수 있다. 따라서 학생들이 기술적 능력뿐만 아니라 윤리적인 책임감을 함께 기를 수 있도록 지도한다.

- 실무와 연계된 최신 기술을 반영한다. 프로그래밍 언어와 도구, 인공지능 기술 등을 프로젝트에 반영할 때 실제 산업에서 사용되는 기술을 미리 체험할 기회를 제공한다. 최신 프로그래밍 언어인 Python이나 JavaScript 등을 사용하고, 인공지능 개발 프레임워크인 TensorFlow, PyTorch 등을 경험하게 함으로써 학생들의 실무 역량을 강화시킬 수 있다.

3 교수학습 방향 및 방법

모든 학생이 기초적으로 갖추어야 할 디지털 소양의 근본이 되는 '정보'는 학생들이 미래 사회가 요구하는 컴퓨팅, 디지털에 대한 역량과 자기 주도성을 갖춘 인간으로 성장하게 한다. 따라서 정보과 교육은 컴퓨팅 사고력에 기반 한 지식정보처리, 창의적 사고, 타인과 협업하고 공유하는 협력적 소통 역량과 공동체 역량 등을 갖춘 디지털 민주시민으로 성장할 수 있도록 교수학습 방향과 방법이 필요하다.

1 교수·학습의 방향

2022 개정 정보과 교육과정에 제시된 교수·학습의 방향은 다음과 같이 실제적인 삶의 맥락에서 컴퓨팅을 통해 문제를 해결하도록 하는 학습 과제를 제시하여 학습자가 과제를 스스로 해결하는 과정에서 자연스럽게 컴퓨팅 사고력, 디지털 문화 소양, 인공지능 소양을 함양할 수 있도록 제시하고 있다. 구체적인 교수학습 방향은 다음과 같다.

- 학습자의 흥미와 다양성을 고려하여 학습 소재, 학습 환경 및 학습 과정에 대한 선택의 기회를 제공하고, 교수·학습의 설계 과정에 학습자 참여 기회를 증진하는 등 학습자 맞춤형 교수·학습을 통해 역량 함양을 위한 깊이 있는 학습 지도 방안을 구성한다. 예를 들어, 영역별 교수·학습에 필요한 디지털 역량을 탐색하고 학생의 디지털 역량 수준을 파악하여 교수·학습을 진행하는 데 어려움이 없도록 추가적인 교육 기회를 제공한다.
- '정보' 과목의 지식·이해, 과정·기능을 활용하여 민주시민교육, 생태 전환 교육 등 현 시대가 당면한 여러 사회 문제와 더불어 지속 가능한 발전 등의 범교과 주제를 교수·학습 과제로 제시하여 주도성 있는 문제 해결 경험을 제공한다.
- '정보' 과목 내의 영역, 다른 교과 및 비교과 활동과의 통합을 통해 정보 관련 역량의 확장을 꾀하고 학생의 역량이 다양한 분야에 전이되도록 한다.

- 내용 영역의 배열 순서가 반드시 교수·학습의 순서를 의미하는 것은 아니므로, 교수·학습 계획을 수립하거나 평가를 준비할 때는 학생에게 제공할 문제 상황, 문제의 난이도, 학생의 준비 상태, 학습 환경 등을 고려하여 내용이나 순서 등을 재구성할 수 있다.
- 학습자의 선행 지식과 총체적인 과제 진행을 고려하여 하위 학년군과 상위 학년군의 성취 기준을 적절히 활용할 수 있다.

2 교수·학습 방법

정보과 교과 역량을 함양하기 위해 문제 기반 학습, 프로젝트 기반 학습, 디자인 기반 학습, 짝 프로그래밍, 탐구학습 등 각 영역의 핵심 아이디어를 습득하는 데 적절한 교수·학습 방법을 선택하여 활용해야 한다. 구체적인 정보과 교수학습 방법은 다음과 같다.
- 디지털 교육 환경에 적응할 수 있도록 온오프라인 연계 수업, 다양한 디지털 도구의 활용 등을 통해 디지털 도구에 대한 인지적 부담은 최소화하고, 활용에 대한 경험은 높일 수 있도록 활동을 구성한다.
- 온라인 교실, 다양한 커뮤니티 서비스 등을 활용하여 학생이 수업 현장에 있지 않더라도 학습 결손이 발생하지 않도록 교수·학습을 제공한다.
- 내용 영역별로 프로그래밍을 통한 문제 해결 과정을 포함하도록 하여 컴퓨팅 시스템을 문제 해결에 적용하는 충분한 경험을 하도록 교수·학습을 구성한다.
- 학습 목표를 효과적으로 달성하기 위해 학급 내에서 개인차를 고려한 소집단을 구성하여 교수·학습을 전개할 수 있다.

3 성취기준 적용 시 고려사항

2022 개정 정보과 교육과정은 교과목별로 성취 기준을 적용할 때 고려 사항을 제시하고 있는데, 이는 영역 고유의 성격을 고려하여 특별히 강조하거나 중요하게 다루어야 할 교수학

습 및 평가의 주안점, 총론의 주요 사항과 해당 영역의 학습과의 연계 등을 설명하고 있다.

1. 초등학교

초등학교의 정보 교육은 실과의 '디지털 사회와 인공지능' 영역에 제시되어 있으므로, 이를 중심으로 제시하면 다음과 같다.

- 다양한 디지털 기기를 실제로 활용하며 생활 속 컴퓨터의 활용 사례를 탐색하도록 한다.
- 우리 일상을 돕고 문제를 해결하기 위해 컴퓨터를 활용한 사례를 탐색하여 발표하도록 한다.
- 특정 프로그래밍 언어의 기능을 익히는데 치중하지 않도록 유의하고 알고리즘을 토대로 프로그래밍을 작성하는 활동을 통해 프로그래밍의 기본 원리를 익히도록 한다.
- 단순한 프로그래밍 산출물 평가를 지양하고 프로그래밍 과정을 통한 컴퓨팅 사고력의 향상 정도를 측정할 수 있도록 한다.
- 다양한 사례로 데이터의 의미를 파악하는 활동을 통해 디지털 소양을 함양하도록 한다.
- 인공지능 기술을 단순히 체험하는 것을 넘어 인공지능의 기계학습 과정을 이해할 수 있도록 지도하여 학생들이 인공지능 소양을 함양할 수 있도록 한다.

2. 중학교

중학교의 정보과 교육은 영역을 컴퓨팅 시스템, 데이터, 알고리즘과 프로그래밍, 인공지능, 디지털 문화 등으로 구분하고 있다. 중학교 정보과에서 영역별 성취 기준 적용 시 고려 사항은 다음과 같다.

(1) 컴퓨팅 시스템

- 실생활에서 관찰할 수 있는 구체적인 컴퓨팅 시스템의 예시를 적극적으로 활용하여

나의 삶과 컴퓨팅 시스템이 괴리되어 있지 않음을 인식하도록 유도하고, 컴퓨팅 시스템이 사회에서 담당하는 역할을 탐색하여 사회에 주는 영향력을 진술할 수 있는 구체적인 과제를 제공하는 방식으로 교수·학습을 구성하도록 한다.

- 피지컬 컴퓨팅 시스템을 구현하는 활동은 하드웨어 구성과 소프트웨어 제작을 함께 진행하게 되어 복잡해질 수 있으므로, 초등학교 실과에서 학습한 수준의 프로그래밍 활동으로 수행할 수 있도록 미리 구성되어 있는 피지컬 컴퓨팅 시스템을 동작하거나 간단한 피지컬 컴퓨팅 시스템을 구현하는 난이도로 교수·학습을 구성하여 하드웨어와 소프트웨어가 통합적으로 동작함을 인식하는 데 초점을 맞출 수 있도록 한다.

- 피지컬 컴퓨팅 시스템을 구현하기 위한 탐구 중심의 활동을 진행하고, 프로젝트 형태의 수업을 통해 학생이 피지컬 컴퓨팅 시스템을 구성하는 종합적인 활동 경험을 제공하도록 한다.

- 초등학교 수준에서 프로그래밍 학습이 충분히 이루어지지 않은 학생의 경우 피지컬 컴퓨팅 활동을 통해 물리적인 도구를 활용하여 기초적인 프로그래밍 역량을 충분히 함양할 수 있게 활동을 구성하도록 한다.

(2) 데이터

- 실습 환경에 따라 다양한 운영 체제와 파일 시스템을 운용할 수 있으므로 실습 환경에 비교적 독립적인 소프트웨어를 활용하여 디지털 데이터를 탐색하고 저장하여 활용하는 능력이 여러 기기로 전이될 수 있게 교수·학습을 구성하도록 한다.

- 학생의 수준에 따라 데이터를 다양한 시각적 형태로 나타내는 기초적인 활동부터 스프레드시트 등과 같은 소프트웨어를 활용하여 데이터의 의미를 분석하는 활동까지 단계적으로 교수·학습을 설계하도록 한다.

- 학생이 다양한 형태의 데이터를 경험하고, 분석할 수 있도록 활동 중심으로 교수·학습을 구성한다. 즉, 데이터 분석 활동의 전 과정이 프로젝트 기반의 문제 해결 활동, 혹은 문제 기반 학습의 맥락에서 수행되어 데이터를 기반으로 문제를 해결하는 실

제적인 경험을 제공하도록 한다.

(3) 알고리즘과 프로그래밍

- 문제를 해결하는 과정에서 문제 발견, 상태 정의, 핵심 요소 추출 등의 추상화 단계를 거쳐 알고리즘을 설계하는 과정을 자연스럽게 경험할 수 있도록 교수·학습 절차를 설계하고, 문제 해결 과정 전반을 평가할 수 있도록 보고서나 포트폴리오 등을 활용하여 학생의 사고 과정을 누적하여 기록하도록 한다.

- 학생의 수준을 고려하여 적합한 프로그래밍 언어를 선정하고, 초등학교 실과 과목에서 학습한 기초적인 프로그래밍 기능을 바탕으로 데이터를 순차적으로 저장하는 구조, 논리 연산, 중첩 제어 구조를 활용할 수 있도록 프로젝트의 수준을 적절하게 설정하도록 한다.

- 프로젝트 활동에서는 실생활의 문제를 해결하기 위한 알고리즘을 설계하고 이를 적용한 소프트웨어를 개발하는 활동을 중점으로 교수·학습을 설계하도록 한다. 필요에 따라서는 '컴퓨팅 시스템' 영역과 연계하여 피지컬 컴퓨팅 시스템을 설계, 제작하고 이를 동작하게 하는 소프트웨어를 결합하는 형태의 프로젝트도 제공할 수 있다.

- 효율적인 알고리즘 설계와 프로그램 작성은 시간, 에너지, 컴퓨팅 시스템 자원을 절약하는 방안임을 학생들이 인식할 수 있도록 안내한다.

(4) 인공지능

- 인공지능 시스템 적용 시, 학생이 익숙하게 활용할 수 있는 프로그래밍 언어를 사용하여 학습에 인지적 부하가 적은 형태로 교수·학습 활동을 구성하도록 한다.

- 인공지능 윤리는 개인의 성향이나 문제에 대한 관점에 따라 서로 다른 주장을 펼칠 수 있다. 학생의 개별적인 의견을 최대한 존중하고 근거를 가지고 논리적으로 자신의 의견을 주장할 수 있도록 활동을 구성하도록 한다.

- 인공지능과 관련된 여러 사례를 경험하게 하고 활동을 통해 학습자의 인공지능에 대한 깊이 있는 이해가 내면화될 수 있도록 교수·학습을 구성한다.

(5) 디지털 문화

- 정보 과목의 다른 내용 영역에서 자신이 실제로 학습한 내용을 바탕으로 디지털 사회를 이해하고 자신의 진로 계획을 수립할 수 있도록 진로 연계 교육을 고려한 교수·학습을 구성하도록 한다.
- 민주시민 교육의 일환으로 디지털 사회에서 발생하는 여러 문제에 대한 다양한 견해가 있을 수 있음을 인정하고, 다른 사람의 의견을 존중하는 논의 환경을 조성하도록 한다.

3. 고등학교

고등학교의 정보과 교육은 정보, 인공지능 기초, 데이터 과학, 소프트웨어와 생활 등 다양한 교과로 제시되어 있다. 정보 과목에 제시된 영역별 성취 기준 적용 시 고려 사항을 제시하면 다음과 같다.

(1) 컴퓨팅 시스템

- 중학교에서 학습한 피지컬 컴퓨팅 시스템 및 프로그래밍 언어를 활용하거나 '알고리즘과 프로그래밍' 영역과 연계하는 등 학습자의 수준과 학습 환경을 고려하여 교육과정을 재구성할 수 있다.
- 네트워크 이론이나 유·무선 통신 등의 개념적인 내용보다는 사물인터넷 장치를 이해하고 구성하기 위한 관점에서 유·무선 네트워크를 활용할 수 있도록 교수·학습을 구성하도록 한다.
- 사물인터넷 시스템 구현 시 복잡한 통신 및 회로 설계 등 피지컬 컴퓨팅 시스템의 하드웨어를 구성하는 내용보다는 네트워크를 통한 데이터의 이동과 이를 활용한 창의적인 아이디어를 구현하는 과정에 중점을 두어 활동을 구성하고, 설계 과정과 구현 결과를 다양한 방식으로 누적한 후 평가하여 최소 성취 수준을 보장하도록 한다.

(2) 데이터

- 압축이나 암호화가 실제로 구현되는 과정을 프로그래밍 과정에서 확인할 수 있도록 '알고리즘과 프로그래밍' 영역과 연계하여 교수·학습 과정을 설계하도록 한다. 최소 성취 수준을 보장하기 위하여 학습자의 수준에 따라 미리 작성된 코드에 데이터를 입력하고 출력되는 결과를 분석하는 활동을 제시할 수 있다.
- 피지컬 컴퓨팅이나 스마트 기기를 활용한 센서 데이터 수집, 설문조사 등을 통한 직접 수집, 공개된 공공 데이터나 민간 데이터 활용 등 다양한 데이터 수집 방법을 경험할 수 있도록 활동을 구성하며, 빅데이터를 통해 다양한 해석이 가능하도록 프로젝트 방식으로 과제를 수행하고 평가하도록 한다.
- 데이터의 생성, 저장, 송·수신, 활용 등의 활동에 디지털 자원과 전기 에너지가 소요됨을 인식하고, 데이터 압축 및 암호화를 통해 컴퓨팅 자원 절약과 탄소중립 실천에 영향을 미칠 수 있음을 안내하도록 한다.
- 수집한 데이터와 분석 방법에 따라 특정 문제에 대한 해석이 다를 수 있음을 인정하고, 다른 사람의 의견을 존중하면서 데이터에 기반하여 자신의 주장을 펼치는 민주적인 토의·토론 문화를 조성하도록 한다.

(3) 알고리즘과 프로그래밍

- 제시된 문제 상황을 컴퓨팅 시스템으로 해결할 수 있도록 문제 분해, 모델링, 알고리즘 설계 등의 추상화 과정 및 프로그램 작성, 실행 결과 평가, 오류 수정 등의 자동화 과정이 유기적으로 연결되도록 나선형으로 교수·학습을 제시하고 과정 전반을 평가하도록 한다.
- 정렬, 탐색 알고리즘 학습 과정에서 정렬, 탐색의 효율적인 부분을 효과적으로 이해할 수 있도록 실제 대규모 데이터를 정렬하고 탐색하는 과정을 교수·학습 과정에 충분히 포함하도록 한다.
- 다차원 데이터 구조 학습 과정에서 프로그래밍 언어에 따라 2차원 혹은 그 이상의 배열이나 리스트를 활용하도록 하며, 다차원 데이터를 활용하는 이유를 이해하기

쉽도록 실제로 사용되는 데이터의 예시를 충분히 제공하도록 한다.

■ 프로그래밍 학습 시 최소 성취 수준을 보장하기 위하여 프로그래밍 관련 학습 개념을 우선 이해할 수 있도록 미리 제작된 코드를 제공하거나, 프로그래밍 언어에서 활용할 수 있는 여러 라이브러리를 활용하는 방안을 구상하도록 한다. 기본적인 프로그래밍 개념이 부족한 학생을 위해 수준에 맞게 스스로 학습을 진행할 수 있는 추가적인 교육 내용을 제공하는 것도 고려하도록 한다.

(4) 인공지능

■ 프로그래밍으로 자동화하기 어려웠던 문제를 해결하기 위해, 문제 해결의 방법으로 인공지능을 적용해 볼 수 있도록 교수·학습을 구성하도록 한다.

■ 인공지능 에이전트를 학습자가 직접 프로그래밍하기는 어려우므로 학습자가 접근하기 쉬운 인공지능 플랫폼이나 기계학습 라이브러리를 활용하여 기계학습 모델을 구현하도록 한다. 인공지능 개념을 설명하는 수식이나 프로그래밍 코드에 대한 설명보다는 인공지능을 활용한 실생활의 문제 해결 사례를 통해 인공지능의 개념과 동작 원리를 자연스럽게 학습할 수 있도록 한다.

■ 기계학습으로 해결 가능한 지속가능발전목표(SDGs) 관련 문제를 탐색하여 인공지능이 사회 문제 해결에 도움이 되는 경험을 제공하도록 한다.

(5) 디지털 문화

■ 사물인터넷, 클라우드, 빅데이터, 인공지능 등 학습 과정을 통해 생성한 결과물을 바탕으로 정보과학기술과 자신의 진로와의 연관성을 탐색할 수 있는 활동을 제시하고 진로 설계 시 활용할 수 있도록 한다.

■ 개인 정보를 포함하여 정보 보호 및 보안의 중요성을 이해하기 위해 공급자 측면과 사용자 측면을 두루 살펴보고, 개인 암호 설정 및 변경, 기기 및 클라우드 접근제어, 바이러스 백신 등 학습자가 실천할 수 있는 활동을 제시하여, 학습 과정을 누적하여 기록하거나 서술·논술형으로 평가하도록 한다.

- 디지털 사회에서 발생하는 여러 문제에 대한 다양한 견해가 있을 수 있음을 인식하고, 디지털 환경에서 지켜야 할 규칙을 민주적인 방식으로 함께 수립해 볼 수 있는 활동을 제시하도록 한다.

평가문항

1 데이비드 메릴(David Merrill)은 다양한 교수 설계 이론과 모형들이 공통으로 지닌 것을 정리하여 효과적인 학습을 촉진할 수 있도록 교수 기본 원리(First Principles of Instruction) 5가지를 제안하였는데, 그것이 무엇인지 설명하시오.

2 정보과 교육은 특정 정보 기술이나 도구의 사용법 습득에 치중하지 않도록 유의하고, 문제 해결을 위한 프로그램 설계 및 개발 과정을 통해 컴퓨팅 사고력을 신장하는 데 초점을 두어야 한다. 이러한 컴퓨팅 사고력을 신장시키기 위한 교수·학습 모형을 시연 중심 모델, 재구성 중심 모델, 개발 중심 모델, 디자인 중심 모델로 구분할 수 있다. 각각의 모델과 관련 교수법을 제시하고, 수업 절차를 간단히 표로 제시하시오.

3 컴퓨터 없이 컴퓨터 과학의 원리를 학습할 수 있는 언플러그드 활동의 절차를 5단계로 구분하여 설명하시오.

정보과 교재 및 교구

> 5장에서는 정보과에서 사용되는 교육 교재와 교구에 대해 알아본다. 교재의 개념과 유형, 교재의 개발 방법 등을 알아봄으로써 교재를 선정하거나 평가할 때의 기준에 대해 알 수 있다. 또한 정보과 피지컬 컴퓨팅 영역에서 활용되는 다양한 교구의 유형과 선정 기준 등을 알아봄으로써 수업 시 적절한 교구를 선택할 수 있는 안목을 기른다.

1 정보과 교재

교육 현장에서는 학생의 학습 효과를 높이기 위해 다양한 교수 자료를 활용한다. 교재와 교구를 같은 의미로 사용하는 경우도 있고 구분하여 사용하는 경우도 있다. 교재의 사전적 의미는 '교수하는 데 쓰이는 재료'이며 교구의 사전적 의미는 '효과적인 학습을 위한 모든 기구'이다. 교재와 유사하게 사용되는 용어들을 함께 살펴봄으로써 교재의 의미를 명확하게 알아보도록 한다.

1 정보과 교재의 개념

교재란 가르치고자 하는 내용을 더욱 효과적으로 전달하는 데 유용한 수단으로 교수·학습 상황에서 수업의 효율성, 효과성 등을 높이는 데 기여하는 모든 매체 및 보조 도구를 말한다김미량 외, 2018. 교재는 <표 5-1>에서 비교해 본 바와 같이 교수 자료와 교수 매체, 교구, 보조물 등을 모두 포괄하는 개념이다. 교수 자료(Teaching Materials)는 교사의 수업 효과 증대를 위해

〈표 5-1〉 교재의 범위

출처 김미량 외(2018) 제시한 내용을 재구성함

구분	교수 자료 (Teaching Materials)	교수 매체 (Teaching Media)	교구 (Teaching Aids)	교수 보조물 (Teaching Supplements)
개념	▪ 교사의 수업 효과 증대를 위해 도입하는 모든 자료	▪ 수업을 효과적, 효율적, 매력적으로 하기 위해 조직적으로 제공하고자 사용되는 도구 ▪ 교수를 위해서는 도구가 되고, 학습을 위해서는 지침이 되는 매체	▪ 교수의 수단 또는 방법으로서 교수를 용이하게 하고 교수 효과를 높이는 데 사용되는 도구의 총칭	▪ 전통적인 수업을 전개하는 과정에서 교수 효과를 증대시키기 위해 도입하는 여러 가지 매체 및 보조물
특징	▪ 수업 활동을 위한 소재의 성격을 가짐	▪ 교수 방법을 여러 가지로 제시하여 학습자의 흥미를 자극	▪ 도구적 성격을 가짐	▪ 교수자를 돕는 보충적 자료 ▪ 독립적으로 사용하기 어려움
예시	▪ 교과서, 도서류, 워크북, 신문, 잡지, 사진 등	▪ 프로젝터, 컴퓨터, 칠판 등	▪ 인체 모형, 괘도, 피지컬 컴퓨팅 도구 등	▪ 유인물, 워크시트 등

동원되는 모든 자료로서 수업을 위한 소재의 성격을 가진다. 교과서, 워크북, 신문, 잡지 등이 이에 해당한다. 교수 매체(Teaching Media)는 수업의 효과성, 효율성, 매력성 등을 높이기 위해 조직적으로 제공하고자 사용되는 도구로서 교수 학습 방법을 여러 가지로 제시할 수 있도록 도와 학습자의 흥미를 높이는 데 사용된다. 교수 매체의 대표적인 예로 프로젝터나 컴퓨터, 칠판 등이 있다. 교구(Teaching Aids)는 교수의 수단 또는 방법으로서 교수를 용이하게 하는 도구들의 통칭으로 교수 자료가 교수·학습 과정의 직접적인 매개물이라면 교구는 간접적인 매개물로 볼 수 있다. 따라서 교구는 교수 자료와 결부될 때 더욱 교육적 가치를 가진다. 정보과 교구의 대표적인 예로 아두이노, 햄스터 로봇 등과 같은 피지컬 컴퓨팅 도구가 있으며 이와 관련된 자세한 내용은 2절에서 살펴보도록 한다. 교수 보조물(Teaching Supplements)은 교수 효과를 높이기 위해 도입되는 여러 가지 매체 및 보조물로 교수자를 돕는 보충적 자료의 성격을 가진다. 따라서 독립적으로 사용하기 어려우며 유인물, 워크시트 등이 이에 해당한다.

이와 같은 정의에 따라 정보과에서의 교재와 교구는 타 교과와 구별되는 특징이 있다. 정보과에서 컴퓨터와 응용 소프트웨어는 학습의 대상이자 문제해결의 수단이다. 타 교과의 경우 컴퓨터와 응용 소프트웨어는 '교구'로서의 역할을 수행하나 정보과에서는 그 자체가 학습의 대상으로서 '교재이자 교구'가 된다. 예를 들어 국어과에서 한글 프로그램을 '생활문 쓰기'에 활용하는 경우 이는 교구로 볼 수 있다. 하지만 정보과에서 한글 프로그램은 학습의 대상인 교재이자 교구가 된다한국정보교육학회, 2004.

2022 개정 정보과 교육과정은 '인공지능으로 정의되는 사회에서 데이터와 정보로 인한 디지털 세상의 변화를 인식하고 정보의 사회적 가치를 탐구하며 정보를 처리하는 다양한 원리와 기술에 기반한 컴퓨팅 사고력을 바탕으로 실생활 및 다양한 학문 분야의 문제를 해결하는 능력과 태도를 함양'하는 것을 목표로 한다. 이러한 목표를 달성하기 위한 정보과 교재 및 교구는 학생이 실생활에서 부딪히는 문제를 컴퓨팅 사고력을 바탕으로 해결하는 능력을 개발하는 수단으로 볼 수 있다. 따라서 정보과 교재와 교구의 범위는 매우 넓을 뿐 아니라 학생들이 경험하는 실생활의 문제와 이 문제를 해결하는 데 도움이 되는 도구와 학습 환경을 모두 포함한다.

2 교재의 유형

정보과의 교재는 크게 <표 5-2>와 같이 인쇄형 교재, 시청각형 교재, 디지털형 교재로 나눌 수 있으며 디지털형 교재에는 디지털 콘텐츠형 교재, 디지털 교과서형 교재, AI 디지털 교과서형 교재로 세분화할 수 있다. 특히 최근 AI 기술의 발전으로 디지털 교과서에 여러 가지 지능정보 기술을 구현한 AI 디지털 교과서는 디지털 교과서형과는 또 다른 유형의 교재로 볼 수 있으므로 구분하여 알아본다.

인쇄형 교재는 서책 교과서와 같이 종이 위에 문자나 그림 중심의 자료를 인쇄하여 제작한 교재이다. 작성 및 사용이 비교적 쉽고 편리할 뿐 아니라 특별한 기기 없이도 사용할 수 있고, 휴대가 쉬운 장점이 있다. 또한 소요 경비가 비교적 저렴하여 대량 생산이 가능하며 집필자의 의도에 따라 학습 내용이 순차적으로 제시되어 있어 학생이 내용을 이해하기에 좋다. 하지만 편집과 출판에 상당한 시간이 소요되고, 오류 수정이 쉽지 않으며, 제한된 지면에 많은 정보를 담기 어렵다. 또한 글자 해독력이 없는 어린 학생들에게는 인쇄형 교재의 활용이 어려우며 정보과의 특성상 수시로 업데이트되는 부분을 따라잡기가 힘들다는 한계를 가지고 있다_{정영식 외, 2015}.

시청각형 교재는 시각적, 청각적 정보를 제공하는 교재로 오디오 매체형과 영상 매체형

〈표 5-2〉 교재의 유형
출처 정영식 외(2015), 김미량 외(2018)에서 제시한 내용을 재구성함

구분	인쇄형 교재	시청각형 교재	디지털형 교재		
			디지털 콘텐츠형	디지털 교과서형	AI 디지털 교과서형
개념	서책 교과서와 같이 종이 위에 문자나 그림 중심의 자료를 인쇄하여 제작한 교재	시각적, 청각적 정보를 제공하는 교재로 오디오 매체형과 영상 매체형이 있음	정보과 교육의 주요 대상과 수단인 소프트웨어가 대표적인 디지털형 교재라 볼 수 있음	서책 교과서에 멀티미디어 자료, 평가 문항, 보충·심화 학습 자료 등이 포함된 교재	학생 개인의 능력과 수준에 맞는 다양한 학습 기회를 지원하고자 인공지능을 포함한 지능정보 기술을 활용하여 다양한 학습 자료 및 학습 지원 기능 등을 탑재한 소프트웨어
종류	서책형 교과서, 학습지 등	오디오 매체형, 영상 매체형	텍스트, 멀티미디어, 하이퍼텍스트, 하이퍼미디어	디지털 교과서, e-북 등	AI 디지털 교과서, AI 코스웨어 교재 등

으로 나눌 수 있다. 오디오 매체형은 음성 자료와 음악, 효과음, 라디오 등이 있고 문자를 읽지 못하는 학생에게 매우 유용하다. 영상 매체형은 비디오, TV, 컴퓨터 등이 있고 이를 통해 다양한 시청각 자료를 전달할 수 있으며 생생한 영상과 음향으로 학생들의 관심과 흥미를 유발할 수 있다. 하지만 인쇄형 교재에 비해 높은 비용이 발생하고 이를 활용하기 위한 적절한 장비와 기술 지식이 필요하다_{공영민, 2022}.

디지털형 교재 중 첫 번째 유형인 디지털 콘텐츠형 교재는 정보과 교육의 주요 대상과 수단인 소프트웨어가 대표적인 디지털 콘텐츠형 교재라 볼 수 있다. 원하는 자료와 정보를 쉽게 얻을 수 있으며 참조를 통해 중복을 최소화할 수 있을 뿐 아니라 공동의 작업이 필요할 때 매우 효과적이다. 디지털 콘텐츠형 교재에는 텍스트, 멀티미디어, 하이퍼텍스트, 하이퍼 미디어 등 다양한 유형이 있다_{김미량 외, 2018}.

- 텍스트의 경우 사용자가 읽고 이해할 수 있는 문자로 구성된 교재를 의미한다. 텍스트 저장 시 필요 공간이 매우 작아 낮은 사양의 단말기에서도 사용이 편리하다. 다만 시각과 청각으로 전달되는 정보보다는 생생하기 어려운 단점이 있다.

- 멀티미디어는 문자뿐 아니라 이미지, 오디오, 비디오 등 다양한 매체를 처리할 수 있고 직접 사진이나 영상을 보여줘 이해하기 쉽다는 장점이 있다. 하지만 많은 저장 공간이 필요하며 고화질 영상의 경우 고성능 단말기가 필요하다.

- 하이퍼텍스트의 경우 하이퍼링크를 클릭하면 관련 정보를 보여주는 교재로 원하는 내용을 자유롭게 탐색할 수 있다는 장점이 있다.

- 하이퍼미디어의 경우 텍스트뿐 아니라 음성, 영상 등과 같은 자료도 비순차적 접근이 가능하며 다양한 형태의 정보를 제한 없이 제공해 줄 수 있다는 장점이 있지만 학생들이 학습 주제와 상관없는 정보로 빠질 수 있어 학습 시 이에 대한 관리와 지도가 필요하다.

디지털형 교재 중 두 번째 유형인 디지털 교과서형 교재는 기존 교과 내용(서책 교과서)에 용어사전, 멀티미디어 자료, 평가 문항, 보충·심화 내용 등 풍부한 학습 자료와 학습지원 및

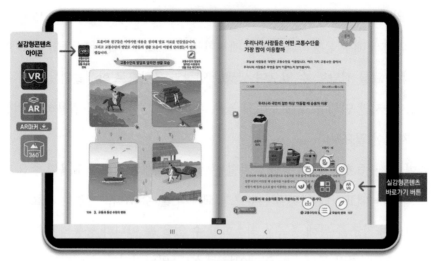

[그림 5-1] 디지털 교과서 예시

출처 에듀넷(2024)

관리 기능이 부가된 교과서형 교재를 말한다. 동영상, 애니메이션 등 멀티미디어 자료가 포함되어 있을 뿐 아니라 다양한 콘텐츠를 활용해 학습의 효과를 높일 수 있다. 또한 학생들의 학습을 관리하고 지원해 주는 기능을 포함하고 있어 학습 플랫폼으로서의 역할을 수행한다고 볼 수 있다. 또한 최근에는 VR, AR과 같은 실감형 콘텐츠를 포함하기도 해 학습의 효율을 높일 수 있다한국교육학술정보원, 2022.

　　우리나라 국·검정 디지털 교과서의 경우 서책형 교과서 내용을 기본적으로 모두 수록하고 있고 학교에서 사용하는 서책형 교과서와 같은 출판사에서 발행한 디지털 교과서를 사용해야 한다. 디지털 교과서가 있다고 반드시 디지털 교과서만을 사용해야 하는 것은 아니며 서책형 교과서와 디지털 교과서를 수업 목표 도달을 위해 상호 보완적 수단으로 활용할 수 있다. 교사의 경우 디지털 교과서를 사용함으로써 디지털 교과서 속에 포함된 다양한 멀티미디어 자료를 활용할 수 있어 별도의 자료를 준비하지 않아도 된다. 또한 필요에 따라 수업 시간 시작, 전개, 마무리 등 각 단계에서 디지털 교과서를 적절하게 사용할 수 있다. 학생의 경우 서책형 교과서를 사용할 때는 문제집, 참고서 등 다양한 교수·학습 자료와 함께 교과서를 사용해야 했지만, 디지털 교과서를 활용할 경우 디지털 교과서 속 평가 문항 등을 활용해 학습할 수 있어 학습에 대한 부담감을 낮출 수 있다전북교육포털, 2023.

디지털형 교재 중 세 번째 유형인 AI 디지털 교과서형 교재는 학생 개인의 능력과 수준에 맞는 다양한 맞춤형 학습 기회를 지원하고자 인공지능을 포함한 지능정보기술을 활용하여 다양한 학습 자료 및 학습 지원 기능 등을 탑재한 소프트웨어이다. AI에 의한 학습 진단과 분석(Learning Analytics)이 가능하고, 개인별 학습 수준과 속도를 반영한 맞춤형 학습(Adaptive Learning)이 이루어진다. 또한 학생의 관점에서 설계된 학습 코스웨어를 제공(Human-Centered Design)한다는 특성이 있다.

따라서 학생은 최적화된 맞춤형 학습 콘텐츠를 통해 배울 수 있고, 교사는 학생의 학습 데이터를 기반으로 수업을 설계할 수 있으며 학부모는 자녀의 학습 활동에 관한 정보를 제공받는다. AI 디지털 교과서는 단순히 교재로서의 의미뿐 아니라 AI 기반의 디지털 교실 환경 변화라는 의미를 지닌다. 학생은 이러한 환경 속에서 자신의 학습 속도에 맞게 학습하며 학습에서의 성공을 경험하고, 내재적 학습 동기와 자아존중감을 키울 수 있다. 교사는 학생 개인별 학습 경로와 지식수준을 이해하고 데이터를 기반으로 프로젝트 학습, 토론, 협력 학습 등 참여형 수업을 디자인한다. AI 디지털 교과서가 교사의 AI 보조 교사로서 학생의 활동을 분석한 결과를 참고하여 학생을 평가할 수 있고, 학생별 학습 성취에 맞는 개별 학습을 제공한다. 또한 데이터에 기반하여 학생의 성장 과정을 기록하고 지지하는 역할을 한다. 학부모

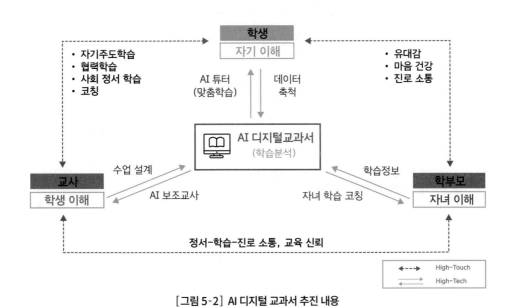

[그림 5-2] AI 디지털 교과서 추진 내용

출처 교육부(2023)

는 제공받은 데이터 기반 자녀 분석 결과를 토대로 자녀의 강점과 약점을 파악하여 진로 탐색 및 설계에 참고할 수 있다_{교육부, 2023}.

　　이상의 논의에서 살펴본 교재 중 서책 교과서, 디지털 교과서, AI 디지털 교과서의 특징을 비교하면 <표 5-3>과 같다.

〈표 5-3〉 서책 교과서, 디지털 교과서, AI 디지털 교과서 비교

출처 김미량 외(2018), 교육부(2023)에서 제시한 내용을 재구성함

구분	서책 교과서	디지털 교과서	AI 디지털 교과서
교수 설계	▪ 직선형 설계 ▪ 지식 전달 위주인 단방향 학습 ▪ 단일 교재에 의한 동일한 수업	▪ 직선형, 분지형, 하이퍼링크형 설계 ▪ 쌍방향 개별 학습 ▪ 능력에 따른 단계별 학습	▪ 적응형 ▪ 개인화되고 예측 가능한 학습 경로 ▪ 학습자의 진행 상황에 따른 동적 콘텐츠 조정
자료 형태	▪ 텍스트와 이미지 위주, 인쇄 기반 ▪ 직접 손에 넣거나 넘기고 운반함 ▪ 책의 형태로 보존되고 관리함 ▪ 최신 정보 제공이 어려움	▪ 멀티미디어 위주, 인터넷 기반 ▪ 모니터와 터치스크린을 이용 ▪ 버전별 관리와 플랫폼 관리 필요함 ▪ 최신 정보로 갱신할 수 있음	▪ 다양한 멀티미디어 및 AI 기반 콘텐츠 지원 ▪ 실시간 콘텐츠 업데이트 ▪ 다양한 디지털 도구와의 통합
자료 관리	▪ 기록된 내용의 편집이 불가능함 ▪ 많은 양의 정보 보관이 어려움 ▪ 보급 시간과 비용이 많이 소요됨	▪ 내용 편집 및 변환이 용이함 ▪ 많은 양의 정보 보관이 가능함 ▪ 보급 절차가 간편하고 재고 없음	▪ 동적 콘텐츠 관리, 클라우드 스토리지 활용 ▪ 콘텐츠 업데이트 및 유지 관리의 자동화
자료 접근	▪ 읽기 쉽고, 별도 장비가 필요 없음 ▪ 한 명이 한 곳에서만 활용함 ▪ 특정 장치와의 호환성이 상관없음 ▪ 타 교과와 연계를 위해 별도 구입 ▪ 장애인에게 맞는 서책을 별도 개발함	▪ 별도의 단말기와 SW 등이 필요함 ▪ 다수가 여러 곳에서 접속 가능함 ▪ HW와 SW의 호환이 중요함 ▪ 타 교과와 링크를 통해 참조 가능함 ▪ 별도 개발 없이 보조 공학 장치 활용	▪ 다양한 장치 및 플랫폼에서 액세스 가능 ▪ 장애가 있는 사용자를 위한 맞춤형 액세스 및 인터페이스 ▪ AI는 다양한 교육 생태계와의 호환성과 통합을 향상시킬 수 있음
상호 작용성	▪ 원하는 정보를 볼 수만 있음 ▪ 의사소통의 역할이 불가능함	▪ 정보 검색 및 피드백이 빠름 ▪ 다양한 의사소통 기능을 제공함	▪ AI 보조교사, 튜터 등과의 높은 상호작용 ▪ 실시간 피드백 지원 ▪ 대화형 시뮬레이션 ▪ 가상 환경을 통한 학습자 참여 유도
저작 권과 비용	▪ 저작권에 대한 규정이 명확함 ▪ 학생 수가 증가할수록 비용 증가	▪ 저작권의 범위가 다소 모호함 ▪ 학생 수가 증가할수록 비용 저렴함	▪ AI 생성 콘텐츠의 저작권 복잡성 ▪ 구독 또는 사용량 기반 가격 모델 ▪ 학생 수가 증가할수록 비용 저렴함

3 교재의 개발

정보과 교재는 대체로 디지털형 교재로 개발하는 경우가 많으므로 디지털형 교재의 개발 원칙 및 도구를 살펴보도록 한다.

1. 교재 개발의 원칙

정보과 교재를 제작 또는 개발할 때는 <표 5-4>와 같이 인접성, 다중성, 유일성, 일관성, 개별성, 통제성의 원칙을 고려해야 한다.

<표 5-4> 정보과 교재 개발 시 원칙

출처 정영식 외(2015)

원칙	내용
인접성	▪ 관련된 자료를 서로 가깝게 위치시켜야 함을 의미 ▪ 글과 그림이 화면에서 서로 분리될 경우 학습에 대한 집중력을 떨어트릴 수 있으므로 교재 개발 시 화면상 텍스트와 그래픽, 영상 등이 어떻게 통합되는지 살피고 서로 가까이 위치하도록 해야 함
다중성	▪ 그래픽이나 애니메이션 등과 같은 시각적 자료를 학습 내용과 함께 제시할 때는 텍스트보다는 음성으로 표현해야 함
유일성	▪ 특정 내용에 대한 중복 설명과 그림은 가급적 피해야 함 ▪ 텍스트에 지나치게 주의를 기울이면 그림이나 사진에는 주의를 덜 기울이게 됨
일관성	▪ 불필요한 음향 효과나 그림 장식 등은 피해야 함 ▪ 학습 내용과 무관한 것에 관심을 가지게 되거나 과중한 인지 부하를 제공할 수 있음
개별성	▪ 공식적인 어투보다는 대화 형태로 내용을 제시 ▪ 힌트나 사례, 시연, 설명 등을 제시할 때 화면 에이전트를 활용 ▪ 학생들은 단순 정보 제공이 아닌 대화 상태로 느낄 때 학습에 더 몰입하는 경향이 있음
통제성	▪ 학습 능력이 우수한 학생들에게는 스스로 자신의 학습 과정을 통제할 수 있도록 해야 함 ▪ 중요 내용은 자신의 수준을 파악하여 적절한 방향으로 학습할 수 있도록 지도해야 함

AI 디지털 교과서의 경우 AI 디지털 교과서 개발 가이드라인에 개발 3원칙이 제시되어 있다. 첫째, 인간 존엄성을 위한 교육으로서 교육 당국과 전문 기관, 개발에 참여하는 민간 기관은 인공지능 기술이 개인과 사회에 미치는 영향을 이해하고 학생들의 삶을 위한 교육을 기획해야 한다. 최신 기술에 공존하는 위험에 대해 바르게 이해하고, 인공지능과 구별되는 인간다움과 기본 원리를 더욱 강조한 교육을 설계해야 한다. 또한 최신 기술을 안전하고 책임

감 있게 사용할 수 있도록 교육 당사자가 AI 디지털 교과서를 주도적으로 활용하고, 제어할 수 있어야 한다. 둘째, 평등한 학습 기회를 보장해야 한다. 언어, 지역, 계층, 장애 등 사회·문화·경제적 배경과 상관없이 새로운 기술에 접근할 수 있어야 하며 맞춤 교육 기회를 가질 수 있도록 설계되어야 한다. 이는 모든 학생이 AI 디지털 교과서에 접근 가능해야 함을 의미하며 학생에게 맞춤형 개별화 교육 제공을 통해 모든 학생이 학습에서의 성공을 경험하도록 지원해야 한다. 셋째, 교사의 전문성을 존중해야 한다. 모든 학생은 최신 기술로 측정할 수 있는 범위 이상의 능력이 있음을 전제로 학생의 고유한 능력을 발견하는 데 기술에만 의존하지 않도록 한다. 따라서 AI 디지털 교과서는 교사가 고유의 전문성을 발휘할 수 있도록 교사를 보조하고 지원해야 한다_{교육부, 2023}.

이러한 개발 3원칙에 따라 AI 디지털 교과서는 2022 개정 교육과정에 근거하여 학생에 대한 학습 분석 결과에 따라 보충학습과 심화학습을 제공할 수 있도록 개발하였다. 학습이 느린 학생에게는 수준에 맞는 기본 개념 중심의 콘텐츠를 추천해야 하며 필요에 따라 누적된 학습 결손을 해소할 수 있는 학습 자료를 제공 한다. 학습이 빠른 학생에게는 토론, 논술 등 보다 고차원적인 사고를 할 수 있도록 심화 학습 콘텐츠를 제공한다. 이때 AI 디지털 교과서는 [그림 5-3]에서 볼 수 있듯이 학생이 효과적으로 지식을 기억하고 이해할 수 있도록 학생 개개인의 수준에 맞춰 학습을 지원하는 역할을 수행한다. 이를 통해 교사는 적용하고, 평가하며 창조하는 등 학생의 고차원적 학습을 지원하고, 나아가 인간적 연결을 통해 학생의 정서적·사회적 역량을 키워주는 데 더욱 집중할 수 있다_{아시아교육협회, 2023}.

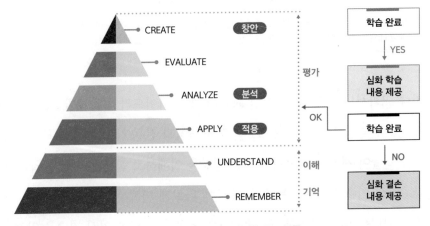

[그림 5-3] Bloom의 신교육 목표 분류
출처 교육부(2023)

2. 교재 개발의 모형

교재를 개발할 때는 매체와 상관없이 교재의 설계 및 개발에 기초가 되는 다양한 개발 모형이 있다. 정보과를 비롯한 많은 교과에서 가장 많이 사용되는 ADDIE 모형, Dick & Carey 모형의 절차에 따른 교재 개발 방법을 살펴본다. ADDIE 모형은 [그림 5-4]에서처럼 분석(Analysis), 설계(Design), 개발(Development), 실행(Implementation), 평가(Evaluation)의 5단계로 구성된다.

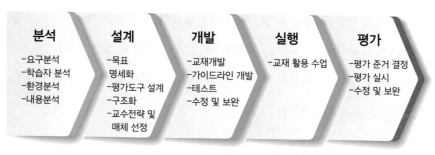

[그림 5-4] ADDIE모형에 따른 교재 개발 절차

출처: 권성연 외(2018)

첫째, 분석(Analysis) 단계는 교사와 학생의 요구, 교육과정, 교육 내용, 학습 환경 등 교재 개발과 관련된 요인을 분석하는 단계이다. 교재의 대상이 누구인지, 학습의 목표는 무엇인지, 학습 형태는 어떠한지 등에 따라 교재 개발 방향은 달라질 수밖에 없으므로 교재 개발과 관련된 인적, 물적 자원에 대한 분석을 실시한다.

둘째, 설계(Design) 단계는 교재를 통해 달성해야 하는 목표를 이해하고, 목표 달성에 필요한 내용을 조직하며 평가 도구를 계획하는 단계이다. 교재 개발에 필요한 교수·학습 이론과 모형, 방법 등을 구체화하며 교재에 사용할 교구나 매체 유형을 결정한다.

셋째, 개발(Development) 단계는 실제로 수업에 사용할 교재 및 보조 교재를 개발하는 단계이다. 시행착오를 줄이기 위해 샘플 교재를 먼저 개발한 뒤 수정 보완을 거쳐 최종 교재를 개발하도록 한다. 또한 필요에 따라 교재 활용에 도움이 되는 가이드라인을 함께 개발하도록 한다.

넷째, 실행(Implementation) 단계는 완성한 교재를 실제 수업 상황에 적용해 보는 단계이다. 개발된 교재를 활용하는 데 필요한 학습 환경이나 준비 상황, 교재를 활용하는 데 필요한 교사의 역량, 교재를 활용한 실제 필요 수업 시간 등을 확인할 수 있다.

　　다섯째, 평가(Evaluation) 단계는 실행 결과에 따라 평가하고 환류하는 단계이다. 교재 평가를 위한 기준을 마련하고, 기준에 따라 교재가 수업 목표 달성에 적합한지 판단해야 하며 판단 결과에 따라 교재는 수정 보완될 수 있다(권성연 외, 2018).

3. 교재 개발 도구

　　정보과 교육에 필요한 교재를 직접 개발할 때 필요한 도구는 크게 전자 문서형, 발표 자료형, 웹툰 자료형, 영상 자료형 등으로 구분할 수 있다. 먼저 텍스트, 이미지를 포함하는 인쇄물이나 전자 문서를 만들 때 사용하는 도구에는 <표 5-5>에서 알 수 있듯이 구글 Docs, MS-word, 한글 2023, Notion 등이 있다.

<표 5-5> 전자 문서형 교재 개발 도구

구분	구글 Docs	MS-word	한글 2023	Notion
개발사	구글	마이크로소프트	한글과 컴퓨터	노션랩스
주요 기능	▪ 실시간 협업을 통해 문서 작성 가능 ▪ 클라우드 기반 ▪ 음성입력 ▪ 광범위한 파일 호환성	▪ 고급서식 옵션 ▪ 광범위한 템플릿 라이브러리 제공 ▪ Office 365와 통합 지원	▪ 한글 스크립트 ▪ 문서 공유에 최적화 ▪ 한컴오피스와 통합	▪ 내장된 데이터베이스, 사용자 정의 가능한 템플릿 ▪ 올인원 작업 공간
접근성	▪ 스크린리더, 점자 지원, 고대비 모드 등	▪ 스크린리더 등	▪ 한국어별 기능 지원	▪ 일부 접근성 기능이 있으나 플랫폼에 따라 지원이 다름
장점	▪ 원활한 공동 작업 ▪ 클라우드 자동 저장 기능	▪ 복잡한 문서를 위한 강력한 기능 지원 ▪ 널리 사용되고 있는 대중성	▪ 한글 타이포그래피에 최적화 ▪ 강력한 암호화 옵션 제공	▪ 작업 공간으로 활용 가능성이 높음 ▪ 데이터베이스 및 위키 지원

　　구글 Docs는 실시간 협업을 통한 문서 작성이 가능하고, 클라우드 기반의 광범위한 파일 호환성 등이 특징이다. MS-word는 대중적으로 많이 사용되는 문서 도구로 강력한 텍스트 편집 기능을 제공하며 광범위한 템플릿 라이브러리 제공 등을 특징으로 한다. 한글 2023은 한국어에 특화된 문서 도구로 한글 타이포그래피에 최적화되어 있는 도구이다. Notion은 페

이지 기반 구조로 각 페이지가 여러 하위 페이지를 포함하는 문서 도구이다. 실시간 협업 및 문서 공유가 가능하며 문서 작성뿐 아니라 스프레드시트, 프레젠테이션 등을 포함한 기능을 제공한다.

발표 자료를 만들 때 사용하는 도구에는 구글 슬라이드, 파워포인트, 칸바, 감마 AI 등이 있다. 특히 최근 생성형 AI가 발달하면서 텍스트를 입력하면 발표 자료로 만들어 주는 감마 AI, TOME AI와 같은 도구들에 대한 관심이 높다. 구글 슬라이드의 경우 웹 기반 도구로서 실시간 공동 작업이 가능하며 사용 방법이 비교적 간편하다. 파워포인트는 광범위한 템플릿 및 디자인 옵션, 고급 애니메이션 기능 등이 있어 대중적으로 널리 사용되고 있다. 칸바는 템플릿, 이미지, 글꼴 등 광범위한 라이브러리를 제공하고 있어 디자이너가 아니어도 친숙하게 사용할 수 있는 도구이다. 감마 AI의 경우 AI 기반 디자인 제안이 가능하며 텍스트를 입력하면 자동으로 프레젠테이션을 생성해 빠른 작업이 가능하다. 더 자세한 내용은 <표 5-6>에서 확인할 수 있다.

<표 5-6> 발표 자료형 교재 개발 도구

구분	구글 슬라이드	파워포인트	칸바	감마 AI
개발사	구글	마이크로소프트	칸바 Pty Ltd	감마
주요 기능	▪ 실시간 공동 작업 가능 ▪ 구글 워크스페이스와 통합 ▪ 웹 기반	▪ 고급 애니메이션 및 전환 기능 ▪ 광범위한 템플릿 및 디자인 옵션 ▪ 오피스365와 통합	▪ 드래그 앤드 드롭 인터페이스 ▪ 템플릿, 이미지 및 글꼴 등 광범위한 라이브러리 ▪ 웹 기반 및 앱 기반	▪ AI 기반 디자인 제안 기능 ▪ 텍스트를 프레젠테이션으로 변환 ▪ 웹 기반
접근성	▪ 스크린리더, 점자 디스플레이 호환, 돋보기 도구, 고대비 테마 등	▪ 접근성 검사 도구, 프레젠테이션용 자막 기능, 고대비 테마, 키보드 탐색 옵션 등	▪ 기본 스크린리더 호환성, 더 쉬운 탐색을 위한 단축키 등	▪ 접근성 기능과 관련된 세부 정보가 공개되어 있지 않음
장점	▪ 무료 ▪ 간편한 사용 방법 ▪ 구글 드라이브 및 기타 구글 서비스와 원활한 통합	▪ 전문적인 환경에서 널리 사용됨 ▪ 강력한 사용자 정의 및 디자인 도구	▪ 디자이너가 아닌 사용자도 친숙하게 사용 가능 ▪ 빠르고 시각적으로 매력적인 디자인에 적합	▪ 슬라이드 생성으로 자동화하는 혁신적인 AI 기능 ▪ 프레젠테이션의 신속한 개발에 유용

웹툰 자료를 만들 때 사용하는 도구에는 투닝(Tooning), 웹툰 AI 페인터, 북 크리에이터

(Book Creator), Clip Studio Paint 등이 있다. 투닝은 광범위한 라이브러리와 템플릿을 통해 웹툰 제작이 가능하고 AI를 활용해 웹툰 제작 역시 가능하다. 웹툰 AI 페인터 역시 AI 기반 그림 그리기 및 웹툰 제작이 가능하며 자동 채색, 스케치 변환, 스타일 변환 등 다양한 기능을 제공한다. 북 크리에이터는 디지털 책 제작 플랫폼으로 웹툰 제작 도구를 포함하고 있고, 텍스트, 이미지 등 다양한 미디어를 포함한 콘텐츠 개발이 가능하다. Clip Studio Paint는 더욱 전문적인 그림 작업을 위한 소프트웨어로 다양한 애니메이션 도구를 지원하고 있다. 더 자세한 내용은 <표 5-7>에서 확인할 수 있다.

<표 5-7> 웹툰 자료형 교재 개발 도구

구분	투닝	웹툰 AI 페인터	북 크리에이터	Clip Studio Paint
개발사	툰스퀘어	네이버	RED Jumper	CELSYS
주요 기능	• AI를 활용해 웹툰 제작 가능 • Text to Toon 기능을 활용해 글을 웹툰으로 변환 가능 • 사진 업로드 시 닮은 캐릭터 생성	• AI 기반 그림 제작 가능 • 자동 채색, 스케치 변환, 스타일 변환 등 다양한 기능 제공 • 사용자 그림 스타일에 맞춰 그림 생성 가능	• 디지털 책 제작뿐 아니라 웹툰 제작 가능 • 텍스트, 이미지, 비디오, 음성 등 다양한 미디어를 포함한 콘텐츠 개발 가능	• 전문적인 그림 작업을 위한 소프트웨어 • 다양한 애니메이션 도구 지원 • 광범위한 브러시 사용자 정의 가능
접근성	• 탐색이 쉬운 기본 인터페이스	• AI 지원으로 운동 장애가 있는 사용자 지원	• 고대비 모드 사용 가능, 스크린리더와 호환, 간편한 드래그 앤 드롭 인터페이스	• 사용자 정의 가능한 인터페이스 요소, 키보드 단축키 등
장점	• 실시간 협업 기능 제공 • AI를 활용해 빠르고 간편하게 웹툰 생성 가능	• AI를 활용한 작업으로 효율적 작업 가능 • 다양한 스타일의 그림 생성 가능	• 교육용으로 적합 • 대화형 및 멀티미디어 기능이 풍부한 책 만들기 지원 가능	• 아티스트를 위한 높은 정밀도와 제어 가능 • 전문가용과 취미용으로 나뉘어 적합한 도구 제공

영상 자료를 만들 때 사용하는 도구에는 캠타시아(Camtasia), 어도비 프리미어 프로(Adobe Premiere Pro), Vrew, D-ID 등이 있다. 캠타시아는 화면녹화, 비디오편집 기능 등을 통합적으로 제공하고 있고 다양한 템플릿을 제공한다. 어도비 프리미어 프로는 전문가용 고급 도구로 고급 편집 기능, 포괄적인 색상 그레이딩이 가능한 특징을 가진다. 영상 자료를 만들 때도 AI 기능을 활용하는 경우가 많이 늘어나고 있는데 대표적인 경우가 Vrew와 D-ID이다. Vrew의 경우 자동 자막 생성 기능과 AI 기반 음성 및 이미지를 사용해 더욱 효율적으로 영상 제작을

할 수 있다. D-ID는 AI 아바타를 생성해 영상 제작이 가능하며 정지 사진을 활용한 얼굴 애니메이션 제작도 가능하다. 더 자세한 내용은 <표 5-8>에서 확인할 수 있다.

<표 5-8> 영상 자료형 교재 개발 도구

구분	Camtasia	Adobe Premiere Pro	Vrew	D-ID
개발사	TechSmith	Adobe	Voyager X	D-ID
주요 기능	▪ 화면녹화 기능 ▪ 비디오편집 기능 ▪ 주석 및 효과 ▪ 다양한 템플릿 제공	▪ 고급편집 기능 ▪ 포괄적인 색상 그레이딩 가능 ▪ 어도비 크리에이티브 클라우드와 통합 가능	▪ AI 기반 자동 음성 인식 ▪ 대본에서 비디오 편집 가능 ▪ 손쉬운 클립 및 자막 생성	▪ AI 기반 영상 제작 ▪ 정지 사진을 활용한 얼굴 애니메이션 및 재현
접근성	▪ 사용자 친화적인 인터페이스 ▪ 키보드 단축키	▪ 사용자 정의 가능한 작업 공간 ▪ 음성 자동 자막	▪ 사용하기 쉬운 인터페이스	▪ 직관적인 디자인
장점	▪ 튜토리얼 및 교육용 콘텐츠에 적합 ▪ 화면녹화 및 편집을 하나의 플랫폼에 통합	▪ 전문가용 고급 도구 ▪ 다양한 비디오 형식 지원 ▪ 강력한 커뮤니티 및 지원	▪ 스크립트를 통한 편집 간소화 ▪ 음성 콘텐츠의 빠른 편집 옵션	▪ 정적 이미지에서 동적 비디오 콘텐츠 생성 가능 ▪ AI 아바타 제작 가능

4 교재 선정과 평가

엄격한 심사를 거쳐 선정되는 교과서와는 달리 교재는 교사의 재량으로 사용할 수 있으므로 수업에 활용할 교재를 선정하거나 제작하는 일은 전적으로 교사의 몫이라 볼 수 있다. 따라서 교재를 선정하고 평가하는 준거를 마련해 좋은 교재를 활용할 수 있도록 해야 한다.

1. 교재의 선정

교재를 선정할 때 일반적으로 교과용 도서의 선정 기준에 따라 선정하면 교재에 대해 더 정확하게 평가할 수 있다. <표 5-9>는 경기도교육청에서 제시한 검·인정 도서 선정 기준 예시이다. 평가 영역에는 크게 교육과정, 학습 내용 선정, 학습 내용 조직, 교수학습 활동, 학습 평가, 표현·표기 및 외형 체제로 구분된다.

〈표 5-9〉 검·인정 도서 선정 기준 예시

출처 경기도교육청(2023)

평가영역	세부 평가내용
교육과정	교육과정 부합성
	학습 분량의 적절성
학습 내용 선정	학습 수준의 적정성
	학습 내용의 정확성
학습 내용 조직	단원, 학년 간 연계 및 계열성
	시각 자료의 체계성 및 효과성
	자기 주도적 학습 내용
교수·학습 활동	학습 참고 자료의 충실성 및 유용성
학습평가	종합적 사고력 평가
표현·표기 및 외형 체제	편집 디자인 및 내구성

교육과정에서는 교육과정 부합성과 학습 분량의 적절성을 평가하며, 학습 내용 선정에서는 학습 수준의 적정성과 학습 내용의 정확성을 살펴본다. 학습 내용 조직에서는 단원, 학년 간 연계 및 계열성, 시각 자료의 체계성 및 효과성, 자기 주도적 학습 내용에 대해 평가한다. 교수·학습 활동에서는 학습 자료 자료의 충실성과 유용성을, 학습평가에서는 종합적 사고력을 묻고 있는지를 평가한다. 표현·표기 및 외형 체계는 편집 디자인 및 내구성을 평가 요소로 제시하고 있다.

이러한 일반적인 선정 기준을 바탕으로 정보과 교재를 선정할 때 고려해야 할 사항을 살펴보면 첫째, SW 교육을 비롯한 정보과 교육용 교재는 인쇄 매체보다 디지털 매체가 더 효율적이다. SW 교육용 교재는 특정 SW를 기반으로 만들어지는 경우가 많다. 따라서 사용된 SW의 버전이 바뀌면 교재 역시 바뀌어야 한다. 서책형과 같은 고정된 인쇄 매체보다는 수시로 변경이 가능한 디지털 매체가 더 효율적이므로 SW 교육을 비롯한 교재 선정 시 디지털 매체를 선호하는 것이 바람직하다. 둘째, SW·AI 교육, 디지털 교육까지 정보과 교재는 정보기기를 활용한 실습 중심의 교재여야 한다. 정보과 교과의 특성상 SW·AI를 체험하거나 SW·AI를 활용해 문제를 해결하거나 SW·AI를 창작해 문제를 해결하는 형태로 교재 내용이 이루어지는 경우가 많다. 따라서 이론보다는 실습 중심의 교재를 선정하도록 한다. 셋째, 교재에서 다루고 있는 교구를 확인해야 한다. 특정 교구를 활용한 실습이 있는 경우 해당 교구가 교실에서 활용할 수 있는 것인지, 합리적인 가격의 교구인지, 안전성이 보장된 교구인지 등을 살펴볼 필요가 있다. 또한 클라우드 기반의 소프트웨어의 경우 인터넷이 연결된 상태에서만 활용이 가능한 경우가 있을 수 있으므로 다양한 교수·학습 환경 지원 여부 등을 검토할 필요가 있다_{정영식 외, 2015}.

2. 교재의 평가

디지털 콘텐츠형, 디지털 교과서형 교재를 평가할 때의 세부 기준을 살펴보면 <표 5-10>과 같다. 평가의 영역은 교육과정의 준수, 내용 선정과 조직, 내용의 정확성, 기능의 적절성으로 나눌 수 있고, 각각의 평가지표와 평가 문항을 바탕으로 평가가 이루어진다_{한국교육과정평가원,}

〈표 5-10〉 디지털 매체형·디지털 교과서형 교재 평가 기준
출처 한국교육과정평가원(2013)

평가 영역	평가 지표	평가 문항
교육과정의 준수	▪ 목표의 충실성 ▪ 내용의 충실성 ▪ 방법의 충실성 ▪ 평가의 충실성	▪ 교과 교육과정에 제시된 '목표'를 충실히 반영하였는가? ▪ 교과 교육과정에 제시된 '내용'을 충실히 반영하였는가? ▪ 교과 교육과정에 제시된 '교수·학습 방법'을 충실히 반영하였는가? ▪ 교과 교육과정에 제시된 '평가'를 충실히 반영하고 있는가?
내용 선정과 조직	▪ 내용의 공정성 ▪ 내용 수준의 적절성 ▪ 내용 범위의 적절성 ▪ 내용 구성의 적절성 ▪ 자료의 다양성	▪ 특정 지역, 종교, 성, 상품 등을 비방 또는 옹호하였는가? ▪ 학습자의 특성을 고려하여 내용의 수준을 구성하였는가? ▪ 학습자의 특성을 고려하여 내용의 범위를 구성하였는가? ▪ 학습자 스스로 학습하기에 적절하게 구성되어 있는가? ▪ 학습 활동에 필요한 다양한 정보와 자료를 제시하였는가?
내용의 정확성	▪ 자료의 정확성 ▪ 자료의 적절성 ▪ 표현의 정확성 ▪ 표기의 정확성 ▪ 출처의 명확성	▪ 제시된 사실, 개념, 이론 설명이 정확한가? ▪ 제시된 자료가 내용에 적합한 최신 것을 사용하였는가? ▪ 용어, 지도, 통계, 지명, 계량 단위 등의 표현이 정확한가? ▪ 오탈자, 문법 오류, 비문 등 표기상의 오류는 없는가? ▪ 제시된 자료의 출처를 분명하게 제시하고 있는가?
기능의 적절성	▪ 기능의 편의성 ▪ 활동의 효과성 ▪ 상호작용의 효과성 ▪ 외부 자료의 연계성 ▪ 화면 구성의 편의성 ▪ 디자인의 효과성	▪ 교재가 오류 없이 정상적으로 작동하고 편리한가? ▪ 교과 특성을 반영한 교수·학습 활동을 효과적으로 지원하는가? ▪ 다양한 상호작용이 효과적으로 구현되어 있는가? ▪ 교수·학습에 필요한 외부 자료의 사용이 용이한가? ▪ 화면이 사용자의 편의성을 고려하여 구성되어 있는가? ▪ 디자인은 심미성을 고려하여 효과적으로 구현되어 있는가?

2013. AI 디지털 교과서의 경우 검정 심사를 거쳐 기준을 충족했을 때 서비스가 가능하다. AI 디지털 교과서의 검정 절차는 크게 내용 심사와 기술 심사로 구분된다. 내용 심사의 경우 서책형 교과서와 마찬가지로 2022 개정 교육과정에 따른 교과별 심사 기준에 따라 진행된다. 기술 심사의 경우 크게 사용성 검사, 기술 표준 준수 검사, 적합성 검사, 신뢰성 검사로 나뉘어 각각 해당 영역의 세부 심사 기준에 따라 평가가 이루어진다. 사용성 검사는 AI 디지털 교과서의 기술적 결함이나 오류를 확인하는 검사이며 기술 표준 준수 검사는 AI 디지털 교과서 개발 관련 지침이나 표준을 준수했는지 여부를 확인하는 심사이다. 적합성 검사에서는 AI 기능의 적절성과 데이터 윤리, 인공지능 윤리 등을 준수했는지 확인한다. 신뢰성 검사는 데이터 수집·전송 처리와 정보 보호 및 보완 체계와 관련된 확인이 이루어지는 심사이다. 이와 관련된 세부 심사 항목은 <표 5-11>과 같다.

〈표 5-11〉 AI 디지털 교과서 기술 심사 영역 항목
출처 교육부(2023)

심사 영역	심사 항목	심사 요소
사용성	AI 디지털교과서가 기술적 결함이나 오류 없이 작동하는가?	▪ 디지털교과서의 기능 오류 확인 ▪ AI 성능 테스트 ▪ 부하 테스트
	AI 디지털교과서가 웹 접근성 및 상호 호환성을 확보하고 있는가?	▪ 기기 및 브라우저 간 호환성 ▪ 장애 학생 접근의 수월성 ▪ 자동 번역을 통한 다국어 지원
기술표준 준수	AI 디지털교과서에 포함된 기술이 관련 규격이나 표준을 준수하였는가?	▪ 인프라 환경 요건 충족 ▪ 관련 표준 준수
	AI 디지털교과서 개발 준수사항을 반영하였는가?	▪ 목적 외 활용 금지 조치 준수 ▪ 선행학습 금지 조치 준수 ▪ 인공지능 윤리 준수 및 조치 ▪ 저작권 확보
적합성	AI 디지털교과서의 연계 기능이 적절하게 구성되었는가?	▪ 인증 체계 ▪ 교육과정 표준체계 적용 ▪ 시작 화면 구성
	AI 기반 맞춤형 학습 지원 기능이 적절하게 작동하는가?	▪ 학습 진단 및 추천 ▪ 대시보드 및 데이터 시각화 ▪ 학습 안내 및 지원을 위한 AI 튜터 ▪ 수업 설계 및 처방을 위한 AI 보조 교사 ▪ 교사 재구성 기능 지원

	AI 디지털교과서의 UI/UX 설계와 상호작용이 사용자 관점에서 편리하게 구성되었는가?	• UI, UX의 편의성 • 상호작용의 적절성
신뢰성	데이터를 적절하게 수집하고 안전하게 관리하는가?	• 데이터 수집 및 저장 • 데이터 전송
	개인정보 및 정보보안 체계가 신뢰성 있게 운영되는가?	• 개인정보 보호, 예방, 대처방안 • 정보 보안, 예방, 대처방안 • 관련된 물리적, 기술적 체계 운영
	사용자 지원 및 서비스 관리가 신뢰성 있고 안정적으로 운영되는가?	• 사용자 지원 및 대응 관리 체계 운영 • 장애관리 체계 운영 • 서비스 품질관리 체계 구성

2 정보과 교구

교구란 학습 과정에서 학습자의 학습이 쉽게 이루어질 수 있도록 도와 학습의 효과를 높이는 도구를 말한다(안병곤, 2018). 이 절에서는 교구의 의미와 효과를 더 자세히 살펴보고 SW·AI 교육 시 많이 사용되는 피지컬 컴퓨팅 영역의 교구를 중심으로 정보과 교육 교구를 살펴보고 어떤 교구를 선정해야 할지 기준을 알아본다.

1 교구의 개념

브루너(Bruner)[1960]는 <표 5-12>와 같이 교구의 종류를 크게 4가지로 분류하였다. 첫째, 간접적 경험을 위한 교구로서 동영상이나 음성, 서적 등이 이에 해당한다. 학교에서 구할 수 없는 자료를 학생들에게 보여주기 위해 마련된 것으로 실제 사물 또는 사건에 대한 간접적인 경험을 제공해 줄 수 있다. 둘째, 모형 교구로서 화산 실험 모형처럼 현상을 잘 보여줄 수 있도록 계획된 실험이나 시범이 가능한 도구나 분자 모형처럼 현상에 숨어 있는 구조를 찾는 데 도움을 주는 도구가 이에 해당한다. 셋째, 극화 도구는 극적인 효과를 주는 교구로 역사 소설이나 기록 영화, 기록물 등의 도구가 있다. 넷째, 자동화 교구로 컴퓨터 보조 수업에 사용하는

〈표 5-12〉 Bruner의 교구 분류

출처 Bruner(1960)

구분	개념	예시
간접적 경험을 위한 교구	▪ 간접적 경험을 위한 교구 ▪ 직접 구할 수 없는 자료를 학생들에게 보여주기 위한 것으로 실제 사물 또는 사건에 대한 간접 경험을 제공해 줄 수 있음	동영상, 음성, 서적 등
모형 교구	▪ 현상을 잘 보여줄 수 있는 실험이나 시범이 가능한 교구 ▪ 현상에 숨어 있는 구조를 찾는 데 도움을 주는 교구	실험, 시범, 모형물 등
극화 교구	▪ 극적인 효과를 주는 교구	역사소설, 기록영화, 기록물 등
자동화 교구	▪ 기계가 계획된 순서에 따라 학생들의 학습에 필요한 부분을 단계별로 제공	컴퓨터 보조 수업 등

컴퓨터와 같은 교구가 이에 해당한다. 자동화 교구는 기계가 계획된 순서에 따라 학생들의 학습에 필요한 부분을 단계별로 제공할 수 있다_{Bruner, 1960; 이홍우 역, 1973}.

듀이(Dewey)₁₉₃₈는 학습에 있어서 구체적이고 직접적인 경험이 중요하다고 보았다_{Dewey, 1938; 엄태동 편역, 2001}. 또한 학생들이 학습에 대해 지속적인 흥미를 느끼도록 하기 위해서는 교과 내용을 구체적이고 직접적인 경험으로 이끌어야 한다고 주장했다. 데일(Dale)₁₉₆₉은 [그림 5-5]와 같이 학생이 가지는 경험을 상징·추상적인 단계, 영상적인 단계, 행동적인 단계로 나누고, 학습을 통한 개념의 형성은 행동적 단계에서 영상적 단계, 상징·추상적 단계로 진전되며 이루어진다고 보았다. 행동적 단계는 직접적이고 의도된 경험, 구성된 경험, 극화된 경험, 시험, 견학, 전시 등과 같은 직접적인 경험이 강조되는 부분이다.

영상적 단계는 교육용 TV, 영화, 라디오, 사진 등과 같은 시청각적 자료를 통한 경험이나 관찰을 강조하는 단계이다. 상징·추상적 단계는 언어와 시각 기호를 통해 이해를 도모하는 단계로 행동적 단계에서 상징·추상적 단계로 갈수록 구체적 경험에서 추상적 경험으로 나아간다. 데일(Dale)은 효과적인 학습을 위해서는 구체적인 경험을 먼저 제공한 후 추상적인 경험을 제공해야 한다고 보았다_{Dale, 1959: 변영계, 김영환, 손미, 2012에서 재인용}. 따라서 교구는 학생들

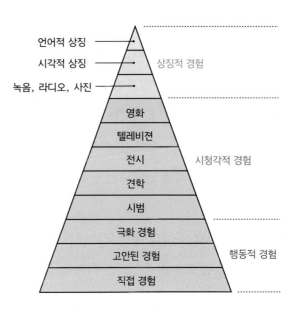

[그림 5-5] Dale의 경험의 원추
출처 Dale(1969)

의 학습에 구체적이고 직접적인 경험을 제공하기 위해 활용할 수 있다. 교구를 활용함으로써 학생들은 경험의 범위를 확장할 수 있고, 학습 내용을 더 쉽게 이해할 수 있다. 또한 교구는 수업 환경을 풍요롭게 하고, 학생의 감각적 표현을 구체화할 수 있는 경험을 제공한다는 면에서 최상의 보조적 역할을 수행할 수 있다_{YILDIRIM, 2008}.

2 교구의 유형

피지컬 컴퓨팅은 인간을 비롯한 물리적 세계와 컴퓨터 간의 상호작용을 위한 시스템을 의미한다. 소프트웨어와 하드웨어를 활용하여 컴퓨터가 물리적 세계의 다양한 정보를 감지하고, 처리하여 작동할 수 있도록 하는 시스템이다O'Sullivann & Igoe, 2004. 따라서 물리적 세계와의 상호작용을 위한 도구로서 피지컬 컴퓨팅 교구가 필요하다. 피지컬 컴퓨팅 교구는 형태에 따라 로봇형, 모듈형, 보드형으로 나눌 수 있다. 로봇형은 완제품 형태의 교구로 접근성이 좋으나 확장성은 떨어질 수 있다. 모듈형은 다양한 블록이나 모터, 센서 등을 연결하여 하나의 모듈로 구성하는 형태의 교구로 확장성은 좋으나 비용면에서 다소 부담이 될 수 있다. 보드형은 마이크로 컨트롤러가 탑재된 전자 기판을 이용하는 것으로 비용이 저렴하나 전기나 전자에 대한 지식이 필요해 어린 학습자들에게는 어려울 수 있다.

2015 개정 교육과정에 따라 초등학교에 사용되고 있는 실과 교과서 속 피지컬 컴퓨팅 도구는 <표 5-13>에서 알 수 있듯이 로봇형 교구인 햄스터 로봇과 모듈형 교구인 네오봇이며 이들을 제어하는 프로그래밍 언어는 엔트리이다. 중학교 정보 교과서에서 다루고 있는 피지컬 컴퓨팅 교구는 아두이노 보드, E-센서보드, 코드이노 등 대체로 보드형이 많다. 이와 연동하여 사용하는 프로그래밍 언어로는 엔트리, 스크래치 또는 스크래치 기반의 언어를 사용하고 있다.

초등학교 실과, 중학교 정보 교과에서 주로 다루고 있는 피지컬 컴퓨팅 교구와 최근 출시된 피지컬 컴퓨팅 교구를 중심으로 특징을 정리하면 <표 5-14>와 같다. 햄스터 로봇은 스크

〈표 5-13〉 초·중학교 정보 교과서별 피지컬 컴퓨팅 교구 현황
출처 한국교육학술정보원(2018)에서 제시된 내용을 재구성함

구분		초등학교	중학교
프로그래밍 언어		엔트리	엔트리, 스크래치, 스크래치 기반 언어(mBlock, 코딩 스쿨, S4A, 비트브릭 스크래치)
피지컬 컴퓨팅 도구	로봇형	햄스터로봇	-
	모듈형	네오봇	-
	보드형	-	E-센서 보드, 피코보드, 아두이노, 코드이노, 비트브릭 등

래치, 엔트리, 자바스크립트, 파이썬 등 여러 언어를 지원하는 피지컬 컴퓨팅 교구로 센서가 다양하고, 초보자도 쉽게 사용할 수 있는 사용자 친화적인 인터페이스가 특징이다. 어썸봇은 이족보행 로봇으로 PC에서의 프로그래밍 연계 교육뿐 아니라 코딩 없이 앱으로도 로봇을 제어하는 체험이 가능하다. 오조봇 역시 컬러 센서 등 다양한 센서를 활용한 프로그래밍 교육 뿐 아니라 스마트기기 없이도 컬러 코드를 활용한 교육이 가능한 장점이 있다. 네오봇은 모듈형 교구로서 조립이 쉽고 사용자가 원하는 대로 로봇을 만들 수 있어 확장성이 뛰어나며 다양한 센서를 가지고 있다. 모디 역시 다양한 입·출력 모듈을 가지고 있어 이들을 결합해 IoT 기기나 로봇을 구현할 수 있다. 레고 스파이크 프라임의 경우 브릭을 활용한 다양한 활동이 가능해 학생들의 창의적 신장에 도움을 줄 수 있다.

E-센서보드는 보드형 교구로 데이터 로깅이 가능하고 아두이노 등 다른 도구와 쉽게 호환된다. 아두이노는 다양한 센서와 액추에이터를 연결해 프로젝트를 확장시킬 수 있는 확장성이 좋은 교구로 교육 현장에서 많이 활용된다. 코두이노는 아두이노와 스크래치 센서보드를 결합한 새로운 형태의 단일 보드 마이크로 컨트롤러로 아두이노의 대부분 기능을 지원하는 특징을 가진다.

〈표 5-14〉 다양한 피지컬 컴퓨팅 교구 예시

교구	이름	지원 언어	특징	모습
로봇형	햄스터 로봇	▪ 스크래치, 엔트리 ▪ 자바스크립트, 파이썬, 프로세싱 등	▪ 바닥센서, 가속도센서, 근접센서, 조도센서 등 ▪ 피에조 스피커, LED, 확장 포트, 스테핑 모터 ▪ 초보자를 위한 사용자 친화적인 인터페이스 ▪ 고정밀도의 스테핑 모터를 사용해 정확한 움직임 가능 ▪ 펜 홀더 등 다양한 액세서리로 재미있는 활동 가능	
	어썸봇	▪ 어썸블록과 어썸 코드 ▪ 파이썬, 스크래치 등	▪ 초음파센서, 수동 부저, 서보모터, 서보 암 등 ▪ 이족보행 로봇으로 박자에 맞춰 춤을 출 수 있고 장애물 피하기가 가능 ▪ 앱을 활용해 로봇을 제어할 수 있어 코딩 없이 로봇 체험 활동 가능	
	오조봇	▪ 오조 블록클리, 엔트리 등	▪ 컬러감지 센서, 근접 센서, 속도 센서를 활용해 다양한 활동이 가능 ▪ 스마트 기기 없이도 4가지 색상 펜을 사용해 컬러 코드(오조 코드)를 작성해 로봇을 움직일 수 있어 어린 학습자도 사용 가능함	

로봇형	토리드론	■ 스크래치, 엔트리 ■ 파이썬	■ 조종과 프로그래밍이 모두 가능한 드론 ■ 처음 드론을 배우는 사람도 드론 조종 연습을 할 수 있도록 시뮬레이터 제공 ■ 자동 호버링 기능이 있어서 초보자도 쉽게 조종 가능 ■ 엔트리와 파이썬의 인공지능을 융합한 다양한 활동 가능	
모듈형	네오봇	■ 스크래치, 엔트리, 네오코드 ■ 파이썬, 자바 스크립트	■ 모터 블록, 적외선 센서, LED블록, 빛센서, 접촉 센서, 소리센서, 스마트컨트롤러 ■ 모듈형으로 조립이 쉽고 사용자가 원하는 형태로 조립할 수 있어 창의적 활동 가능 ■ 교과서 실습용 프로그램 내장	
	모디	■ 모디 스튜디오 ■ 엔트리, 스크래치, 파이썬 등	■ 적외선 모듈, 마이크 모듈, 환경 모듈, 다이얼 모듈, 버튼 모듈, 등 다양한 입력 모듈 ■ LED 모듈, 스피커 모듈, 디스플레이 모듈, 모터컨트롤러 모듈, 모터 모듈 등 다양한 출력 모듈 ■ 모듈을 결합해 다양한 IoT, 로봇 등을 만들 수 있음	
	레고 스파이크 프라임	■ 스파이크 앱	■ 브릭을 활용해 다양한 조립물을 만들 수 있어 창의적 사고력 확장에 도움을 줌 ■ 거리센서, 힘 센서, 컬러 센서 등이 있어 다양한 활동이 가능	
	바우카	■ 엔트리, 스크래치 ■ C, C++	■ 아두이노 기반으로 만든 잇플 보드 사용 ■ 잇플 보드에 LED, 버튼, 조도 센서, 소리 센서, 버저 내장 ■ 전자회로 지식 없이도 자동차 쉴드와 연결해서 간단하게 자동차 조립 가능 ■ 라인 트레이서, 초음파 자율주행 자동차 등 다양한 프로그래밍 가능	
보드형	E-센서 보드	■ 엔트리, 스크래치 ■ 파이썬, 자바 스크립트 등	■ 버튼, 마이크(소리 센서), 슬라이드(가변 저항), LED 등 ■ 데이터 로깅이 가능하며 아두이노 등 다른 학습 도구와 쉽게 호환이 되어 다양한 활동이 가능	
	아두이노	■ 스크래치 ■ C, C++, 마이크로 파이썬 등	■ Arduino IDE를 사용하여 프로그래밍하고 컴파일하여 아두이노 보드에 업로드할 수 있음 ■ 다양한 센서와 액추에이터를 연결하여 프로젝트를 확장할 수 있음	
	코드이노	■ 엔트리, 스크래치 ■ C, C++	■ 아두이노와 스크래치 센서보드를 결합한 새로운 형태의 단일보드 마이크로 컨트롤러임 ■ 아두이노 호환 보드로서 아두이노의 대부분 기능을 지원 ■ 빛, 소리, 버튼, 슬라이더, 3축 가속도센서	

3 교구 선정

이처럼 정보과 교육에서 활용되는 교구의 유형과 종류가 매우 다양하므로 수업에 필요한 교구를 선택할 때 교육과정, 학습 내용, 학습 환경, 학생 수준 등 다양한 부분을 신중하게 고려해야 한다. 이영재2017는 피지컬 컴퓨팅 영역의 수업 시 안전성, 교과 호환성, 발달 적절성, 다기능성, 조작 용이성 및 성능 신뢰성, 교육과정 적합성, 경제성 등 <표 5-15>와 같은 기준을 제시하였다이영재, 2017.

<표 5-15> 피지컬 컴퓨팅 선정 기준

출처 이영재(2017)

항목	세부 기준
안전성	▪ 국가에서 사용을 승인한 제품이어야 한다. ▪ 안전사고의 위험성이 없어야 한다. ▪ 건강에 해가 될 수 있는 재료가 사용되지 않아야 한다.
교과 호환성	▪ 다양한 교육활동에 사용할 수 있어야 한다. ▪ 다른 교구 및 학습 재료와 융합할 수 있어야 한다.
발달 적절성	▪ 초등학생의 발달 단계에 적합하여야 한다. ▪ 초등학생들에게 흥미를 유발할 수 있어야 한다.
다기능성	▪ (HW) 교구는 내장 또는 추가 부품과 센서의 연결을 통하여 다양한 기능을 지원해야 한다. ▪ (SW) 다양한 교육용 프로그래밍 언어를 지원해야 한다.
조작 용이성 및 성능 신뢰성	▪ (일반 교사) 간단한 연수를 통해 쉽게 수업에 사용할 수 있어야 한다. ▪ (학생) 사용법에 대한 간단한 교수학습 이후 쉽게 사용할 수 있어야 한다. ▪ 프로그램의 실행 결과는 교사, 학생의 수준에서 설명될 수 있는 정확도(신뢰도 및 타당도)를 가져야 한다.
교육과정 적합성	▪ 교육과정의 요구 활동(순차, 반복, 선택)이 가능해야 한다. ▪ 블록형 프로그램을 사용할 수 있어야 한다.
경제성	▪ 학교의 예산 항목 안에서 구매할 수 있는 가격이어야 한다.
서비스	▪ 제품의 기능이 충분히 안내되어 있어야 한다. ▪ 교육활동에 필요한 자료를 쉽고 다양하게 얻을 수 있어야 한다. ▪ 고장 및 파손 시 수리 또는 교환이 쉬워야 한다.
내구성	▪ 학생들이 반복 사용해도 고장이나 파손이 일어나지 않아야 한다. ▪ 교육활동 간 일어나는 사소한 충격을 견딜 수 있어야 한다.

전형기2018는 피지컬 컴퓨팅 영역에서 교구를 선정하는 기준을 교수 목적과 교수 상황으로 구분하여 <표 5-16>, <표 5-17>과 같이 제시하였다. 교수 목적 부분에서는 교육과정 적합

성과 학습 발달 단계의 적절성, 실과 외 타 교과 적용 가능성으로 영역을 구분하였다_{전형기, 2018}.

교수 상황 부분에서는 성능 및 편리성, 안전성, 서비스 및 접근성, 내구성으로 영역을 구분하였다.

〈표 5-16〉 SW교육을 위한 피지컬 컴퓨팅 교구 선정 기준(교수 목적)

출처 전형기(2018)

영역	세부 기준
교육과정 적합성	▪ 교육 내용에 의거 분해 조립될 수 있다. ▪ 다양한 입출력 장치를 이용할 수 있다. ▪ 수업 내용에 따라 다양한 형태로 변환될 수 있다. ▪ 순차, 반복, 선택 등과 같은 기본적인 프로그램 제어 구조의 실현이 가능한 블록 프로그래밍을 사용하는 다양한 EPL을 지원한다. ▪ (선택) 다양한 오픈소스 하드웨어 등의 범용 부품과 호환되어 세트 이외의 부품을 사용할 수 있다. ▪ (선택) 센서에 대한 간편한 방식으로 데이터 로깅을 할 수 있어야 한다. ▪ (선택) 학생들의 청각적, 시각적 출력과 같은 다양한 표현을 수용하여야 한다. ▪ (선택) 인간의 감각과 관련된 센서를 최소 3종 이상 사용할 수 있어야 한다.
학습 발달 단계 적절성	▪ 컴퓨팅 경험, 학습 수준에 따라 단계별 학습을 지원할 수 있다. ▪ (선택) 부품들이 모듈화되어 있고 탈부착 가능하며 확장성을 가지고 있어야 한다.
타교과 적용 가능성	▪ 교과 교육의 주객전도를 막기 위하여 관련 코드 및 활용 예가 제공되어 빠르게 교과 교육에 쓸 수 있어야 한다. ▪ (선택) 학생의 예술 활동 및 교과 산출물 제작을 위해 교구는 종이, 찰흙, 나무 등을 활용하여 혼합 사용할 수 있어야 한다. ▪ (선택) 과학과 연관된 센서 또는 모듈을 사용할 수 있다.

〈표 5-17〉 SW 교육을 위한 피지컬 컴퓨팅 교구 선정 기준(교수 상황)

출처 전형기(2018)

영역	세부 기준
성능 및 편리성	▪ 같은 조건에서 실행 결과의 신뢰도가 확보되어야 한다. ▪ 교구는 초등학생의 협응력을 고려했을 때 조작이 어렵지 않아야 한다. ▪ 교구를 사용하기 위한 준비 시간이 5분 이내로 짧아야 한다. ▪ 1~2차시 이내의 수업으로 학생이 직접 조작하여 기본적인 기능을 제어할 수 있어야 한다. ▪ 교사의 경우 처음 사용할 때 매뉴얼을 참고하거나 연수를 통해 40분 이내에 작동이 가능해야 한다. ▪ (선택) 센서값이 오차 없이 측정할 수 있다.
안전성	▪ 인체에 해로운 재료를 사용하지 않아야 한다. ▪ 입으로 빨아도 내용물이 용출되지 않으며 해롭지 않아야 한다. ▪ 소재가 친환경적이며 화학적으로 안정적이어야 한다. ▪ 교구는 표면을 만졌을 때 날카로운 면이 없거나 날카로운 면에 대한 보완 처리가 되어 있어야 한다. ▪ 배터리나 전자부품은 케이스가 있으며 땀이나 액체 등으로 감전 위험에 대한 처리가 되어야 한다. ▪ 장시간 사용 시 심각한 수준의 열이 발생하지 않아야 한다. ▪ 사용 시 열이 발생하지 않거나 발열에 대한 준비가 되어 있어야 한다. ▪ 전기, 전자파 안전마크를 획득하여야 한다. ▪ 유사시 즉시 정지할 수 있는 기능을 가지고 있어야 한다.

서비스 및 접근성	▪ 적절한 기간의 유·무상 AS를 받을 수 있다. ▪ 부품별로 1:1 교환이 가능하다. ▪ 전화, 온라인 등을 통해 상담 및 서비스 지원이 가능하다. ▪ 고장 시 부품별 교환할 수 있다. ▪ 수리가 필요한 경우 입고 후 2주 안에 사용할 수 있다. ▪ 택배를 이용하여 사후 지원 및 수리할 수 있다. ▪ 지속적인 펌웨어 업데이트가 지원된다. ▪ 교사를 위한 연수자료를 가지며 배포하고 있다. ▪ 교사를 위한 학생 교육자료를 가지며 배포하고 있다. ▪ 구입 시 케이블 등 여분 부품이 추가로 더 제공되어 분실에 대비할 수 있다. ▪ (선택) 교구 업체는 기업 건전성을 확보하고 있다.
내구성	▪ 책상 높이에서 낙하하더라도 파손되지 않고 정상 작동할 수 있다. ▪ 직진성의 하락에 따른 모터의 잦은 조정의 필요 없이 반복 사용할 수 있다. ▪ 모터 등 기계적 동작 부분은 손으로 강제로 조작해도 고장 없이 사용할 수 있다. ▪ 교구가 배터리를 사용하고 있을 경우 80분 수업을 소화할 수 있다. ▪ 고장과 파손이 10% 미만으로 최소 1년간 계속 사용할 수 있다. ▪ 고장이 아닌 소모되는 부품의 경우 별도 교체할 수 있다. ▪ 커넥터 부분이 견고하여 반복해서 결합과 분리해도 파손되지 않는다. ▪ (선택) 동일 동작을 1,000회 이상 수행해도 파손 없이 작동할 수 있다. ▪ (선택) 교구가 배터리를 사용하고 있을 경우 10분 충전 후 40분 수업을 할 수 있다.

1 AI 디지털 교과서형 교재의 특징에 관해 설명하시오.

2 교재를 개발할 때는 매체와 상관없이 교재의 설계 및 개발에 기초가 되는 다양한 개발 모형이 있다. 정보과를 비롯한 많은 교과에서 가장 많이 사용되는 ADDIE 모형에 대해 단계별로 설명하시오.

3 정보과 교육에서 활용되는 교구의 유형과 종류가 매우 다양하기 때문에 수업에 필요한 교구를 선택함에 있어 교육과정, 학습 내용, 학습 환경, 학생 수준 등 다양한 부분을 신중하게 고려해야 한다. 교구의 선정 기준을 3가지 이상 제시하시오.

정보과 교육 평가

> 6장에서는 정보과 교육에서 평가가 갖는 의미를 살펴보고, 평가의 유형과 도구를 파악하여 실제 초중등학교 정보과 교육에서 평가는 어떻게 이루어졌는지 연구 사례를 중심으로 분석하였다. 또한, 2022 개정 교육과정 제시된 정보과 교육의 평가 방향과 방법을 제시하였다.

1 교육 평가의 이해

초중등학교에서 정보과 교육은 인공지능으로 정의되는 사회에서 데이터와 정보로 인한 디지털 세상의 변화를 인식하고, 정보의 사회적 가치를 탐구하며, 정보를 처리하는 다양한 원리와 기술에 기반한 컴퓨팅 사고력을 바탕으로 실생활 및 다양한 학문 분야의 문제를 해결하는 능력과 태도를 기르는 교과이므로, 교육 평가도 이러한 성격에 맞게 학생들의 지식과 이해, 과정과 기능, 가치와 태도가 습득했는지를 평가해야 한다. 아울러, 교사는 학교급별 교육 목표를 달성하였는지를 확인하고, 개별 학생들의 평가 결과에 따른 개별화된 피드백을 제공한다. 또한, 자신의 수업을 개선하는 데 활용함으로써 정보과 교육의 질을 개선할 수 있다.

1 교육 평가의 목적과 방향

정보과 교육 방법이 주로 실습과 활동 중심으로 이루어지기 때문에 학생들을 평가할 때도 지필 평가보다는 실습을 통한 관찰과 측정이 필요하다. 그러나 관찰과 측정은 평가자의 주관적 견해가 많이 포함될 수 있으므로 사전에 평가 목적과 방향을 명확하게 정하고 그에 따른 평가 준거와 평가 문항을 개발해야 한다.

1. 교육 평가의 목적

정보과 교육의 목적은 컴퓨터에 대한 지식이나 기능을 익히는 데 있지 않고, 컴퓨팅사고력을 기반으로 인공지능을 포함하는 컴퓨팅 기술을 활용하여 미래 사회에서 다양한 분야의 문제를 발견하고 해결할 수 있는 기초적인 능력을 함양하도록 하는 데 있다. 따라서 정보과 교육의 목적이 교수·학습을 통해 제대로 달성되었는지를 평가하는 것이 가장 중요하다. 구체적인 정보과 교육 평가의 목적을 제시하면 다음과 같다.

학생 발달 측정

정보과 교육에 참여한 학생의 발달 정도를 측정하기 위함이다. 학생의 발달 정도는 초중등학교 정보과 교육과정에 명시된 성취 기준을 통해 판단할 수 있다. 성취 기준은 학교의 교육 여건이나 학생들의 성취 수준에 따라 조금씩 변형할 수 있으나, 큰 틀에서는 교육과정에서 제시한 성취 기준이 중요한 준거가 된다.

교수·학습 개선

정보과 교육의 교수·학습 과정과 방법을 결정하기 위함이다. 정보과 교육의 효과를 높이려면 수업에 참여한 학생의 변화뿐만 아니라, 학교에서 운영하는 교육 과정과 교사의 교육 방법에 대한 점검도 필요하다. 학생의 학업 성취도와 발달 정도 등을 종합적으로 평가하여 정보과 교육 과정이나 교육 방법에 대한 개선 방향을 마련할 수 있다.

개별학습 지원

학생들의 학습 진도와 이해 수준을 진단하고, 그에 따른 처방을 통해 개별화된 교육을 제공하기 위함이다. 다양한 학생 평가를 통해 학생들의 수준을 진단하고, 평가 결과는 학습 능력이 우수한 학생과 추가적인 지원이 필요한 학생을 구별하여 적절한 개별화 전략을 설계하는 데 도움이 된다.

학습 동기 부여

평가 결과는 학생들에게 자신의 학습 상태를 인식하게 하여 학습 동기를 부여하기 위함이다. 학생들은 정보과 교육 평가를 통해 자신의 강점과 약점을 파악하고, 이를 바탕으로 자기 주도적 학습을 촉진하여 책임감 있는 학습자로 성장할 수 있다.

2. 교육 평가의 방향

정보과 교육에서 학생 평가를 위해 교육 목표를 정하고, 그것의 달성 여부를 정확하게 판단할 수 있는 체계적인 평가 계획이 필요하다. 학생들이 정보과 교육에 대한 지식과 기능을 결과적으로 얼마큼 습득했는지를 평가하는 것도 필요하지만, 컴퓨팅 시스템이나 인공지능 등을 이해하고, 활용하고, 창작하는 과정에서 컴퓨팅사고력이 얼마큼 향상되었고, 그것을 일상생활에서 얼마큼 적용할 수 있는지를 평가하는 것이 중요하다. 결국, 정보과 교육에 참여한 학생을 평가할 때는 컴퓨팅사고력과 문제 해결력을 평가할 수 있는 도구를 활용하고, 단기적인 평가보다는 장기적이고 지속적인 평가가 필요하다. 또한, 학생들의 지식과 기능, 태도를 평가하기보다 결과를 분석하고, 진단하고, 처방하는 데 필요한 기초 자료 수집이 필요하다. 구체적인 정보과 교육 평가의 방향을 제시하면 다음과 같다.

첫째, 초중등교육에서의 정보과 교육은 뛰어난 프로그래머를 길러내기 위한 것이 아니고 컴퓨팅사고력 역시 단기간에 형성되는 것이 아니므로, 학생 평가로 얻어진 결과를 활용하여 학생들의 처방과 변화를 끌어내는 데 더 많은 노력을 기울인다. 특히 프로그래밍 교육이나 인공지능 교육을 처음 접한 학생들은 평가를 한다는 것만으로도 부담을 느낄 수 있고, 평가 결과가 기대보다 낮으면 심한 좌절감에 빠질 수 있다. 따라서 평가 초기에는 실생활과 관련된 쉬운 문제를 제시하여 누구든지 쉽게 문제를 이해하고 해결할 수 있도록 하여 학생들이 정보과 교육에 대해 자신감을 갖고 평가에 임할 수 있도록 지원한다.

둘째, 정보과 교육에서의 평가는 결과만을 평가하는 것이 아니라, 학생들이 문제를 해결하는 과정에서 보이는 사고의 흐름, 알고리즘 선택, 코드 구현 과정 등을 종합적으로 평가한다. 특히, 프로그래밍을 진행하는 동안 발생하는 오류를 어떻게 해결했는지, 학생들이 문제를 분석하고 적절한 알고리즘을 설계했는지, 학생들이 동료 학생들과의 역할을 분담하고 적절하게 수행했는지 등 문제 해결 과정에 대한 평가가 중요하다.

(1) 초등학교의 평가 방향

초등학교에서의 정보 교육의 평가는 교육 목표 성취를 중심으로 학습자의 학업 능력을 타당하고 신뢰성 있게 평가한다. 이를 위해 다음과 같이 평가 계획 수립, 평가 내용과 도구 선정, 평가 결과를 학생 발달과 성장을 위해 활용한다.

계획 수립

이를 위해 교육과정에 제시된 성취 기준에 근거하여 평가 계획을 설정하고, 인지적, 기능적, 정의적 영역 등 모든 영역이 균형 있게 평가될 수 있도록 계획하되 다음과 같은 사항에 중점을 두어 평가한다.

- 기본적인 개념이나 원리, 사실 등의 기초 지식과 배경 지식 이해 능력을 평가한다.
- 비판적 사고 능력, 의사결정 능력, 창의력 등을 활용한 실천적 문제 해결 능력을 평

가한다.

– 실험·실습 방법과 과정에 따른 실천적 수행 능력을 평가한다.

– 학습 내용을 실생활에 적극적으로 적용해 보려는 실천적 태도를 평가한다.

평가 내용

정보과 교육의 평가 내용은 교육과정에 제시된 성취 기준의 범위와 수준에 근거하되, 다양한 교수·학습 과정과 결과에서 산출된 자료를 활용하여 교수•학습과의 연계를 강화한다. 실험·실습의 평가는 세부적인 평가 기준을 사전에 제시하고 평가하되, 산출물 평가뿐만 아니라 과정 중심 평가 및 수행 능력을 평가한다.

평가 도구

정보과 교육의 평가 목적, 평가 내용이나 영역, 평가 결과 활용 등을 종합적으로 고려하여 검사 도구를 제작·적용하고, 점수를 산출하는 양적 평가와 수량화되지 않은 다양한 형태의 자료를 수집하여 평가하는 질적 평가를 적절하게 활용한다.

결과 활용

학습자의 학업 성취를 위한 평가 결과는 학생의 평정 점수 외에 학생의 자기 진단을 위한 자료 및 학업 개선의 자료로 활용하며, 궁극적으로 학생의 적성을 파악하고, 진로 지도 자료로 활용한다.

(2) 중·고등학교의 평가 방향

중·고등학교에서의 정보과 교육은 다음에 제시된 컴퓨팅사고력, 인공지능 소양, 디지털 문화 소양 등 정보과 교육 역량을 중심으로 평가한다.

컴퓨팅사고력

컴퓨팅을 활용한 문제 해결을 전제로 문제를 발견, 분석하여 실생활과 다양한 학문 분야의 문제를 해결하기 위한 새로운 방법론을 제시할 수 있는 능력

인공지능 소양

컴퓨팅사고력, 그리고 인간과 인공지능의 공존을 모색하는 사람 중심의 인공지능 윤리 의식과 데이터에 대한 이해를 기반으로 인공지능을 통해 문제를 해결할 수 있는 능력

디지털 문화 소양

디지털 사회의 구성원으로서의 윤리의식과 시민성을 갖추고 디지털 기술을 기반으로 의사소통하고 협업할 수 있는 능력

이를 위해 학습자의 수준을 정확히 파악하고 교수·학습 설계에 반영할 수 있도록 수행 평가와 형성 평가를 진행하며, 모둠별 탐구 활동을 통해 협업과 발표, 토론 과정을 합리적이고 객관적으로 평가한다. 이를 위해 공정한 평가 기준과 구체적인 체크리스트를 마련하여 교사의 평가뿐만 아니라 동료 평가나 자기 평가를 위한 도구로 활용한다. 토론 과정을 평가할 때는 소규모의 모둠별 토론을 통해 모든 구성원의 발언 내용과 태도를 평가할 수 있도록 구성원들이 번갈아 가며 발언하게 한다.

3. 교육 평가의 기능

정보과 교육에서 교육 평가가 갖는 교육적 기능은 학생들이 정보과 교과 역량을 제대로 습득했는지 평가하고, 그에 따라 교수학습의 개선과 학습자의 성장을 지원하는 것이다. 구체적인 정보과 교육 평가의 기능을 살펴보면 다음과 같다.

- 학생의 교육 목표 달성도를 확인한다. 교육과정에서 제시한 교육 목표와 단위 수업 시간에 설정한 학습 목표에 비추어 학생들의 지식과 기능, 태도에 대한 목표 달성도를 확인할 수 있다.
- 학생 자신을 진단하고 보완한다. 자신의 평가 결과를 스스로 분석하거나 교사의 도움을 받아 자신의 장점과 단점을 찾음으로써 자신을 더 잘 이해할 수 있으며, 그것을 바탕으로 단점을 보완할 수 있는 계기가 된다.
- 학생의 학습 동기를 유발한다. 학생 평가를 통해 자신의 성취 수준을 객관적으로 파악한 후 더 좋은 결과를 얻기 위해 수업에 집중할 수 있다. 그러나 평가 결과가 기대에 많이 미치지 못할 경우 좌절하거나 포기할 수 있으므로 교사의 관심과 처방이 필요하다.
- 교사의 교수 전략과 방법을 개선한다. 교사의 교수 전략과 방법은 학생의 성취도에

영향을 많이 미친다. 교육과정의 성취 기준과 학생들의 특성을 분석하여 교수 전략과 방법을 수립한다면 학생들의 성취도도 높을 것이다. 따라서 학생들의 성취도가 낮다면 교육과정과 학생들의 특성을 재분석하고, 그 결과를 토대로 자신의 교수 전략과 방법을 재검토하여 원인을 찾아 문제점을 개선해 나가야 한다.

- 학생의 성취도 수준에 따라 학생을 선별하거나 배치한다. 수업 시간에 모둠을 구성하거나 과제를 부여할 때 학생들의 수준을 고려할 수 있으며, 성취도가 낮은 학생에게는 보충 학습을 제공하고, 성취도가 높은 학생에게는 심화 학습을 제공하는 등 수준별 맞춤 학습도 가능하다.

- 미래의 직업에 대해 이해하고, 필요한 핵심 역량을 기른다. 21세기 학습자의 핵심 역량 중 하나는 정보 기술이다. 미래 사회는 인공지능과 빅데이터와 같은 신기술이 새로운 가치를 창출하는 사회이며, 신기술을 기반으로 개인이나 기업, 국가가 성장한다. 따라서 정보과 교육은 미래 사회와 직업에 필요한 핵심 역량을 기르는 것이므로, 교육 평가를 통해 이러한 역량의 습득 여부를 확인하고, 부족한 부분을 길러낼 수 있다.

② 교육 평가의 목적과 방향

정보과 교육에서의 학생 평가는 평가의 시기에 따라 수행 평가와 총괄 평가로 구분하며, 수행 평가는 진단 평가와 형성 평가로 구분한다. 또한, 평가 기준에 따라 절대 평가와 상대 평가로 구분한다. 이처럼 평가 유형은 평가의 시기와 기준에 따라 달라질 수 있지만 일반적으로 총괄 평가보다는 수행 평가로, 상대 평가보다는 절대 평가를 수행하는 것이 바람직하며, 이를 위해 학생들의 발달 수준과 교육과정의 성취 기준을 고려한 평가 기준과 척도, 평가 문항 개발이 필요하다.

1. 수행 평가와 총괄 평가

정보과 교육은 다른 교과와 달리 실습을 많이 필요로 하고, 컴퓨팅 사고 능력을 측정하기 위해 특정 시기에 일회적인 평가보다는 지속적인 관찰을 통한 평가가 필요하다. 따라서 총괄 평가보다는 학생들의 산출물이 나올 때마다 수시로 평가할 수 있는 체제가 필요하다. 그러나 잦은 수시 평가는 교사의 평가 부담을 가중시킬 수 있으므로, 학생 평가를 지원할 수 있는 온라인 평가 시스템을 적극적으로 도입할 필요가 있다. 다음은 수행 평가와 총괄 평가의 특징을 제시한 것이다.

수행 평가

학생들의 학습 진전 상황을 수시로 점검하여 교수·학습 방법을 개선하고 학생들의 성취도를 향상시키려는 데 목적이 있어 학생뿐만 아니라 교사에게도 유용하다. 교사는 수행 평가 결과를 분석하고 활용함으로써 자신의 교수 활동과 방법을 개선할 수 있다. 학생은 수시로 학습 진행 상황을 확인할 수 있고, 자신의 형편에 맞게 학습 진도를 조절할 수 있으며, 학습 결과에 대한 즉각적인 피드백으로 다양한 개선 방안을 마련할 수 있다. 따라서 수행 평가는 교수·학습 결과를 측정하기보다는 교수·학습 과정을 개선하는 데 더 큰 목적이 있다.

총괄 평가

특정 교육 활동이 종료되는 시점에서 학생들의 최종적인 성취도를 확인하여 교수·학습 과정의 전반적인 효과성을 확인하는 데 목적이 있다. 총괄 평가는 학생 개개인의 성취도에 따라 학생을 선별 또는 배치하고 후속 학습을 위한 보충·심화 학습 자료를 추가로 제공할 수 있다. 또한, 최종적인 교육 목표 달성 여부를 통해 투입된 교수 전략이나 방법의 타당성을 검증하고, 장기적으로 교육의 질을 관리하는 데 활용한다.

2. 절대 평가와 상대 평가

실생활의 문제는 개인 혼자서 해결해야 할 문제도 있지만 대부분 가족이나 친구, 동료들과 함께 해결해야 할 문제가 더 많다. 정보과 교육이 실생활의 문제를 해결하는 데 필요한 컴퓨팅사고력을 기르는 것이므로 주어진 과제를 혼자서 해결하기보다는 동료와 함께 협력하여 해결하도록 해야 한다. 따라서 학생을 평가할 때 단순히 개인의 산출물을 평가하기보다는 협업 활동을 통해 얻은 산출물과 수행 과정을 평가해야 한다.

정보과 교육에서 협업 활동이 활발하게 이루어지려면 동료 간의 경쟁심보다는 관련 자료를 공유하고 협조할 수 있는 분위기가 필요하므로 상대 평가보다는 절대 평가가 더 효과적이다. 물론 학생들의 학업 성취도에 따라 학생을 선발한다면 상대 평가가 필요하겠지만, 대부분의 수업 상황에서는 학생 선발보다는 학생들의 역량을 진단하여 교육의 질을 향상하는 데 목적이 있으므로 가급적 상대 평가보다는 절대 평가를 하는 것이 바람직하다.

절대 평가를 하려면 평가 척도 개발이 필요하다. 동료 평가나 포트폴리오 평가를 통해 자기 능력을 객관적으로 살펴보고 스스로 문제점을 진단하고 해결할 수 있도록 학생들의 발달 단계를 고려한 평가 척도 개발이 필요하다. 평가 척도는 교육과정에서 제시한 성취 기준을 근거로 학교의 여건과 학생 특성을 고려하여 담당 교사가 재구성할 수 있다. 상대 평가와 절대 평가의 특징을 정리하면 다음과 같다.

상대 평가

학생들 간의 상대적인 성취도를 기준으로 평가한다. 다른 학생의 성취도를 비교하거나 정해진 비율에 따라 성취도가 결정되므로 등수나 순위가 중요하다. 따라서 학생들이 다른 학생들보다 높은 성적을 받기 위해 경쟁하고, 평가의 난이도나 평가 목표에 따라 학생들의 성적 분포가 달라진다. 또한, 실제로 학습 목표를 달성하더라도 상대적으로 낮다면, 성적도 낮은 점수를 받게 된다.

절대 평가

사전에 설정된 학습 목표나 기준을 미리 정해 놓고, 그 기준에 얼마나 도달했는지를 평가한다. 따라서 다른 학생과 비교되지 않고, 성적 비율도 미리 정해져 있지 않기 때문에 순전히 자신의 성취도에 따라 독립적으로 평가되므로 타인과의 경쟁보다 자신의 성취도 향상에 초점을 둘 수 있다. 따라서 개별화된 맞춤형 평가에 적합하며, 각 학생이 자신의 학습 목표에 도달하는지를 평가하는 데 중점을 둘 수 있다.

③ 교육 평가의 도구

정보과 교육에 대한 학생 평가는 지식, 기능, 가치, 태도를 종합적으로 평가한다. 평가 목적에 따라 다양한 평가 도구를 선정하고, 적절한 평가 도구가 없을 때는 교사가 교육과정과 교재를 분석한 후 학생들의 수준을 고려하여 평가 도구를 개발해야 한다.

1. 평가 도구의 유형

정보과 교육에 참여한 학생 평가는 학습 결과와 더불어 학습 과정이나 활동을 평가해야 하며, 이를 위해 선택형 평가, 포트폴리오 평가, 실습 평가, 워크시트 평가, 보고서 평가, 자기 평가 등을 자유롭게 활용할 수 있다.

선택형 평가

채점을 빠르고 객관적으로 할 수 있으며, 평가 목적에 따라 문항의 형태를 다양하게 변형시킬 수 있다. 또한, 평가 문항의 난이도를 쉽게 조절할 수 있어 진단 평가나 형성 평가, 총괄 평가 등 다양한 평가 유형에 활용할 수 있다. 선택형 평가에서 문항 구성은 진위형, 연결형, 선다형 등이 있다.

포트폴리오 평가

자신이 만든 알고리즘이나 프로그램 등 각종 산출물을 지속적이고 체계적으로 모아 두고, 그것을 평가하는 방법이다. 학생들의 산출물을 통해서 발달 과정을 파악하여 체계적인 피드백을 제공할 수 있다.

실습 평가

개인별 또는 모둠별로 알고리즘이나 프로그램을 작성하게 한 후에 그것을 평가하는 방법이다. 실습 평가는 산출물 평가보다는 실습하는 과정을 관찰하고 평가함으로써 컴퓨팅사고력을 종합적으로 평가할 수 있다.

워크시트 평가

계획된 수업안에 따라 학습 내용과 활동을 구조화한 워크시트를 활용한다. 예를 들면, 워크시트에 포함할 내용은 <표 6-1>과 같이 교육 단계, 교육 목표, 배지, 평가 지표 등으로 구성하되, 학생들이 교육 목표를 달성했을 때 주는 보상 체계로서 교육과정에서 요구하는 핵심 역량별로 배지나 스티커를 만들어 학생들에게 준다.

보고서 평가

학생의 능력이나 흥미에 적합한 주제를 선택한 후 개별 또는 모둠별로 관련 자료와 정

〈표 6-1〉 영국의 교육 평가 도구(워크시트)

교육 단계	KS2			
교육 목표	▪ 알고리즘이 무엇인지, 정보기기에서 프로그램으로 어떻게 구현되고 실행되는지를 이해할 수 있다.	▪ 간단한 프로그램을 만들고 디버그할 수 있다.	▪ 간단한 프로그램의 결과를 예측하고 논리적으로 설명할 수 있다.	▪ 디지털콘텐츠를 목적에 맞게 만들고, 저장하고, 조직하고, 조작할 수 있다.
배지	문제해결자	프로그래머	논리적 사고자	콘텐츠 개발자
평가 지표	▪ 알고리즘을 이해할 수 있다. ▪ 알고리즘은 정보기기 안의 프로그램으로 존재한다는 것을 이해할 수 있다. ▪ 프로그램은 미리 정의된 명령어임을 이해할 수 있다.	▪ 간단한 프로그램을 만들 수 있다. ▪ 간단한 프로그램을 디버그할 수 있다.	▪ 자신이 만든 프로그램의 실행 결과를 논리적으로 예측할 수 있다. ▪ 다른 사람이 만든 프로그램의 실행 결과를 논리적으로 예측할 수 있다.	▪ 디지털콘텐츠를 목적에 맞게 만들 수 있다. ▪ 디지털콘텐츠를 목적에 맞게 저장할 수 있다. ▪ 디지털콘텐츠를 목적에 맞게 조직할 수 있다. ▪ 디지털콘텐츠를 목적에 맞게 조작할 수 있다.

보를 수집하고 분석하고 종합하여 보고서를 작성한 후 평가하는 방법이다. 보고서를 작성하는 과정에서 탐구 방법을 익히고, 자료와 정보를 수집하고, 분석하는 방법, 보고서 작성법을 익힐 수 있으며, 보고서를 발표하면서 다른 사람과 비교하고 평가해 볼 수 있는 기회를 가질 수 있다.

자기 평가

학생 스스로 학습 과정이나 학습 결과에 대한 자기 평가서를 작성한 후 그것을 평가하는 방법이다. 주요 학습 단계에서 학습해야 하는 몇 가지 중요 내용을 상, 중, 하로 표기할 수 있다. 학생은 자기 평가를 통해 자신의 학습 준비도, 학습 동기, 성취 수준, 만족도, 협력 관계 등에 대해 스스로 반성할 기회를 가질 수 있고, 교사는 학습자에 대한 평가에 대한 타당성을 검토하기 위해 학생들의 자기 평가와 비교 분석해 볼 수 있는 기회를 가질 수 있다.

2. 평가 도구의 선택

학생 평가의 질을 높이려면 평가 목적에 맞게 평가 도구를 선택해야 한다. 정보과 교육 평가에서 필요한 평가 도구를 선택할 때 고려해야 할 점을 정리하면 다음과 같다.

- 평가의 목적이 무엇인지를 명확히 한다.
- 평가하려는 것이 무엇인지를 분명하게 명시한다.
- 평가의 신뢰도와 타당도가 적절한지를 분석한다.
- 평가 내용이 학생의 나이에 적절한지를 판단한다.
- 평가 대상이 개인인지 집단인지를 정한다.
- 상대 평가인 경우 비교할 만한 집단이 적절한지를 판단한다.
- 평가를 위해 평가자의 전문적인 훈련이 필요한지를 판단한다.
- 평가 과정에서 학생에게 어떠한 영향을 미칠 수 있는지를 예측한다.
- 평가 결과가 학생에게 어떠한 피드백을 줄 수 있는지를 확인한다.
- 평가 후에 평가 과정이나 결과에 대한 반성의 기회를 갖는다.

3. 평가 도구의 개발

적절한 평가 도구가 없을 때는 교사가 직접 개발할 수 있다. 평가 도구를 개발하려면 우선 정보과 교육과정과 교과서, 교재 등을 분석한 후에 실제 교육한 내용과 활동을 추출하여 평가의 타당도를 높여야 한다. 정보과 교육 평가를 위한 도구를 개발할 때 다음과 같이 타당성, 창의성, 균형성, 실용성, 실제성, 효과성 등을 고려해야 한다.

타당성

성취 기준과 평가 기준에 근거하여 개발한다. 정보과 교육과정에 제시된 성취 기준이나 실제 교수·학습 과정에서 제시한 성취 기준을 확인하고, 그것에 맞는 평가 기준에 근거하여 평가한다. 평가 도구는 평가 영역, 평가 지표, 평가 척도, 평가 문항 등을 구분하여 구체적으로 개발한다.

창의성

단순하고 지엽적인 내용보다는 새로운 지식을 창출하는 창의적인 사고력을 평가할 수 있도록 개발한다. 정보과 교육은 컴퓨팅사고력을 실생활에 적용하는 것을 중요시하므로 습득한 지식을 단순히 암기하였는지를 평가하기보다는 정보과 교육의 지식과 원리를 이용하여 일상생활에서 발생한 문제를 인지하고, 분석하여 해결 방법을 찾을 수 있는지를 평가해야 한다.

균형성

정보과의 지식과 기능, 태도 등 모든 영역을 균형 있게 평가할 수 있는 도구를 개발해야 한다. 정보과의 지식과 기능에 대한 평가는 국내외 사례를 통해 다양한 도구를 참조할 수 있지만, 태도 영역은 가치 판단과 태도 변화를 평가하므로 평가 도구를 개발하는 것이 쉽지 않다. 정보과 교육은 하나의 기술로 인간 생활에 많은 변화를 일으킬 수 있으며, 이러한 기술을 어떻게 활용하느냐는 정보과 교육 영역의 핵심 영역 중 하나이다. 따라서 평가를 통해 자신의 태도 변화를 지속해서 관찰하고 반성하는 평가 도구를 개발해야 한다.

실용성

평가 도구는 학교 현장에서 실제 활용할 수 있어야 한다. 실제적인 평가 목적에 맞게 교사가 평가할 수 있는 여건이 적절한지를 판단해야 한다. 즉, 학습 진도, 평가 시기, 평가 시간, 학생의 수, 학생 수준, 실습실의 규모와 장비 등을 고려하여 평가 도구를 개발한다.

실제성

실제적인 교수·학습 상황을 고려하여 평가 도구를 개발한다. 계획된 수업과 달리 실제 구현된 교수·학습 상황이 달라졌다면 그에 맞는 평가가 이루어져야 한다. 따라서 평가의 타당성을 높이기 위해서 학생 평가를 수행하기 직전에 실제 수업 상황을 고려하여 평가 도구를 재수정할 필요가 있다.

효과성

평가 도구는 교사의 교수·학습 방법을 개선할 수 있는 방향으로 개발해야 한다. 평가의 목적은 학생들의 성취도를 파악하는 것뿐만 아니라 교사의 수업을 개선하는 데 있다. 따라서 평가 도구는 교수·학습 방법을 개선하는 데 도움을 줄 수 있도록 소프트웨어 교육의 본질과 성격, 목표에 근거하여 개발해야 한다.

2 교육 평가의 실제

정보과 교육이 더욱 내실 있게 이루어지려면 적절한 평가 방법이 필요하다. 평가를 통해 학생들의 학습 목표에 대한 이해도와 성취도를 파악할 수 있고, 학습 과정 중 학생들이 어떤 태도를 가졌는지 확인할 수 있기 때문이다. 정보과 교육을 통해 실생활의 문제를 해결하려면 다른 학문이나 기술, 분야와 융합하는 능력이 요구된다. 따라서 선행 연구 자료 중에서 컴퓨팅사고력과 STEAM 교육, 인공지능 교육과 관련된 평가 사례를 제시하였다.

① 컴퓨팅사고력 평가

2015 개정 교육과정부터 정보과 교육은 컴퓨팅사고력을 강조하고 있고, 2022 개정 교육과정에서도 교과 역량 중 하나로 컴퓨팅사고력을 제시하고 있다. 초중등학교 교육에서 컴퓨팅사고력의 중요성을 언급한 연구 자료를 제시하면 다음과 같다.

- 올드리지(Oldridge)[2017]는 인공지능 분야에서 활용되는 비지도학습 및 강화학습에서 데이터 기반의 컴퓨터 모델링 능력은 인간의 문제해결 과정을 통해 강화될 수 있으며, 이것이 컴퓨팅사고력이며, 비정형적인 인지적 문제해결의 핵심 요소라고 주장하였다.
- 타베시(Tabesh)[2017]는 K-12 단계의 학생들에게 핵심역량으로서 컴퓨팅사고력을 길러야 한다고 주장하였으며, 로봇과 사물인터넷 등을 구현하는 활동에서 인공지능 개념과 알고리즘을 이해하는 과정을 통해 컴퓨팅사고력을 기를 있다고 주장하였다.

1. 컴퓨팅사고력의 평가 관점

정보과 교육은 컴퓨팅사고력 기반으로 이루어지기 때문에 컴퓨팅사고력의 측정은 표준화된 양적 평가 도구로 한 번의 평가로 살펴볼 수 있는 영역이 아니며, 여러 번의 관찰과 결과물에 대한 다양한 관점으로 변화의 정도를 분석해야 한다. 또한, 학생들의 사고 과정에 대한 변화를 살펴보려면 다음과 같이 인지적 관점(컴퓨팅 개념), 실행적 관점(컴퓨팅 수행), 정의적 관점(컴퓨팅 관점)이 필요하다.

인지적 관점

순차 구조, 조건 구조, 반복 구조와 같이 프로그래밍에 사용되는 개념을 의미한다. 단순한 암기나 표면적 지식의 습득이 아니라, 컴퓨팅사고력의 핵심 개념을 얼마나 깊이 이해했는지를 평가한다.

실행적 관점

실제 문제 수행을 위한 전략과 같이 컴퓨팅을 수행하고 처리하는 것을 의미한다. 학습자가 컴퓨팅 도구를 사용하여 문제를 실제로 해결하고 구현하는 능력을 평가한다.

정의적 관점

컴퓨팅 기술을 세상의 문제를 발견하고 해결하는 도구로 바라보는 것을 의미한다. 컴퓨팅 사고가 필요한 팀 기반 프로젝트나 협력적 학습 상황에서 어떻게 협력했는지를 평가한다.

컴퓨팅사고력을 측정하고 평가하기 위해서는 다음과 같은 3가지 평가 방법이 있다.

산출물 평가

온라인상에서 학습자가 일정 기간 산출한 프로젝트 산출물을 모은 후 스크랩 도구를 사용하여 평가하는 방법이다. 포트폴리오 평가나 스크랩북 방식의 일환으로, 학습자의 지속적인 성취 과정을 확인하고 종합적으로 평가할 수 있다.

심층 인터뷰

프로젝트에 관련된 산출물을 기반으로 하여 심층 인터뷰를 하는 방법이다. 이 방법의 경우에는 프로젝트 결과물보다는 과정을 이해할 수 있는 장점이 있지만 많은 시간이 소요된다는 문제점이 발생한다.

시나리오 기반

디자인 시나리오를 이용하는 평가 방법으로 컴퓨팅사고력 관련 활동에 중점을 두고 설계한 방법이다. 학습자에게 다른 학습자가 만든 프로젝트를 제시한 후 어떻게 개선할 것인지 이야기하도록 하거나, 오류를 해결하거나 재구성하게 한다.

2. 컴퓨팅사고력의 평가 사례

신승기[2020]는 인공지능 기반의 컴퓨팅사고력을 평가하기 위해 학습자의 내재적 사고의 변화를 살펴보았다. 컴퓨팅사고력을 평가하기 위한 틀은 [그림 6-1]과 같이 블룸(Bloom)[1956]의 학습 영역에 대한 분류 기준을 토대로 커크패트릭(Kirkpatrick)[2015]의 인지적 학습에 대한 평가 요소인 지식, 기능, 태도를 역량 평가 기준으로 구성하였다.

인공지능 기반의 컴퓨팅사고력을 평가하기 위한 평가 틀은 다음과 같이 내용 요소, 인지 역량, 평가 영역 등 3가지로 구분하여 제시하였다.

- X축은 교육 내용을 평가하기 위해 인지적 학습 보조(Agency), 추상화(Abstracting), 알고리즘 구현(Modeling)으로 구성하였다.
- Y축은 학습자의 인지적 역량을 평가하기 위해 지식, 역량, 태도를 구성 요소로 활용하였다.
- Z축은 학습자에게 미치는 영향력을 평가하기 위해 학습자의 반응, 학습, 행동, 결과에 관한 내용으로 제시하였다.

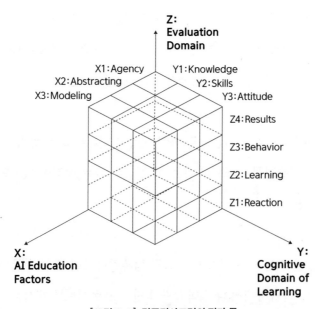

[그림 6-1] 컴퓨팅사고력의 평가 틀

2 STEAM 교육의 평가

정보과 교육은 컴퓨팅 사고를 바탕으로 다른 학문과 자연스럽게 결합될 수 있다. 예를 들어, 프로그래밍 기술은 수학과 과학 문제를 해결하거나, 데이터 분석 기술은 사회과학 분야에서 사용될 수 있으며, 인공지능을 활용하여 다양한 예술 작품을 구현할 수 있다. STEAM(Science, Technology, Engineering, Arts, Mathematics) 교육은 과학, 기술, 공학, 예술, 수학을 융합하여 창의적 문제 해결 능력을 기르는 것을 목표로 한다. 따라서 정보과 교육과 STEAM 교육은 모두 창의적 사고, 문제 해결 능력, 다학문적 융합을 강조한다는 점에서 상호 보완적이며, 정보 교육은 STEAM 교육의 중요한 기반을 형성한다. 정보과 교육과 STEM 교육의 관련성을 정리하면 다음과 같다.

- STEAM 교육에서 T는 정보 기술을 의미하며, 이 기술은 주로 정보과 교육에서 다루는 컴퓨터 과학, 프로그래밍, 데이터 처리, 네트워크 기술 등을 포함한다. 정보과 교육은 STEAM 교육에서 기술적 문제를 해결하고 디지털 도구를 활용하여 창의적 결과물을 만들어 낸다.

- STEAM 교육은 창의적 사고를 통해 실생활 문제를 해결하는 데 중점을 두며, 정보과 교육은 이 과정에서 프로그래밍이나 컴퓨팅사고를 활용하여 문제를 해결하는 방법을 제공한다. 정보과 교육은 복잡한 문제를 단계적으로 해결할 수 있도록 절차적 사고와 추상화 능력을 배양하여 STEAM 교육의 문제 해결 과정에 활용된다.

- STEAM 교육은 여러 학문을 통합하여 학습하는 것을 강조하며, 정보과 교육은 다양한 학문적 영역과 결합하여 융합적인 학습 경험을 제공한다. 예술과 정보 기술의 결합을 통해 디지털 아트를 창작하거나, 공학 문제 해결을 위해 프로그래밍 기술을 사용하는 방식으로, 정보과 교육은 STEAM의 융합적 학습을 실현한다.

- 정보과 교육과 STEAM 교육 둘 다 협력적 학습을 강조한다. 정보과 교육에서 다루는 프로그래밍, 데이터 처리 등은 STEAM 교육에서 팀 프로젝트를 통해 다양한 학문적 배경을 가진 학습자들이 협력할 수 있는 기회를 제공한다. 학습자들이 협업하여 소프트웨어를 개발하거나 공학적 문제를 해결하면서 STEAM의 교육 목표를 달성할 수 있다.

정보과 교육과 STEAM 교육은 서로 밀접하게 연결되어 있으며, 컴퓨팅 기술과 컴퓨터 과학을 기반으로 한 정보과 교육은 STEAM 교육의 과학, 기술, 공학, 예술, 수학 간의 융합적 학습을 가능하게 한다. 정보과 교육은 STEAM 교육에서 학습자들이 창의적이고 문제 해결 중심적인 학습을 할 수 있도록 돕는 도구와 사고방식을 제공하므로, STEAM 교육의 평가 요소는 정보과 교육의 평가 요소로도 활용할 수 있다.

김용진 외[2018]는 STEAM 교육의 핵심역량(창의, 융합, 소통, 배려)을 중심으로 <표 6-2>와 같이 STEAM 교육의 평가 요소를 제안하였다.

〈표 6-2〉 STEAM의 평가 요소

평가 영역	평가 요소	평가 내용
창의	창의력	파악한 문제를 해결할 때 창의적인 방향을 고안할 수 있는 능력
	문제 해결력	문제 해결을 위한 과학적이고 합리적인 방법을 찾아낼 수 있는 능력
	문제 확인능력	복잡한 상황에서 핵심이 되는 상황과 그 원인을 파악하는 능력
	정보 수집능력	인터넷 검색이나 서적 등을 참고로 필요한 정보를 검색하여 찾는 능력
	정보 분석능력	다양한 자료에서 나타내고자 하는 정보를 바르게 이해하는 능력
	의사결정 능력	과학적 논쟁이나 과제에서 논리적이고 합리적으로 판단하여 결정하는 능력
	평가 능력	동료의 작품이나 산출물을 바르게 평가하는 능력
소통	언어적 소통	목적에 부합하고, 정확하고 합리적으로 표현하여 자신의 의견을 전달하는 능력
	시청각적 소통	의견을 경청하고 자신의 의견을 적극적으로 개진하려는 태도
	소통하는 태도	의견을 경청하고 자신의 의견을 적극적으로 개진하려는 태도
	협력하는 태도	조직 활동에 협조적, 긍정적으로 참여하며 임무를 성실하게 수행하는 태도
융합	융합적 사고력	활동에서 알게 된 다양한 여러 분야의 지식에 대해 이해하는 능력
	지식의 이해도	문제 해결을 위해 과학기술 지식을 이해하는 능력
	융합지식 창출	문제 해결을 위해 다양한 여러 분야의 지식을 융합하여 창출하는 능력
	융합지식 활용	다양한 여러 분야의 지식을 응용하여 문제를 해결하는데 활용하는 능력
배려	흥미도	성공이나 실패의 극복, 산출물 감상 등을 통해 수업에 흥미를 느낌
	배려	타인이 편하게 활동에 참여할 수 있도록 배려하고 존중하는 태도
	자아 효능감	모둠의 활동에 도움이 되고 본인이 모둠에 도움이 된다는 긍정적 감정
	다문화 이해	다문화에 대해 긍정적이고 폭넓은 시야로 이해하려는 태도

박현주 외₂₀₁₉는 초·중·고의 STEAM 과정 중심 평가 활성화를 위한 기초 자료로 STEAM 교육 평가 방법을 <표 6-3>과 같이 평가 대상, 평가 주체, 평가 시기, 피드백 초점 등에 따라 분류하였다.

〈표 6-3〉 STEAM 교육의 평가 방법

구분	평가 방법							
	지필형		산출문			참여형		
	지필	수행 과제	지식	작품	제품	대화	발표	태도
평가 유형	▪ 선다형 ▪ 진위형 ▪ 단답형 ▪ 연계형	▪ 완성형 ▪ 탐구형 ▪ 설계형 ▪ 보고서 ▪ 활동지 ▪ 게임	▪ 논문 ▪ 삽화 ▪ 개념도 ▪ 아이디어 ▪ 제안서	▪ 에세이 ▪ 프로젝트 ▪ 포트폴리오 ▪ 인포그래픽 ▪ 동영상 ▪ UCC ▪ 포스터 광고 ▪ 연극	▪ 아두이노 ▪ 로봇 ▪ 전시물	▪ 면접 ▪ 토의 ▪ 의사 ▪ 소통 ▪ 인터뷰	▪ 질문 ▪ 구두 ▪ 질의	▪ 적극적 ▪ 창의성 ▪ 정리 정돈
	교사 평가		학생 평가					
			자기 평가			동료 평가		
평가 주체	▪ 체크리스트 ▪ 평정 척도 ▪ 루브릭 ▪ 보고서 ▪ 설문지		▪ 체크리스트 ▪ 평정 척도 ▪ 보고서 ▪ 자기 성찰			▪ 체크리스트 ▪ 평정 척도 ▪ 루브릭		
	학습 마무리		학습 차시별			학습 차시 내		
평가 시기	▪ 총괄 평가 ▪ 산출물 및 결과물 평가		▪ 차시 마무리 평가			▪ 학습 과정의 평가		
	목표/과제 피드백		과정/스캐폴딩 피드백			학생 내면 및 자기 피드백		
피드백 초점	▪ 교과 성취 기준 및 학습 목표 도달 ▪ 정답 여부 및 오개념		▪ 문제 해결 전략 ▪ 문제 수행 과정 ▪ 순차적 단계 전략 제공 ▪ 아이디어의 방향성 제시			▪ 학생의 자기 평가 및 자기조절 ▪ 학습계획 점검 및 도움말 ▪ 개인의 가치 판단적 정보		

박현주 외₂₀₁₉는 STEAM 교육 평가와 관련된 연구를 분석하고, 그 결과를 다음과 같이 제시하였다.

2_교육 평가의 실제 | 211

평가 유형

지필형, 산출형, 참여형으로 구분할 수 있으며, 초등과 중등의 경우 제품 산출물을 평가하는 유형이 많았다. 고등학교의 경우는 안내된 활동지, 보고서를 작성하는 지필형 평가가 가장 많은 것으로 나타났다.

평가 주체

교사와 학생을 구분하고 학생은 자기 평가와 동료 평가로 나누어 구성하였다. 모든 학교급에서 주로 교사에 의해 이루어지며, 체크리스트를 가장 많이 활용하는 것으로 나타났다.

평가 시기

단원 학습 마무리 후, 학습 차시별, 교수·학습 과정의 평가 등으로 구분하였다. 대체로 각 단원의 교수·학습 마무리 단계에서 총괄적으로 진행이 되는 것으로 나타났다.

3 인공지능 교육의 평가

2022 개정 정보과 교육에서 인공지능은 새롭게 등장한 영역으로서 인공지능의 개념과 특성을 이해하고, 인간과 인공지능이 공존하기 위한 인공지능 윤리 의식과 데이터에 대한 이해를 기반으로 인공지능을 통해 문제를 해결할 수 있는 능력을 기르는 데 목적을 두고 있다. 따라서 인공지능 교육에 대한 국내·외 평가 사례를 제시하였다.

1. 국내 평가 사례

국내에서 발표한 인공지능 교육에 사용된 평가 요소와 평가 방법은 <표 6-4>와 같이 인지적 요소, 비인지적 요소, 융합적 요소, 교과 융합 요소로 구분할 수 있고, 평가 도구로는 검사지, 설문지, 프로젝트 산출물, 인터뷰, 챗봇 전사기록 등이 있었다. 우선, 인지적 요소에는 인공지능의 이해도와 효능감 등이 있고, 비인지적 요소에는 인공지능에 대한 인식과 태도, 관심 등이 있으며, 융합적 요소는 융합인재 소양, 융합적 사고력, 창의적 문제해결력, 협업 역량 등이 있다. 교과 융합 요소로는 과학적 핵심 역량, 영어과 핵심역량 등이 있다.

〈표 6-4〉 인공지능 교육의 평가 사례

연구	대상	학습 주제	평가 요소	평가 방법
이재호 외 (2021a)	초등	▪엔트리의 지도학습 이미지 분류를 이용한 AI 프로그램	▪AI에 대한 인식변화	▪검사지
이현국 외 (2021)	초등	▪머신러닝의 개념 지도를 위한 과학 AI 융합교육 프로그램	▪AI 기술에 대한 태도 ▪과학 선호도와 융합인재 소양	▪검사지
이재호 외 (2021b)	초등	▪마이크로비트와 티처블머신을 활용한 지도학습으로 생활 속 문제 해결	▪창의적 문제해결력	▪시연/소감 ▪산출물 ▪검사지
민설아 외 (2021)	초등	▪Machine learning for Kids를 활용한 STEAM 교육	▪융합인재 소양 ▪학습몰입	▪검사지
한규정 외 (2021)	초등	▪엔트리의 이미지 분류를 활용한 영어 학습과 미술 수업	▪AI 이해도와 관심 ▪만족도와 지속 여부	▪설문지
이성혜 (2020)	중등	▪디자인씽킹 기반 AI 프로젝트 수업	▪AI 가치 인식 ▪AI 효능감	▪검사지
이정수 (2021)	초등	▪AI 기반 탐구학습 프로그램을 통한 과학과 역량 함양	▪과학적 핵심역량	▪검사지 ▪인터뷰
정유남 외 (2022)	초등	▪엔트리 기반의 AI 블럭 코딩을 국어교과에 융합하여 수업	▪4C 미래 역량 ▪수업 만족도	▪검사지 ▪설문지
신진선 외 (2021)	초등	▪국어, 사회, 수학, 과학 등과 융합하여 프로젝트 기반 학습	▪AI 인식과 융합적 사고력 ▪창의적 문제해결력과 협업	▪설문지 ▪검사지
손유정 (2021)	초등	▪AI 챗봇 기반의 영어 수업	▪영어과 핵심역량(의사소통) ▪영어 흥미도 ▪말하기 영역 성취도	▪챗봇 기록 ▪설문/인터뷰

2. 국외 평가 사례

Ng et al.[2021]의 연구에서는 인공지능 소양에 대한 정의, 교수·학습, 윤리적 이슈 등의 다양한 관점을 논의하고, 인공지능 소양을 평가하기 위해 다음과 같이 정량평가와 정성평가로 구분하여 정리하였다.

정량평가

학습자의 인공지능 인지적 성취와 능력을 평가하기 위한 지식 테스트와 인공지능 활용에 대한 자신감, 동기부여 등 인공지능 소양에 대한 학생들의 비인지적 측면을 파악하기 위한 설문조사를 기술하였다.

정성평가

학습자의 인지적/비인지적 능력을 조사하기 위해, 학습자들의 학습 과정을 현장에서 관찰, 비디오로 촬영, 메모, 프로젝트 포트폴리오 분석, 프로젝트 결과물을 기반으로 한 인터뷰 등을 제시하였다.

Su et al.[2022]는 아시아 태평양 지역의 초·중·고에서 인공지능을 가르치기 위한 교육적 접근에 관한 문헌들을 분석하였고, 그 결과 학습자들의 인공지능 교육의 성과를 분석하기 위해 다양한 방법들이 사용되고 있음을 기술하였다. 그 방법에는 사전 및 사후 설문지, 반구조화된 인터뷰, 동기 조사, 수업 관찰, 교육 문서, 회의록, 학교 기반 커리큘럼 문서 및 학생의 프로젝트 산출물 등이 포함된다.

그러나 아직 인공지능 교육 평가는 초기 단계이기 때문에 이러한 도구들이 널리 사용되고 있지 않은 상황이며, 사용되고 있는 도구들 또한 엄격하게 검증되지 않은 경향이 있음을 기술하고 있다. 앞으로 이와 관련하여 학습자의 학습 동기, 자기 효능감, 인공지능 등을 평가하기 위한 루브릭과 평가 방법에 대한 개발의 필요성을 기술하고 있다. 또한, 앞으로 프로젝트 분석, 학생 프레젠테이션, 드로잉 및 인공지능 데이터 분석 도구와 같은 형성 평가 방법을 통해 학생들이 스스로 평가할 수 있음을 주장하고 있다.

3 교육 평가의 방향과 방법

정보과 교육은 지식·정보 사회를 올바르게 이해하고 정보 사회 구성원으로서 디지털 문화 소양을 갖추고 컴퓨팅사고력과 인공지능 소양을 기르기 위한 교과이다. 따라서 정보과 교육의 평가 방향과 방법은 정보 교육 역량을 지속적으로 관찰하고 측정하며 학생들의 성장과 발달을 지원해야 한다.

1 평가의 방향

정보과 교육의 평가 방향은 교과 역량을 기를 수 있도록 지식을 습득하는 것을 넘어 실질적인 문제해결 능력과 창의적 사고를 기를 수 있도록 일회적인 평가보다는 장기적 관찰과 측정을 통해 학생을 진단하고, 평가 결과에 따른 지속적인 피드백으로 학생들의 성장과 발달을 도모한다.

1. 초등학교

초등학교에서의 정보과 교육 평가는 연간 혹은 학기 기준으로 사전에 계획하여, '교육과정-교수·학습-평가-기록'의 모든 절차가 정합성을 갖도록 실시해야 한다. 구체적인 평가 방향을 제시하면 다음과 같다.

- 평가의 목적이나 내용을 고려하고 학습자의 지식, 기능, 태도의 다양한 측면을 종합적으로 파악하는 것이 중요하므로 평가 방법을 다양화하여 실시한다.
- 평가는 학습자 성취에 관한 판단의 근거 자료 수집은 물론이고 학습의 수행 과정 및 결과를 평가하는 과정을 중시하는 평가를 지향한다. 또한, 평가 결과는 학생의 변화와 성장을 위한 자료로 활용하는 동시에 교사의 수업 개선에 도움이 되도록 한다.
- 단편적인 지식이나 사실보다는 개념, 사고 과정 및 기능, 가치 및 태도 등에 대한 평

가 자료를 다양하게 수집하여 학습자의 교과 역량을 평가한다.

- 정보과의 교과 역량을 평가하기 위해, 단편적인 지식이나 사실보다는 개념, 사고 과정 및 기능, 가치 및 태도 등에 대한 평가 자료를 다양하게 수집하고 기록, 판단하여 학습자의 교과 역량을 종합적으로 평가하고 학습자의 지식, 기능, 태도가 통합적으로 발달하고 있는지 파악한다.

2. 중·고등학교

중·고등학교 정보과 교육의 평가 항목은 컴퓨팅사고력, 디지털 문화 소양, 인공지능 소양 등 교과 역량을 평가하기 위한 하위 요소를 기반으로 구체적으로 평가한다. 세부적인 평가 방향은 다음과 같다.

- 평가 내용은 지식·이해뿐 아니라, 과정·기능, 가치·태도의 측면 등을 다면적으로 반영하고 과정을 중시하는 평가를 통해 학생의 성장과 발달을 돕는 평가를 실현한다.
- 구체적인 평가 루브릭을 학생과 함께 구성하는 과정을 통해 학생이 자신의 학습 수준을 파악하고 스스로 학습을 성찰할 기회를 제공하여, 적극적이고 능동적인 학습이 이루어지도록 한다.
- 단순하고 지엽적인 지식의 평가보다는 문제를 해결하는 과정을 통합적으로 관찰하고 평가할 수 있는 계획을 수립한다.
- 성취 기준의 도달 수준을 파악하기 위한 평가뿐만 아니라 학습한 내용의 전이를 통해 학습한 내용을 적용할 수 있는 과제를 제시하여 이해와 사고를 통합적으로 평가한다.

2 평가의 방법

정보과 교육의 평가 방법은 평가 목표를 설정하고, 수업 진행 상황과 과정을 평가하며, 최종 산출물 평가, 자기 평가, 동료 평가 등 다양한 방법을 활용하여 평가하고, 평가 과정이 끝나면, 학습자에게 구체적인 피드백을 제공하여, 학생 스스로 강점을 강화하고 약점을 개선할 수 있도록 지원한다. 피드백은 학습자의 성장을 촉진하고, 향후 학습에서 적용할 수 있는 실질적인 조언을 포함한다.

1. 초등학교

자기 주도성을 바탕으로 한 학습자 중심 수업이 가능하려면 다양한 평가 장면에서 주어지는 교사의 적절한 피드백이 필요하다. 이를 위해 구체적인 정보를 담은 다양한 방법의 피드백을 계획하되, 학생 상호 간의 피드백도 적절히 활용해야 한다. 또한, 평가를 할 때 단순히 지식·이해의 평가뿐 아니라 과정·기능의 수행, 가치·태도의 내면화를 확인하고 이를 평가에 반영해야 한다. 구체적인 평가 방법을 제시하면 다음과 같다.

- 평가는 평가 목표와 평가 내용에 따라서, 학습자가 직접 답을 구성해 가는 개념지도, 서술형 및 논술형 평가, 그래프나 표, 도안 만들기 등의 방법, 특정 산출물을 요구하는 방법(연구보고서, 실험·실습보고서, 학습 노트, 포트폴리오), 각종 디지털·AI 도구를 활용한 영상 및 제작물 만들기 등의 방법, 특정 활동을 요구하는 방법(구두 발표, 시연 및 실습, 토의 및 토론), 과정을 밝히는 방법(관찰 및 면담, 학습일지, 회의) 등의 다양한 방법을 적절히 활용한다. 이 과정에서 학습자에게 과제 수행의 성취를 돕고, 신뢰도 높고 타당한 평가를 위하여 채점 기준(루브릭)을 개발하여 공개하고 채점에 활용한다.
- 평가 문항은 단순한 사실이나 지식의 측정뿐만 아니라 학습자의 적용력, 분석력, 종합력, 평가력 등의 고등정신 기능까지 측정할 수 있도록 양질의 문항을 개발하여 활용한다.
- 평가에서 학습자들의 참여의식을 높이고 협력적 학습 공동체 구성원으로서 소통을 강화하기 위해 평가의 주체를 교사 외에 학습자 본인과 동료 학생 등으로 다양하게 실시한다. 이를 위해 평가 항목을 구체화한 채점 기준을 학생들과 함께 작성하여 동기유발은 물론 학습자가 평가에 성실히 참여할 수 있도록 한다.
- 학습 부진, 학습 속도, 일시적 사고 등의 다양한 학습자 상황에서 발생하는 학습 격차를 완화하기 위해 성취 기준에 근거한 '평가 기준' 및 '채점 기준'을 마련하여 평가를 기획하고 수행한다.

- 평가 상황에서 학습자의 디지털 격차로 인한 영향이 발생하지 않도록 계획을 세워 실시하되, 학습자가 평가 장면에서 갖추어야 할 책임성도 강조하여 실시한다.

2. 중·고등학교

중·고등학교 정보과 교육 평가를 위해 성취 기준을 분석하고 재구성하여 지필 평가에 국한하지 않고, 학생의 성장에 기여할 수 있는 평가 포트폴리오를 계획한다. 예를 들어, 관찰 평가, 서술형 평가, 수행 평가 등을 활용하거나, 자기 평가, 동료 평가 등과 같은 다면적 평가를 실행한다. 구체적인 평가 방법은 다음과 같다.

- 평가 내용이나 방법에 따라 다양한 디지털 도구(프로그램 자동 평가시스템, 학습관리시스템 (LMS) 등)를 활용할 수 있으며, 평가 이전에 학생이 디지털 도구를 다룰 수 있도록 교육하여 평가의 불이익이 없도록 계획한다.
- 개념적이거나 기능적으로 명확하게 파악할 수 있는 부분은 정량적 평가를, 결과물의 품질이나 심미적 부분을 평가할 때는 정성적 평가를 실시한다.
- 실생활 및 다양한 학문 분야에서 해결할 수 있는 문제를 스스로 발견하도록 하고, 학생이 해결하는 수행 과정을 보고서나 포트폴리오 형태로 누적하여 평가가 지속해서 이루어지고 과정에 초점을 맞추도록 한다.
- 학습 부진, 느린 학습자가 참여할 수 있고, 학습자의 최소 성취 수준을 보장할 수 있도록 난이도에 따른 평가 기준을 세분화하여 제시한다.
- 문제 해결에 적합한 소프트웨어를 활용하여 데이터 수집, 가공, 분석 등 컴퓨팅 시스템을 통한 과정평가로 디지털 문해력을 함양하도록 한다.

평가문항

1 컴퓨팅사고력을 기반으로 문제를 발견하고 해결할 수 있는 기초적인 능력을 함양하기 위한 정보과 교육의 평가 목적은 무엇인지 서술하시오.

2 학생 평가의 질을 높이려면 평가 목적에 맞게 평가 도구를 선택해야 한다. 정보과 교육 평가에서 필요한 평가 도구를 선택할 때 고려해야 할 점을 서술하시오.

3 정보과 교육은 컴퓨팅사고력을 평가하기 위한 방법으로 인지적 관점(컴퓨팅 개념), 실행적 관점(컴퓨팅 수행), 정의적 관점(컴퓨팅 관점)이 필요하다. 이러한 관점에 따라 구체적인 평가 내용을 서술하시오.

정보과 교육의
이론과 실제

PART

02

01

정보과 교육의
실제

컴퓨팅 시스템

> 7장에서는 컴퓨팅 활동을 하기 위해 필요한 컴퓨팅 시스템에 대해 알아본다. 컴퓨팅 기기, 소프트웨어, 네트워크 등 컴퓨팅 활동을 하기 위한 자원과 시스템의 의미와 하드웨어, 소프트웨어, 네트워크의 역할이 무엇인지 알아본다.

1 컴퓨팅 기기

컴퓨팅 기기는 기술 발전에 따라 빠르게 발전하고 있다. 크고 무거웠던 컴퓨팅 기기들은 작고 가벼워졌으며, 다양한 기능을 제공한다. 또한, 인터넷의 발달로 컴퓨팅 기기들이 서로 연결되어 더욱 편리하게 정보를 활용할 수 있게 되었다. 앞으로 컴퓨팅 기기는 더욱 작고 강력해질 것이며, 인공지능, 사물 인터넷 등 새로운 기술과 결합하여 더욱 다양한 기능을 제공할 것으로 예상된다.

1 컴퓨팅 기기의 정의와 종류

1. 데스크톱 컴퓨터

데스크톱 컴퓨터는 일반적으로 가정이나 사무실에서 책상이나 테이블 등의 정해진 위치에서 사용하는 컴퓨팅 기기를 말하며 조립 컴퓨터와 올인원 컴퓨터로 구분할 수 있다.

조립 컴퓨터의 경우 키보드, 마우스, 모니터가 분리되어 있어 사용자의 취향에 맞게 구성할 수 있고, 일반적으로 노트북 컴퓨터보다 성능이 우수하고 가격이 저렴하다. 큰 화면과 강력한 성능을 제공하고 업그레이드가 쉽고 다양한 부품을 추가할 수 있다는 장점이 있지만, 휴대성이 떨어지고 공간을 많이 차지한다. 또한 여러 부품의 조립으로 완성되므로 설정이 복잡할 수 있다.

올인원 컴퓨터의 주요 하드웨어(CPU, 메인보드, RAM, 저장장치)는 모니터에 통합되어 있다.

[그림 7-1] 조립 컴퓨터

[그림 7-2] 올인원 컴퓨터

따라서 공간 활용도가 높고, 설치가 쉬우며 디자인이 세련되고 단순하며 별도의 케이블 연결이 필요하지 않다. 하지만 같은 사양의 조립 컴퓨터보다 가격이 비싸고, 업그레이드가 어렵다.

2. 노트북 컴퓨터

노트북 컴퓨터는 휴대성을 위해 키보드, 모니터, 배터리 등이 하나의 케이스에 통합된 개인용 컴퓨터를 말한다. 노트북 컴퓨터는 휴대성이 뛰어나 이동 중에도 사용할 수 있고 데스크톱 컴퓨터보다 공간을 적게 차지한다. 또한 배터리를 사용하여 전원 없이도 일정 시간 사용할 수 있다

[그림 7-3] 노트북 컴퓨터

는 장점이 있다. 하지만 같은 가격의 데스크톱 컴퓨터에 비해 성능이 낮고, 업그레이드가 어렵다.

3. 태블릿 컴퓨터

태블릿 컴퓨터는 노트북 컴퓨터보다 더 작고 가벼운 컴퓨팅 기기이다. 다양한 앱을 실행할 수 있고, 카메라, GPS 등 다양한 센서를 탑재하고 있다. 스마트폰보다 큰 화면으로 영상 감상, 게임, 문서 작성 등의 작업을 수행할 수 있지만 노트북 컴퓨터보다 성능이 낮고 키보드가 없어 입력이 불편할 수 있다.

[그림 7-4] 태블릿 컴퓨터

4. 스마트폰

스마트폰은 휴대용 전화기로, 통화, 문자 메시지, 인터넷 사용 등 다양한 기능을 제공한다. 태블릿 컴퓨터와 같이 다양한 앱을 사용하며 카메라, GPS 등 다양한 센서를 탑재하고 있다. 작은 크기로 휴대성이 뛰어나며 앱을 활용해 다양한 기능을 수행할 수 있지만 화면의 크기가 작고, 입력하는 작업이 불편할 수 있다.

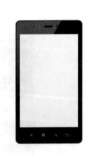

[그림 7-5] 스마트폰

5. 웨어러블 기기

웨어러블 기기는 손목시계, 안경 등 몸에 착용하여 사용하는 컴퓨팅 기기를 말하며 알림 등을 확인하고 간단한 작업을 수행할 수 있다. 건강 상태를 실시간으로 모니터링하거나 운동 상태를 확인할 수 있는 기능도 수행할 수 있지만 배터리 사용 시간이 짧고 기능이 제한적이라는 단점이 있다.

[그림 7-6] 웨어러블 기기
출처 https://news.appstory.co.kr/plan12605

② 컴퓨터 구조

컴퓨팅 시스템은 하드웨어와 소프트웨어로 구성된다. 하드웨어는 컴퓨팅 시스템을 구성하는 물리적인 기계장치를 말하며 소프트웨어는 하드웨어가 작동하도록 지시 및 제어하는 프로그램을 말한다. 컴퓨터 구조란 하드웨어를 구성하는 여러 장치의 특징과 원리를 말하며 하드웨어는 중앙처리장치, 기억장치, 입력장치, 출력장치로 구성되며 각각의 장치들은 시스템 버스로 연결된다.

1. 중앙처리장치

중앙처리장치는 Central Processing Unit의 첫 글자를 따서 CPU라고 부르며, 사람의 두뇌와 같은 역할을 한다. 모든 연산을 수행하는 핵심 부품으로 프로그램의 명령어를 실행하며 데이터를 처리한다.

중앙처리장치는 크게 연산장치, 제어장치, 레지스터로 구성된다. 연산장치는 산술 및 논리 연산을 수행하는 중앙처리장치의 핵심 부품으로 덧셈, 뺄셈, 곱셈, 나눗셈 등의 기본적인 산술 연산을 수행하고, AND, OR, NOT 등의 논리 연산을 수행하여 데이터 비교 및

[그림 7-7] 중앙처리장치

판단을 수행한다. 또한 두 데이터를 비교하여 크기 순서를 판단할 수 있다. 연산장치는 정수, 실수, 문자 등의 다양한 데이터 유형을 처리할 수 있다.

제어장치는 중앙처리장치의 운영을 지휘하는 관제탑 역할을 한다. 주기억장치에서 명령어를 하나씩 추출하는 명령어 추출, 추출된 명령어를 분석하여 어떤 작업을 수행해야 하는지 파악하는 명령어 해석, 각 명령어에 해당하는 연산을 수행하도록 연산장치, 레지스터 등에 지시하는 명령어 실행, 명령어를 순서대로 실행하거나 조건에 따라 분기하는 시퀀싱, 중앙처리장치의 동작 속도를 조절하는 클럭 신호를 생성하는 클럭 신호 제어 등의 기능을 한다.

레지스터는 중앙처리장치의 내부에 존재하는 빠른 임시 저장 공간으로 연산에 필요한 데이터나 결과를 일시적으로 저장하거나 다음에 실행할 명령어를 저장하는 기능을 한다. 주기억장치에 비해 훨씬 빠른 속도로 데이터에 접근하여 처리 속도를 향상시킨다.

중앙처리장치는 클럭 속도, 코어 수, 캐시 메모리에 따라 성능에 영향을 미친다. 클럭 속도는 중앙처리장치의 동작 속도를 나타내는 지표로 클럭 속도가 높을수록 중앙처리장치의 성능이 향상된다. 코어는 중앙처리장치 내부에 존재하는 처리 장치로 코어 수가 많을수록 동시에 처리할 수 있는 작업의 수가 늘어나므로 중앙처리장치의 성능이 향상된다. 캐시 메모리는 중앙처리장치 내부에 존재하는 임시 저장 공간으로 주기억장치보다 훨씬 빠른 속도로 데이터에 접근하여 중앙처리장치의 성능을 향상시킨다.

2. 기억장치

컴퓨터는 데이터를 저장하고 처리하기 위해 다양한 종류의 기억장치를 사용한다. 기억장치는 크게 주기억장치와 보조기억장치로 나눌 수 있다. 주기억장치는 메인 메모리라고도 하며, 중앙처리장치가 직접 접근하여 데이터를 읽고 쓰는 메모리로 보조기억장치에 비해 훨씬 빠른 속도로 데이터에 접근할 수 있고, 일반적으로 보조기억장치보다 비싸며 용량이 작은 편이다.

(1) 주기억장치

RAM과 ROM으로 나뉘며 RAM은 크게 SRAM과 DRAM으로 나뉜다. SRAM은 전원이

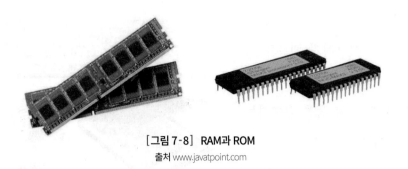

[그림 7-8] RAM과 ROM

출처 www.javatpoint.com

공급되는 동안에는 데이터를 유지하지만, DRAM은 일정 시간이 지나면 저장된 데이터가 사라지게 된다. SRAM은 DRAM보다 빠르지만, 비싸고 용량이 더 작은 편이다. ROM은 전원이 꺼져도 지워지지 않는 비휘발성 메모리이다. ROM 내부의 데이터는 읽을 수만 있고 일반적으로 변경할 수 없어서 컴퓨터 부팅 시 필요한 코드를 저장하거나 운영 체제를 부팅하는 코드를 저장하는 용도로 많이 사용된다.

(2) 보조기억장치

중앙처리장치가 처리해야 하는 데이터나 프로그램을 저장하는 기억장치로 주기억장치에 비해 용량이 크고 저렴하지만 접근 속도가 느리다. 보조기억장치에는 자기디스크, 광디스크, 플래시메모리 등이 있다. 자기디스크는 자기성 물질로 코팅된 회전하는 디스크를 사용하여 데이터를 저장하는 보조기억장치로 HDD가 대표적이다. 광디스크는 레이저를 사용하여 데이터를 읽고 쓰는 보조기억장치로 CD, DVD, Blu-ray가 대표적이다. 플래시메모리는 데이터를 지우고 다시 프로그래밍할 수 있는 반도체 기반의 비휘발성 메모리이다. 메모리 카드, USB, SSD가 대표적이다.

[그림 7-9] 보조기억장치

3. 입력장치

입력장치는 사용자가 컴퓨팅 기기에 정보를 입력하는 데 사용하는 장치로 문자, 숫자, 기호 등을 입력하는 데 사용하는 키보드, 화면의 포인터를 조작하여 메뉴를 선택하거나 파일을 이동하는 데 사용하는 마우스, 손가락이나 스타일러스 펜으로 화면을 직접

[그림 7-10] 입력장치

터치하여 입력하는 데 사용하는 터치스크린, 문서, 사진 등을 이미지 파일로 변환하여 컴퓨터에 입력하는 데 사용하는 스캐너, 음성을 입력하여 컴퓨터에 저장하거나 음성 인식 기능을 활용하는 데 사용하는 마이크 등이 있다. 최근에는 다양한 동작을 인식해서 컴퓨터의 기능을 제어하는 동작 인식 입력장치의 사용도 활발하게 이루어지고 있다.

4. 출력장치

출력장치는 처리된 정보를 사용자에게 보여주거나 들려주는 장치이다. 대표적인 출력장치로 컴퓨터에서 처리한 정보를 화면으로 보여주는 모니터, 문서나 사진을 종이에 출력하는 데 사용하는 프린터, 컴퓨터 내부에서 처리한 전기적인 신호의 변화를 사람이 들을 수 있도록 소리로 출력하는 스피커, 이러한 소리를 개인적으로 들을 수 있도록 하는 헤드폰 등이 있다. 또한 기존의 2차원적인 출력물이 아닌 3차원 입체 물품을 제작하는 3D 프린터도 출력장치로 활용되고 있다.

[그림 7-11] 출력장치

5. 시스템 버스

컴퓨터 내부의 주요 구성 요소들을 연결하는 고속 데이터 통로를 말한다. 시스템 버스는 실제 데이터를 전송하는 통로인 데이터 버스, 데이터를 전송할 장치의 주소를 지정하는 통로인 주소 버스, 데이터 전송과 관련된 제어 신호를 전달하는 통로인 제어 버스로 구성된다.

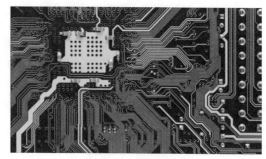

[그림 7-12] 시스템 버스

3 피지컬 컴퓨팅

피지컬 컴퓨팅의 개념은 댄 오설리번(Dan O'Sulivan)과 탐 아이고(Tom Igoe) 교수가 NYUIITP(Interactive Telecommunications Program, New York University)에서 인터랙티브 피지컬 시스템(interactive physical systems)을 가르치는 데서 시작되었다. 그는 피지컬 컴퓨팅을 '피지컬한 실제 세계와 컴퓨터의 가상 세계가 서로 대화할 수 있도록 하는 것이다'라고 설명하고 있다. 즉, 현실 세계의 여러 현상들을 센서나 여러 장치들을 통해 감지하고, 감지된 값들을 사용하여 컴퓨터를 통해서 물리적인 장치를 제어하는 것을 말한다.(김재휘, 김동호, 2016).

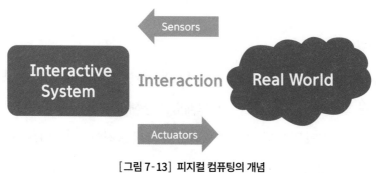

[그림 7-13] 피지컬 컴퓨팅의 개념

출처 김재휘 외(2016)

1. 피지컬 컴퓨팅 시스템의 구성

피지컬 컴퓨팅 시스템은 센서, 마이크로컨트롤러, 액추에이터로 구성되어 있다. 센서는 컴퓨팅 시스템의 입력 장치와 같은 역할을 하며 빛, 온도, 압력, 거리 등의 다양한 물리적 현상을 감지하고 디지털 신호로 변환하는 기능을 한다.

마이크로컨트롤러는 중앙처리장치, 기억장치, 입출력 포트로 이루어져 있다. 중앙처리장치는 프로그램의 명령어를 실행하고, 기억장치는 프로그램 코드와 데이터를 저장한다. 입출력 포트에는 다양한 센서, 액추에이터, 통신 장치 등을 연결할 수 있다.

액추에이터는 디지털 신호를 받아 물리적 시스템을 제어하는 장치이다. 액추에이터는 출력장치로 LED, 스피커, 모터 등 다양한 종류가 있으며, 종류마다 제어하는 방식이 다르다. 이 외에도 다른 장치와 통신하기 위한 통신 장치, 마이크로컨트롤러, 센서, 액추에이터 등에 전원을 공급하는 전원 공급 장치, 하드웨어 부품들을 연결하는 케이블이나 커넥터로 구성된다.

2. 피지컬 컴퓨팅 도구의 종류

피지컬 컴퓨팅 도구는 크게 보드형, 모듈형, 로봇형으로 나눌 수 있다이은경, 2019. 로봇형의 경우 움직임, 소리 등의 물리적 출력장치를 강화한 것으로 컴퓨터 프로그래밍을 통해 로봇을 제어할 수 있는 특징을 지닌다. 모듈형은 입력장치, 출력장치를 조립한 뒤 마이크로컨트롤러에 연결하고 컴퓨터 프로그래밍을 활용하여 제어할 수 있다. 마지막으로 보드형의 경우 전자보드 형태의 기판으로 센서, 입력장치, 출력장치, 마이크로 컨트롤러 등을 포함하고 있어서 확장성이 높다.

(1) 로봇형 피지컬 컴퓨팅 도구

로봇형 피지컬 컴퓨팅 도구는 센서, 모터, LED 등을 내장하여 움직일 수 있는 로봇 형태의 피지컬 컴퓨팅 도구이다. 사용자는 프로그래밍을 통해 로봇을 제어하고 다양한 기능을 구현할 수 있다. 프로그래밍을 통해 로봇의 모터를 조작해 움직이거나 LED로 빛을 내거나 스피커로 소리를 내도록 할 수 있다.

또한 센서를 지닌 로봇의 경우 센서값을 활용해 로봇의 동작을 제어할 수 있다. 센서, 모터, 컨트롤러 등이 이미 내장되어 있어 별도의 조립 없이 바로 사용할 수 있고, 움직임, 소리, 빛 등 다양한 기능을 구현할 수 있으며, 센서를 통해 주변 환경을 감지하고 상호작용할 수 있다. 대체로 블록 기반 프로그래밍 언어를 사용해서도 쉽게 프로그래밍할 수 있으며, 다양한 예제 코드와 튜토리얼을 활용할 수 있다. 로봇 제작 과정을 통해 프로그래밍, 전자, 공학, 디자인 등 다양한 분야를 탐구하고 창의력과 문제 해결 능력을 향상시킬 수 있다. 대표적인 로봇형 피지컬 컴퓨팅 도구로는 햄스터, 알버트 등이 있다. 로봇형 피지컬 컴퓨팅 도구는 별도의 조립 없이 바로 사용할 수 있다는 편리함이 있지만, 일부 로봇은 로봇에 포함되지 않은 센서나 모터 등은 활용하기 어렵다는 한계가 있다.

(2) 모듈형 피지컬 컴퓨팅 도구

모듈형 피지컬 컴퓨팅 도구는 마치 레고 블록처럼 다양한 모듈을 조합하여 사용할 수 있는 피지컬 컴퓨팅 도구를 말한다. 기본 모듈에 센서, 모터, LED 등 다양한 기능을 가진 모듈을 추가하여 원하는 기능을 구현할 수 있다. 다양한 모듈을 자유롭게 연결하여 원하는 기능을 구현할 수 있고 센서, 액추에이터, 전자부품 등 다양한 모듈을 통해 다양한 기능을 구현할 수 있다. 추가 모듈을 연결하여 더욱 복잡하고 기능적인 프로젝트를 제작할 수 있고, 프로젝트 기반 학습을 통해 창의력, 문제 해결 능력, STEM 교육 등 다양한 분야를 탐구할 수 있다. 레고 스파이크 프라임, littleBits 등의 제품이 있고, 모듈을 활용해 창의적으로 작품을 제작할 수 있으며 다양한 모듈을 추가해 기능을 확장할 수도 있다. 하지만 제품 간 호환이 어렵다는 한계가 있다.

(3) 보드형 피지컬 컴퓨팅 도구

보드형 피지컬 컴퓨팅 도구는 마이크로 컨트롤러를 포함한 전자보드 형태의 기판을 말한다. 일반적으로 보드형 피지컬 컴퓨팅 도구의 마이크로컨트롤러는 작지만 강력한 성능을 제공한다. 아두이노, ESP32, Raspberry Pi Pico 등 다양한 마이크로컨트롤러 보드를 선택하여 사용할 수 있고, 빛, 온도, 습도, 거리, 움직임 등 다양한 센서를 연결하여 주변 환경을 감지하고 정보를 수집할 수 있다. 또한 LED, 모터, 스피커 등 다양한 액추에이터를 연결하여 물리적 세계를 제어하고 상호작용할 수 있다. C/C++, Python, JavaScript 등 다양한 프로그래밍 언어를 사용하여 마이크로컨트롤러를 프로그래밍하고 원하는 기능을 구현할 수 있고 쉴드, 모듈 등 다양한 확장 보드를 사용하여 기능을 추가하고 더욱 복잡한 프로젝트를 구현할 수 있다. 다른 피지컬 컴퓨팅 도구에 비해 저렴한 가격으로 시작할 수 있으며, 다양한 가격대의 보드와 부품들을 선택할 수도 있다.

대표적인 보드형 피지컬 컴퓨팅 도구로는 아두이노와 라즈베리 파이가 있다. 아두이노는 오픈소스 하드웨어 플랫폼으로 C++ 기반의 아두이노 IDE(Integrated Development Environment)를 사용하여 프로그래밍할 수 있으며 다양한 센서, 모터, LED 등을 연결하고 제어할 수 있다. 확장 쉴드를 활용하거나 전자소자를 이용해 다양한 작품을 만들 수 있지만, 능숙하게 다루기 위해서는 전기 회로와 관련된 지식이 필요하다. 라즈베리 파이는 소형 컴퓨터 도구로 리눅스 기반 운영 체제를 사용한다. C, C++, Python, Java 등 다양한 프로그래밍 언어를 지원하고 아두이노보다 훨씬 높은 성능을 보여준다. 다만 아두이노보다 사용하기 어렵고 공개된 자료도 아두이노보다는 적은 편이다.

2 소프트웨어

소프트웨어는 하드웨어와 함께 컴퓨팅 시스템을 구성하는 주요 요소 중의 하나이다. 소프트웨어는 컴퓨터 하드웨어를 제어하고 사용자에게 기능을 제공하는 일련의 지침과 데이터의 집합을 의미한다. 컴퓨터 하드웨어는 자체적으로 작동할 수 없으며, 소프트웨어의 명령을 받아 작업을 수행한다.

1 소프트웨어의 분류

소프트웨어는 크게 시스템 소프트웨어와 응용 소프트웨어로 나눌 수 있다. 시스템 소프트웨어는 컴퓨터 하드웨어를 관리하고 기본적인 기능을 제공하는 소프트웨어로 운영 체제, 언어 처리기, 라이브러리, 디바이스 드라이버, 유틸리티 등이 시스템 소프트웨어에 속한다. 응용 소프트웨어는 사용자에게 특정 기능을 제공하는 소프트웨어로 웹 브라우저, 워드 프로세서, 스프레드시트, 게임 등이 애플리케이션 소프트웨어에 속한다.

1. 시스템 소프트웨어

시스템 소프트웨어는 컴퓨터를 관리하기 위한 소프트웨어로 컴퓨터를 사용하는 데 꼭 필요한 프로그램이다. 컴퓨터 시스템의 자원을 관리하고 기본적인 기능을 제공하는 소프트웨어인 운영 체제와 컴퓨터 프로그래밍에 사용되는 컴파일러, 어셈블러, 링커 등의 언어 처리기, 프로그램의 일부분을 나중에도 활용할 수 있도록 구성한 라이브러리, 컴퓨터 하드웨어와 운영 체제 사이의 통신을 가능하게 하는 디바이스 드라이버, 컴퓨터를 더 효과적으로 활용하기 위한 소프트웨어인 유틸리티 등이 시스템 소프트웨어에 포함된다.

시스템 소프트웨어는 컴퓨터 하드웨어의 자원을 관리하고 할당하며, 메모리 관리, 프로세스 관리, 파일 관리, 입출력 관리 등 기본적인 기능을 제공한다. 또한 사용자가 컴퓨터를 쉽게 사용할 수 있도록 그래픽 사용자 인터페이스(GUI) 또는 명령줄 인터페이스(CLI)를 제공하고 사용자의 요구에 맞는 다양한 애플리케이션을 실행한다.

2. 응용 소프트웨어

응용 소프트웨어는 사용자가 특정한 목적을 위해 사용하는 프로그램을 말한다. 운영 체제(OS) 위에서 실행되며, 사용자의 업무 처리, 정보 탐색, 엔터테인먼트 등 다양한 기능을 제공한다.

문서 작성 및 편집을 위한 소프트웨어는 대표적인 프로그램으로 Microsoft Word, Hancom Office 한글, Google Docs 등이 있다. 문단 서식 설정, 표와 이미지의 삽입과 편집, 머리글 및 바닥글 설정, 각주 삽입, 공동 작업 등의 기능이 있으며 주로 보고서, 논문, 소설, 편지 등을 작성할 때 사용된다.

표 계산 및 분석을 위한 소프트웨어는 대표적인 프로그램으로 Microsoft Excel, Hancom Office 한셀, Google Sheets 등이 있다. 수식 및 함수 사용, 차트 및 그래프 생성, 데이터 필터링 및 정렬, 공동 작업 등의 기능이 있으며 주로 데이터, 통계 분석, 재무 관리, 예산 관리 등에 사용된다.

자료 제작 및 발표를 위한 소프트웨어는 대표적인 프로그램으로 Microsoft PowerPoint, Hancom Office 한쇼, Google Slides 등이 있다. 슬라이드 디자인 및 레이아웃 설정, 애니메이션 및 효과 추가, 이미지, 영상, 음악 삽입, 공동 작업 등의 기능이 있으며 주로 강의 자료, 발표 자료 등의 제작이나 마케팅 프레젠테이션 등에 사용된다.

인터넷 탐색을 위한 소프트웨어는 대표적인 프로그램으로 Google Chrome, Microsoft Edge, Safari, Firefox 등이 있다. 웹 페이지 주소 입력 및 검색, 북마크 및 기록 관리, 다중 탭 사용, 확장 프로그램 설치 등의 기능이 있으며 주로 정보 검색, 온라인 쇼핑, 뉴스 읽기, 동영상 시청 등에 사용된다.

이미지 편집 및 제작을 위한 소프트웨어는 대표적인 프로그램으로 Adobe Photoshop, Canva, GIMP 등이 있다. 사진 편집 및 보정, 로고 및 아이콘 제작, 웹 디자인 및 배너 제작 등의 기능이 있으며 주로 웹 디자인, 편집 디자인, 광고 제작 등에 사용된다.

음악, 영상 재생 및 편집을 위한 소프트웨어는 대표적인 프로그램으로 Windows Media

Player, VLC Media Player, Adobe Premiere Pro 등이 있다. 음악 및 영상의 재생과 편집, 자막 및 효과 추가 등의 기능이 있으며 주로 음악 및 영화 감상, 음악 제작, 영상 편집 등에 사용된다.

이 외에도 KakaoTalk, LINE, WhatsApp 등의 온라인 소통을 위한 메신저 소프트웨어, Avast, Kaspersky 등의 컴퓨터 바이러스 예방과 제거를 위한 안티바이러스 소프트웨어, WinRAR, 7-Zip 등의 파일 크기를 줄이기 위한 파일 압축 소프트웨어, Dropbox, Google Drive 등의 파일 공유와 동기화를 위한 클라우드 스토리지 소프트웨어 등이 있다.

2 운영 체제

운영 체제는 컴퓨터의 기본적인 기능을 제공하고 다른 프로그램들이 실행될 수 있는 환경을 조성하는 소프트웨어를 말한다. 컴퓨터 시스템의 교통 관제사 역할을 하며, 하드웨어와 소프트웨어 사이의 중개자 역할을 수행한다.

1. 운영 체제의 기능

운영 체제는 컴퓨터 시스템의 핵심 소프트웨어로서 다양한 기능을 제공하여 컴퓨터 시스템을 효율적으로 관리하고 사용자에게 편리한 환경을 제공한다.

(1) 하드웨어 관리

CPU, 메모리, 저장장치, 입출력 장치 등의 하드웨어 자원을 관리하고 할당하는 역할을 한다. 프로세스 스케줄링, 콘텍스트 스위칭, 우선순위 설정 등을 통한 CPU 자원의 효율적 활용, 메모리 할당 및 해제, 가상 메모리 관리 등을 통한 메모리 자원의 효율적 활용, 파일시스템 관리, 디스크 공간 할당 및 관리 등을 통한 저장장치 관리, 키보드, 마우스, 프린터 등의 입출력 장치 제어, 사용자 프로그램과의 인터페이스를 제공한다.

(2) 프로그램 관리

프로그램 실행, 종료, 메모리 할당 등 프로그램 관리 기능을 제공한다. 프로그램을 메모리에 로딩하고 실행하고, 프로그램 실행을 종료하고 메모리 및 자원을 회수한다. 또한 프로그램 실행에 필요한 메모리를 할당하며 프로세스 생성, 종료, 일시 중단, 재개 등을 관리한다. 프로그램 실행 권한을 제어하고 악성 프로그램으로부터 시스템을 보호하기도 한다.

(3) 파일 관리

파일 생성, 삭제, 복사, 이동 등 파일 관리 기능을 제공한다. 파일 및 디렉터리를 관리하고 조직하는 시스템을 제공하고, 사용자의 요청에 따라 파일을 생성, 삭제, 복사, 이동한다. 파일 접근 권한을 설정하고 관리하여 보안을 유지하며 디스크 공간 사용량을 관리하고 여유 공간을 확보한다.

(4) 보안

컴퓨터 시스템을 악성 프로그램 및 불법 접근으로부터 보호한다. 사용자의 신원을 확인하고 로그인을 허용하며 파일, 시스템 자원, 프로그램 실행 등에 대한 접근 권한을 설정하고 관리한다. 이 외에도 바이러스, 맬웨어 등의 악성 프로그램으로부터 시스템을 보호하며 네트워크 공격으로부터 시스템을 보호하고 중요한 데이터를 암호화하여 보호한다.

(5) 사용자 인터페이스

사용자가 컴퓨터를 쉽게 사용할 수 있도록 그래픽 사용자 인터페이스(GUI) 또는 명령줄 인터페이스(CLI)를 제공한다. 아이콘, 메뉴, 버튼 등을 사용하여 사용자 친화적인 인터페이스를 제공하고 명령어를 입력하여 컴퓨터를 조작하는 인터페이스를 제공한다. 터치스크린을 사용하여 컴퓨터를 조작하는 인터페이스를 제공하거나 음성 명령을 사용하여 컴퓨터를 조작하는 인터페이스를 제공하기도 한다.

2. 운영 체제의 종류

운영 체제는 크게 사용되는 환경과 특징에 따라 분류할 수 있다. 각 운영 체제마다 장단점이 존재하며, 사용자의 요구에 따라 적합한 운영 체제가 달라진다. 운영 체제를 사용 환경에 따라 분류하면 데스크톱 운영 체제, 모바일 운영 체제, 서버 운영 체제, 임베디드 운영 체제 등으로 분류할 수 있다.

(1) 컴퓨터 운영 체제

개인용 컴퓨터에서 사용되는 운영 체제로 대표적으로 Windows, macOS, Linux 등이 있다. 사용자 인터페이스, 파일 관리, 프로그램 관리, 보안 등 다양한 기능을 제공하며, 다양한 작업을 수행할 수 있도록 다양한 소프트웨어를 지원한다. 또한 게임, 그래픽 디자인 등 고성능 작업을 수행할 수 있도록 설계되며 사용자의 취향에 맞게 인터페이스 및 설정을 변경할 수 있는 특징이 있다.

Windows는 마이크로소프트에서 개발한 운영 체제로 가장 보편적으로 사용되는 운영 체제이다. 성능이 꾸준히 개선되어 시스템이 상당히 안정화되어 있어 다양한 소프트웨어 호환성과 사용 편의성이 장점으로 꼽힌다.

macOS는 애플에서 개발한 운영 체제로, Mac 컴퓨터에 사용된다. 디자인과 사용 편의성, 스마트기기와의 연계에 강점이 있으며, 최근에는 Windows와의 호환성도 개선되고 있다.

Linux는 1991년 핀란드의 리누스 토발즈가 개발한 운영 체제로 리눅스 재단에서 관리하는 오픈 소스 운영 체제이다. 무료이며 다중 사용자와 가상 터미널 환경을 지원하고 사용자 정의가 자유롭다는 장점이 있지만, Windows나 macOS에 비해 사용 편의성이 다소 떨어진다.

(2) 모바일 운영 체제

스마트폰이나 태블릿PC 등 모바일 기기에서 사용되는 운영 체제로 대표적으로 Android, iOS 등이 있다. 터치스크린 인터페이스, 앱 관리, 위치 정보 서비스 등 모바일 기기의 특성에 맞춘 기능을 제공한다. 터치스크린을 사용하여 컴퓨터를 조작할 수 있도록 설계되고, 다양한 기능을 제공하는 앱을 설치하고 사용할 수 있는 특징이 있다. 또한 모바일 기기의 특성에 맞춰 배터리 효율성을 고려하는 운영 체제이다.

Android는 구글에서 개발한 오픈 소스 운영 체제로, 다양한 기기에서 사용되며 다양한 앱과의 호환성과 개방성이 장점이다.

iOS는 애플에서 개발한 운영 체제로, iPhone과 iPad에 사용된다. 안정성과 보안성이 강점이지만, Android에 비해 다양한 앱과의 호환성이 다소 떨어진다.

(3) 서버 운영 체제

서버에서 사용되는 운영 체제로 높은 안정성과 성능을 제공하도록 설계된다. 대표적으로 Windows Server, Linux Server 등이 있다. 24시간 365일 작동해야 하는 서버의 특성에 맞춰 안정성을 강화하고 많은 사용자의 요청을 처리할 수 있도록 높은 성능을 제공한다. 또한 서버에 저장된 중요한 데이터를 보호하기 위한 강력한 보안 기능을 특징으로 한다.

Windows Server는 마이크로소프트에서 개발한 서버 운영 체제로 Windows와의 호환성과 관리 편의성이 장점이다.

Linux Server는 리눅스 재단에서 관리하는 오픈 소스 서버 운영 체제로 안정성과 보안성이 강점이며, 다양한 서버 환경에 적용될 수 있다.

(4) 임베디드 운영 체제

스마트 TV, 스마트워치 등 특정 기능을 수행하는 임베디드 시스템에서 사용되는 운영 체제를 말한다. 임베디드 운영 체제는 제한된 자원에서 효율적으로 작동하도록 설계된다.

Windows CE는 마이크로소프트에서 개발하였다. 모바일 장치 등에서 메모리를 적게 차지하면서 빠르게 개발할 수 있는 환경을 제공한다.

VxWorks는 Wind River Systems에서 개발한 운영 체제로 다양한 산업 분야에서 사용되고 있고, Zephyr는 Linux Foundation에서 개발한 오픈 소스 운영 체제로, IoT(사물 인터넷) 기기에 많이 활용되고 있다.

3 네트워크

네트워크는 컴퓨터, 서버, 통신 장치 등을 연결하여 정보를 공유하고 통신할 수 있도록 하는 시스템을 말한다. 정보통신 기술의 발전과 함께 네트워크 기술 또한 빠르게 발전하여 현대 사회의 모든 분야에 필수적인 역할을 수행하고 있다.

1 네트워크의 구성 요소

두 대 이상의 컴퓨터 시스템이 서로 연결되어 데이터를 공유하고 통신하기 위해서는 하드웨어 요소와 소프트웨어 요소가 필요하다.

1. 하드웨어 요소

네트워크에 참여하는 장치인 컴퓨팅 기기와 데이터를 전송하는 케이블, 광섬유 등의 전송 매체, 네트워크를 연결하고 관리하는 허브, 스위치, 라우터 등의 네트워크 장비로 구성된다.

허브는 여러 개의 네트워크 장치를 연결하는 장치로 데이터를 모든 포트로 전송한다. 허브는 보통 근거리 네트워크 연결, 네트워크 장치 연결 등의 작업을 수행한다. 허브는 간단하고 저렴하지만, 충돌 발생 가능성이 높고 성능 저하가 발생할 수 있다.

스위치는 허브와 달리 데이터를 목적지 장치로만 전송한다. 스위치는 허브보다 성능이 우수하고, 충돌 발생 가능성이 작다.

라우터는 데이터를 목적지 네트워크로 전송하는 경로를 선택하고 전송하는데 특정한 경로의 이용이 가능한지와 여러 경로 중 전송이 빠른 경로가 어딘지를 판단한다.

2. 소프트웨어 요소

네트워크 기능을 제공하는 Windows, macOS, Linux 등의 운영 체제, 네트워크에서 데이터를 전송하고 수신하는 규칙을 정의하는 프로토콜, 네트워크를 통해 사용할 수 있는 웹 브라우저, 이메일 클라이언트, 메신저 등의 애플리케이션으로 구성된다.

대표적인 프로토콜은 인터넷에서 가장 많이 사용되는 프로토콜로 네트워크 계층과 전송 계층의 기능을 제공하는 TCP/IP, 웹 브라우저와 웹 서버 간의 통신을 위한 프로토콜인 HTTP, 파일 전송을 위한 프로토콜인 FTP, 이메일 전송을 위한 프로토콜인 SMTP, 도메인 이름을 IP 주소로 변환하는 프로토콜인 DNS가 있다. 프로토콜은 컴퓨터 네트워크의 필수적인 요소로 프로토콜 없이는 서로 다른 컴퓨터 시스템 간에 데이터 통신이 불가능하다. 프로토콜은 데이터 통신을 표준화하고, 안정적이고 효율적인 통신을 가능하게 한다.

2 네트워크의 분류

네트워크의 전송 매체로는 케이블과 광섬유 외에도 전파가 사용되기도 한다. 어떤 전송 매체를 사용하는지에 따라 유선 네트워크와 무선 네트워크로 분류할 수 있다.

1. 유선 네트워크

유선 네트워크는 범위에 따라 LAN(Local Area Network), MAN(Metropolitan Area Network), WAN(Wide Area Network)으로 구분할 수 있다.

(1) LAN(Local Area Network)

건물 내부에서 사용하는 네트워크로 집, 학교, 사무실 등에서 사용하는 네트워크가 LAN에 해당한다. LAN은 서로 연결된 컴퓨터, 프린터, 서버 등의 장치 간에 데이터를 공유하고 통신할 수 있도록 한다.

통신 회선을 어떻게 연결하는지에 따라 모든 장치가 하나의 케이블에 연결되는 버스 토폴로지, 모든 장치가 중앙 허브 또는 스위치에 연결되는 스타 토폴로지, 모든 장치가 링 형태

구성 방식	장점	단점
버스 토폴로지	케이블 사용량이 적다.	한 장치에 문제가 발생하면 전체 네트워크가 중단될 수 있다.
스타 토폴로지	설치 및 관리가 간편하다.	중앙 장치에 장애가 발생하면 전체 네트워크가 중단될 수 있다.
링 토폴로지	데이터 전송 속도가 빠르다.	한 장치에 문제가 발생하면 전체 네트워크가 중단될 수 있다.
트리 토폴로지	확장성이 뛰어나다.	관리가 다소 복잡하다.
메쉬 토폴로지	장애 발생 시에도 네트워크 연결 유지가 가능하다.	설치 및 관리가 복잡하고 비용이 많이 든다.

로 연결되는 링 토폴로지, 스타 토폴로지를 여러 단계로 연결한 방식인 트리 토폴로지, 모든 장치가 서로 연결된 메쉬 토폴로지로 나눌 수 있다.

(2) MAN(Metropolitan Area Network)

도시 범위에서 사용하는 네트워크로 광역 네트워크가 여기 해당한다. 일반적으로 다수의 LAN을 라우터로 연결해서 구성하며 설치 비용이 다소 많이 들지만, LAN보다 넓은 범위를 빠른 속도로 연결해 준다.

(3) WAN(Wide Area Network)

광범위한 지역(국가 또는 전 세계)에서 사용하는 네트워크로 인터넷이 대표적인 예이다. 넓은 범위를 연결한다는 장점이 있지만, 설치 비용이 많이 들고, 속도가 느릴 수 있다.

2. 무선 네트워크

무선 네트워크는 케이블 없이 전파나 적외선 등을 사용하여 컴퓨터 및 기타 장치들을 연결하는 네트워킹 방식을 말한다. 케이블 없이 연결하므로 설치가 간편하고, 장치를 자유롭게 이동시킬 수 있다. 또한 확장성이 뛰어나고 설치 비용이 저렴하다는 장점이 있지만, 전파 간섭이나 장애물에 영향을 받아 안정성이 떨어질 수 있고, 유선 네트워크에 비해 속도가 느리고 보안성이 낮다는 단점이 있다.　이동통신, 와이파이, 블루투스, NFC, Zigbee 등이 대표적이다.

(1) 이동통신

케이블 없이 전파를 사용하여 음성, 데이터, 영상 등의 정보를 전송하는 통신 기술로 파장이 짧은 고주파를 이용해 모바일 기기 간 데이터를 전송할 수 있게 만든 무선 네트워크 기술이다.　1980년대 아날로그 방식의 음성 서비스인 1세대(1G)를 시작으로 2019년 최대 전송 속도, 최대 연결 가능 기기 수 등이 발전된 5세대(5G) 초고속 데이터 통신 서비스가 시작되었다.　인공지능, 사물 인터넷 등의 기술이 이동통신 기술과 융합되어 활용되고 있다.

(2) 와이파이

미국의 전기전자학회인 IEEE의 802.11 표준을 기반으로 하는 무선 네트워크 기술로 케이블 없이 전파를 사용하여 컴퓨터, 스마트폰, 태블릿 등의 장치들을 연결한다.　스마트폰, 노트북 컴퓨터 등에서 무선 LAN 어댑터를 통해 사용할 수 있다.　1999년 최대 속도 11Mbps의 802.11b의 초기 와이파이 표준으로 시작되었고, 2019년 최대 속도 9.6Gbps의 802.11ax 표준으로 발전하였다.　2.4㎓, 5㎓, 6㎓ 등의 주파수 대역을 이용하며 사무실, 가정, 공공장소 등 다양한 곳에서 사용되며 벽이나 장애물에 영향을 받을 수 있다.

(3) 블루투스

블루투스는 무선 기술 표준으로, 짧은 거리에서 장치 간에 데이터를 안전하게 교환할 수 있도록 한다.　1994년에 처음 개발되었으며, 현재는 전자 기기에서 가장 많이 사용되는 무선 기술 중 하나이다.　일반적으로 10미터 이내에서 작동하며 장치 간 거리가 가까울수록 더 강력하고 안정적인 연결을 제공한다.　벽이나 다른 장애물이 있으면 거리가 줄어들 수 있으며 Class 1, Class 2, Class 3 등 블루투스 클래스에 따라 출력 범위가 다르다.

블루투스는 다른 무선 기술에 비해 전력 소비가 적어 배터리 사용 시간을 늘리는 데 도움이 되며 특히 블루투스 LE(Low Energy)는 극도로 낮은 전력 소비를 지원하여 웨어러블 기기 및 사물 인터넷(IoT) 기기에 적합하다. 저전력 소모는 장치의 작동 시간을 늘리고 에너지 효율을 높여준다.

블루투스는 암호화 기술을 사용하여 데이터를 보호하므로 불법적인 접근 및 도청을 방지하는 데 도움이 된다. 128비트 AES 암호화를 기본으로 사용하며, 보안 수준을 높이기 위해 추가적인 암호화 기술을 적용할 수 있어서 안전한 데이터 전송을 통해 개인정보 및 중요한 정보를 보호할 수 있다.

블루투스는 페어링 과정을 통해 간편하게 연결되며 페어링 과정은 한 번만 진행하면 된다. 스마트폰, 태블릿, 노트북, 스피커, 헤드셋 등 다양한 장치를 지원하고 웨어러블 기기, 사물 인터넷(IoT) 기기, 자동차, 의료 기기 등 다양한 분야에서 활용되며 다양한 장치 간 연결을 통해 새로운 기능 및 서비스를 제공한다. 다른 무선 네트워크 기술에 비해 간섭에 강한 편이고 여러 장치를 동시에 연결할 수 있다는 장점이 있다. 다른 무선 기술에 비해 비용이 저렴하며 개발자가 쉽게 활용할 수 있는 API 및 개발 도구를 제공한다.

(4) NFC

Near Field Communication의 약자로, 근거리 무선 통신 기술을 의미한다. 13.56㎒ 대역의 전파를 사용하여 10㎝ 이내 거리에서 두 장치 간 데이터를 주고받을 수 있다.

NFC 기술은 페어링 과정이 필요하지 않고 두 장치를 가까이 가져가기만 하면 간편하게 연결된다는 점과 데이터 전송 속도가 빠르고 전파 간섭에 강한 것이 장점으로 꼽힌다. 또한 데이터 암호화 기술을 지원하여 안전하게 정보를 전송할 수 있고 전력 소비도 적은 편이다. 스마트폰을 이용한 간편한 결제, 교통카드, 입장권 등의 티켓, 연락처, 웹사이트 주소 등의 개인정보 공유, 사진, 음악, 파일 등의 데이터 전송, 사물인터넷 등 다양한 분야에서 활용되고 있다. NFC 장치가 스마트카드처럼 작동하는 카드 에뮬레이션 모드와 NFC 장치가 다른 NFC 장치의 데이터를 읽거나 쓰는 역할을 하는 리더/라이터 모드 두 가지 모드로 작동한다.

(5) Zigbee

저전력, 저비용, 짧은 거리 무선 통신을 위한 IEEE 802.15.4 표준 기반 무선 네트워크 기술이다. 2.4㎓ 주파수 대역을 사용하며, 스마트 홈, 산업 자동화, 웨어러블 기기 등 다양한 분야에서 활용되고 있다.

저전력으로 배터리 구동 기기에 적합하고, 저렴한 칩셋을 사용해서 가격 경쟁력을 확보한 기술이다. 10~100m 거리에서 사용할 수 있고 장치 간 연결을 통해 네트워크 확장이 가능하며 비교적 높은 수준의 보안을 제공한다. 조명, 온도 조절, 보안 시스템 등의 스마트 홈, 웨어러블 기기 등에 널리 사용되고 있지만 다른 무선 네트워크 기술에 비해 짧은 거리와 느린 속도가 단점이다.

③ 사물인터넷

사물인터넷은 매사추세츠 공과대학(MIT)의 케빈 애시튼 교수가 1999년 사물들이 서로 연결된, 사물들로 구성된 인터넷을 의미하는 단어로 처음 사용하였다. 이렇게 인터넷에 연결된 사물들은 서로 데이터를 주고받으며 작동하여 우리 삶의 다양한 분야에 변화를 불러오고 있다. 사물인터넷은 5G, 인공지능, 빅데이터 등의 기술과 결합하여 앞으로 더욱 발전하여 우리 삶의 모든 분야에 영향을 미칠 것으로 예상된다.

1. 사물인터넷의 핵심 기술

사물인터넷(IoT)은 우리 주변의 다양한 '사물'이 인터넷에 연결되어 서로 통신하고 정보를 공유하는 네트워크로 인식, 연결, 제어의 단계별로 다양한 기술이 활용된다.

인식 단계에서는 센서를 통해 온도, 습도, 빛, 움직임, 위치 등 다양한 환경 정보를 감지한다. 이렇게 센서로부터 수집된 데이터를 저장하고 분석한 후 의미 있는 정보로 변환한다.

연결 단계에서는 Wi-Fi, Bluetooth, ZigBee 등 다양한 무선 통신 기술을 사용하여 사물과 인터넷을 연결한다. 사물과 서버, 클라우드 등을 연결하는 네트워크를 구축하고, 사물에서 수집된 데이터를 서버 또는 클라우드로 전송한다.

제어 단계에서는 LED, 모터 등의 액추에이터를 제어하여 물리적인 시스템을 조작한다. 서버 또는 클라우드에서는 데이터 분석 및 제어 로직을 구현하고 인공지능 기술을 활용하여 데이터 분석 및 예측, 자동화 등을 수행한다.

2. 사물인터넷의 활용

사물인터넷은 스마트 홈, 스마트 시티, 산업 자동화, 의료, 농업 등 다양한 분야에 활용되고 있다.

스마트 홈에서는 조명, 온도 조절, 보안 시스템 등을 자동화하고 관리한다. 음성 명령으로 조명, 온도 조절, 음악 재생 등을 제어하거나 식재료 재고를 자동으로 관리하고, 만료 임박 식품 알림, 불법 침입 감지, 화재 감지 등을 통해 가정 안전을 보호하는 것이 대표적인 예라고 할 수 있다.

스마트 시티에서는 교통, 에너지, 환경 등 도시 전체를 관리할 수 있다. 교통 혼잡을 해소하고 효율적인 교통 관리를 가능하게 하며 에너지 사용량을 최적화하여 에너지 효율을 높이거나 대기 오염, 폐기물 관리 등 환경 문제 해결에 기여할 수 있다.

산업 현장에서는 생산 설비를 제어하여 효율성을 높일 수 있다. 생산 공정을 자동화하고 최적화하여 생산성을 향상시키거나 기계 고장을 예측하여 사전에 유지 보수를 수행할 수 있다.

의료 분야에서는 환자 모니터링, 원격 진료, 건강 관리 등에 활용된다. 환자 상태를 실시간으로 모니터링하고 의료진에게 알림을 제공하거나 의료진이 환자를 직접 만나지 않고 진료를 진행할 수도 있다.

작물 관리, 수확량 증대, 자원 관리 등을 위해 농업 분야에도 활용된다. 식물 공장 등의 자동화로 농업 분야의 혁신을 가져올 수 있다. 사물인터넷은 5G 통신, 인공지능, 블록체인 기술과 결합하여 더욱 발전할 것으로 예상되며 이는 우리 삶의 모든 측면에 영향을 미쳐 더욱 편리하고 안전하며 효율적인 사회를 만드는 데 기여할 것이다.

4 클라우드 컴퓨팅

클라우드 컴퓨팅은 복잡한 네트워크 구성이나 서버 구성 등을 정확하게 파악할 필요 없이 인터넷이 연결된 일반 사용자가 어디에서나 내부가 보이지 않는 마치 구름 속의 데이터에 접근해 원하는 작업을 할 수 있다는 의미가 있다. 이른바 동일한 체험을, 인터넷이 연결된 어디에서나 보장해 주는 것이다.

1. 클라우드 컴퓨팅의 특징

사용자는 필요에 따라 클라우드 리소스를 직접 미리 준비하고 관리할 수 있다. 웹 인터페이스나 API를 통해 원하는 리소스를 쉽게 요청하고 사용할 수 있다. 클라우드 리소스는 인터넷을 통해 어디서든 액세스할 수 있고 다양한 기기(PC, 스마트폰, 태블릿 등)에서 클라우드 서비스를 이용할 수 있다. 또한 다수의 사용자가 하나의 물리적 리소스를 공유하고, 가상화 기술을 통해 리소스를 효율적으로 할당하는데 이를 통해 자원의 낭비를 최소화하고, 비용 효율성을 높일 수 있다.

클라우드 서비스는 필요에 따라 자동으로 확장하거나 축소할 수 있는 특징이 있다. 이는 트래픽이나 작업 부하가 증가할 때 자원을 동적으로 할당하고, 감소할 때는 자원을 자동으로 해제함으로써 유연하게 대응할 수 있도록 한다.

클라우드 서비스 제공 업체는 하드웨어와 소프트웨어 관리를 대신하므로, 사용자는 인프라 관리에 대한 부담을 줄일 수 있다. 이는 업무에 집중할 수 있게 해주어 생산성을 향상시킨

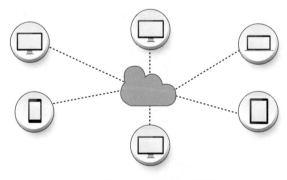

[그림 7-14] 클라우드 컴퓨팅

다. 클라우드는 초기 투자를 최소화하고, 프로젝트나 비즈니스의 변동에 따라 비용을 조절할 수 있는 장점이 있다.

2. 서비스 모델

클라우드 컴퓨팅은 다양한 서비스 모델을 제공한다. 각 서비스 모델은 사용자가 클라우드에서 이용할 수 있는 컴퓨팅 리소스의 종류와 수준을 정의한다.

IaaS(Infrastructure as a Service)는 서버, 스토리지, 네트워킹 등 기본적인 IT 자원을 제공하는 모델이다. 사용자는 운영 체제, 애플리케이션 등을 직접 설치하고 관리해야 한다.

PaaS(Platform as a Service)는 운영 체제, 개발 도구, 데이터베이스 등의 플랫폼 환경을 제공하는 모델로 사용자는 자신의 애플리케이션을 개발하고 배포할 수 있다.

SaaS(Software as a Service)는 웹 기반 애플리케이션을 제공하는 모델이며 사용자는 인터넷 브라우저를 통해 애플리케이션을 사용할 수 있다.

3. 배포 모델

클라우드 컴퓨팅은 다양한 배포 모델을 제공한다. 각 배포 모델은 클라우드 환경 구축 및 운영되는 방식을 정의한다.

퍼블릭 클라우드 모델은 클라우드 서비스 제공업체가 소유하고 운영하는 공용 클라우드 환경으로, 누구나 인터넷을 통해 액세스하여 사용할 수 있다.

프라이빗 클라우드 모델은 기업 또는 조직이 자체적으로 구축하고 운영하는 클라우드 환경으로, 퍼블릭 클라우드보다 높은 보안성과 제어 권한을 제공한다.

하이브리드 클라우드는 퍼블릭 클라우드와 프라이빗 클라우드를 결합하여 사용하는 환경으로 각 환경의 장점을 활용하여 다양한 요구사항을 충족할 수 있다.

1 하드웨어는 컴퓨팅 시스템을 구성하는 물리적인 기계장치를 말하며 중앙처리장치, 기억장치, 입력장
치, 출력장치 등으로 구성된다. 중앙처리장치, 기억장치, 입력장치, 출력장치의 역할을 설명하시오.

2 운영 체제는 컴퓨터 시스템의 핵심 소프트웨어로서 다양한 기능을 제공하여 컴퓨터 시스템을 효율적으
로 관리하고 사용자에게 편리한 환경을 제공한다. 운영 체제의 기능을 설명하시오.

3 유선 네트워크는 범위에 따라 LAN(Local Area Network), MAN(Metropolitan Area Network), WAN(Wide Area
Network)으로 나눌 수 있다. LAN, MAN, WAN의 특징을 설명하시오.

데이터

" 8장에서는 데이터에 대해 알아본다. 데이터의 개념과 유형, 숫자, 문자,
이미지, 소리, 영상 등의 데이터 표현 방법, 선형 구조와 비선형 구조와
관련된 데이터 구조화, 데이터 전처리, 데이터 분석, 데이터 시각화 등
데이터 해석에 관한 내용을 살펴본다.

이번 장의 학습을 통해 매일 방대한 양의 데이터 속에서 살아가는 정보
화 사회에서 데이터가 가지는 의미가 무엇인지 알 수 있다. "

1 데이터 이해

데이터의 중요성은 지난 몇십 년 동안 기하급수적으로 증가해 왔다. 이는 디지털 기술의 발전과 인터넷의 보급, 그리고 다양한 전자 기기의 보급으로 인한 결과라 할 수 있다. 데이터는 간단히 말해 정보의 집합이며, 사람, 기업, 정부, 기관 등이 업무나 활동을 수행하며 생성되고 축적된다. 이러한 데이터는 의사결정의 기반으로 활용된다.

기업은 시장 동향을 파악하고 제품이나 서비스를 개선하기 위해 고객 데이터를 분석한다. 예를 들어, 소셜 미디어에서의 사용자 행동 데이터를 분석하여 판매 전략을 개선하거나 새로운 제품을 개발할 수 있다. 고객 데이터를 분석하여 고객의 선호도를 이해하고 개별 맞춤형 서비스를 제공함으로써 고객 만족도를 향상시킬 수 있다. 정부는 데이터를 기반으로 정책을 수립하고 예산을 분배한다. 데이터를 활용하면 프로세스를 최적화하고 비효율성을 줄일 수 있다. 금융 기관에서는 사기 거래를 탐지하고 예방하기 위해 거래 데이터를 분석한다. 이처럼 데이터는 현대 사회에서 기업, 정부, 기관, 개인 등 모든 측면에서 중요한 자원으로 인식되고 있다.

1 데이터의 개념

데이터는 정보를 나타내는 수량이며, 이는 문자, 숫자, 이미지, 음성 등의 형태로 나타날 수 있다. 데이터는 관찰이나 측정을 통해 얻은 값이며, 이러한 값들은 일반적으로 컴퓨터나 기타 디지털 장치에 의해 저장, 처리, 전송된다. 데이터는 주어진 맥락에서 의미를 갖는데 예를 들어, 한 테이블에 이름과 나이를 기록한 데이터는 개인의 신상정보를 나타낼 수 있다.

또한 데이터는 가공되지 않은 형태를 말하는데 데이터를 분석이나 이해를 위해 가공한 것을 정보라고 한다. 정보는 데이터를 해석하고 의미를 부여한 결과물로, 의사결정이나 문제 해결에 도움이 되는 지식을 제공한다.

정보를 이해하고 활용하는 능력을 지식이라고 한다. 지식은 개념, 규칙, 경험 등을 통해 형성되고, 정보를 바탕으로 패턴을 인식하고 문제를 해결하는 등의 과정을 통해 얻을 수

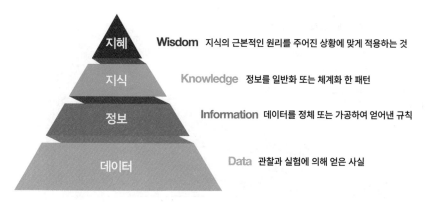

[그림 8-1] DIKW 피라미드

출처 Ackoff, R .L.(1989)

있다.

　지식을 토대로 상황에 적절하게 대처하는 능력을 지혜라고 한다. 지식을 적용하고 상황에 맞게 유연하게 대처하여 최선의 결과를 끌어내는 것이 지혜의 특징이다.

2 데이터와 빅데이터

　4차 산업혁명의 도래와 함께 기본적인 인터넷 서비스 환경이 크게 변화하고 있다. 예전에는 검색 엔진과 포털 사이트가 주를 이뤘지만, 이제는 개인화된 서비스와 소셜 네트워크가 중요한 역할을 하고 있다. 이러한 변화는 ICT 기술의 발전과 함께 이루어지고 있으며, 데이터의 양도 기하급수적으로 증가하고 있다. 현재의 디지털 환경에서는 데이터가 매우 빠르게 생성되고 있으며 그것들은 단순히 숫자나 문자뿐만 아니라 영상과 같은 다양한 형태로도 나타나고 있다. 이는 소셜 미디어 플랫폼에서의 사진과 동영상 공유, 사물인터넷(IoT) 장치에서의 센서 데이터 수집 등의 형태로 나타난다.

　이러한 데이터의 증가와 다양성으로 인해 많은 기업과 기관들이 새로운 도전에 직면하게 되었다. 데이터의 양과 다양성이 증가함에 따라 전통적인 데이터 처리 방식으로는 이를 처리하기 어려워졌기 때문이다. 따라서 많은 기업이 빅데이터 기술을 채택하여 대규모의 데이터를 수집, 저장, 처리하고 분석함으로써 가치를 창출하고 있다.

　이러한 데이터의 폭증으로 인해 데이터 보안과 개인정보 보호에 대한 중요성도 더욱 커

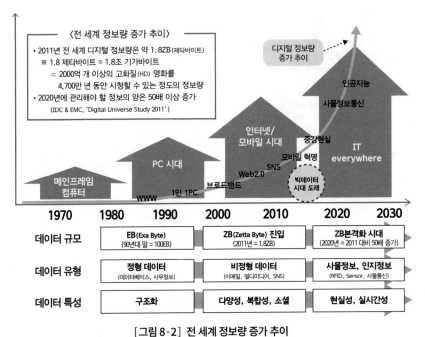

[그림 8-2] 전 세계 정보량 증가 추이

출처 정지선. (2012). 빅 데이터의 새로운 가능성과 대응전략. 한국정보화진흥원.

졌다. 개인정보 유출 및 사이버 공격으로 인한 문제는 심각한 사회적, 경제적 영향을 미치기 때문에 이에 대한 대응이 필수적이다.

4차 산업혁명 시대에는 데이터의 양과 다양성이 더욱 증가할 것으로 예상되며, 이에 대한 적절한 관리와 활용이 필수적이다. 이를 통해 새로운 비즈니스 모델과 혁신을 끌어내고, 사회적 가치를 창출하는 데 기여할 수 있을 것으로 기대된다.

③ 데이터의 유형

데이터 유형은 분석 방법, 해석, 시각화 등에 큰 영향을 끼친다. 대표적인 데이터 유형은 정형 데이터와 비정형 데이터로 정형 데이터는 숫자, 텍스트 등으로 명확하게 정의되고 구조화된 데이터로 데이터베이스, 스프레드시트 등에 쉽게 저장하고 관리할 수 있는 데이터로 분석 및 처리가 쉽다. 객관적인 측정 및 다양한 분석 도구를 활용해 분석할 수 있는데 학생들의 성적이나 대출 현황 등을 정리한 것이 대표적인 정형 데이터의 예라 할 수 있다.

비정형 데이터는 숫자나 문자로 쉽게 표현하기 어려운 데이터를 말하며 이미지, 오디오, 비디오 등 다양한 형태로 존재하고 분석이나 처리가 정형 데이터에 비해 어렵다는 특징이 있다. 사진, 동영상 등이 비정형 데이터의 대표적인 예라고 할 수 있다.

정형 데이터와 비정형 데이터의 중간적인 특성을 가진 데이터를 반정형 데이터라고 한다. 일부 구조를 가지고 있지만, 완전히 정형화되지 않은 형태로 XML, JSON 등의 형식으로 저장된다. 웹 페이지에 게시된 내용이나 SNS 게시물 등이 대표적인 반정형 데이터의 예이다.

4 아날로그 데이터와 디지털 데이터

아날로그 데이터는 수치를 연속된 물리량으로 나타내는 방식을 말한다. 아날로그 데이터는 일정 범위 내에서 무한히 많은 값을 가질 수 있고, 연속해서 변화하는 특성을 가진다. 일반적으로 일상생활에서 사용되는 문자, 숫자, 소리, 이미지 등의 데이터는 아날로그 방식으로 표현된다. 온도, 습도, 체중 등 연속적인 값들은 모두 아날로그 데이터이다.

디지털 데이터란 수치를 연속된 물리량이 아닌 일정한 간격의 불연속적인 값으로 표현하는 방식을 말한다. 컴퓨팅 시스템은 데이터를 0과 1로 표현하는데, 생활 속의 아날로그 데이터를 컴퓨팅 시스템에 활용하기 위해서는 디지털 데이터로 변환하여 사용해야 한다. 데이터를 컴퓨터가 이해할 수 있는 신호인 0과 1로 변환하는 것을 디지털화라고 한다.

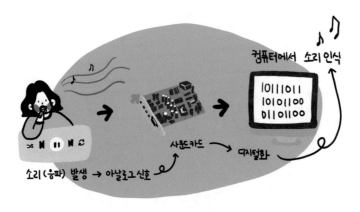

[그림 8-3] 아날로그 데이터의 디지털화

2 데이터 표현 방법

데이터는 다양한 방법으로 표현되며 이는 데이터를 분석하고 활용하기 위해 중요한 역할을 한다. 적절한 데이터 표현 방식을 선택하면 데이터의 특징을 효과적으로 전달하고 분석 결과를 명확하게 보여줄 수 있다.

1 정수 표현

정수는 음의 정수, 0, 양의 정수로 구성된다. 컴퓨터에서의 정수는 부호가 없는 절댓값으로의 정수와 부호가 있는 음수의 표현까지 나타내는 방식으로 나뉜다. 부호가 없는 정수는 모든 정수를 0 또는 양의 정수인 절댓값으로 나타내는 방식이다.

컴퓨터는 수를 2진수로 바꿔 연산을 수행하는데 2진수는 하나의 비트에 0과 1 두 가지 값으로만 표현할 수 있다. 2진수의 각 자리 수는 비트 단위로 표현하는데 보통 8비트 단위를 사용한다. 8비트는 다음과 같이 0부터 255까지 256개의 다른 값을 표현할 수 있다.

$00000000_2 = 0_{10}$

$11111111_2 = 255_{10}$

2진수 값	0	0	0	0	0	0	0	0
자릿값	2^7	2^6	2^5	2^4	2^3	2^2	2^1	2^0
10진수 값	0	0	0	0	0	0	0	0

2진수 값	1	1	1	1	1	1	1	1
자릿값	2^7	2^6	2^5	2^4	2^3	2^2	2^1	2^0
10진수 값	128	64	32	16	8	4	2	1

2진법의 부호 없는 정수의 사칙연산 방법은 10진법에서의 방법과 같다. 덧셈의 경우 가

장 오른쪽 비트의 수부터 덧셈을 시작해 2가 되면 자리올림이 발생한다.

$$
\begin{array}{ccccccccccccc}
 & 0 & 1 & 0 & 1 & 0 & 0 & 0 & 1_2 & = & & 8 & 1_{10} \\
+ & 1 & 0 & 1 & 0 & 0 & 0 & 0 & 1_2 & = & 1 & 6 & 1_{10} \\
\hline
 & 1 & 1 & 1 & 1 & 0 & 0 & 1 & 0_2 & = & 2 & 4 & 2_{10} \\
\end{array}
$$

음수의 표현까지 생각하는 부호 있는 정수는 부호화 절댓값 표현과 보수 표현의 방법이 있다. 부호화 절댓값 표현은 가장 왼쪽에 있는 비트가 0이면 양의 정수, 가장 왼쪽에 있는 비트가 1이면 음의 정수로 표현하는 방식이다.

$$
\begin{array}{cccccccccccc}
0 & 1 & 0 & 1 & 0 & 0 & 0 & 1_2 & \rightarrow & + & 7_{10} \\
1 & 0 & 0 & 0 & 0 & 1 & 1 & 1_2 & \rightarrow & - & 7_{10} \\
\end{array}
$$

8비트 단위를 사용해 부호화 절댓값을 표현할 경우에는 가장 왼쪽의 비트가 부호를 나타내므로 7비트까지만 계산에 사용할 수 있다. 따라서 표현할 수 있는 값의 범위는 -127_{10}에서 $+127_{10}$까지만 사용할 수 있다. 부호화 절댓값 방식은 컴퓨터에서는 잘 사용하지 않고, 2의 보수를 취하여 나타낸다. 일반적으로 보수는 r진법에서 r의 보수와 (r-1)보수가 있다. 예를 들어 2진법의 경우 2의 보수와 1의 보수가 있다. 1의 보수는 2진수의 각 비트를 0은 1로, 1은 0으로 바꿔 표현하며 2의 보수는 1의 보수 값에서 1을 더해서 표현한다.

2진수	1	0	0	1	0	1	0	1_2
1의 보수	0	1	1	0	1	0	1	0_2
2의 보수	0	1	1	0	1	0	1	1_2

2 실수 표현

실수는 유리수와 무리수를 모두 일컫는 수이다. 컴퓨터가 실수를 표현하는 방법은 고정소수점 표현과 부동소수점 표현이 있는데, 일반적으로 부동소수점 표현을 사용한다. 고정소수점 표현은 예를 들어 16비트를 사용하는 경우 앞의 8비트는 정수 부분을 표현하고, 뒤의 8

비트 부분은 소수 부분을 표현하는 방식이다. 고정소수점은 구현하기가 편하고 연산 속도가 빠르다는 장점이 있지만 수의 범위나 정밀도가 낮기 때문에 일반적인 컴퓨터에서는 잘 사용하지 않는다.

$110.10100000_2 = 6.625_{10}$

부동소수점 표현은 소수점의 위치를 고정시키지 않고 지수부와 가수부를 사용해 실수를 표현한다. 0.625_{10}를 부동소수점 표현으로 나타낸다고 할 경우, 8비트일 경우 부호 1비트, 지수 3비트, 가수 4비트를 할당할 수 있다. 가장 앞의 부호 1비트는 음수일 때 1, 양수일 때 0이므로 0으로 지정한다.

0							
부호	지수			가수			

그리고 표현하고자 하는 수의 절댓값을 이진법으로 나타내면 0.101로 나타낼 수 있다. 그리고 소수점을 이동시켜 소수점 왼쪽에 1이 하나만 남도록 정규형으로 표현해야 한다. 따라서 0.101은 정규형으로 1.01×2^{-1}로 나타낼 수 있다. 소수점을 제거하고 가수부의 비트 수에 맞춰 부족한 만큼을 0으로 채우면 가수부가 된다.

0				1	0	1	0
부호	지수			가수			

지수가 −1이므로 8비트에서는 3을 초과하여 (-1+3)인 지수부에는 2를 2진법으로 표현하여 적는다.

0	0	1	0	1	0	1	0
부호	지수			가수			

정리하면 0.625_{10}는 컴퓨터 내부에서 00101010_2이라는 2진수로 저장된다. 되짚어서 이 것을 다시 정규형으로 표현하면 1.010×2^{-1}이 되고 10진수로 바꾸면 0.625_{10}가 되는 것이다.

③ 문자 표현

10진수	16진수	문자	10진수	16진수	문자	10진수	16진수	문자	10진수	16진수	문자
0	0x00	NUL	32	0x20	SP	64	0x40	@	96	0x60	`
1	0x01	SOH	33	0x21	!	65	0x41	A	97	0x61	a
2	0x02	STX	34	0x22	"	66	0x42	B	98	0x62	b
3	0x03	ETX	35	0x23	#	67	0x43	C	99	0x63	c
4	0x04	EOT	36	0x24	$	68	0x44	D	100	0x64	d
5	0x05	ENQ	37	0x25	%	69	0x45	E	101	0x65	r
6	0x06	ACK	38	0x26	&	70	0x46	F	102	0x66	f
7	0x07	BEL	39	0x27	'	71	0x47	G	103	0x67	g
8	0x08	BS	40	0x28	(	72	0x48	H	104	0x68	h
9	0x09	HT	41	0x29	)	73	0x49	I	105	0x69	i
10	0x0A	LF	42	0x2A	*	74	0x4A	J	106	0x6A	j
11	0x0B	VT	43	0x2B	+	75	0x4B	K	107	0x6B	k
12	0x0C	FF	44	0x2C	,	76	0x4C	L	108	0x6C	l
13	0x0D	CR	45	0x2D	-	77	0x4D	M	109	0x6D	m
14	0x0E	SO	46	0x2E	.	78	0x4E	N	110	0x6E	n
15	0x0F	SI	47	0x2F	/	79	0x4F	O	111	0x6F	o
16	0x10	DLE	48	0x30	0	80	0x50	P	112	0x70	p
17	0x11	DC1	49	0x31	1	81	0x51	Q	113	0x71	q
18	0x12	DC2	50	0x32	2	82	0x52	R	114	0x72	r
19	0x13	DC3	51	0x33	3	83	0x53	S	115	0x73	s
20	0x14	DC4	52	0x34	4	84	0x54	T	116	0x74	t
21	0x15	NAK	53	0x35	5	85	0x55	U	117	0x75	u
22	0x16	SYN	54	0x36	6	86	0x56	V	118	0x76	v
23	0x17	ETB	55	0x37	7	87	0x57	W	119	0x77	w
24	0x18	CAN	56	0x38	8	88	0x58	X	120	0x78	x
25	0x19	EM	57	0x39	9	89	0x59	Y	121	0x79	y
26	0x1A	SUB	58	0x3A	:	90	0x5A	Z	122	0x7A	z
27	0x1B	ESC	59	0x3B	;	91	0x5B	[	123	0x7B	{
28	0x1C	FS	60	0x3C	<	92	0x5C	₩	124	0x7C		
29	0x1D	GS	61	0x3D	=	93	0x5D	]	125	0x7D	}
30	0x1F	RS	62	0x3F	>	94	0x5E	^	126	0x7F	~
31	0x1E	US	63	0x3E	?	95	0x5F	_	127	0x7E	DEL

[그림 8-4] 아스키코드

컴퓨터에서는 다양한 형식의 문자를 표현하기 위해 2진수를 사용한다. 문자에 2진수를 할당하여 배정한 것을 문자 코드라고 하는 데 대표적인 코드가 아스키코드와 유니코드이다.

비트 수에 따라 표현할 수 있는 문자의 수가 달라지는데 n비트를 사용할 경우 2n개의 서로 다른 정보를 표현할 수 있다. 아스키코드는 미국표준협회에서 만든 문자 코드로 7비트로 구성되어 있고, 출력 불가능 제어 문자 33개, 출력 가능한 문자 95개로 이루어져 있고, 출력 가능한 문자는 52개의 영문 알파벳, 10개의 숫자, 32개의 특수 문자, 1개의 공백문자로 이루어져 있다.

아스키코드가 영어 문화권에서 사용될 때는 큰 무리가 없었지만, 영어 문화권이 아닌 국가에서는 문제가 발생하게 되었다. 영어가 아닌 언어는 아스키코드로 표현할 수 없기 때문이다. 이런 문제를 해결하기 위해 전 세계의 문자를 표현할 수 있도록 설계된 국제 표준 코드가 유니코드이다. 유니코드는 16비트로 구성되어 있으며 2^{16}인 65,636개의 문자 표현이 가능하다. 유니코드에서 한글은 11,172자로 구성되어 있다.

	AC0	AC1	AC2	AC3	AC4	AC5	AC6	AC7	AC8	AC9	ACA	ACB	ACC	ACD	ACE	ACF
0	가 AC00	감 AC10	갠 AC20	갰 AC30	걀 AC40	걐 AC50	걠 AC60	거 AC70	검 AC80	겐 AC90	겠 ACA0	결 ACB0	곀 ACC0	곐 ACD0	고 ACE0	곰 ACF0
1	각 AC01	갑 AC11	갡 AC21	갱 AC31	걁 AC41	걑 AC51	걡 AC61	걱 AC71	겁 AC81	겑 AC91	겡 ACA1	겱 ACB1	곁 ACC1	곑 ACD1	곡 ACE1	곱 ACF1
2	갂 AC02	값 AC12	갢 AC22	갲 AC32	걂 AC42	걒 AC52	걢 AC62	걲 AC72	겂 AC82	겒 AC92	겢 ACA2	겲 ACB2	곂 ACC2	곒 ACD2	곢 ACE2	곲 ACF2
3	갃 AC03	갓 AC13	갣 AC23	갳 AC33	걃 AC43	걓 AC53	걣 AC63	걳 AC73	것 AC83	겓 AC93	겣 ACA3	겳 ACB3	곃 ACC3	곓 ACD3	곣 ACE3	곳 ACF3
4	간 AC04	갔 AC14	갤 AC24	갴 AC34	걄 AC44	걔 AC54	걤 AC64	건 AC74	겄 AC84	겔 AC94	겤 ACA4	겴 ACB4	계 ACC4	곔 ACD4	곤 ACE4	곴 ACF4
5	갅 AC05	강 AC15	갥 AC25	갵 AC35	걅 AC45	걕 AC55	걥 AC65	걵 AC75	겅 AC85	겕 AC95	겥 ACA5	겵 ACB5	곅 ACC5	곕 ACD5	곥 ACE5	공 ACF5
6	갆 AC06	갖 AC16	갦 AC26	갶 AC36	걆 AC46	걖 AC56	걦 AC66	걶 AC76	겆 AC86	겖 AC96	겦 ACA6	겶 ACB6	곆 ACC6	곖 ACD6	곦 ACE6	곶 ACF6
7	갇 AC07	갗 AC17	갧 AC27	갷 AC37	걇 AC47	걗 AC57	걧 AC67	걷 AC77	겇 AC87	겗 AC97	겧 ACA7	겷 ACB7	곇 ACC7	곗 ACD7	곧 ACE7	곷 ACF7
8	갈 AC08	갘 AC18	갨 AC28	갸 AC38	걈 AC48	걘 AC58	걨 AC68	걸 AC78	겈 AC88	겘 AC98	겨 ACA8	겸 ACB8	곈 ACC8	곘 ACD8	골 ACE8	곸 ACF8
9	갉 AC09	같 AC19	갩 AC29	갹 AC39	걉 AC49	걙 AC59	걩 AC69	걹 AC79	겉 AC89	겙 AC99	격 ACA9	겹 ACB9	곉 ACC9	곙 ACD9	곩 ACE9	곹 ACF9

[그림 8-5] 한글 유니코드의 일부

4 이미지 표현

이미지도 컴퓨터에서 표현하기 위해서는 2진수로 표현되어야 한다. 이미지를 표현하는 방식에는 비트맵과 벡터의 두 가지 방식이 있다.

[그림 8-6] 벡터와 비트맵의 차이

비트맵은 픽셀이라는 작은 색 점들의 모임으로 이미지를 표현하는 방식이다. 각각의 픽셀은 고정된 크기와 색 정보를 가지고 있으며, 이미지 해상도는 픽셀의 개수로 결정된다. 비트맵 이미지는 사진처럼 실제 대상을 그대로 표현하는 데 강점이 있으며 다양한 색상 표현이 가능하다는 장점이 있다. 하지만 파일 용량이 크고, 이미지 크기를 변경하면 품질이 저하될 수 있다. 편집할 경우 픽셀을 직접 조작해야 하므로 번거롭고 정밀도가 떨어질 수 있다. JPG, PNG, GIF 이미지 파일이 대표적인 비트맵 방식의 파일이다.

벡터는 수학적 방정식을 사용하여 선, 면, 도형 등을 정의하고 이미지를 표현하는 방식이다. 이미지의 크기를 자유롭게 변경해도 품질이 유지되며 편집이 용이하고 정밀도가 높다. 또한 파일 용량이 작다는 장점이 있다. 하지만 실제 대상을 사실적으로 표현하는 데 어려움이 있으며 복잡한 이미지 표현보다는 단순한 이미지 표현에 더 적합하다. AI, EPS, SVG 이미지 파일이 대표적인 벡터 방식의 파일이다.

컴퓨터 모니터를 구성하는 픽셀은 빨강(R), 녹색(G), 파랑(B) 3가지 빛을 조합하여 다양한

[그림 8-7] 픽셀 뷰어로 살펴본 픽셀의 색상 표현

출처 https://www.csfieldguide.org.nz/en/interactives/pixel-viewer/

색상을 표현한다. 각 색상은 8비트씩, 총 24비트(3바이트)로 구성되며, 각각은 0부터 255까지의 값으로 표현된다. 이를 조합하여 224개의 서로 다른 색을 가진 픽셀이 모여 모니터의 이미지를 형성한다. 이미지는 RGB 3가지 색상에 투명도를 나타내는 8비트를 추가하여 총 232비트로 표현되며, 해상도는 픽셀의 가로×세로 수로 나타낸다. 이미지 파일의 크기는 (픽셀의 수)×(픽셀을 표현하는 비트 수)로 계산된다.

5 소리 표현

아날로그 소리는 연속적이고 변화하는 파동 형태로 존재하기 때문에 컴퓨터에서 직접 처리할 수 없다. 따라서 컴퓨터에서 소리를 처리하고 저장, 전송, 편집하기 위해서는 소리 데이터를 0과 1의 숫자 코드로 변환해야 한다. 아날로그 소리 데이터를 디지털 소리 데이터로 변환하기 위해서는 표본화, 양자화, 부호화의 과정을 거쳐야 한다.

표본화는 아날로그 파형을 일정한 간격으로 표본화하여 특정 지점에서의 값만 추출하는 과정이다. 표본화 간격은 표본화 주파수라고 불리며, 주파수가 높을수록 원음에 가까운 디지털 신호를 얻을 수 있다. 일반적으로 표본화 주파수는 원음의 최고 주파수보다 두 배 이상 높아야 원음을 정확하게 복원할 수 있다.

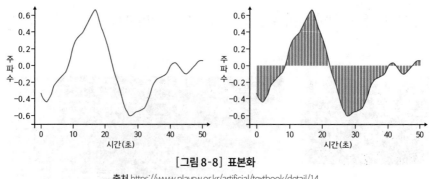

[그림 8-8] 표본화

출처 https://www.playsw.or.kr/artificial/textbook/detail/14

표본화된 각 값은 양자화하여 유한한 개수의 이산 값으로 변환해야 한다. 양자화 과정에서 정보 손실이 발생하며, 양자화 레벨이 높을수록 정보 손실이 줄어든다. 양자화 레벨은 비트 해상도라고 불리며, 비트 해상도가 높을수록 디지털 신호의 정확도가 높아진다.

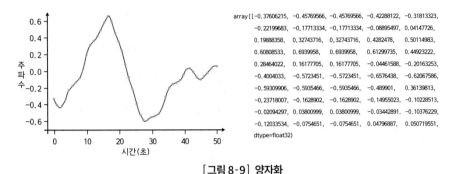

[그림 8-9] 양자화

출처 https://www.playsw.or.kr/artificial/textbook/detail/14

마지막으로 양자화된 값들을 0과 1의 숫자 코드로 변환하는 부호화 과정을 거쳐야 한다. 가장 일반적인 부호화 방식은 PCM(Pulse Code Modulation)이며, PCM에서는 각 샘플 값을 일정한 길이의 이진수 코드로 변환한다.

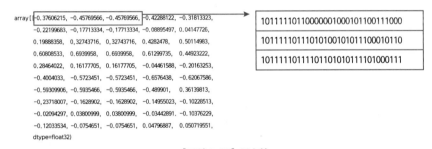

[그림 8-10] 부호화

출처 https://www.playsw.or.kr/artificial/textbook/detail/14

6 영상 표현

영상을 디지털 데이터로 변환하는 과정은 크게 캡처, 압축, 저장의 단계로 나눌 수 있다. 캡처는 화면에 표시되는 영상을 직접 캡처하거나 캠코더나 웹캠으로 영상을 직접 촬영하는 것을 말한다. 캡처 과정에서 해상도, 프레임 레이트, 색상 공간 등을 설정해야 하며 캡처된 영상은 아날로그 신호로 존재한다.

캡처된 영상 데이터를 효율적으로 저장하고 전송하기 위해서는 압축 과정이 필요하다. 프레임 내에서 유사한 정보를 묶어 저장하는 공간 압축, 연속된 프레임 간의 차이를 저장하는 시간 압축, 정보 손실을 허용하여 높은 압축률을 얻는 손실 압축, 정보 손실 없이 압축률을 높이는 손실 없는 압축 방식 등이 있다. 영상을 압축하는 방식에 따라 영상 파일의 형식이 달라지며 이때 사용하는 소프트웨어를 코덱이라고 한다. MPEG-4, H.264, H.265 등의 압축 코덱이 많이 사용되고 있다.

3 | 데이터 구조화

빅데이터 시대의 도래로 우리는 엄청난 양의 데이터 속에서 살아가고 있다. 앞으로 중요한 것은 단순히 데이터를 얼마나 많이 소유하고 있는지가 아닌 어떻게 효율적으로 활용하느냐의 문제이다. 같은 데이터를 가지고 있다 하더라도 잘 정리된 데이터를 활용할 때 효율적으로 문제를 해결할 수 있다

데이터 구조란 데이터를 체계적으로 저장하고 사용하는 방법을 말한다. 프로그램이 다루는 데이터 대부분은 구조적인 관계가 있다. 데이터 구조는 일반적으로 단순 구조, 선형 구조, 비선형 구조로 분류된다.

1 단순 구조

단순 구조는 데이터를 가장 기본적인 방식으로 저장하고 관리하는 자료 구조이다. 다른 자료 구조와 달리 복잡한 관계나 연산을 지원하지는 않지만, 간단하고 효율적인 특징이 있어 다양한 분야에서 활용된다.

기본 데이터형에 따라 0, 10, -50 등의 양의 정수, 0, 음의 정수로 이루어진 정수, 소수점이 있는 유리수와 무리수를 통칭하는 실수, 한 글자 단위의 문자, 둘 이상의 결합 문자인 문자열 등의 데이터형으로 나뉘며 개별 데이터 1개의 형태를 의미한다.

2 선형 구조

선형 구조는 데이터를 순차적인 방식으로 저장하고 관리하는 자료 구조를 말한다. 데이터 간의 관계는 앞뒤 관계로 표현되며, 데이터 추가, 삭제, 검색 등의 연산이 간단하고 빠르게 수행될 수 있다. 데이터를 하나씩 연속된 메모리 공간에 저장하며 데이터 추가, 삭제하며 데이터를 하나씩 연속된 메모리 공간에 저장한다. 대표적인 선형 구조는 배열, 연결 리스트, 스택, 큐 등이 있다.

1. 배열

배열은 인덱스를 가지고 있으며, 순차적으로 데이터를 삽입, 삭제할 수 있는 형태의 자료 구조이다. 데이터를 순차적으로 삽입하고 삭제할 때 가장 효과적이다. 정적인 데이터타입으로 배열의 크기는 한번 정하면 크기를 변경할 수 없어서 데이터 낭비가 될 수 있는 단점이 있다. 가장 간단한 자료구조로 접근 속도가 빠르다. 삽입, 삭제할 때 자료의 이동이 필요하기 때문에 작업이 번거롭다. 수열을 표현하거나 표를 만드는 데 사용된다.

Index	1	2	3	4	5
Data	1	3	5	7	9

[그림 8-11] 배열의 형태

```
1          # Python에서 정수 배열 선언 및 값 할당
2 numbers = [1, 3, 5, 7, 9]
3
4          # 특정 위치의 요소 출력
5 print(numbers[2])
```

```
5
```

```
1          # 3 출력# 배열 전체 출력
2 for num in numbers:print(num)
```

```
1
3
5
7
9
```

[그림 8-12] python에서의 배열 예시

2. 연결 리스트

연결 리스트는 데이터를 포인터로 연결된 노드 형태로 저장한다. 배열과 달리 연결 리스트는 요소들이 메모리 공간에 연속적으로 저장되지 않고, 서로 연결된 노드들로 이루어져 있다. 연결 리스트는 특정 위치에 요소를 쉽게 삽입하거나 삭제할 수 있지만 데이터 접근 속도는 배열에 비해 느리다는 단점이 있다.

연결 리스트의 크기는 필요에 따라 자유롭게 변동될 수 있어 데이터 개수가

[그림 8-13] 연결 리스트의 형태

변동할 가능성이 있는 상황에 유용하다. 연결 리스트의 요소들은 순차적으로 접근해야 해서 특정 위치의 요소에 접근하려면 앞서 위치한 모든 요소를 순서대로 접근해야 한다. 스택과 큐를 구현하거나 노드와 간선을 사용하여 그래프를 구현하는 데 사용된다.

```python
1  class Node:
2    def __init__(self, data):
3      self.data = data
4      self.next = None
5
6          # 연결 리스트 생성
7  head = Node(1)
8  second = Node(2)
9  third = Node(3)
10
11 head.next = second
12 second.next = third
13
14         # 연결 리스트 출력
15 while head:
16   print(head.data)
17   head = head.next
```

1
2
3

[그림 8-14] python에서의 연결 리스트 예시

3. 스택

스택은 데이터를 마지막으로 삽입된 데이터가 가장 먼저 추출되는 LIFO(Last In, First Out) 구조이다. 마지막에 삽입된 데이터가 가장 먼저 추출되는 방식으로 작동하는데 스마트폰의 '뒤로 가기' 기능을 누르면 바로 직전에 수행되던 앱이 다시 나타나는 것과 같은 방식이다.

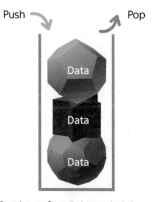

[그림 8-15] 스택의 구조와 연산

스택에서는 삽입 연산을 push, 삭제 연산을 pop라고 하며 데이터들은 한 방향으로 연결되어 있으며 삽입과 추출은 항상 최상단(top)에서 이루어진다. 스택은 구현이 간단하고 공간 효율성이 높다는 장점이 있지만 특정 위치의 데이터에 접근할 수 없고 스택이 가득 차면 데이터를 삽입하기 전에 기존 데이터를 삭제하는 단점이 있다. 웹 브라우저의 뒤로 가기와 앞으로 가기, 실행 취소 등의 작업에 사용된다.

```
1   class Stack:
2     def __init__(self):
3       self.items = []
4
5     def push(self, item):
6       self.items.append(item)
7
8     def pop(self):
9       if not self.items:
10        raise Exception("Stack is empty")
11      return self.items.pop()
12
13    def is_empty(self):
14      return len(self.items) == 0
15
16  # 스택 생성 및 데이터 삽입
17  stack = Stack()
18  stack.push(1)
19  stack.push(2)
20  stack.push(3)
21
22  # 데이터 추출 및 출력
23  while not stack.is_empty():
24    print(stack.pop())
```

[그림 8-16] python에서의 스택 예시

4. 큐

큐는 먼저 삽입된 데이터가 가장 먼저 추출되는 FIFO(First In, First Out) 구조이다. 스택은 막힌 박스와 같아 먼저 들어온 것이 가장 나중에 나가는 구조지만, 큐는 먼저 들어온 것이 먼저 나가는 구조이다. 줄을 서서 기다리는 것이 좋은 예로 번호표를 받아 기다리는 사람들이 먼저 온 사람부터 업무를 보는 것과 같은 이치이다. 가장 먼저 삽입된 데이터가 가장 먼저 추출되고 데이터의 삽입(enqueue)과 추출(dequeue) 연산만을 허용한다. 데이터는 한 방향으로 연결되어 있고, 삽입은 항상 맨 뒤(rear)에, 추출은 항상 맨 앞(front)에서 이루어진다.

큐는 구현이 간단하고 특정 위치의 데이터에 접근할 필요가 없다는 장점이 있지만 데이터 추출 시 앞서 삽입된 데이터들이 메모리에 남아 있어 메모리 낭비가 발생할 수 있고, 큐가

[그림 8-17] 큐의 구조와 연산

가득 차면 데이터를 삽입하기 전에 기존 데이터를 삭제해야 한다는 단점이 있다. 프린터 작업 대기열, 음악 재생 목록 등에서 사용된다.

```python
class Queue:
  def __init__(self):
    self.items = []

  def enqueue(self, item):
    self.items.append(item)

  def dequeue(self):
    if not self.items:
      raise Exception("Queue is empty")
    return self.items.pop(0)

  def is_empty(self):
    return len(self.items) == 0

# 큐 생성 및 데이터 삽입
queue = Queue()
queue.enqueue(1)
queue.enqueue(2)
queue.enqueue(3)

# 데이터 추출 및 출력
while not queue.is_empty():
  print(queue.dequeue())
```

[그림 8-18] python에서의 큐 예시

3 비선형 구조

비선형 구조는 데이터 간의 관계가 선형적인 순서로 연결되지 않고, 계층적 또는 네트워크 형태로 저장하고 관리되는 자료 구조이다. 데이터 간의 관계를 다양한 방식으로 표현할 수 있으며, 복잡한 데이터 구조를 효율적으로 관리하는 데 유용하다. 트리, 그래프가 대표적인 비선형 구조라고 할 수 있다.

1. 트리

트리는 데이터를 계층적인 구조로 저장한다. 데이터들을 부모-자식 관계로 연결하여 계층적인 구조를 표현하는 비선형 자료 구조로 각 노드는 0개 이상의 자식 노드를 가질 수 있으며, 트리의 최상단 노드를 루트 노드라고 부른다. 트리는 데이터 간의 관계를 효율적으로 표현하고 관리하는 데 유용하여 파일 시스템, 네트워크 등에서 다양하게 활용된다.

트리는 각 노드가 최대 두 개의 자식 노드를 가질 수 있는 이진 트리, 각 노드가 n개 이하의 자식 노드를 가질 수 있는 n진 트리, 모든 노드의 서브 트리 높이 차이가 최대 1인 균형 트리 등이 있다. 이진 트리는 탐색, 삽입, 삭제 등의 연산이 비교적 간단하고, n진 트리는 이진 트리보다 더 많은 데이터를 저장할 수 있다.

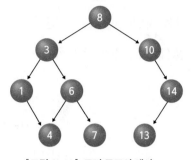

[그림 8-19] 트리 구조의 예시

트리는 선형 구조보다 더 복잡한 관계를 표현할 수 있고 데이터 간의 연결 관계를 효율적으로 관리할 수 있다. 특정 데이터에 빠르게 접근할 수 있다는 장점이 있지만 선형 구조보다 구현이 복잡하고 특정 연산에서 시간이 오래 소요될 수 있다는 단점이 있다.

```
1  class Node:
2    def __init__(self, data):
3      self.data = data
4      self.children = []
5
6          # 트리 생성
7  root = Node(1)
8  child1 = Node(2)
9  child2 = Node(3)
10 child3 = Node(4)
11
12 root.children.append(child1)
13 root.children.append(child2)
14 child1.children.append(child3)
15
16          # 트리 탐색
17 def print_tree(node):
18   print(node.data)
19   for child in node.children:
20     print_tree(child)
21 print_tree(root)
```

```
1
2
4
3
```

[그림 8-20] python에서의 트리 예시

2. 그래프

그래프는 노드(Node)와 간선(Edge)으로 구성된 비선형 자료 구조이다. 노드는 데이터를 저장하는 객체이며, 간선은 노드 간의 연결 관계를 나타낸다. 그래프는 데이터 간의 연결 관계가 복잡하거나 비선형적인 경우에 유용하게 사용된다. 그래프는 트리와 달리 정점마다 간선이 존재하지 않을 수도 있으며 루트 노드와 부모 노드, 자식 노드 개념이 없다.

　그래프는 다양한 특징을 가질 수 있는데 가진 특징에 따라 그래프의 종류도 나뉘게 된다. 그래프의 간선이 방향성이 없는 경우 양쪽으로 모두 이동할 수 있으며 이것을 무방향 그래프라고 한다. 간선이 방향성이 있어 한쪽 방향으로만 이동이 가능한 그래프는 방향 그래프라고 한다. 그래프의 간선에 거리, 비용, 우선순위 등을 나타낼 때 가중치를 부여할 수도 있는데, 이러한 그래프를 가중치 그래프라고 한다. 또한 모든 노드가 서로 연결된 그래프를 연결 그래프, 그렇지 않은 그래프를 비연결 그래프라고 한다.

　그래프는 복잡한 관계를 간결하게 표현할 수 있고 데이터 간의 연결 관계를 효율적으로 관리할 수 있다. 다양한 알고리즘을 적용하여 여러 가지 문제를 해결할 수도 있다. 하지만 선형 구조보다 구현이 복잡하고 데이터의 규모가 커질수록 계산 비용이 증가하며 그래프 구성이 복잡한 경우 이해하기 어려울 수 있다는 단점이 있다.

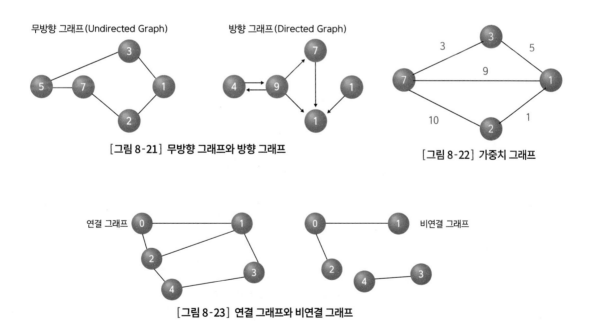

[그림 8-21] 무방향 그래프와 방향 그래프

[그림 8-22] 가중치 그래프

[그림 8-23] 연결 그래프와 비연결 그래프

```
1   class Node:
2     def __init__(self, data):
3       self.data = data
4       self.neighbors = []
5
6          # 그래프 생성
7   node1 = Node(1)
8   node2 = Node(2)
9   node3 = Node(3)
10
11  node1.neighbors.append(node2)
12  node1.neighbors.append(node3)
13  node2.neighbors.append(node3)
14
15          # 그래프 탐색
16  def print_graph(node):
17    print(node.data)
18    for neighbor in node.neighbors:
19      print_graph(neighbor)
20
21  print_graph(node1)
```

1
2
3
3

[그림 8-24] python에서의 그래프 예시

4 데이터 해석

데이터 해석은 다양한 분야에서 수집된 데이터를 이해하고 가치 있는 정보를 추출하는 과정이다. 이는 데이터를 정리, 정제, 분석, 시각화하여 의미 있는 통찰력과 지식을 얻는 것을 목표로 한다.

빅데이터 시대에 접어들면서 다양한 분야에서 엄청난 양의 데이터가 생성되고 있고 이러한 데이터를 효과적으로 활용하기 위해서는 데이터 분석이 필수이다. 데이터 분석을 통해 과거 데이터를 기반으로 미래를 예측하고, 더 나은 의사결정을 내릴 수 있다. 또한 데이터 분석으로 기존에는 알 수 없었던 새로운 지식을 발견할 수 있다.

1 데이터 전처리

데이터 전처리는 데이터 분석의 첫 번째 단계이며 데이터 분석을 위해 원본 데이터를 변환하고 준비하는 과정을 말한다. 데이터는 다양한 형식으로 존재하며, 분석에 적합하지 않은 경우가 많기 때문에 데이터 분석을 수행하기 전에 데이터를 정리하고, 오류를 수정하며, 분석에 필요한 형식으로 변환해야 한다. 데이터 전처리는 데이터 분석의 성공에 필수적인 단계로 데이터 전처리가 잘 수행되지 않으면 데이터 분석 결과가 불확실하거나 오해의 소지가 있을 수 있다.

데이터 전처리를 통해 데이터의 오류를 수정하고, 결측치를 처리하며, 이상치를 제거하여 데이터 분석의 정확도를 향상시킬 수 있다. 또한 데이터를 분석에 적합한 형식으로 변환하여 데이터 분석의 효율성을 향상시킬 수 있고, 데이터 분석 결과의 신뢰성을 높일 수 있다.

데이터 전처리에는 데이터 정제, 데이터 변환, 데이터 필터링, 데이터 통합, 데이터 축소 등의 방법이 사용된다.

데이터 정제는 데이터의 오류를 수정하고 결측치를 처리하며 이상치를 제거하는 과정이다. 결측치는 존재하지 않고 비어있는 수치를 의미하는데 평균, 중앙값, 회귀 분석 등을 사용하여 대체하거나 제거하며 이상치는 표준편차 3 이상의 값을 주로 뜻하며 값을 제거하던지 값을 특정 범위로 제한하는 방법을 통해 처리한다.

데이터 변환은 데이터를 분석에 적합한 형식으로 변환하는 과정이다. 데이터의 평균을 0, 표준편차를 1로 만들어 데이터를 정규 분포로 변환하는 작업인 표준화, 데이터를 특정 범위로 변환하여 범위를 일치시키는 정규화, 데이터를 로그값으로 변환하는 로그 변환 등이 데이터 변환에 해당한다.

데이터 필터링은 데이터의 오류를 발견하고 삭제 및 보정을 통해 데이터의 품질을 향상시키는 과정이다. 데이터 필터링은 원하는 데이터만 추출하여 분석의 효율성을 높일 수 있고 분석 대상 데이터를 줄여 계산 시간을 단축할 수 있을 뿐 아니라 특정 조건에 맞는 데이터를 분석하여 더욱 정확한 결과를 얻을 수 있다. 특정 조건에 맞는 데이터를 선택하는 조건 기반 필터링, 특정 범위 내에 있는 데이터를 선택하는 범위 기반 필터링, 중복된 데이터를 제거하는 중복 제거 등이 데이터 필터링에 해당한다.

데이터 통합은 여러 개의 데이터를 하나의 데이터로 결합하는 과정이다. 여러 개의 데이터를 공통된 열을 기준으로 결합하는 병합, 여러 개의 데이터를 순서대로 연결하는 방법이 데이터 통합에 해당한다.

데이터 축소는 데이터의 크기를 줄이면서 중요한 정보를 유지하는 과정이다. 데이터의 크기가 너무 커서 한 번에 분석하기 어려운 경우 축소시킨 데이터를 사용하면 효과적으로 데이터를 분석할 수 있다.

데이터 정제   데이터 변환   데이터 필터링   데이터 통합   데이터 축소

[그림 8-25] 데이터 전처리 방법

② 데이터 분석

데이터 분석이란 데이터 간의 관계를 파악하거나 파악한 관계를 바탕으로 우리가 원하는 새로운 데이터를 만드는 과정을 말한다.

데이터 전처리를 거친 데이터는 다양한 방법으로 분석할 수 있다. 데이터 분석의 목적에 따라 데이터 분석은 설명적 분석, 진단적 분석, 예측적 분석, 처방적 분석 4가지 유형으로 나눌 수 있다.

설명적 분석은 발생한 사실을 요약, 집계하여 결과를 도출하는 분석으로 지나간 결과에 대해 해석하고 설명하기 위한 분석이다. 진단적 분석은 데이터를 분석하여 특정 문제나 사건의 원인을 찾는 분석이다. 예측적 분석은 과거 데이터를 기반으로 미래 상황을 예측하는 분석으로 인공지능 기술을 활용해 예측 모델을 구축할 수 있다. 처방적 분석은 예측적 분석과 비슷하지만, 분석의 단계를 넘어 구체적인 행동 방안을 제시하는 분석으로 최적의 의사결정을 지원하고, 문제 해결을 위한 전략을 수립한다.

데이터 분석은 기준에 따라 정량적 데이터 분석과 정성적 데이터 분석으로도 나눌 수 있다.

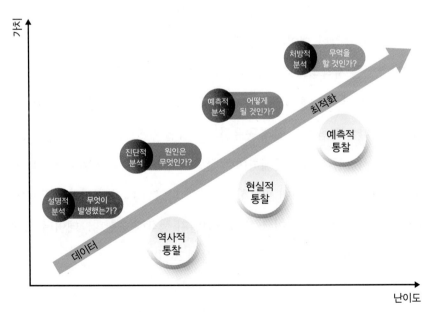

[그림 8-26] Gartner의 분석 성숙도 모델

출처 Gartner. (2012). Analytic Ascendancy: The Five Levels of Data Maturity.

정량적 데이터 분석은 수치화된 데이터를 대상으로 수행하는 분석 방법으로 통계 분석, 머신러닝, 인공지능 등의 기술을 활용하여 데이터의 패턴, 추세, 상관관계 등을 분석한다. 객관적이고 표준화된 데이터를 사용하며 수치화된 결과를 통해 명확하고 비교 가능한 분석 결과를 얻을 수 있고, 다양한 통계 분석 도구 및 기술을 활용할 수 있다.

정성적 데이터 분석은 텍스트, 이미지, 음성 등 수치화되지 않은 데이터를 대상으로 수행하는 분석 방법으로 텍스트 분석, 인터뷰, 설문 조사 등의 방법을 활용하여 데이터의 의미, 감정, 경험 등을 분석한다. 비객관적인 데이터를 사용하며 사람들의 생각, 감정, 경험 등을 이해하는 데 활용된다. 새로운 아이디어, 가설을 도출하는 데 유용하다.

데이터 분석은 정량적 데이터 분석과 정성적 데이터 분석을 적절하게 활용하여 수행해야 효과적인 분석 결과를 얻을 수 있다. 분석 목적, 데이터의 특징, 사용 가능한 기술 및 자원 등을 고려하여 적절한 분석 방법을 선택하고, 두 분석 방법을 상호 보완적으로 활용하는 것이 중요하다.

3 데이터 시각화

데이터 시각화는 데이터를 차트, 지도, 인포그래픽 등 시각적 표현으로 나타내는 과정이다. 데이터 시각화는 복잡한 데이터를 시각적으로 표현하여 쉽게 이해할 수 있도록 하며 데이터의 패턴 및 추세를 시각적으로 파악하여 데이터에 대한 통찰력을 가지게 한다. 또한 데이터 시각화를 통해 얻은 정보를 바탕으로 효과적인 의사결정을 내릴 수 있으며 데이터를 시각적으로 표현하여 다른 사람들과 쉽게 공유하고 소통할 수 있다.

수많은 데이터 시각화 유형이 존재하며 적절한 유형을 선택하기 위해서는 데이터의 개수와 특징에 대해 생각해 보는 과정이 필요하다. 또한 다양한 데이터 시각화 유형의 장단점을 알아보고 어떤 유형을 선택하는 것이 가장 효과적일지 생각해야 한다. 데이터 시각화 분야에서는 앤드류 아벨르의 차트 선택 방법이 많이 활용되고 있다.

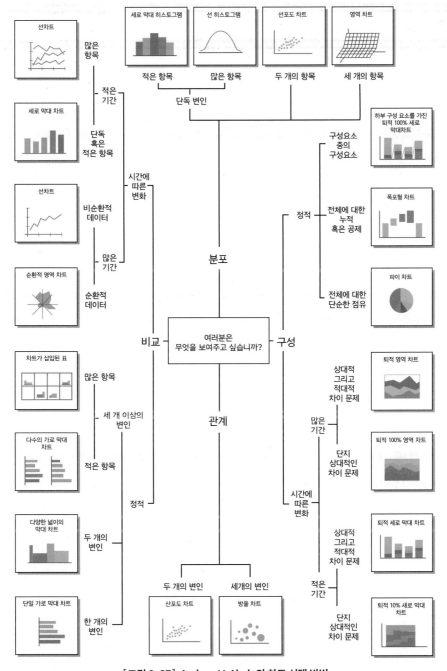

[그림 8-27] Andrew V. Abela의 차트 선택 방법

출처 Abela, A. V. (2008). Chart suggestions: A thought-starter. Extreme Presentation Method.

평가문항

1 DIKW 피라미드는 데이터, 정보, 지식, 지혜의 계층적 지식 피라미드를 의미한다. 데이터, 정보, 지식, 지혜에 관해 설명하시오.

2 이미지를 표현하는 방식에는 비트맵과 벡터의 두 가지 방식이 있다. 비트맵과 벡터 방식의 차이점을 설명하시오.

3 데이터 전처리에는 데이터 정제, 데이터 변환, 데이터 필터링, 데이터 통합, 데이터 축소 등의 방법이 사용된다. 각 방법에 관해 설명하시오.

문제 해결

> 9장에서는 문제 해결에 대해 알아본다. 문제 해결의 개념을 살펴보고,
> 일반적 문제 해결 모형과 컴퓨팅 사고 기반의 문제 해결에 대해 알아본
> 다. 또한 그 과정에서 이루어지는 문제 이해 및 분석, 문제 분해, 추상화
> 의 개념과 방법에 대해 살펴보도록 한다.
>
> 정보가 풍부한 현대 사회는 농업시대, 산업시대와는 극명한 대조를 이
> 룬다. 이러한 변화로 인해 개인이 직면해야 하는 복잡하고 다면적인 과
> 제가 급증하게 되었다. 과거에는 직관적 추론만으로 충분했다면, 정보
> 화 시대에는 문제 해결에 있어 더욱 정교한 접근 방식이 요구된다. 문제
> 해결의 복잡성을 살펴보고 문제 해결의 개념, 절차, 방법론을 탐구하여
> 현실 세계와 교과 과정 전반의 문제를 해결할 방법을 제시하였다.

1 문제 해결의 이해

일반적으로 문제란 생활 속에서 해결해야 하는 질문이나 과제를 의미한다. 사람들은 하루에도 수많은 크고 작은 문제들을 직면한다. 아침에 일어나서 아침을 먹을지, 먹지 않을지 결정하는 단순한 문제부터 맡게 된 업무를 어떻게 하면 가장 빠르게 처리할 수 있을지 결정하는 복잡한 문제까지 다양한 문제를 경험하고 있다.

1 문제 해결의 개념

문제 해결은 오랜 기간 다양한 연구자들에 의해 다양한 관점에서 정의되어 왔다. 폴리아(Polya)[1973]는 문제 해결을 '어려움을 극복하고, 장애물을 우회하며, 즉시 이해되지 않는 목표를 달성하는 것'이라고 정의했다. 문제 해결 과정의 어려움과 도전을 강조하며, 단순히 답을 찾는 것을 넘어 능동적인 노력과 창의적인 사고를 필요로 하는 과정임을 명확히 하고 있다. 숀펠드(Schoenfeld)[1980]는 문제 해결을 '해결 방법을 모르는 경우에만 문제'라고 주장하며, 예상치 못한 놀람이 없는 문제는 단순히 연습 문제에 불과하다고 강조했다. 그의 관점은 진정한 문제 해결이 불확실성과 예상치 못한 상황에 대한 적응력을 요구한다는 것을 강조한다. 보스코글루(Voskoglou)[2012]는 문제 해결을 '장애물(문제)을 극복하고 우리를 둘러싼 세계에 대한 더 나은 이해를 개발하는 인지 또는 물리적 수단을 사용하는 활동'으로 정의했다. 문제 해결 과정을 단순히 답을 찾는 것뿐만 아니라, 문제를 통해 새로운 지식과 이해를 얻는 학습 과정으로 강조하고 있다.

2 문제 해결 모형

문제를 이해하거나 설명하기 위해, 우리는 문제를 여러 방식으로 간략화하여 표현할 수 있다. 이러한 간략화 과정을 모델링이라 부르는데, 모델링은 다양한 학문 영역에 걸쳐 사용되며, 그 예로는 물리적 모델링, 개념적 정보 모델링, 수학적 모델링, 통계적 모델링, 그리고 시각화 모델링이 있다.

물리적 모델링(Physical Modeling)은 실제 물리적 현상을 축소, 단순화, 또는 아날로그 형태로 재현하는 방법이다. 이를 통해 현상을 직접 관찰하고 실험할 수 있게 하여, 복잡한 문제를 이해하고 해결하는 데 도움을 준다. 예를 들어, 건축에서는 건물의 모형을 만들어 바람의 영향을 분석할 수 있다.

개념정보 모델링(Conceptual Information Modeling)은 문제나 시스템을 구성하는 핵심 개념들과 그 관계를 도식화하는 방법이다. 복잡한 정보 구조를 명확하게 이해할 수 있도록 도와주며, 데이터베이스 설계나 소프트웨어 개발 초기 단계에서 자주 사용된다.

수학적 모델링(Mathematical Modeling)은 현상이나 문제를 수학적 식이나 방정식으로 표현하는 것이다. 이를 통해 문제를 정량적으로 분석하고 예측할 수 있으며, 최적화 문제, 경제 모델, 엔지니어링 문제 등 다양한 분야에서 활용된다.

통계적 모델링(Statistical Modeling)은 데이터에 기반하여 변수 간의 관계를 분석하고, 불확실성을 추정하는 방법이다. 이는 데이터 분석, 예측 모델링, 의사결정 과정 등에서 중요한 역할을 한다. 예를 들어, 소비자 행동 예측이나 기후 변화 연구 등에 사용된다.

가시화 모델링(Visualization Modeling)은 데이터나 복잡한 정보를 시각적으로 표현하는 방법이다. 그래프, 차트, 지도, 3D 모델 등 다양한 형태로 정보를 표현하여, 사용자가 쉽게 이해하고 분석할 수 있도록 돕는다. 이는 데이터 과학, 지리 정보 시스템(GIS), 설계 과정 등에서 널리 사용된다.

모델링 과정을 통해 생성되는 모델은 현실의 시스템이나 사건의 작동 방식을 간략하게 나타내는 도구이다. 이는 문제 상황을 가장 잘 반영한 형태로 구현한 것으로 볼 수 있다. 문제 해결 절차를 모델 형태로 표현하는 것이 가능하며, 다양한 모델을 활용해 문제를 해결할 수 있다.

③ 일반적 문제 해결 모형

1. Dewey의 문제 해결 모형

듀이(Dewey)는 문제를 인지한 이후 해결책을 찾기 위해 가설을 세우고, 그 가설을 시험하여 실행한 결과를 바탕으로 문제가 여전히 존재한다면 문제 인식 단계로 다시 돌아가는 순환적인 접근법을 소개했다. 이 과정은 문제를 인식하는 시작 단계, 문제의 본질을 이해하고 문제를 명확히 하는 단계, 해결 방안에 대한 아이디어를 바탕으로 가설을 세우는 단계, 실행 후 그

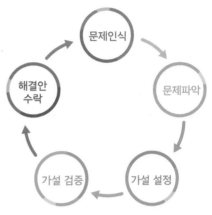

[그림 9-1] Dewey의 문제 해결 과정

결과를 통해 가설을 검증하는 단계, 그리고 검증된 결과에 따라 해결 방안을 채택하거나 버릴 수 있는 결정 단계로 구분하여 설명하였다.

듀이(Dewey)의 문제 해결 과정은 일상생활의 문제를 해결하기 위한 체계적인 접근 방식을 제공한다. 문제를 명확히 인식하고, 해결책을 모색하며, 가설을 세우고 검증해 보는 과정은 다양한 상황에서 적용될 수 있다.

〈표 9-1〉 Dewey의 문제 해결 과정의 예

단계	일상생활에서의 예
문제 인식	집안의 모든 기기가 Wi-Fi에 연결되지 않는다는 사실을 깨닫는다.
문제 파악	여러 기기가 모두 연결되지 않는다는 점으로부터, 문제가 개별 기기가 아닌 Wi-Fi 라우터나 인터넷 연결에 있을 가능성이 높다고 판단한다.
가설 설정	Wi-Fi 라우터를 재부팅하면 Wi-Fi가 연결될 것이다.
가설 검증	Wi-Fi 라우터를 재부팅한다. 잠시 기다린 후 기기들이 인터넷에 다시 연결되는지 확인한다.
해결안 수락	Wi-Fi 라우터를 재부팅 후에 모든 기기가 다시 연결된다면, 문제가 해결된 것이다. 만약 문제가 계속된다면, 다른 가설인 인터넷 서비스 제공업체에 문제가 있을 가능성을 탐구하기 위해 다음 단계로 넘어간다.

2. Polya의 문제 해결 모형

폴리아(Polya)는 문제 해결을 위한 절차로 4단계 접근법을 제안했다. 이러한 접근법은 수

학뿐만 아니라 다양한 분야의 문제 해결에도 적용될 수 있다. 폴리아의 4단계 문제 해결 절차는 다음과 같다.

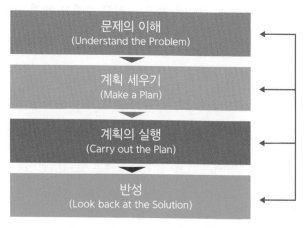

[그림 9-2] Polya의 문제 해결 모형

문제 이해하기 단계는 문제를 철저히 이해하는 단계이다. 문제의 조건을 명확히 하고, 문제의 목표가 무엇인지 정확히 파악해야 한다. 이 단계에서는 문제의 요소를 분석하고, 주어진 정보와 찾아야 할 것이 무엇인지 명확히 한다.

계획 세우기 단계는 문제를 해결하기 위한 계획을 세우는 단계로 다양한 전략을 고려할 수 있다. 예를 들어, 유사한 문제의 해결 방법을 찾아보거나, 문제를 더 작은 문제로 나누어 해결하는 분할 정복 전략, 역방향 작업, 추론하기 등 다양한 접근 방식을 고려할 수 있다.

계획 실행하기 단계는 실제로 계획을 실행하는 단계로 세운 계획을 단계별로 체계적으로 수행하면서 주의 깊게 진행한다. 때로는 계획을 조정해야 할 수도 있으며, 이 과정에서 문제를 해결하는 데 필요한 사고 과정과 방법론을 적용한다.

반성하기 단계에서는 문제 해결 과정을 반성하고 결과를 검토한다. 이 단계에서는 해결

〈표 9-2〉 Polya의 문제 해결 과정의 예

단계	일상생활에서의 예
문제 이해	휴대폰이 충전이 안 되는 문제를 정확히 인지한다. 이때, 충전기를 연결했을 때 반응이 전혀 없는지, 아니면 충전 속도가 매우 느린지 구분해야 하며 충전기나 케이블, 휴대폰의 충전 포트 중 어느 것이 문제인지 파악하는 것이 중요하다.
계획 세우기	문제의 원인을 파악하기 위한 여러 방법을 고려한다. 다른 충전기나 케이블을 사용해 보거나, 다른 전원 소켓에 연결해 볼 수 있다.
계획 실행하기	가장 간단한 해결책부터 시도한다. 다른 충전기를 사용하여 휴대폰을 충전해 보고, 만약 그것이 작동하지 않는다면 케이블을 교체해 본다. 이 과정에서 문제의 원인을 하나씩 배제해 나가면서 해결책을 찾는다.
돌아보기	문제가 해결되면, 어떤 조치가 문제를 해결했는지 되돌아본다. 예를 들어, 케이블 교체로 문제가 해결되었다면, 원래 사용하던 케이블이 손상되었음을 알 수 있다. 이러한 경험을 통해 나중에 비슷한 문제가 발생했을 때 더 빠르고 효율적으로 해결할 방법을 배운다.

한 문제를 돌아보며, 사용한 접근 방식과 해결 방법을 평가한다. 또한, 다른 방법이나 더 좋은 해결책이 있었는지 고민하고, 배운 점을 정리한다. 이 과정을 통해 비슷한 문제를 더 잘 해결할 수 있는 능력을 키울 수 있다.

폴리아(Polya)의 문제 해결 절차는 문제를 체계적으로 이해하고 해결하는 데 유용한 프레임워크를 제공한다. 이 4단계 접근법은 문제 해결 능력을 개발하는 데 도움이 되며, 학습자들이 더 적극적으로 문제에 접근하도록 격려한다.

2 컴퓨팅 사고 기반의 문제 해결

컴퓨팅 관점에서 실제 문제를 정의하고, 그 해결책을 찾아내어 효율적인 방법으로 문제를 해결해 나가는 과정은 컴퓨팅 사고 기반의 문제 해결 과정이라 할 수 있다. 이는 문제를 인지하고, 컴퓨팅 사고의 적용을 통해 문제 해결에 있어 가장 효율적인 절차를 모색하여 최적의 해결책을 도출하는 과정을 말한다. 문제 해결 과정은 문제 상황이 발생했을 때 문제를 해결하기 위한 답을 찾아가는 활동을 말한다.

1 문제 이해 및 분석

문제를 해결하기 위해서는 문제 상황을 정확하게 이해해야 한다. 문제를 이해한다는 것은 문제를 현재 상태, 목표 상태로 나누어서 파악하는 것으로 문제의 현재 상태는 문제가 발생한 상태를 말하며 목표 상태는 문제가 해결된 상태를 의미한다.

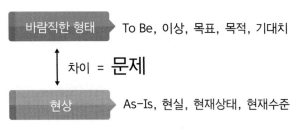

[그림 9-3] 현재 상태와 목표 상태

문제 상황, 문제에서 주어진 조건, 문제가 요구하는 목표 등을 정확하게 파악하고 분석해야 한다. 문제를 이해하고 분석하는 과정이 잘못되면 문제 해결 방법을 찾기 어렵고, 제대로 수행할 수 없기 때문에 문제를 이해하고 분석하는 과정은 아주 중요하다. 문제를 이해하고 분석하는 과정에서는 표, 그래프, 그림 등 여러 가지 방법으로 문제를 표현할 수 있다.

다음은 일상생활 속에서 문제가 발생했을 때 문제를 이해하고 분석하는 과정을 제시한 것이다.

문제	○○음식점에서 인건비를 줄이기 위해 사람을 채용하는 대신 키오스크 기계로 전환하기로 하였다. 키오스크 기계에 적용할 소프트웨어를 개발하려고 한다. ○○음식점은 갈비탕 전문점으로 메뉴는 갈비탕 하나이며 현금으로만 계산할 수 있다.

문제 이해

현재 상태	목표 상태
사람에게 주문을 하는 상태	키오스크에 주문을 하는 상태

문제 분석

주어진 상황	키오스크로 식사 주문을 받으려고 함.
주어진 조건	- 메뉴는 갈비탕 하나만 가능 - 현금만 사용 가능
필요한 정보	- 초기 화면의 모습 - 주문 화면의 모습 - 결제 방법 - 거스름돈 반환 방법

2 문제 분해

간단한 문제는 복잡한 과정을 거치지 않고도 해결할 수 있지만 복잡하고 어려운 문제는 한 번에 해결하기 어려울 수 있다. 복잡하거나 어려운 문제를 해결하기 위해서는 해결이 가능한 수준으로 문제를 나누어 진행해야 한다.

1. 어려운 문제의 특징

어려운 문제는 불투명성, 다목적성, 복잡성, 역동성 등의 특징이 있다.

원인이 명확하지 않은 상황을 가리키는 불투명성을 잘 드러내는 예는 기후 변화 문제이다. 전 세계적으로 기후 변화의 영향이 점점 더 명백해지고 있음에도 불구하고, 이에 대응하기 위한 구체적인 해결 방안이나 정책이 쉽게 도출되지 않는다. 다양한 국가, 산업, 그리고 개인의 이해관계가 얽혀 있고, 기후 변화에 영향을 미치는 요소들이 매우 복잡하게 상호작용하기 때문이다. 따라서, 이 문제에 대한 명확한 해결책을 제시하기가 어렵다. 이처럼, 문제의 근본 원인과 해결 방안이 명확하지 않아 진행 과정이나 결과가 불투명한 상황을 기후 변화 문제가 잘 보여준다.

문제가 여러 목적을 포함하고 있어 해결하기 어려운 다목적성의 예는 스마트 시티 개발에서 찾아볼 수 있다. 스마트 시티 개발은 도시의 지속 가능한 발전을 위해 에너지 효율성, 교통 시스템 개선, 공공 안전 보장, 환경 보호 등 여러 목표를 동시에 추구한다. 이러한 다양한 목표는 서로 상호 연결되어 있으며, 한 가지 목표의 달성이 다른 목표에 긍정적 또는 부정적 영향을 줄 수 있다. 따라서, 스마트 시티 개발은 복잡한 문제 해결 과정에서 다목적성을 고려해야 하는 대표적인 예시로 볼 수 있다. 이 과정에서 기술적, 사회적, 경제적 요소들이 종합적으로 고려되어야 하며, 여러 이해관계자의 목표와 기대를 조율하는 것이 중요하다.

고려해야 하는 변수가 많고 해결해야 하는 일의 범위도 파악이 어려운 복잡성의 문제는 인공지능의 윤리적 문제에서 예를 찾을 수 있다. 인공지능 기술의 발전은 사회 전반에 많은 혜택을 가져다주고 있지만, 동시에 개인정보 보호, 의사결정 과정의 투명성, 기계에 의한 일자리 대체 등 다양한 윤리적 문제를 야기한다. 이러한 문제들은 단순히 기술적 해결책으로 해결될 수 있는 것이 아니라, 법률, 사회학, 철학 등 여러 분야의 전문 지식을 결합해야 하며, 다양한 이해관계자들의 이견을 조율하는 복잡한 과정이 필요하다. 따라서, 인공지능의 윤리적 문제는 각각의 해결책이 서로 영향을 미치는 복잡한 네트워크 속에서 고려되어야 하며, 이는 문제의 복잡성을 잘 보여주는 대표적인 예이다.

시간, 계절 등 예측하기 어려운 상황에서의 역동성은 팬데믹 대응에서 찾아볼 수 있다. 전 세계적으로 확산된 감염병 팬데믹 상황은 지속적으로 변화하는 바이러스의 특성, 각국의 다양한 보건 및 경제 상황, 그리고 사회적 거리 두기, 백신 개발 및 배포 같은 대응 조치들의 복잡한 상호작용을 포함한다. 이러한 상황에서 정책 결정자들은 불확실한 정보를 바탕으로 신속하게 결정을 내려야 하며, 이러한 결정들은 시간이 지남에 따라 끊임없이 조정되어야 한다. 즉, 팬데믹 대응은 불확실성이 높고, 상황이 빠르게 변하며, 다양한 요소들이 서로 영향을 미치는 역동적인 문제라고 할 수 있다.

2. 문제 분해의 목적

문제를 작은 부분으로 나누어 해결하는 방식은 복잡한 문제를 이해하기 더 수월하게 만든다. 이 방법은 문제를 작은 단위로 분해함으로써 이해하기 쉽게 하는 데에 큰 도움이 된다.

복잡한 소프트웨어 시스템을 개발할 때, 전체 시스템을 한 번에 처리하기보다는 기능별로 나누어 각 기능을 개별적으로 설계하고 개발하는 방식을 취한다. 예를 들어, 온라인 쇼핑몰 시스템을 개발한다고 할 때, 회원 관리, 상품 관리, 주문 처리, 결제 시스템 등으로 문제를 세분화하여 각 부분을 독립적으로 이해하고 해결한다. 이러한 접근 방식은 개발자가 각 부분을 더 명확하게 이해하고, 각 기능에 대한 해결책을 더욱 효율적으로 도출할 수 있게 해준다. 또한, 문제의 어떤 부분이 변경되었을 때 전체 시스템에 미치는 영향을 쉽게 파악하고 조정할 수 있는 유연성을 제공한다.

문제를 분해함으로써, 절차나 과정을 더 명확히 파악할 수 있는 장점도 있다. 교육 과정 설계에서도 문제 분해를 통해 절차나 과정을 더 명확히 파악할 수 있는 좋은 예를 찾아볼 수 있다. 예를 들어, 어떤 교과목을 가르치기 위해 전체 교육 과정을 개발하는 경우, 단순히 전체 교과목을 한 번에 다루려고 하기보다는 해당 교과목을 여러 소단원으로 나누고 각 소단원을 따로 가르치는 접근 방식을 취한다. 이렇게 하면 각 소단원에서의 학습 목표를 명확히 설정할 수 있고, 학습자가 각 단계에서 무엇을 배워야 하는지, 어떤 과정을 거쳐야 하는지를 더욱 분명하게 이해할 수 있다. 교육 과정을 이러한 방식으로 분해하면, 각 소단원에 필요한 자료나 활동을 구체적으로 계획하고 준비하는 데에도 도움이 된다. 교사는 각 단계에서의 학습 진행 상황을 더 잘 파악할 수 있고, 필요한 경우 특정 부분에 대한 보충 설명이나 추가 자료를 제공하여 학습 효과를 높일 수 있다. 이처럼 교육 과정 설계에서 문제 분해를 활용하는 것은 복잡한 교육 목표를 달성하기 위한 절차와 과정을 명확화하는 데 크게 기여한다.

문제 분해로 전체 문제를 구성하는 요소를 쉽게 파악할 수 있다. 식단 분석을 예로 들면 건강한 식습관을 만들기 위한 전체 식단을 분석할 때, 단순히 '건강한 식사'라는 큰 주제만을 고려하는 것이 아니라, 식단을 구성하는 다양한 식품군(탄수화물, 단백질, 지방, 비타민 등)으로 나누어 각 성분의 비율과 영양가를 따져보는 방식을 사용한다. 이렇게 식단을 세부 성분으로 나누어 분석함으로써, 무엇이 부족하고 무엇이 과다한지를 명확하게 파악할 수 있으며, 이를 통해 개인의 영양 상태나 건강 목표에 맞는 조정을 할 수 있다. 탄수화물의 섭취가 과다하고 단백질의 섭취가 부족하다는 것을 발견하면, 식단에서 탄수화물의 비율을 줄이고 단백질을 더 많이 포함하는 조치를 취할 수 있다. 이처럼 문제를 구성하는 성분을 파악하고 분석하는 과정은 문제 해결에 있어서 보다 체계적이고 효과적인 접근 방법을 제공한다.

3. 문제 분해의 기준

문제 분해는 복잡한 문제를 작은 문제들로 나누어 단계적으로 해결하는 효과적인 문제 해결 전략이다. 다양한 분야에서 문제 해결 과정의 중요한 단계로 활용되고 있으며, 성공적인 문제 해결에 필수적인 역할을 한다. 문제 분해를 효과적으로 수행하기 위해서는 적절한 기준을 활용하는 것이 중요하다.

첫째, 문제를 작은 문제들로 나눌 때 각 부분 문제가 명확하고 이해하기 쉬워야 한다. 모호하거나 애매한 부분의 문제들은 오히려 문제 해결을 방해할 수 있으므로, 명확하게 정의하고 구체화해야 한다.

둘째, 각 부분 문제는 서로 독립적이어야 한다. 하나의 작은 문제를 해결했을 때 다른 부분 문제들에 영향을 미치지 않도록 독립적인 구조를 유지해야 한다. 서로 연관된 문제들은 적절하게 그룹화하여 함께 해결하거나, 우선순위를 정해 차근차근 진행해야 한다.

셋째, 모든 부분 문제는 합쳐 본래 문제를 완전히 해결할 수 있어야 한다. 중요한 문제가 누락되거나 제외되지 않도록 주의해야 하며 누락된 부분 문제는 문제 해결의 결과에 부정적인 영향을 미칠 수 있으므로, 모든 관련 요소를 파악하고 고려해야 한다.

넷째, 문제를 너무 작게 분해하면 비효율적일 수 있고, 너무 크게 남겨놓으면 해결하기 어려울 수 있다. 문제의 복잡성과 상황에 맞는 적절한 수준으로 문제를 분해해야 한다. 일반적으로 문제를 2~5개 정도의 부분 문제들로 분해하는 것이 적절하지만, 상황에 따라 다를 수 있다.

4. 문제 분해의 방법

문제 분해는 절차 중심 접근과 성분 중심 접근으로 나눌 수 있다. 절차 중심 접근법은 문제 해결에 필요한 다양한 절차를 확인하고, 이를 구별하여 세부적으로 나누는 과정이다. 일상생활에서는 요리를 절차 중심 접근으로 접근할 수 있다. 복잡한 요리 과정을 간단하고 이해하기 쉬운 단계로 나누어 문제를 분해할 수 있다.

성분 중심 접근법은 문제를 이루는 기본 요소들을 파악하고, 이들을 분류하여 상세히 나누는 과정이다. 일상생활에서 예산을 관리하는 문제를 성분 중심 접근법을 활용한 문제 분해로 이해할 수 있다. 복잡할 수 있는 개인 재정의 관리 과정을 성분별로 나누어 분해하면 예산을 효율적으로 계획해서 사용할 수 있다는 장점이 있다.

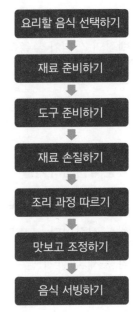

[그림 9-4] 절차 중심 접근의 예

[그림 9-5] 성분 중심 접근의 예   [그림 9-6] 작은 문제로 분해한 키오스크 주문 문제

③ 추상화

문제를 해결하는데 불필요한 요소를 제거하고 핵심 요소만을 추출하는 과정을 추상화라고 한다. 복잡한 문제일수록 핵심 요소만을 추출해서 단순화하는 과정이 아주 중요하다. 복잡한 문제의 해결 과정에서 추상화는 불필요한 세부 사항을 제거하고 문제의 핵심 요소에 집중함으로써 문제를 더욱 명확하게 이해하고 효과적인 해결책을 찾는 데 도움을 준다. 추상화를 통해 문제의 복잡성을 줄이고 핵심적인 요소를 명확하게 드러낼 수 있다.

1. 추상화의 개념

문제 해결 과정에서 문제의 복잡성에 따라 적절한 전략을 활용하는 것이 중요하다. 단순한 문제는 현재 상태와 목표 상태를 비교 분석하는 것만으로도 해결 방법을 찾을 수 있지만 복잡한 문제의 경우에는 문제의 요소들을 꼼꼼하게 분석하고 불필요한 요소들을 제거하여 문제의 핵심을 파악하는 과정이 필요하다. 이를 통해 문제를 명확하게 이해하고 효과적인 해결책을 도출할 수 있다. 예를 들어 아래 픽토그램의 경우 운동 경기 종목을 나타낸 것인데 운동 경기의 특징을 나타내는 동작만을 남기고 불필요한 신체 부위는 제거하였다.

복잡한 위성 사진을 보면 선을 따라 정차하는 역 사이의 노선이 반듯하지 않은 구간을 확인할 수 있고, 간격도 일정하지 않다는 것을 알 수 있다. 지하철 노선도를 사용하는 사람들에게는 역 사이의 거리가 얼마나 다른지와 노선의 반듯한 정도는 크게 필요한 정보가 아니기 때

[그림 9-7] 픽토그램

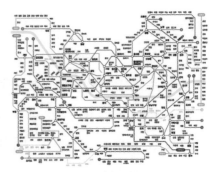

[그림 9-8] 복잡한 위성 사진 　　　[그림 9-9] 지하철 노선도
출처 네이버 지도

문에 역 순서, 환승역 등의 정보만을 파악할 수 있도록 핵심적인 요소만 선정해 지하철 노선도가 완성되었다.

다양한 분야에서 추상화는 공통적인 핵심 요소만을 간명하게 표현하는 과정을 의미한다. 수학에서 추상화란 구체적인 상황을 배제하고 문제의 본질을 일반화하여 다양한 맥락에 적용할 수 있도록 하는 것이다. 예술 분야에서는 사물의 정확한 묘사가 아닌 핵심적인 요소를 작가의 해석과 관점을 반영하여 표현하는 것을 추상화라 한다. 한편 컴퓨터 과학에서 추상화는 실제 상황에서 보편적으로 적용 가능한 객관적 지식을 추출하는 과정을 뜻한다. 요컨대 추상화는 분야마다 조금씩 다른 의미를 지니지만, 본질적으로는 불필요한 요소를 제거하고 핵심만을 압축적으로 나타내는 작업이라고 볼 수 있다. 필요한 것과 그렇지 않은 것을 구분하여 불필요한 부분을 없애 간결함을 추구하는 것은 문제 해결을 쉽게 만든다. 그러나 이 과정에서 무리한 단순화는 문제 해결을 그르칠 위험을 내포하고 있다. 따라서, 추상화가 실제로 효과적인지를 검증하기 위한 구현과 테스트가 필수적이다.

2. 추상화의 종류

추상화는 복잡성을 관리하기 위한 필수적인 개념으로, 복잡한 시스템에서 중요한 부분을 강조하고 불필요한 부분을 숨기는 과정이다. 추상화는 크게 스토리 추상화, 데이터 추상화, 기능 추상화로 나눌 수 있다.

스토리 추상화는 주로 문학, 영화, 게임 디자인 등 스토리텔링이 중요한 분야에서 사용된다. 이는 복잡한 스토리라인, 캐릭터 관계, 배경 설정 등을 단순화하여 핵심적인 테마나 메시지를 전달하는 방식을 말한다. 스토리 추상화는 관객이나 사용자가 콘텐츠의 핵심을 쉽게 이해하고 공감할 수 있도록 돕는다. 예를 들어, 영화나 소설에서 부수적인 사건이나 등장인물을 최소화하여 주요 사건이나 메시지에 집중할 수 있게 하는 것이 이에 해당한다.

데이터 추상화는 복잡한 데이터 구조에서 중요한 정보만을 추출하고 세부적인 구현은 숨기는 과정을 말한다. 프로그래밍에서는 클래스나 인터페이스를 통해 데이터 추상화를 구현할 수 있다. 예를 들어, 데이터베이스 시스템에서 사용자는 데이터를 저장하거나 검색할 때 복잡한 내부 구조(인덱싱 방법, 저장 방식 등)를 알 필요 없이 간단한 인터페이스(API)를 통해 작업을 수행할 수 있다. 데이터 추상화는 복잡성을 줄이고, 사용자가 중요한 정보에 집중할 수 있게 한다.

기능 추상화는 복잡한 작업이나 프로세스를 간단한 명령어나 함수로 표현하는 것을 말한다. 프로그래밍에서 함수나 메서드를 사용하여 특정 작업을 수행하는 코드를 감싸고, 사용자는 그 내부 구현을 몰라도 해당 함수를 호출함으로써 필요한 작업을 수행할 수 있다. 예를 들어, print() 함수는 화면에 텍스트를 출력하는 복잡한 과정을 추상화한 것으로, 프로그래머는 내부적으로 어떻게 텍스트가 화면에 표시되는지 알 필요 없이 이 함수를 사용할 수 있다.

각각의 추상화 방식은 복잡한 문제를 단순화하고, 사용자가 중요한 부분에 집중할 수 있도록 도와준다. 이를 통해 시스템의 이해, 사용, 개발이 쉬워지며, 더 효율적이고 효과적인 디자인과 구현이 가능해진다.

3 문제 해결의 실제

일상생활에서 맞닥뜨릴 수 있는 문제 중 하나인 '식비 지출 줄이기' 문제를 해결하는 과정을 문제 이해, 문제 분석, 문제 분해, 추상화의 단계로 나누어 해결할 수 있다.

1 문제 이해 및 분석

식비 지출 줄이기 문제에 대해 문제 상황을 정확하게 파악하고 주어진 상황, 조건, 필요한 정보를 분석해야 한다.

문제 ▶ 가족의 월 식비 지출이 계속 증가하고 있으며, 이로 인해 다른 중요한 지출 항목에 대한 예산이 줄고 있다.

문제 이해 ▶

현재 상태	목표 상태
예산에서 식비 지출이 계속 증가함	가정의 식비 지출을 줄이기

문제 분석 ▶

주어진 상황	가족 구성원의 수, 식습관, 선호하는 식재료, 현재 월 식비 지출액
주어진 조건	식비 예산을 현재보다 20% 줄이려고 함, 가족 구성원 모두의 건강과 만족도를 유지해야 함
필요한 정보	가족이 주로 소비하는 식재료의 가격, 식비 지출에서 차지하는 비중이 큰 항목, 식비를 줄일 수 있는 대체 식품이나 요리법

2️⃣ 문제 분해

식비 지출을 줄이기 위한 문제를 성분 중심 접근으로 분해할 수 있다. 식비 지출이 많은 원인을 식재료 구매, 식사 준비, 식재료 저장, 예산 관리의 4가지 성분으로 나누어서 문제를 해결해 볼 수 있다.

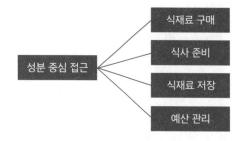

[그림 9-10] 예산 절약을 위한 문제 분해

예를 들어 식재료 구매와 관련해서는 고가의 식재료를 구매했다거나 불필요한 간식 및 가공식품 구매를 원인으로 삼을 수 있고, 이를 개선하기 위해서는 계절별 저렴한 식재료 구매, 필수 식재료에 집중이라는 방안을 선택할 수 있다.

식사 준비와 관련해서는 외식 및 배달 음식에 의존하는 문제점 등을 찾아볼 수 있다. 집에서의 식사 준비 빈도 증가, 간단하면서도 영양가 있는 식단 구성으로 문제를 해결할 수 있다.

식재료 저장과 관련해서는 식재료의 부적절한 저장, 낭비 등을 문제로 생각해 볼 수 있고, 식재료의 적절한 보관 방법 연구, 남은 식재료 활용 계획 수립 등을 해결 방안으로 생각해 볼 수 있다.

예산 관리와 관련해서는 명확한 예산 계획 부재 등을 원인으로 생각해 볼 수 있고, 식비 예산 설정, 지출 기록 및 모니터링 등을 해결 방안으로 생각해 볼 수 있다.

3️⃣ 추상화

추상화 단계는 문제의 복잡성을 줄이고, 해결책을 더욱 명확하게 만들기 위해 중요한 요소들을 일반화하고, 핵심 원리나 개념을 도출하는 과정으로 이를 통해 다양한 상황에 적용 가능한 전략을 개발할 수 있다. 식비 절약과 관련된 문제에서는 핵심 원칙을 도출하고 일반화된 해결책을 개발하는 것이 추상화와 연관되어 있다.

경제적 식재료 구매, 효율적 식사 준비, 식재료의 최적 활용을 문제를 해결하기 위한 핵심 원칙으로 도출할 수 있다. 계절별, 대량 구매 등의 원칙에 따라 식재료를 구매하여 가격 대비 최대의 가치를 얻도록 하고, 식사 준비 시간과 노력을 최소화하면서도 영양과 만족도를 극대화하는 요리 방법을 탐색해서 효율적으로 식사를 준비할 수 있다. 남은 식재료를 효율적으로 활용하여 낭비를 최소화하는 방안을 모색하는 것은 식재료의 최적 활용 원칙에 해당한다.

일반화된 해결책 개발로는 식비 절감을 위한 가이드라인 제작이나 유연한 식사 계획 수립을 생각해 볼 수 있다. 핵심 원칙을 바탕으로 식비 절감을 위한 일련의 가이드라인을 제작할 수 있다. 계절별 식재료 구매 가이드, 식사 준비 및 식재료 활용 팁 등이 여기 해당한다. 가정의 상황과 선호에 맞춰 주별 식사 계획을 수립하는 것은 유연한 식사 계획 수립과 연관되어 있다.

1 존 듀이(John Dewey)는 실용주의 철학을 바탕으로 문제 해결 과정을 중요한 교육 방법으로 제시했다. 그의 문제 해결 모형은 문제 인식, 문제 파악, 가설 설정, 가설 검증, 해결안 수락의 5단계로 구분된다. 각 단계에 관해 설명하시오.

2 문제 분해는 절차 중심 접근과 성분 중심 접근으로 나눌 수 있다. 각 방식의 특징을 설명하시오.

3 일상생활에서 겪을 수 있는 '가족 저녁 식사'라는 문제를 해결하기 위해 문제를 작은 부분으로 나누어 설명하시오.

알고리즘

> 10장에서는 알고리즘의 기본 개념부터 시작하여, 알고리즘의 중요성과 그 영향력을 탐구하며 알고리즘의 구조와 종류에 대해 알아본다.
>
> 첫째, 알고리즘과 문제해결에서는 알고리즘의 개념과 함께 일상생활에서 컴퓨터를 활용한 문제해결 알고리즘을 알아보며, 알고리즘의 표현 방법을 익힌다.
>
> 둘째, 알고리즘의 구조와 종류에서는 알고리즘의 순차, 선택, 반복 구조를 살펴보고 실제로 많이 활용되는 정렬 및 탐색 알고리즘과 이를 활용한 문제해결 과정을 알아본다.

1 알고리즘과 문제해결

알고리즘은 컴퓨터 과학의 핵심 개념 중 하나로, 문제 해결의 방식을 구체적이고 체계적인 절차로 설명한 것이다. 이러한 알고리즘은 일상생활에서 간단한 계산부터 복잡한 데이터 분석까지 다양한 문제를 효율적으로 해결하는 데 필수적인 도구이다.

알고리즘을 배우고 이용하는 것은 단순히 기술적인 능력을 넘어서, 문제에 대하여 근본적으로 이해하고 창의적으로 접근할 수 있게 하며, 복잡한 문제를 명확하고 구조적인 단계로 나누어 해결할 수 있게 한다.

1 알고리즘의 이해

알고리즘은 문제를 해결하거나 특정한 작업을 수행하기 위한 일련의 명확하고 정밀한 단계나 지시 사항의 집합이다. 알고리즘의 순서대로 나열된 명령어들을 차례대로 수행하면 결국 최종적으로 목표한 일이 완성된다. 알고리즘은 간단한 일상적 문제에서부터 복잡한 과학적 계산에 이르기까지 다양한 상황에서 활용된다. 라면을 끓일 때의 순서, 엘리베이터에서 어느 쪽 문을 기다릴지, 마트에서 물건값을 계산할 때와 같은 순차적으로 진행되는 일에는 물론, 어떤 것을 선택하거나 반복할 때도 사용된다. 알고리즘은 일상생활의 문제해결뿐만 아니라 컴퓨터 과학에서 최적화, 데이터 분석, 인공지능 등 여러 분야에서 필수적인 역할을 하고 있다.

〈표 10-1〉 알고리즘의 생활 속 사례

라면 끓이기	엘리베이터 타기
1. 라면과 필요한 재료를 준비한다. 2. 냄비에 물을 붓고 가스레인지를 사용해 물을 끓인다. 3. 끓는 물에 라면 면을 넣고, 수프를 뜯고 수프 가루를 물에 넣는다. 4. 뚜껑을 닫고 3~4분간 더 끓인다. 5. 불을 끈다. 6. 라면을 불에서 내리고 그릇에 담는다.	1. 엘리베이터가 7층에 있다. 2. 사람이 4층에서 엘리베이터를 호출한다. 3. 호출한 4층으로 엘리베이터가 이동하고, 문을 연다. 4. 사람이 타면 문을 닫는다. 5. 엘리베이터에 탄 사람이 가고자 하는 층을 입력한다. 6. 입력된 층으로 이동한 후 문을 연다. 7. 사람이 내린 후 문을 닫는다.

1. 문제해결 과정과 알고리즘

일상생활 속 문제를 해결하기 위한 알고리즘 구상은 실용적 접근을 요구한다. 일상생활에서 마주치는 다양한 문제들은 특정한 패턴이나 원칙에 기초하여 해결될 수 있다. 일상생활에서의 문제해결 알고리즘은 각종 자원의 효율적인 관리, 시간의 최적화, 그리고 특정한 상황

[그림 10-1] 문제 해결 과정과 알고리즘

에서 최선의 선택을 도출하는 데 중점을 둔다. 예를 들어, 요리할 때 재료의 준비부터 조리까지의 각 단계를 최적화하여 시간을 절약할 수 있다. 또한, 쇼핑할 때는 상품의 가격과 품질을 비교 분석하여 최고의 가격 대비 품질을 선택하는 전략을 세울 수 있다. 이와 같이, 일상생활속 알고리즘은 단순한 문제해결뿐만 아니라, 생활의 질을 향상하는 데에도 기여한다.

일상생활에서의 문제를 구조화하고, 효과적으로 해결하기 위한 다양한 알고리즘의 적용을 예시로 들면 <표 10-2>와 같다. 각 예시는 일상에서 마주치는 문제를 해결하는 데 활용 가능한 알고리즘의 유형과 접근 방식이다.

〈표 10-2〉 일상생활의 문제해결을 위한 알고리즘 예시

문제해결 방법	알고리즘 타입
1. 아침에 최대한 빠르게 준비하는 방법	순차적 절차
2. 매일 최적의 교통 경로 찾기	최적화 알고리즘
3. 가계부를 효율적으로 관리하는 방법	데이터 관리
4. 집안일을 더 빠르게 처리하는 순서	우선순위 큐
5. 가족 생일 선물을 선택하는 전략	의사 결정 트리
6. 운동 루틴을 계획하는 방법	반복 알고리즘
7. 여행 계획을 세우는 전략	분기 한정 알고리즘

2. 컴퓨터를 이용한 문제해결 과정과 알고리즘

컴퓨터를 이용한 문제해결 역시 복잡한 문제들을 효율적으로 분해하고, 절차적으로 해결

하는 과정을 포함한다. 컴퓨터 과학에서는 문제를 분석하고, 적합한 알고리즘을 선택하여 접근한다. 이 과정은 논리적이고 체계적이며, 종종 복잡한 문제도 단순한 부분 문제로 분해하여 해결할 수 있도록 만든다. 예를 들어, 데이터 정렬이나 검색 문제는 특정 알고리즘을 적용하여 효율적으로 해결할 수 있다. 컴퓨터를 이용한 문제 해결 알고리즘은 이와 같이 문제의 본질을 이해하고, 적합한 알고리즘을 적용하여 문제를 해결하는 데 집중한다.

컴퓨터를 활용하여 문제를 해결하기 위한 알고리즘 적용 예시는 <표 10-3>과 같다.

〈표 10-3〉 컴퓨터를 활용한 문제해결을 위한 알고리즘 예시

문제해결 방법	알고리즘 타입
1. 대량의 데이터 정렬	정렬 알고리즘(예: 퀵소트)
2. 데이터베이스에서 정보 검색	검색 알고리즘(예: 바이너리 서치)
3. 최적의 네트워크 경로 찾기	그래프 알고리즘(예: 다익스트라)
4. 파일 압축 및 해제	데이터 압축 알고리즘(예: Huffman coding)
5. 인터넷에서 정보의 중요도 평가	페이지 랭크 알고리즘(예: Google의 PageRank)
6. 실시간 시스템의 작업 스케줄링	스케줄링 알고리즘(예: 라운드 로빈)
7. 보안을 위한 데이터 암호화	암호화 알고리즘(예:RSA)

컴퓨터를 활용하여 문제를 해결하기 위한 알고리즘은 다섯 가지 조건을 만족해야 한다. 이를 그림으로 나타내면 [그림 10-2]와 같다.

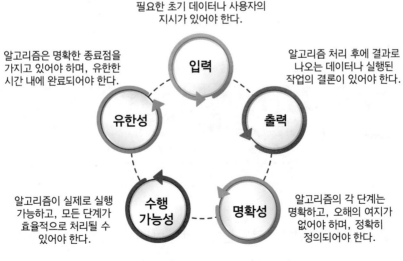

[그림 10-2] 알고리즘의 조건

알고리즘이 작동하기 위해 필요한 초기 데이터나 사용자의 지시가 있어야 한다.

알고리즘은 명확한 종료점을 가지고 있어야 하며, 유한한 시간 내에 완료되어야 한다.

알고리즘 처리 후에 결과로 나오는 데이터나 실행된 작업의 결론이 있어야 한다.

입력

출력

유한성

수행 가능성

명확성

알고리즘이 실제로 실행 가능하고, 모든 단계가 효율적으로 처리될 수 있어야 한다.

알고리즘의 각 단계는 명확하고, 오해의 여지가 없어야 하며, 정확히 정의되어야 한다.

알고리즘의 다섯 가지 조건을 로봇 청소기에 적용하여 구체적으로 살펴보면 <표 10-4>와 같이 설명할 수 있다.

〈표 10-4〉 로봇 청소기에 적용한 알고리즘의 조건

알고리즘 조건	의미
입력	알고리즘은 외부에서 제공된 자료가 존재해야 한다. 로봇 청소기) 청소해야 할 공간의 지도, 사용자의 청소 조건
출력	알고리즘은 한 개 이상의 결과가 있어야 한다. 로봇청소기) 청소가 완료된 상태
명확성	알고리즘의 각 단계는 명확하고, 정확히 정의되어야 한다. 로봇청소기) 청소 시작→거실→방1→방2→청소 종료→충전소
수행 가능성	알고리즘의 모든 단계는 실행 가능하고 효율적으로 처리될 수 있어야 한다. 로봇청소기) 효율적인 경로 계획, 배터리 관리 등의 조건에 맞게 실행 가능한 단계 설정
유한성	알고리즘의 각 단계는 유한성을 가지고 처리되어야 한다. 로봇청소기) 주어진 청소 영역을 모두 커버하고, 작업을 마무리하면 충전소로 돌아감

2 알고리즘의 표현

알고리즘은 자연어(Natural Language), 순서도(Flow Chart), 의사코드(Pseudocode) 등 다양한 형식으로 표현할 수 있다. 오존 농도에 따라 등급을 표시하는 문제가 있다고 할 때, 문제해결 과정을 자연어, 순서도, 의사코드 세 가지 알고리즘으로 표현해 보자.

먼저, 기상청에서 제공하는 오존 농도에 따른 등급 기준표는 <표 10-5>와 같다.

〈표 10-5〉 오존 농도에 따른 오존 예보 등급 기준

예보 구간		등급			
예측 농도(ppm·1h)	O₃	좋음	보통	나쁨	매우 나쁨
		0~0.030	0.031~0.090	0.091~0.150	0.151 이상

1. 자연어

알고리즘을 자연어로 표현하는 것은 글이나 말을 이용하여 문제해결 절차에 따라 순서대로 처리할 일을 기술하는 방법이다. 알고리즘을 자연어로 표현하는 방법은 이해하기 쉽고 직

관적이며, 프로그래밍 경험이 없는 사람도 쉽게 접근할 수 있다는 장점이 있다. 그러나 모호하고 구체성이 떨어질 수 있으며, 알고리즘의 단계를 명확하고 정확하게 정의하는 데 어려움이 있어, 다른 의미로 해석될 수 있다는 단점이 있다.

다음은 '오존 농도에 따라 등급을 표시하는 문제'의 알고리즘을 자연어로 표현한 것이다.

1. 오존의 농도를 측정한다.

2. 측정된 오존 농도가 0. 03ppm 이하일 경우 오존 등급을 '좋음'으로 설정하고, LED 색을 파란색으로 표시한다.

3. 측정된 오존 농도가 0. 031ppm 이상이고 0. 09ppm 이하일 경우 오존 등급을 '보통'으로 설정하고, LED 색을 초록색으로 표시한다.

4. 측정된 오존 농도가 0. 091ppm 이상이고 0. 15ppm 이하일 경우 오존 등급을 '나쁨'으로 설정하고, LED 색을 노란색으로 표시한다.

5. 측정된 오존 농도가 0. 151ppm 이상일 경우 오존 등급을 '매우 나쁨'으로 설정하고, LED 색을 빨간색으로 표시한다.

6. 설정된 오존 등급에 따라 LED 색을 활성화한다.

2. 순서도

순서도는 미리 약속된 도형과 흐름선을 사용하여 알고리즘을 표현하는 방법이다. 순서도의 기호와 의미는 <표 10-6>과 같다.

〈표 10-6〉 순서도 기호와 의미

기호	이름	의미
	단자(terminal)	순서도의 시작과 끝
	처리(process)	값을 계산하거나 대입하는 기호

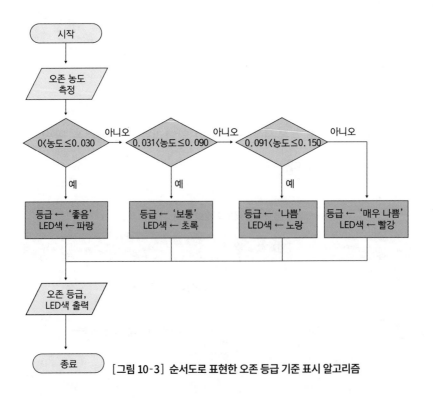	준비(preparation)	변수의 선언 및 초깃값 부여, 배열 선언
	판단(decision)	참과 거짓을 판단하거나 조건에 맞는 경로로 분기
	문서(document)	처리된 결과를 프린터로 출력
	입출력(input/output)	데이터의 입력과 출력
	흐름선(flow line)	각종 처리 기호의 처리 흐름 연결
	연결자(connector)	다른 곳으로의 연결 표시

순서도는 알고리즘을 시각적으로 표현하여 복잡한 프로세스를 한눈에 파악할 수 있다는 장점이 있지만, 복잡한 알고리즘은 순서도가 매우 복잡해질 수 있다는 단점이 있다. [그림 10-3]은 '오존 농도에 따라 등급을 표시하는 문제'의 알고리즘을 순서도로 표현한 것이다.

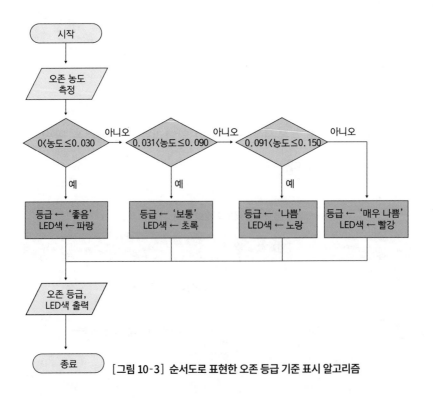

[그림 10-3] 순서도로 표현한 오존 등급 기준 표시 알고리즘

3. 의사코드

의사코드는 프로그래밍 언어의 문법을 사용하지 않고 알고리즘의 로직을 일반적인 언어로 서술한 코드를 말한다. 의사코드는 직접 실행 가능한 프로그래밍 언어로 작성되지 않았기 때문에 컴퓨터에서는 실행될 수 없으나, 알고리즘의 논리적 구성과 상세한 기술을 가독성 높게 제공하는 데 유용하다. 의사코드는 프로그래밍을 시작하기 전에 알고리즘을 꼼꼼히 분석하는 데 유용하며, 실제 프로그래밍 언어로의 전환을 쉽게 하여, 나중에 코드 작성 시 상당한 이점을 제공한다.

<표 10-7>은 '오존 농도에 따라 등급을 표시하는 문제'의 알고리즘을 의사코드와 파이썬으로 표현한 것이다.

〈표 10-7〉 오존 농도에 따라 등급을 표시하는 문제의 알고리즘

의사코드	파이썬

READ 오존 농도
IF 오존 농도 ≤ 0.030 THEN
    오존 예보 등급 ← "좋음"
    LED 색상 ← "파랑"
ELSEIF 오존 농도 ≤ 0.090 THEN
    오존 예보 등급 ← "보통"
    LED 색상 ← "녹색"
ELSEIF 오존 농도 ≤ 0.150 THEN
    오존 예보 등급 ← "나쁨"
    LED 색상 ← "노랑"
ELSE
    오존 예보 등급 ← "매우 나쁨"
    LED 색상 ← "빨강"
END IF
PRINT 오존 예보 등급, LED 색상
	`def assess_ozone_level(ozone_level):`
	    `if ozone_level <= 0.030:`
	        `ozone_grade, led_color = "좋음", "파랑"`
	    `elif ozone_level <= 0.090:`
	        `ozone_grade, led_color = "보통", "초록"`
	    `elif ozone_level <= 0.150:`
	        `ozone_grade, led_color = "나쁨", "노랑"`
	    `else:`
	        `ozone_grade, led_color = "매우 나쁨", "빨강"`
	
	    `return ozone_grade, led_color`

2 알고리즘의 구조와 종류

알고리즘의 구조와 종류는 다양하며, 각 알고리즘은 특정 유형의 문제를 해결하는 데에 최적화되어 설계되어 있다. 알고리즘들은 각기 다른 구조적 특성을 가지며, 이는 특정 문제를 해결하는 데 있어서의 효율성과 성능에 직접적인 영향을 미친다. 효율적인 문제 해결을 위해서는 각 알고리즘의 특성을 알고, 해결하고자 하는 문제 유형에 적합한 알고리즘을 선택하는 것이 중요하다.

1 알고리즘의 구조

알고리즘은 문제 해결을 위한 단계적인 절차를 체계적으로 표현한 것으로, 효과적인 프로그래밍의 기본 요소이다. 모든 알고리즘은 명확한 시작과 끝이 있으며, 그 사이의 과정에서 특정한 작업을 수행한다. 알고리즘은 기본적으로 순차, 선택, 반복이라는 세 가지 구조적 특성이 있다. 이들은 알고리즘을 구성하는 뼈대를 이루며, 복잡한 문제를 단순하고 명료하게 해결하기 위한 구조를 제공한다.

문제해결을 위한 알고리즘을 설계할 때는 문제 해결 과정의 흐름을 규칙적이고 단순하고, 가독성 높게 작성하는 것이 좋다. [그림 10-4]는 알고리즘을 표현할 때 사용하는 설계 구조인 순차, 선택, 반복 구조 형식이다.

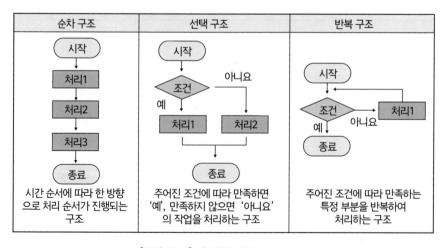

[그림 10-4] 알고리즘의 구조(순차, 선택, 반복)

'오존 농도에 따라 등급을 표시하는 문제'의 알고리즘에 적용해 보면, 오존 농도에 따라 등급을 나누고, 판정하는 것이 선택 구조에 해당된다. 만일 오존 센서를 사용하여 1시간 단위로 계속 반복해서 오존 농도를 측정하고, 등급을 판정하는 알고리즘으로 바꾸어 표현한다면, [그림 10-5]와 같이 바꿀 수 있다.

실제로 문제를 해결하기 위한 알고리즘을 설계하다 보면 한 가지 유형의 알고리즘 구조만 사용하는 것이 아니라 여러 가지 유형의 알고리즘 구조를 적절히 결합하여 설계하는 것이 일반적이다.

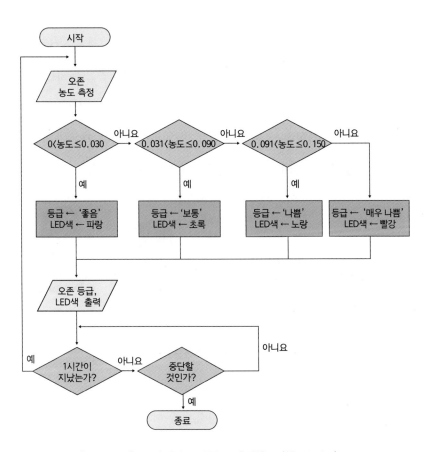

[그림 10-5] 1시간 단위로 오존 농도 측정하는 반복 구조 순서도

② 알고리즘의 종류

컴퓨터를 활용하면서 수많은 자료 목록에서 원하는 자료를 검색하고, 찾는 것은 일상적이고 기본적인 작업이다. 간단한 자료를 찾기 위해 검색 버튼 하나를 클릭하는 작업에도 내부적으로는 수많은 작업이 수행된다. 컴퓨터를 활용한 작업에서 정렬과 검색은 가장 기본이 되는 알고리즘이다.

1. 정렬 알고리즘

우리는 카드 더미를 번호순으로 정리하거나, 학생의 자료를 이름순으로 재배열할 때와 같이 일상생활 속에서 다양한 문제를 해결할 때 정렬 작업을 자주 수행한다. 정렬 알고리즘 (Sorting Algorithm)은 주어진 데이터 집합을 특정한 기준에 의해 체계적으로 배열하는 과정이다. 이렇게 정렬된 데이터 집합은 효율적인 검색과 데이터 분석을 가능하게 하며, 가공된 정보를 더 의미 있고 체계적인 형태로 변환하는 데 중요한 역할을 한다.

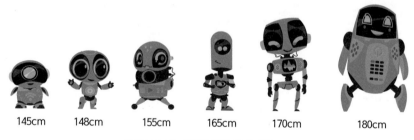

145cm   148cm   155cm   165cm   170cm   180cm

[그림 10-6] 실생활 정렬 문제 상황(키순으로 정렬)

(1) 선택 정렬

선택 정렬 알고리즘은 데이터 집합에서 아직 정렬되지 않은 부분에서 최솟값(혹은 최댓값)을 찾아 선택하고, 이를 정렬되지 않은 부분의 맨 앞에 위치한 값과 교환하여 정렬을 수행하는 방식이다. 각 반복에서 가장 작은 수(큰

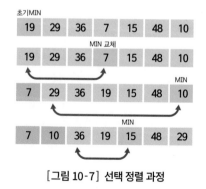

[그림 10-7] 선택 정렬 과정

수)를 찾아 현재 위치와 바꾸는 단순하지만 효과적인 방법으로, 모든 요소를 순회하면서 최솟값(최댓값)을 찾는 과정을 반복한다. 이 과정을 데이터 집합의 크기만큼 반복하게 되면, 데이터는 오름차순(내림차순)으로 정렬된다.

다음은 [그림 10-7]을 의사코드와 파이썬으로 나타낸 것이다.

의사 코드	선택 정렬 (A) A의 첫 번째 요소부터 마지막에서 두 번째 요소까지 반복한다(i는 0부터 A의 길이 – 2까지). 　최솟값의 위치를 저장할 indexMin에 i를 저장한다. 　i의 다음 요소부터 마지막 요소까지 반복한다 (j는 i+1부터 A의 길이 – 1까지). 　　만약 A[j]가 A[indexMin]보다 작다면, 　　　indexMin에 j를 저장한다. 　j에 대한 반복을 끝낸다. 　A[i]와 A[indexMin]의 위치를 교환한다(temp 변수를 사용). i에 대한 반복을 끝낸다.

파이썬	```
	def selection_sort(a):
	    n = len(a)
	    for i in range(n-1):
	        index_min = i
	        for j in range(i+1, n):
	            if a[j] < a[index_min]:
	                index_min = j
	        a[i], a[index_min] = a[index_min], a[i]
	``

(2) 버블 정렬

버블 정렬(Bubble Sort)은 인접한 데이터 쌍을 비교하고, 필요에 따라 위치를 교환하여 데이터를 정렬하는 방법이다. 이 과정은 리스트의 시작부터 끝까지 반복되며, 내림차순으로 정리할 경우 순회마다 가장 작은 요소가 리스트의 맨 끝으로 이동하게 된다. 이러한 과정은 전체 리스트가 정렬될 때까지 계속되며, 비교적 구현이 간단하고 직관적이지만, 데이터에 따라 시간이 오래 걸리는 알고리즘이다.

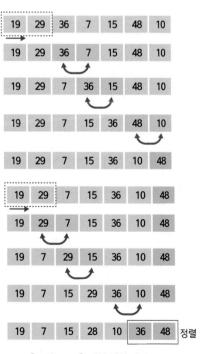

[그림 10-8] 버블 정렬 과정

다음은 [그림 10-8]을 의사코드와 파이썬으로 나타낸 것이다.

의사
코드
	버블 정렬(A)
	A의 첫 번째 요소부터 마지막 요소까지 반복한다(i는 1부터 A의 길이까지).
	   A의 첫 번째 요소부터 마지막에서 두 번째 요소까지 반복한다(j는 1부터 A의 길이 − 1까지).
	      만약 A[j]가 A[j+1]보다 크다면,
	         A[j]와 A[j+1]의 위치를 교환한다(temp 변수를 사용).
	      j에 대한 반복을 끝낸다.
	   i에 대한 반복을 끝낸다.

파이썬	<pre>def bubble_sort(a):
	    n = len(a)
	    for i in range(n):
	        for j in range(0, n-i-1):
	            if a[j] > a[j+1]:
	                a[j], a[j+1] = a[j+1], a[j]</pre>

(3) 삽입 정렬

삽입 정렬(Insertion Sort)은 부분 배열을 이용해 배열을 정렬하는 방법이다. 배열의 각 요소를 이미 정렬된 부분 배열의 적절한 위치에 삽입하여 전체 배열을 정렬하는 알고리즘이다. 정렬이 이루어질 때마다 새로운 데이터가 정렬된 위치보다 뒤에 있는 데이터들은 한 칸씩 뒤로 이동한다.

이는 보통 카드 게임에서 카드를 정리할 때, 도서관의 책을 정리할 때 등 일상생활에도 자주 사용된다.

삽입 정렬은 예시와 같은 적은 양의 데이터를 정렬할 때 매우 효과적이다. 그러나 많은 양의 데이터에 적용할 경우 이 정렬 방법은 효율성이 크게 감소한다.

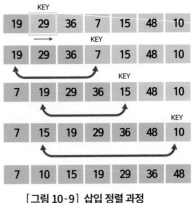

[그림 10-9] 삽입 정렬 과정

다음은 [그림 10-9]를 의사코드와 파이썬으로 나타낸 것이다.

의사 코드	삽입 정렬 (A) A의 두 번째 요소부터 마지막 요소까지 반복한다(i는 2부터 A의 길이까지). 　　현재 요소를 key에 저장한다. 　　j를 i의 바로 앞 요소로 설정한다(j는 i-1). 　　j가 0보다 크고 A[j]가 key보다 클 동안 반복한다. 　　　　A[j+1]에 A[j]를 저장한다. 　　　　j를 1 감소시킨다. 　　반복이 끝나면 A[j+1]에 key를 저장한다. 반복을 끝낸다.

파이썬	```python
	def insertion_sort(a):
	    for i in range(1, len(a)):
	        key = a[i]
	        j = i - 1
	        while j >= 0 and a[j] > key:
	            a[j + 1] = a[j]
	            j -= 1
	        a[j + 1] = key
	``

(4) 퀵 정렬

퀵 정렬(Quick Sort)은 분할 정복 전략을 활용하는 알고리즘으로, 데이터 집합을 빠르게 정렬하는 데 효과적인 알고리즘이다. 이 방식은 전체 데이터 집합을 분할하고 정복하는 단계로 나누어 처리한다. 구체적인 퀵 정렬의 과정은 아래와 같다.

① 먼저, 데이터 집합에서 한 요소를 선택한다. 이 요소를 '피벗'이라고 부르고, 피벗을 기준으로 데이터 집합을 두 부분으로 나눈다.

② 분할 단계에서는 피벗보다 작은 요소들은 피벗의 왼쪽에, 큰 요소들은 오른쪽에 위치하도록 배열한다. 이렇게 함으로써, 피벗은 최종적으로 올바른 위치를 찾게 된다.

③ 마지막으로, 피벗을 제외한 왼쪽과 오른쪽의 부분 집합에 동일한 과정을 재귀적으로 적용한다. 이렇게 해서 각 부분 집합은 점점 작게 나뉘며, 각 부분의 크기가 1 이하가 될 때까지 이 과정을 반복한다.

이러한 단계를 통해 전체 데이터 집합이 정렬된다. 퀵 정렬의 핵심은 효율적인 피벗 선택과 재귀적 분할 정복 과정에 있으며, 이는 평균적으로 빠른 정렬 속도를 가능하게 한다.

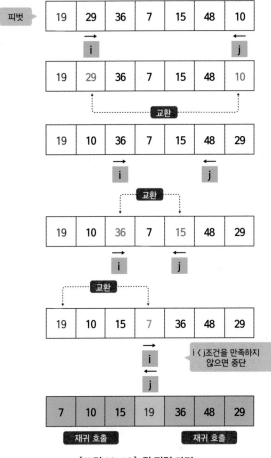

[그림 10-10] 퀵 정렬 과정

다음은 [그림 10-10]을 의사코드와 파이썬으로 나타낸 것이다.

의사 코드	퀵 정렬(A, 왼쪽, 오른쪽) 　만약 왼쪽이 오른쪽보다 작다면, 　　i를 왼쪽으로 설정한다. 　　j를 오른쪽 + 1로 설정한다. 　　피벗을 A[왼쪽]으로 설정한다. 　　반복한다 (무한 루프): 　　　i를 1 증가시킨다. 　　　while A[i]가 피벗보다 작은 동안 i를 1 증가시킨다. 　　　j를 1 감소시킨다. 　　　while A[j]가 피벗보다 큰 동안 j를 1 감소시킨다. 　　　만약 i가 j보다 크거나 같다면 반복을 멈춘다. 　　　A[i]와 A[j]를 교환한다. 　　A[왼쪽]과 A[j]를 교환한다. 　　퀵 정렬(A, 왼쪽, j-1)을 호출한다. 　　퀵 정렬(A, j+1, 오른쪽)을 호출한다.

```python
def quick_sort(a, left, right):
    if left < right:
        i = left
        j = right + 1
        pivot = a[left]

        while True:
            while i < right and a[i] < pivot:
                i += 1
            while j > left and a[j] > pivot:
                j -= 1
            if i >= j:
                break
            a[i], a[j] = a[j], a[i]

        a[left], a[j] = a[j], a[left]

        quick_sort(a, left, j - 1)
        quick_sort(a, j + 1, right)
```

파이썬

퀵 정렬은 평균적으로 $O(nlogn)$의 시간복잡도를 가지는 분할 정복 알고리즘이다. 그러나 최악의 경우, 즉 배열이 이미 정렬되어 있거나 역순일 때, 시간복잡도는 $O(n^2)$에 이른다. 즉 피벗 선택과 배열의 분할 방식에 따라 성능이 크게 달라질 수 있는 특징이 있는 알고리즘이다.

2. 탐색 알고리즘

정렬과 검색 기능은 일상에서 널리 사용되며, 대부분의 사람들은 이를 크게 의식하지 않고도 활용하고 있다. 알고리즘에 대한 깊은 이해가 없어도, 사람들은 자연스럽게 검색 기법을 적용하고 있다. 적은 양의 데이터에서는 검색 속도가 큰 문제가 되지 않지만, 데이터의 양이 증가할수록 더 효율적인 검색 방법이 필요해진다. 예를 들어, 큰 주차 공간에서 주차할 자리를 찾을 때도 우리는 무의식적으로 특정한 검색 방법을 사용한다.

① 목표 설정: 먼저, 주차할 지역이나 특정 조건(예: 그늘진 곳, 출입구 근처 등)을 정한다.

② 첫 번째 탐색: 주차장에 들어서면 가장 가까운 구역부터 탐색을 시작한다. 이때, 직관적으로 '빈 곳이 있을 가능성이 높은 지역'을 먼저 확인한다.

③ 패턴 인식과 결정: 만약 가까운 곳에 주차 공간이 없다면, 사람들은 주차장의 패턴(예: 어느 시간대에 어느 구역이 가장 붐비는지)을 고려하여 다음 탐색 지역을 결정한다.

④ 확장된 탐색: 첫 번째 선택 지역에 주차 공간이 없으면, 탐색 범위를 넓혀 다른 구역으로 이동한다. 이때, 사람들은 보통 주차장의 레이아웃과 경험을 바탕으로 효율적인 경로를 선택한다.

⑤ 재평가와 전략 조정: 탐색 과정 중에 주차 공간을 찾지 못하면, 목표를 재평가하고 전략을 조정할 수 있다. 예를 들어, 더 멀리 주차하는 것을 고려하거나, 한 곳을 오래 기다리기로 결정할 수 있다.

⑥ 최종 결정: 최종적으로 주차 공간을 발견하면, 그 공간의 위치, 크기 및 주변 환경을 고려하여 주차할지 결정한다.

(1) 순차 탐색

순차 탐색(Linear Search, 선형 검색)은 가장 기본적인 데이터 검색 기법의 하나이다. 이 방법은 배열에서 특정 값을 찾기 위해 배열의 첫 요소부터 마지막 요소까지 순서대로 모든 요소와 찾고자 하는 값을 비교한다. 예를 들어, 배열 내에서 숫자 6을 찾는 과정은 배열의 첫 번째 요소부터 시작하여 찾고자 하는 값과 일치하는 요소를 만날 때까지 모든 요소를 차례대로 확인하는 것을 포함한다. 이 과정은 배열의 구조와 데이터의 위치에 따라 효율성이 달라질 수 있다.

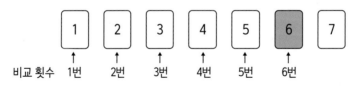

[그림 10-11] 순차 탐색으로 6을 찾는 과정

순차 탐색 알고리즘을 의사코드와 파이썬으로 표현하면 다음과 같다.

의사 코드	선형 검색(배열 A, 찾고자 하는 값) 　배열 A의 첫 번째 요소부터 마지막 요소까지 반복한다(i는 0부터 배열 A의 길이 - 1까지). 　　만약 배열 A의 i번째 요소가 찾고자 하는 값과 같다면 　　　인덱스 i를 반환한다. 　　만약 끝 　반복 끝 　-1을 반환한다(찾고자 하는 값이 배열에 없을 경우).

파이썬	```python
	def linear_search(A, value):
	    for i in range(len(A)):
	        if A[i] == value:
	            return i
	    return -1
	``

선형 검색은 리스트가 정렬되어 있지 않을 때 유용하며, 알고리즘의 구현이 매우 간단하고, 이해하기 쉽다는 장점이 있다. 그러나 평균적으로 배열의 절반 정도를 검색해야 하기 때문에 큰 데이터셋에 대해서는 비효율적이라는 한계가 있다.

(2) 이진 탐색

이진 탐색(Binary Search)은 정렬된 배열에서 주어진 값을 효율적으로 찾기 위해 사용된다. 이진 탐색은 리스트에서 임의의 중간값을 지정하고 그 위치의 값을 검사한다. 중간값이 찾는 값보다 크면 리스트의 왼쪽 절반에서 검색을 계속하며, 중간값이 원하는 값보다 작다면 리스트의 오른쪽 절반에서 검색을 계속한다. 중간값이 원하는 값과 일치하면 검색을 종료한다.

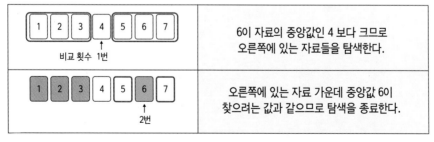

[그림 10-12] 이진 탐색 알고리즘을 활용한 값 탐색

이진 탐색 알고리즘을 의사코드와 파이썬으로 표현하면 다음과 같다.

의사 코드	이진 검색(배열 A, 찾고자 하는 값) 　낮은 인덱스를 0으로 설정한다. 　높은 인덱스를 배열 A의 길이 - 1로 설정한다. 　낮은 인덱스가 높은 인덱스보다 작거나 같은 동안 반복한다. 　　중간 인덱스를 (낮은 인덱스 + 높은 인덱스) / 2로 계산한다. 　　만약 배열 A의 중간 인덱스의 값이 찾고자 하는 값보다 크다면 　　　높은 인덱스를 중간 인덱스 - 1로 조정한다. 　　만약 배열 A의 중간 인덱스의 값이 찾고자 하는 값보다 작다면 　　　낮은 인덱스를 중간 인덱스 + 1로 조정한다. 　　그렇지 않으면 　　　중간 인덱스를 반환한다. 　반복 끝 　-1을 반환한다(찾고자 하는 값이 배열에 없을 경우).

파이썬	```python
	def binary_search(a, value):
	    low = 0
	    high = len(a) - 1
	    while low <= high:
	        mid = (low + high) // 2
	        if a[mid] > value:
	            high = mid - 1
	        elif a[mid] < value:
	            low = mid + 1
	        else:
	            return mid
	    return -1
	``

평가문항

1 아래 그림은 무엇을 하는 순서도인지 적으시오.

```
              시작

             X 입력

    예      X %2==0      아니요

   '짝수'                  '홀수'

              종료
```

2 퀵 정렬 알고리즘을 적용하여 다음 수를 오름차순 정렬하려면 몇 번의 분할 과정이 필요한가?

| 6 | 4 | 8 | 6 | 3 | 2 | 7 |

3 다음과 같은 숫자 배열이 있을 때, 순차 탐색으로 12를 찾기 위해서는 몇 번의 비교가 필요할까?

| 3 | 5 | 9 | 11 | 4 | 6 | 8 | 12 | 89 | 62 |

프로그래밍

    프로그램이란 컴퓨터가 특정 작업을 수행하도록 프로그래밍 언어로 작성된 명령어들의 집합이다. 컴퓨터는 이러한 지시 사항에 따라 연산을 수행하고, 결과를 생성한다. 이때, 프로그래밍이란 문제를 해결하거나 특정 작업을 수행하도록 프로그램을 만드는 과정을 의미하며, 이 과정은 문제 분석, 알고리즘 설계, 코드 작성(코딩), 테스팅, 디버깅 등을 포함한다. 즉, 프로그래밍 언어를 사용하여 프로그램을 만드는 활동을 프로그래밍이라 한다.

    11장에서는 프로그래밍의 개념 및 구조에 대해 자세히 알아보고, 교육 현장에서 많이 사용하는 프로그래밍 언어를 활용한 교육의 실제를 제시하였다.

    첫째, 프로그래밍 언어의 이해에서는 프로그래밍 언어의 개념과 역사, 종류와 구조에 대해 알아본다.

    둘째, 프로그래밍 교육의 실제에서는 블록 기반 프로그래밍 언어인 엔트리와 텍스트 기반 프로그래밍 언어인 파이썬의 개발 환경과 프로그래밍의 실제를 다룬다.

1 프로그래밍 언어의 이해

프로그래밍 언어는 디지털 세계를 구축하는 블록 역할을 한다. 컴퓨터가 처리하는 모든 명령, 애플리케이션이 수행하는 각 작업, 웹페이지가 보여주는 모든 인터랙션은 프로그래밍 언어로 작성된 코드로부터 비롯된다.

프로그래밍 언어를 배우는 것은 새로운 언어를 배우는 것과 유사하다. 문법과 어휘가 필요하고, 정확한 구문을 사용해 의도를 전달해야 한다. 하지만, 프로그래밍 언어는 인간의 언어와 달리, 컴퓨터가 오류 없이 정확히 실행할 수 있도록 완벽한 명확성을 요구한다. 프로그래밍 언어가 무엇인지, 어떻게 컴퓨터에 '말'을 건네고, 컴퓨터가 어떻게 그 말을 '이해'하고, 우리가 원하는 바를 실행에 옮기는지 알아본다.

1 프로그래밍 언어와 문제해결

프로그래밍은 현대 세계에서 문제를 해결하고 아이디어를 실현하는 필수적인 도구이다. 이를 통해 우리는 복잡한 문제를 분해하고, 절차적으로 단계를 밟아 나가며 해결책을 구축해 나갈 수 있다. 이 과정은 논리적 사고와 창의력을 강화하며, 프로그래밍 언어는 이러한 사고 과정을 컴퓨터가 이해할 수 있는 지시로 변환하는 매개체 역할을 한다.

프로그래밍 언어는 사람과 컴퓨터 사이의 의사소통 도구이다. 이 언어들은 복잡한 기계 코드 대신 인간이 이해할 수 있는 명령어를 사용하여 컴퓨터에 작업을 지시하는 데 사용된다. 각 프로그래밍 언어는 고유의 문법(syntax)과 의미(semantics)가 있으며, 이를 통해 개발자는 알고리즘을 구현하고 데이터를 처리하며, 기능을 개발한다.

프로그래밍은 본질적으로 문제해결의 과정이다. 프로그래머는 주어진 문제를 분석하고, 그 문제를 해결하기 위한 알고리즘을 설계한 다음, 프로그래밍 언어를 사용하여 이를 구현한다. 이 과정에서 중요한 것은 문제를 작은 단위로 나누어 이해하고, 각 부분에 대한 해결책을 찾아가는 과정이다. 예를 들어, 소셜 미디어 사용자 데이터를 분석하여 가장 인기 있는 게시물을 찾는 문제를 해결하기 위해, 프로그래머는 데이터 수집, 정렬, 검색 등의 작업을 수행할 알고리즘을 고안하고, 적절한 데이터 구조를 선택하여 프로그램을 작성해야 한다. 이와 같은 문제 해결은 다음과 같은 단계를 포함할 수 있다.

① 문제 이해하기

② 알고리즘과 절차 설계하기

③ 적절한 데이터 구조와 알고리즘 선택하기

④ 프로그래밍 언어를 사용하여 알고리즘 코딩하기

⑤ 테스팅 및 디버깅을 통해 프로그램 검증하기

⑥ 결과 평가 및 최적화하기

2 프로그래밍 언어의 역사

프로그래밍 언어는 컴퓨터가 등장한 이후로, 복잡한 계산과 데이터 처리를 자동화하고 효율적으로 수행하기 위해 발전해 왔다. 최초의 프로그래밍 언어들은 주로 과학 계산과 엔지니어링 작업을 목적으로 만들어졌으며 이들 언어는 계속해서 발전하여 특정한 필요와 환경에 맞게 적응해 왔다. 대표적인 프로그래밍 언어는 Fortran, C, Java, C#, Python 등이 있다.

1. Fortran

Fortran은 수식을 컴퓨터 언어로 옮기는 데 초점을 맞춘 초기의 프로그래밍 언어로 개발되었으며, 그 이름은 '수식 번역기'의 줄임말에서 유래했다. 초기 이 언어는 과학자와 공학자들이 수학적 모델이나 물리적 현상을 컴퓨터를 사용해 효과적으로 모델링할 수 있도록 만들어졌다. 20세기 후반 Fortran은 몇 차례 주요 개선을 거치며, Fortran 77, Fortran 90/95 그리고 나중의 Fortran 2003 및 Fortran 2008 버전이 개발되었다.

Fortran에 더 발전된 프로그래밍 언어 설계 개념을 도입한 ALGOL, 즉 알고리즘 언어는 1950년대 후반에 컴퓨터 과학에 있어 중요한 이정표를 제시하는 언어로 등장했다. 이 언어는 프로그래밍 언어의 구조와 문법에 관한 표준을 마련하는 데 기여했으며, 이후 B 언어, C 언어 및 그 파생 언어들의 설계에 영감을 주었다. 특히, 1960년대에 개발된 ALGOL 60은 프로그래밍 언어의 문법을 정의하는 데 사용되는 표기법인 BNF(Backus-Naur Form)를 도입하여 프로그래밍 언어 설계와 문서화에 큰 변화를 가져왔으며, ALGOL 60의 개발은 이후의 프로그래밍 언어들에 영향을 끼치는 기준점이 되었다.

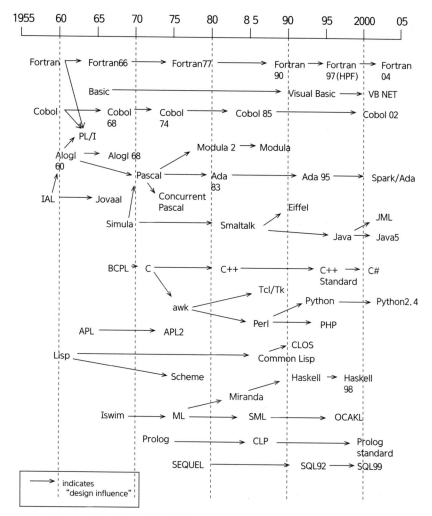

Figure 1.2: A Snapshot of Programming Language History

[그림 11-1] 프로그래밍 언어의 역사(알렌 터커)

2. C

C언어는 1970년대 초 벨 연구소의 케네스 톰슨(Kenneth Thompson)과 데니스 리치(Dennis Ritchie)에 의해 개발되었으며, UNIX 운영 체제 개발에 필수적인 도구로 사용되었다. 이 언어는 BCPL에서 영감을 받아, 이전의 복잡성을 대폭 줄인 형태로 설계되었으며, 시스템 프로그래밍에 적합한 특성을 지녔다. C의 등장은 프로그래밍 언어 발전에 혁신적인 변화를 불러왔고, 포터블한 운영 체제의 개발을 가능하게 했다.

이 언어는 효율적인 시스템 프로그래밍을 목표로 하며, 시스템 프로그램을 작성하는 필수 기능 외에도 문서 처리 프로그램, 그래픽 프로그램, 수식 계산 프로그램, 데이터베이스 프로그램 등 범용 프로그램 작성에서도 다양한 기능과 편의성을 제공하고 있다. C언어는 다양한 플랫폼으로 이식 가능한 소프트웨어 개발에 이상적인 선택으로 자리 잡았으며, 이 언어는 객체 지향 프로그래밍(OOP) 개념을 도입한 다양한 후속 언어들에 영향을 미쳤다.

오늘날 많이 사용되는 C++은 C에서 객체 지향형 언어로 발전되었으며, Objective C 역시 C에서 발전되었다. 이 언어는 Smalltalk의 OOP 특징을 C와 결합하여, 특히 애플의 Mac OS X와 iOS에서 중요한 역할을 하게 되었다.

3. Java

Java는 제임스 고슬링(James Gosling)에 의해 1990년대 중반에 발표된 프로그래밍 언어로, 강력한 네트워크 프로그래밍 능력과 함께 플랫폼 독립성을 지향한다. 특히 이 언어는 한 번 작성하면 어디서든 실행될 수 있는 '쓰기 한 번, 어느 곳에서든 실행(Write Once, Run Anywhere)' 철학을 내세워 널리 받아들여졌다.

Java는 객체 지향 프로그래밍 원칙에 깊이 뿌리를 둔 언어로, 메모리 관리와 같은 복잡한 측면에서 자동화를 제공하여 개발자가 더 안정적이고 효율적인 코드를 작성할 수 있게 한다. 또한, 이 언어는 실시간 환경, 임베디드 시스템, 그리고 대규모 기업 애플리케이션 개발에 적합한 다양한 라이브러리와 API를 제공한다. Java의 플랫폼에 구애받지 않는 특성은 다양한 운영 체제에서 Java 가상 머신(JVM) 상에서 실행될 수 있는 바이트코드로 컴파일되기 때문에 가능하다. 이러한 이유로 Java는 웹 애플리케이션, 안드로이드 애플리케이션 개발, 기업 서버 사이드 개발에 이르기까지 광범위한 영역에서 활용되고 있다.

4. C#

C#은 마이크로소프트에 의해 .NET 프레임워크용으로 개발된 현대적인 프로그래밍 언어다. 이 언어는 특히 네트워크와 웹 서비스 개발에 최적화되어 있으며, Java의 영향을 받아 객체 지향 프로그래밍의 특성을 극대화한 것으로 알려져 있다. C#은 Java의 장점을 기반으로 하여 더욱 발전된 기능을 제공함으로써, Java보다 발전된 시스템 프로그래밍을 가능하게 한다. 이 언어는 안전하지 않은 코드 작성을 허용하여 개발자에게 더욱 세밀한 제어를 가능하게 하는 등, 유연성을 제공하는 것이 특징이다.

C#의 설계 철학은 개발자가 간편하게 강력한 애플리케이션을 구축할 수 있도록 하는 것이며, 클래스, 인터페이스, 대리자(delegate), 예외 처리 등 고급 프로그래밍 기법을 적극적으로 채택하고 있다. 이로 인해 개발자가 효과적으로 코드를 구성하고, 유지보수하기 쉽다는 장점이 있다.

5. Python

Python은 1991년 귀도 반 로섬(Guido van Rossum)에 의해 창안된 프로그래밍 언어로, 간결하고 읽기 쉬운 문법으로 빠르게 인기를 얻었다. Python은 인터프리터 방식의 언어로서, 대화형 셸을 통한 즉각적인 코드 테스트가 가능하여 초보자 학습 및 빠른 개발 사이클에 이상적이다. 또한 Python은 윈도우, MacOS, 리눅스 등 다양한 운영 체제를 아우르는 이식성과

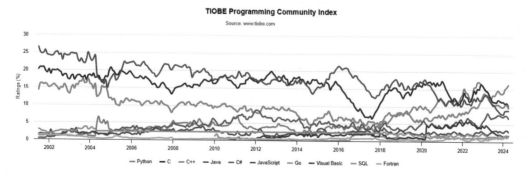

[그림 11-2] 프로그래밍 언어 사용률

확장성을 가지고 있으며, 여러 라이브러리를 제공하여 데이터 과학, 웹 개발, 자동화 등 광범위한 분야에서 Python의 활용성을 증대시키고 있다.

Python은 데이터 과학, 머신러닝, 웹 개발과 같은 최신 컴퓨팅 분야에서 중요한 역할을 담당하고 있다. 또한 TensorFlow와 같은 인공지능 라이브러리의 기반이 되었으며, 데이터 분석에 널리 사용되는 판다스(Pandas) 및 숫자 계산을 위한 Numpy와 같은 툴킷도 Python으로 개발되었다. 이러한 라이브러리의 지원으로 인해 Python은 학술 및 산업 분야에서 필수적인 도구가 되고 있다.

③ 프로그래밍 언어의 종류

프로그래밍 언어는 다양한 형태와 특성이 있다. 이러한 언어들은 컴퓨터의 명령 실행을 위한 방법으로써 사용되며, 이는 컴퓨터와의 대화를 가능하게 하는 역할을 한다. 프로그래밍 언어는 구성 형태와 인식 대상에 따라 수준을 나누어 구분할 수 있다.

컴퓨터의 세계와 인간 사이의 교량 역할을 하는 프로그래밍 언어는 이진수를 사용하여 컴퓨터의 내부 구조에 깊숙이 관여하며 직접적인 명령 실행이 가능한 것부터, 사용자 친화적인 방식으로 설계되어 인간의 자연어와 유사성을 띠며 코딩의 접근성을 높인 것까지 다양한 형태로 존재한다. 프로그래밍 언어는 이와 같이 저급 프로그램 언어에서 고급 프로그래밍 언어로 이행함에 따라 점차 사용자가 이해하기 쉬운 형태로 발전해 왔다.

1. 저급 프로그래밍 언어

저급 프로그래밍 언어는 컴퓨터 프로세서와 직접적으로 통신할 수 있는 구조로 되어 있어, 명령어들이 기계 중심적인 형태를 띠고 있다. 저급 프로그래밍 언어로 코딩하려면 복잡한 구문을 이해하고 사용하는 데 상당한 시간과 노력이 필요하다.

(1) 기계어

기계어는 컴퓨터와 직접 의사소통을 가능하게 하는 가장 기본적인 프로그래밍 언어이다. 이는 컴퓨터의 중앙 처리 장치(CPU)가 원활히 해석하고 실행할 수 있는 명령 코드로 구성되어 있으며, 이를 통해 컴퓨터 하드웨어를 제어할 수 있다. 복잡하고 이해하기 어려운 기계어는 주로 하드웨어가 직접 실행할 수 있는 가장 저수준의 명령어 집합을 제공한다. 프로그래머가 기계어를 사용하는 경우는 드물며, 대부분은 고수준 언어에서 작성된 코드를 컴퓨터가 이해할 수 있는 형태로 변환하는 컴파일러나 어셈블러를 거쳐 처리한다. 기계어는 하드웨어와 가까운 수준에서 세밀한 제어가 필요할 때 유용하게 사용될 수 있다.

(2) 어셈블리어

어셈블리어는 컴퓨터의 기본 명령어들을 사람이 이해할 수 있는 코드로 변환해 주는 프로그래밍 언어이다. 이진수로 작성된 기계어를 사용해서 복잡한 계산을 수행할 수 있는 프로그램을 작성하는 것은 불가능에 가깝다. 따라서 이진수 연산 코드 대신 문자를 사용하고, 값을 참조하기 위해 수치 주소를 사용하여 주소 이름을 사용하도록 확장되었다.

어셈블리어를 활용하여 작성된 코드가 실행되려면 기계어 코드로 변경해야 하는 데 이때 어셈블러를 사용한다. 이는 고급 언어에서의 컴파일러와 그 기능이 비슷하다.

어셈블리어는 1대1 대응을 통해 CPU 명령어를 더 접근하기 쉬운 형태로 변환하여 사용자가 기계어를 더 직관적으로 이해하고 작성할 수 있게 도와준다. 메모리 주소지정, 데이터 관리, 프로세스 제어 등을 보다 세분화하여 조작할 수 있게 하는 특징이 있다. 이를 통해 개발자들은 컴퓨터의 내부적인 작동 방식을 더 깊이 이해하고, 효율적으로 관리할 수 있다.

2. 고급 프로그래밍 언어

고급 프로그래밍 언어는 사용자 친화적인 구조로 설계되어 프로그래머가 더 효과적으로 컴퓨터와 의사소통할 수 있도록 한다. 고급 언어는 인간의 자연스러운 언어에 가깝게 만들어져, 복잡한 하드웨어 지식 없이도 코딩이 가능하다. 고급 프로그래밍 언어는 프로그래밍 과정을 간소화하며, 명령 구조를 직관적으로 이해할 수 있게 하여, 개발자들이 알고리즘에 더 집중할 수 있게 만들어 준다. 고급 프로그래밍 언어는 인터프리터나 컴파일러에 의해 저급 프로그래밍 언어로 번역 과정을 거쳐 실행된다. 고급 프로그래밍 언어는 텍스트 기반 언어와 블록 기반 언어로 나눌 수 있다.

(1) 텍스트 기반 언어

텍스트 기반 언어는 Python, Java, C와 같이 문자, 숫자 및 기호를 사용하여 작성되는 프로그래밍 언어로, 개발자가 직접 코드를 입력하며 알고리즘을 구성한다. 텍스트 기반 언어는 복잡한 명령어 대신 직관적인 코드를 제공하여, 프로그래밍을 더욱 쉽게 만들어 준다.

텍스트 기반 언어는 복잡한 프로그램을 설계하거나 대규모 프로젝트를 다루는 데 적합하며, 다양한 라이브러리 및 프레임워크를 사용할 수 있다. 다만, 초보자에게는 배우기 어렵고 오류를 찾기 어려울 수 있으며 문법 오류나 런타임 오류에 민감하다는 특징이 있다.

(2) 블록 기반 언어

블록 기반 언어는 스크래치(Scratch)나 엔트리(Entry)와 같이 프로그래밍을 시각적인 블록으로 표현한다. 각 블록은 특정한 프로그래밍 명령을 나타내며, 사용자는 이러한 블록들을 서로 연결하여 프로그램을 만든다.

블록 기반 언어는 이해하기 쉽고 사용하기 쉬워서 초보자, 특히 어린이나 프로그래밍에 처음 접하는 사람들에게 적합하다. 또한 구문 오류가 발생할 가능성이 적고 프로그래밍의 기본 개념을 시각적으로 이해하는 데 도움이 된다. 반면 표현의 유연성이 제한적이며, 복잡한 프로그램이나 세밀한 제어가 필요한 경우에는 적합하지 않을 수 있다는 한계가 있다. 또한, 일반적인 개발 환경보다는 제한된 기능을 제공한다.

4 프로그래밍 언어의 작성과 번역

프로그래밍 언어를 이해하고 처리하기 위한 과정에는 여러 단계가 필요하다. 이 과정을 거쳐 소스 코드가 작성되고, 해당 코드가 컴퓨터에 의해 실행될 수 있는 기계 코드로 변환되며, 다시 소스 코드를 분석하고, 문법적 오류를 검사하며, 실행 파일을 생성하기까지 여러 단계를 포함한다. 이 모든 단계를 통합하여 효율적으로 진행할 수 있는 환경을 제공하는 소프트웨어를 통합 개발 환경(IDE)이라고 하며, 이는 프로그래밍 과정에서의 복잡성을 줄여주고 개발을 단순화하는 데 도움을 준다.

1. 프로그램의 작성

프로그램 개발은 프로그래밍 언어로 소스 코드를 집필하는 것에서 출발한다. 이 과정을 코딩이라고 하며, 여기서 개발자는 알고리즘, 데이터 구조, 자료형 등의 프로그래밍 기본 요소들을 텍스트 형태로 구성한다. 소스 코드를 작성하기 위한 도구로 텍스트 편집기를 사용하고, 일부는 이러한 목적으로 특화된 통합 개발 환경(IDE)을 활용한다. 텍스트 편집기나 IDE는 코드를 기록하고 수정하는 데 필요한 다양한 기능들을 제공하여, 프로그래밍 과정을 더욱 효율적으로 만들어 준다.

(1) 자료형

프로그래밍 과정에서는 다양한 형태의 자료를 활용한다. 프로그램에서는 이러한 숫자나 문자와 같은 자료를 저장하기 위한 상수와 변수가 필요하다. 변수란 프로그램이 처리하는 데이터 또는 그 결괏값을 담는 저장소를 의미한다. 즉, 프로그램을 실행하는 도중 변할 수 있는 값들을 저장하는 공간에 사용자가 인식하기 쉬운 이름을 부여한 것이다. 변수에 저장되는 숫자, 문자, 문자열 등은 자료 형태로 저장되며, 이를 자료형(Type)이라 한다.

(2) 연산자

프로그램에서는 처리를 위해 여러 연산자를 사용한다. 연산자는 기능에 따라 크게 산술 연산자, 비교 연산자, 논리 연산자로 구분된다.

① 산술 연산자

산술 연산자는 사칙연산 등 계산을 위한 연산식에서 주로 사용된다.

구분	엔트리	파이썬
덧셈	10 + 10	+
뺄셈	10 - 10	-
곱셈	10 × 10	*
나눗셈	10 / 10	/
나머지	10 / 10 의 나머지 ▼	%
몫	10 / 10 의 몫 ▼	//
거듭제곱	10 의 제곱 ▼	**

② 비교 연산자

비교 연산자는 두 값의 크기를 비교할 때 사용된다.

구분	엔트리	파이썬
크다	10 > 10	>
크거나 같다	10 ≥ 10	>=
작다	10 < 10	<
작거나 같다	10 ≤ 10	<=
같다	10 = 10	==
같지 않다	10 != 10	!=

③ 논리 연산자

논리 연산자는 어떤 조건식을 판단한 결과를 바탕으로 참 또는 거짓의 결과를 나타낼 때 사용된다.

구분	엔트리	파이썬
논리곱	참 그리고▼ 참	and
논리합	참 또는▼ 거짓	or
논리 부정	참 (이)가 아니다	not

(3) 입출력문

프로그램에서는 숫자, 문자, 문자열, 소리, 그림, 동영상 등 다양한 형태의 자료가 입출력된다. 이러한 자료들은 프로그램의 목적에 따라 적절한 입출력문을 통해 입력되며 일련의 과정을 거쳐 다시 결과로 출력된다. 일반적으로 컴퓨터를 통한 입출력에서는 마우스, 키보드, 모니터, 파일, 프린트 등의 입출력 장치가 사용된다.

기능	엔트리	파이썬
입력문	안녕! 을(를) 묻고 대답 기다리기 ?	a=input()
출력문	대답 을(를) 말하기▼	print(a)

프로그램에서는 명령을 처리하기 위해 여러 조건에 따라 프로그램의 순서를 바꾸거나 특정 부분을 반복할 때가 있는데, 이때 제어문을 사용한다. 즉, 제어문이란 조건의 결괏값에 따라 프로그램이 수행되는 순서를 제어하는 명령들을 말한다. 상황에 적합한 제어문의 사용은 프로그램의 표현을 간결하게 만들 수 있다. 제어문은 조건문과 반복문으로 구성되어 있다.

① **조건문**

조건문은 프로그램에서 주어진 조건에 따라 각각 다른 부분을 선택적으로 처리하도록 할 때 사용된다. 대표적으로 파이썬에서는 'if', 'else', 'else if'문을 사용하며 프로그램은 조건에 따라 다른 동작을 하게 된다.

엔트리	파이썬
만일 마우스포인터 ▼ 에 닿았는가? (이)라면 ∧ 이동 방향으로 10 만큼 움직이기 만일 마우스포인터 ▼ 에 닿았는가? (이)라면 ∧ 이동 방향으로 10 만큼 움직이기 아니면 이동 방향으로 -10 만큼 움직이기	if, else if, else

② **반복문**

반복문은 주어진 조건을 만족할 때까지 또는 주어진 횟수만큼 특정 부분을 반복해서 실행하게 할 때 사용된다. 대표적으로 파이썬에서는 'for', 'while'문을 사용하여 구현된다.

엔트리	파이썬
10 번 반복하기 ∧ 이동 방향으로 10 만큼 움직이기 계속 반복하기 ∧ 이동 방향으로 10 만큼 움직이기 벽 ▼ 에 닿았는가? 이 될 때까지 ▼ 반복하기 ∧ 이동 방향으로 10 만큼 움직이기	for, while

(5) 함수

함수란 특정 기능을 수행하는 독립적인 프로그램을 말한다. 함수를 활용하기 위해서는 먼저 그 함수를 선언해야 하며, 필요할 때 해당 함수를 호출한다. 다양한 프로그래밍 언어들은 표준 라이브러리에 포함된 내장 함수를 제공하며, 개발자가 특정 목적을 위해 자신만의 함수를 생성해 사용할 수도 있다. 함수를 선언한다는 것은 코드 내에서 독립적인 작업을 집합화한다는 의미가 있다.

	엔트리	파이썬
함수 정의	함수 정의하기 점프 1 초 동안 x: 50 y: 50 만큼 움직이기 1 초 동안 x: 50 y: 50 만큼 움직이기	def 함수명 (매개 변수) : 명령문1 명령문2 return 수식 (값)
함수 호출	시작하기 버튼을 클릭했을 때 회전	함수명 (인수)

2. 프로그램의 번역

사용자가 이해하기 편리한 자연어로 작성된 소스 코드는 번역 과정을 거쳐 컴퓨터가 이해할 수 있는 형태로 변환되어야 한다. 이러한 번역을 수행하는 프로그램을 번역기(translator)라고 한다. 이 변환에는 두 가지 주요 방식이 있는데, 하나는 소스 코드를 실시간으로 해석하여 실행하는 인터프리터 방식이고, 다른 하나는 소스 코드 전체를 기계어로 번역하는 컴파일러 방식이다. 이러한 과정을 통해 작성된 프로그램은 컴퓨터에서 구동될 수 있으며, 이 과정을 거쳐 최종적으로 프로그램이 사용자에게 기능을 제공하게 된다.

(1) 인터프리터

인터프리터는 프로그램을 한 줄씩 실시간으로 번역하며 실행하는 프로그래밍 언어의 처리 시스템이다. 이런 시스템을 사용하는 언어들은 코드를 작성하고 바로 실행 결과를 볼 수 있도록 해서, 복잡한 컴파일 과정 없이 개발자가 즉각적인 수정과 테스트를 할 수 있게 해준다. 이러한 특징은 특히 개발 중인 프로젝트의 테스트나 디버깅에 유용하다. Basic, Java, Python, VBScript, JavaScript 등이 인터프리터 방식을 사용하고 있으며, 이들은 개발자가 실시간으로 코드 변경을 하고 결과를 확인할 수 있게 한다. 이는 개발 과정의 효율성을 높여주지만, 일반적으로 인터프리터의 성능은 컴파일러보다 낮은 편이다.

(2) 컴파일러

컴파일러는 전체 소스 코드를 분석해 기계어로 일괄 변환한 뒤 실행하는 프로그램을 말한다. 이 과정은 코드 최적화와 에러 검출을 포함하며, 생성된 실행 파일은 컴퓨터의 하드웨어에서 직접 구동될 수 있다. 이 방식은 프로그램의 효율성을 극대화하며, C, C++, Java 같은 언어 등이 있다. 컴파일 과정은 보통 어휘 분석, 구문 분석, 의미 분석, 코드 최적화, 목적 코드 생성 등의 절차를 거친다.

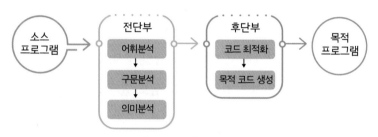

[그림 11-3] 컴파일 과정

① 어휘 분석

어휘 분석 단계는 소스 코드를 구성하는 문자들을 토큰이라는 의미 있는 단위로 나누는 컴파일러의 첫 단계이다. 이 과정에서는 코드 내의 문자들이 토큰으로 변환되어 각각의 의미를 분석할 수 있게 된다. 예를 들어, 변수명, 함수명 등은 식별자(identifier)로, 프로그래밍 언어에서 미리 정해진 키워드는 예약어(reserved word)로 분류된다. 또한, 숫자나 문자열과 같은 데이터는 각각 숫자 리터럴(numeric literal)과 문자열 리터럴(string literal)로 구분된다. 이러한 토큰들은 코드의 의미를 명확히 하고, 구문 분석기에서 프로그램의 구조를 정확하게 이해하는 데 필수적인 요소이다. 컴파일러는 이 토큰들을 사용하여 소스 코드 내에서 구조와 문법을 검증한다.

② 구문 분석

구문 분석은 프로그램의 소스 코드를 구조적으로 해석하는 컴파일러의 단계로, 코드 내 연산의 계층적 관계를 나타내는 구문 트리를 생성한다. 이 과정을 통해, 소스 코드 내의 명령어들이 어떻게 연결되어 실행되어야 하는지 컴파일러가 이해할 수 있게 된다. 예를 들어, 수학적 표현식을 분석할 때, 구문 분석기는 각 숫자와 연산자 사이의 관계를 파악하여 올바른 계산 순서를 결정한다. 이러한 분석을 통해, 컴파일러는 코드의 의도를 정확하게 파악하고 올바르게 기계어로 변환할 수 있게 된다.

③ 의미 분석

의미 분석 단계에서는 컴파일러가 프로그램의 의도를 정확히 파악하여 코드가 논리적으로 타당한지 검사한다. 이 과정에서는 변수의 유효 범위, 타입 체크, 데이터 구조의 정합성 등을 검토하여, 소스 코드가 실제로 의도한 대로 작동할 수 있는지 확인한다. 또한, 컴파일러는 이 단계에서 표현식의 타입이 서로 호환되는지, 사용된 요소들이 선언된 후에 적절히 사용되고 있는지 등도 심도 있게 분석한다. 이를 통해 프로그램이 안정적으로 실행될 수 있는지를 보장하며, 잠재적인 실행 시간 오류를 미리 찾아내어 수정한다.

④ 코드 최적화

코드 최적화 단계에서 컴파일러는 실행 속도를 높이고 메모리 사용을 줄이는 방법으로 소스 코드를 개선한다. 이 과정에서는 가능한 한 효율적인 기계어 코드를 생성하기 위해 다양한 최적화 기법이 적용된다. 예를 들어, 사용되지 않는 변수 제거, 반복 계산 최소화 등의 작업이 수행된다. 이 최적화 과정을 거치면 프로그램이 더 빠르고 효과적으로 실행된다.

⑤ 목적 코드 생성

컴파일의 마지막 단계로, 최적화된 코드를 바탕으로 실행 가능한 기계 코드, 즉 목적 코드가 생성된다. 이 과정은 컴파일된 프로그램이 실제로 실행될 때 필요한 코드를 포함하고 있으며, 최종적으로 기계어 명령어로 구성된 파일이 생성되는 단계이다. 이 파일은 컴퓨터의 CPU가 이해하고 직접 실행할 수 있는 형태로, 메모리 위치 지정 및 기타 필수적인 설정이 포함되어 프로그램 실행을 위해 최종적으로 준비된다.

(3) 링커

링커는 다양한 소프트웨어 라이브러리나 모듈들을 한데 모아 실행 가능한 프로그램으로 결합하는 도구이다. 프로그램을 구성하는 개별 컴파일 단위들을 연결하여 단일 실행 파일을 생성하는 역할을 하며, 이 과정에서 필요한 주소 결정과 라이브러리 링킹이 수행된다. 이러한 과정을 통해, 개발된 프로그램이 실제 시스템 리소스와 통합되어 최종적으로 사용자가 사용할 수 있는 완성된 형태로 제공된다.

(4) 디버거

디버거는 프로그래머가 코드 내의 버그를 발견하고 수정할 수 있게 돕는 프로그래밍 도구이다. 이는 실행 중인 프로그램의 내부 상태를 검사하거나, 조건을 충족할 때 실행을 일시 중지하여 문제가 되는 코드 부분을 추적할 수 있게 만드는 기능을 제공하여 프로그램 개발 과정에서 발생할 수 있는 오류를 해결하고, 코드의 정확성을 높이는 데 필수적인 도구이다.

2 프로그래밍 교육의 실제

학교 교육 현장에서 활용되고 있는 프로그래밍 언어는 크게 블록 기반 프로그래밍 언어와 텍스트 기반 프로그래밍 언어로 나눌 수 있다.

블록 기반 프로그래밍 언어는 명령어 블록을 조립하여 프로그래밍을 할 수 있는 코딩 방법이다. 이러한 방식은 프로그래밍의 구조를 시각적으로 이해하는 데 매우 효과적이다.

텍스트 기반 프로그래밍 언어는 구문을 직접 작성하며 더 심도 있는 코딩 기술을 개발하는 데 사용된다.

블록 기반 프로그래밍 언어와 텍스트 기반 프로그래밍 언어를 활용한 실제적인 프로그래밍 교육 방식은 학습자가 실제 세계의 문제를 해결하는 데 필요한 기술을 직접 연습하고 습득하게 하며, 이는 프로그래밍 능력을 실질적으로 향상하는데 기여할 수 있다.

1 블록 기반 프로그래밍

블록 기반 프로그래밍은 사용자가 코드를 직접 작성하는 대신 사전에 정의된 코드 블록들을 조합하여 프로그램을 만드는 방식이다. 이는 프로그래밍의 기본 원리와 논리적 사고를 쉽게 이해할 수 있도록 하며, 특히 프로그래밍 초보자나 어린 학습자에게 친숙한 시각적 학습 도구로 활용된다. 대표적인 블록 기반 프로그래밍 언어로는 스크래치와 국내에서 개발된 엔트리가 있다. 본 교재에서는 엔트리를 중심으로 블록 기반 프로그래밍 언어를 살펴본다.

엔트리는 프로그래밍을 처음 접하는 이들을 위해 개발된 교육용 프로그램으로, 학교 현장에서 가장 많이 사용되는 블록 기반 프로그래밍 언어이다. 사용자는 여러 가지 명령 블록들을 연결하여 애니메이션, 게임, 이야기 등을 직접 만들어 볼 수 있으며, 이 과정을 통해 문제 해결 능력과 논리적 사고를 강화할 수 있다. 엔트리는 공동 창작 및 제작한 작품의 공유 기능도 가지고 있으며, 다양한 센서와 호환되어 로봇 제어와 같은 실제 하드웨어와의 상호작용도 가능하다.

1. 개발 환경

엔트리는 인터넷이 연결된 환경에서 웹 브라우저를 통해 접속하여 사용하거나, 오프라인 프로그램을 다운로드하고 설치하여 사용할 수도 있다. 웹 브라우저를 통해 접속하기 위해서는 [그림 11-4]와 같이 엔트리 홈페이지(https://playentry.org/)에서 [만들기]-[작품 만들기]를 클릭한다.

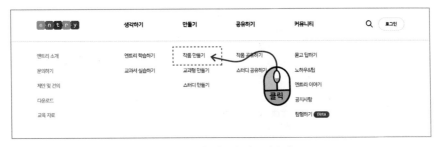

[그림 11-4] 엔트리 웹 브라우저

엔트리를 오프라인 프로그램으로 사용하기 위해서는 엔트리 홈페이지에서 '다운로드'로 접속한 뒤 엔트리 오프라인 프로그램의 최신 버전을 다운로드하여 설치해야 한다. 엔트리 오프라인 프로그램을 사용하기 위해서는 Windows 8 또는 macOS 10.8 이상의 운영체제와 1GB 이상의 디스크 여유 공간이 필요하다. 오프라인 프로그램 사용 시 인터넷 연결이나 웹 브라우저는 필요하지 않아 인터넷 환경이 원활하지 않은 곳에서 사용할 때 유용하다.

[그림 11-5] 엔트리 오프라인 프로그램

엔트리는 [그림 11-6]과 같이 실행화면, 오브젝트 영역, 블록 꾸러미, 블록 조립소로 이루어져 있으며, 원하는 오브젝트를 선택한 뒤 블록 꾸러미의 블록들을 블록 조립소에 가져와 놀이하듯이 프로그램을 완성할 수 있다.

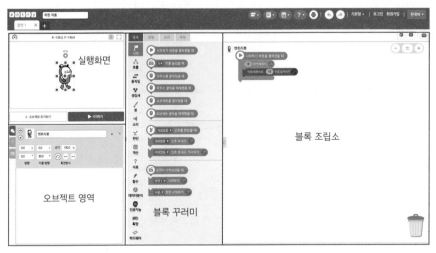

[그림 11-6] 엔트리의 화면구성

엔트리는 사람, 동물, 식물 등 다양한 오브젝트를 제공하며 오브젝트에 코드를 작성하여 작품을 만들 수 있다.

[그림 11-7] 엔트리의 다양한 오브젝트

엔트리의 블록 꾸러미에는 다양한 블록들을 [그림 11-8]과 같이 시작, 흐름, 움직임 등을 구분하여 제공한다.

블록	기능 설명
시작	코드의 맨 위에서 모든 코드의 시작을 담당하는 블록
흐름	조건, 반복 등을 통해 동작을 제어하는 명령어 블록
움직임	이동, 방향 명령어 등 오브젝트의 움직임에 관련된 블록
생김새	오브젝트의 모양, 크기, 색깔, 말하기에 관련된 블록
붓	붓으로 그리기, 오브젝트 복사에 관련된 블록
소리	소리와 배경음 관련 블록
판단	마우스 또는 키보드 조작, 비교와 논리 연산 명령에 관련된 넣기 블록
계산	연산, 초시계, 오브젝트의 속성과 문자열에 관련된 넣기 블록
? 자료	변수와 리스트 제작 메뉴가 있는 결괏값 블록
f 함수	함수 제작 메뉴가 존재해서 함수를 생성할 수 있는 블록
하드웨어	센서보드나 아두이노 등 하드웨어에 관련된 메뉴 블록

[그림 11-8] 엔트리의 블록 종류

2. 프로그래밍의 실제

엔트리를 이용해 체질량 지수(Body mass index, BMI)를 계산하는 프로그램 예시를 살펴보자. BMI는 사람의 비만도를 나타내는 지수이며, 체중과 키의 관계로 자신의 몸무게(kg)를 키의 제곱(m)으로 나눈 값이다. 엔트리에서 프로그램을 구현하면 다음과 같다.

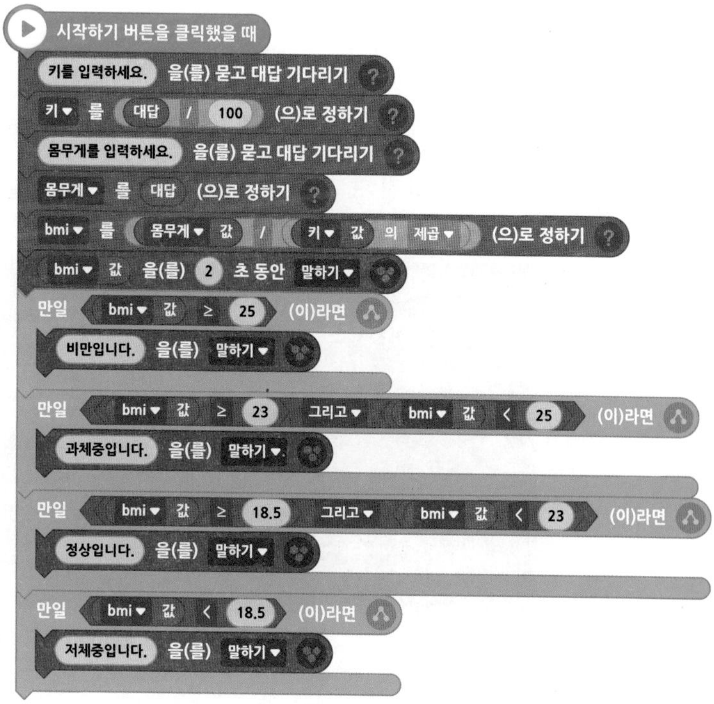

2 텍스트 기반 프로그래밍

　　텍스트 기반 프로그래밍 언어는 개발자가 문자와 문법적 규칙을 사용하여 명령을 작성하는 프로그래밍 언어이다. 텍스트 기반 프로그래밍 언어는 높은 정밀성과 유연성을 제공하여 복잡한 프로그램 개발에 적합하며, C, Java, Python 등 다양한 언어가 활용되고 있다.

1. Python

　　Python은 고등학교 정보 교과에서 가장 많이 활용되는 텍스트 기반 프로그래밍 언어이다. Python은 초보자부터 전문가까지 널리 쓰이는 프로그래밍 언어로, 간결하고 구문이 읽기 쉬워 교육 현장에서도 널리 활용되고 있다. 데이터 과학, 웹 개발, 자동화, 게임 개발 등 다양한 영역에서 활용되고 있으며, 특히 다양한 라이브러리와 프레임워크를 통해 강력한 개발 지원을 받을 수 있다는 장점이 있다. 또한, Python은 객체 지향적 접근법을 포함해 여러 프로그래밍 패러다임을 지원하며, 효율적인 코드 작성을 돕는 다양한 도구와 라이브러리를 제공하여 사용자의 편의를 극대화한다.

(1) 개발 환경

　　Python 개발을 위해서는 [그림 11-9]와 같이 공식 웹 사이트(www.python.org)에서 Python 문법을 해석하고 실행해 줄 소프트웨어를 설치해야 한다.

　　각 운영 체제 환경에 맞는 버전을 다운로드한 뒤 설치 창이 팝업되면 [Install Now]를 클

[그림 11-9] Python 설치 사이트

릭하여 설치를 진행한다. 설치를 진행 중에는 개발 환경의 좋은 호환성을 위해 [그림 11-10]과 같이 나타난 아래의 두 가지 체크박스는 모두 선택하는 것이 좋다. 첫 번째는 관리자 권한을 적용해 설치하겠다는 의미이며, 두 번째는 환경 변수에 python.exe의 경로를 추가하여 시스템 어느 폴더에서나 이 프로그램에 접근하도록 만들어 주는 것이다. 이렇게 하면 명령 프롬프트에서 어떤 디렉터리에 있는지에 상관없이 python 명령을 실행할 수 있다.

[그림 11-10] Python 설치

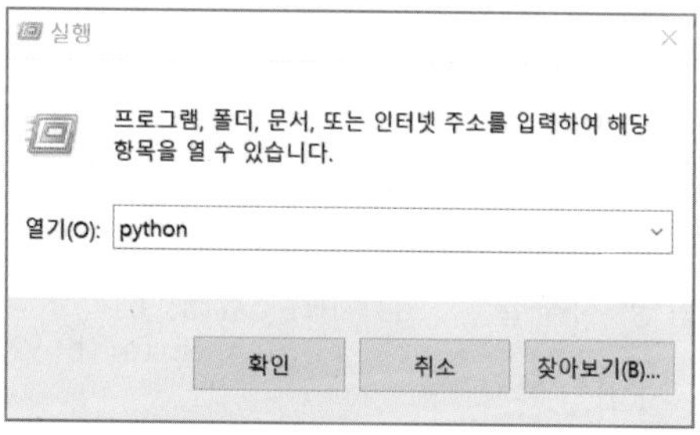

[그림 11-11] 파이썬 실행 방법

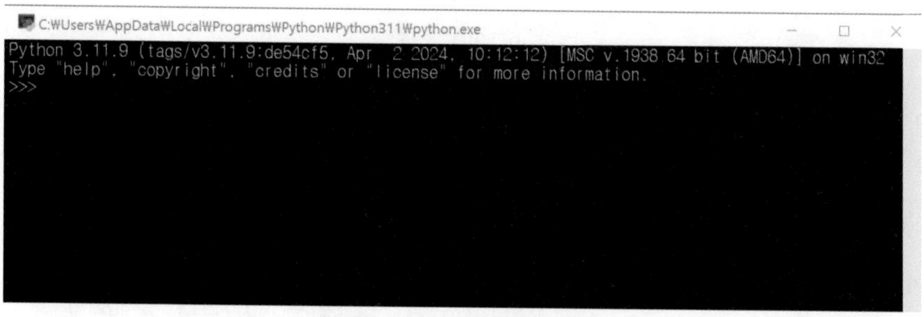

[그림 11-12] Python 실행 창

그러나 위와 같은 경우에는 간단한 실행 결과만 확인할 수 있어, 긴 코드를 입력하거나 저장된 코드를 실행하고자 할 때는 Python의 IDLE(Integrated Development and Learning Environment) 에디터를 사용하는 것이 좋다. Python IDLE는 코드를 한 줄씩 입력하고 즉시 결과를 확인할 수 있어 학습 및 디버깅에 유용하다. 또한 구문 강조, 자동 들여쓰기, 코드 완성, 통합 디버깅과 같은 기능이 포함되어 있어 초보자가 Python 학습을 시작하기에 좋은 환경을 제공한다.

마찬가지로 [실행]에서 IDLE을 입력하고 [확인] 버튼을 클릭하면 [그림 11-13]과 같은 Python IDLE 에디터를 실행할 수 있다.

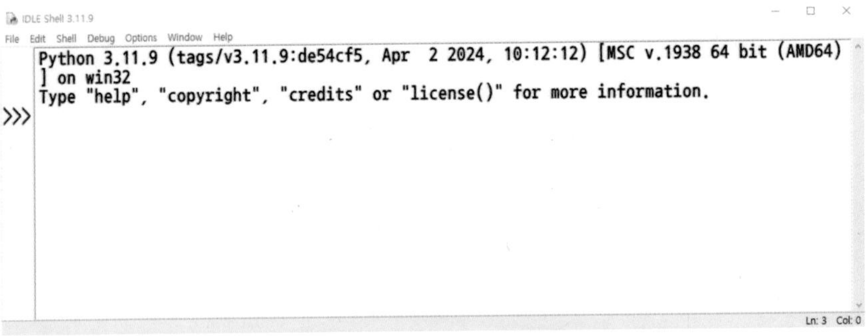

[그림 11-13] Python IDLE 실행창

(2) 프로그래밍의 실제

Python을 이용해 체질량 지수를 계산하는 프로그램 예시를 살펴보자. Python으로 프로그램을 구현하면 다음과 같다.

```python
def BMI_cal(a, b):
    return int(a/(b**2))

weight = int(input("몸무게를 입력하세요(단위 kg):"))
height = int(input("키를 입력하세요(단위 cm):"))
height_m=height/100

BMI = BMI_cal(weight, height_m)

if BMI>=25:
    BMI_result = "비만"
elif BMI>=23 and BMI<25:
    BMI_result = "과체중"
elif BMI<18.5:
    BMI_result = "저체중"
else:
    BMI_result = "정상"

print("당신의 BMI는 %d입니다." %BMI)
print("당신은 %s입니다." %BMI_result)
```

평가문항

1 컴파일 과정 중 프로그램의 소스 코드를 구조적으로 해석해 코드의 구조를 확인하며, 문법적으로 올바르게 작성되었는지 분석하는 단계는?

2 엔트리를 이용하여 태어난 연도와 올해 연도를 입력하면 나이를 계산해주는 프로그램을 작성하시오.

3 파이썬을 이용하여 일(day)이 입력으로 주어지면 이를 시간(hour)으로 변환하는 프로그램을 구현해보시오.

피지컬 컴퓨팅

피지컬 컴퓨팅은 현실 세계와 컴퓨터의 가상 세계를 연결하는 역할을 한다. 피지컬 컴퓨팅 도구는 현실 세계와 상호작용이 가능한 물리적 시스템을 만들어 현실과 가상의 경계를 허문다. 피지컬 컴퓨팅 기술을 이해하고 응용하는 방법을 배우면 다양한 생활 속 문제들을 창의적으로 해결할 수 있다.

12장에서는 피지컬 컴퓨팅의 기본 개념과 핵심 원리를 탐색하며, 이 기술이 어떻게 우리의 생활과 연결되어 있는지 살펴본다.

첫째, 피지컬 컴퓨팅의 원리와 개념에 대해 알아보고, 센서와 액추에이터 등 피지컬 컴퓨팅의 구성, 대표적인 사례에 대해 알아본다.

둘째, 피지컬 컴퓨팅을 구현하기 위한 프로그램 개발 환경에 대해 알아본다. 구체적으로 엔트리와 아두이노 IDE에 대해 제시하였다.

셋째, 피지컬 컴퓨팅 교육의 실제에서는 바우카, 토리드론, 마이크로비트, 아두이노 보드 등을 활용한 프로그래밍 교육의 실제에 대해 다룬다.

1 피지컬 컴퓨팅의 이해

피지컬 컴퓨팅을 이해하는 것은 단순히 기술적인 기능을 배우는 것을 넘어, 우리의 일상에서 기술과 자연스럽게 소통하는 방법을 탐색하는 과정이다. 피지컬 컴퓨팅을 통해 단순한 기술의 학습뿐만 아니라, 우리의 생활 방식을 변화시키고, 창의적으로 문제를 해결하는 방법을 개발할 수 있다. 따라서 피지컬 컴퓨팅을 완전히 이해하기 위해서는 기술의 원리뿐만 아니라, 그 기술이 실제로 어떻게 적용되는지를 이해하는 것이 중요하다.

1 피지컬 컴퓨팅의 개념

피지컬 컴퓨팅이란 소프트웨어와 하드웨어를 이용해 현실 세계와 상호작용할 수 있는 물리적 시스템을 만들고 데이터를 통해 상호작용할 수 있게 하는 기술을 말한다.

1. 피지컬 컴퓨팅의 개념

피지컬 컴퓨팅은 [그림 12-1]에 나타낸 것처럼 센서를 통해 현실 세계의 정보를 수집하며, 이 데이터를 수집하여 소프트웨어의 형태로 처리한 후, 처리 결과를 LED, 모니터, 스피커 등 여러 가지 구동 장치로 출력한다.

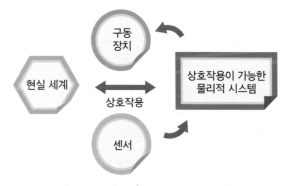

[그림 12-1] 피지컬 컴퓨팅의 개념

2. 피지컬 컴퓨팅의 분야

피지컬 컴퓨팅은 스마트 홈 기술, 의료 장비, 환경 모니터링 시스템 등 다양한 적용 분야에서 피지컬 컴퓨팅 기술을 이용하여 실시간으로 데이터를 수집하고 문제를 신속하게 해결할 수 있다.

첫째, 인터랙티브 아트와 같은 창의적 분야에서 예술가들은 피지컬 컴퓨팅으로 관객과의 상호작용을 통해 새로운 형태의 예술 작품을 창조할 수 있다.

둘째, 교육 분야에서 피지컬 컴퓨팅은 학습 도구로써 활용되어 학습자에게 더 직관적이고 참여적인 학습 경험을 제공한다.

셋째, 접근성을 향상한다. 장애가 있는 사람들이 기술을 더 쉽게 사용할 수 있도록 돕는 인터페이스를 개발하는 데 피지컬 컴퓨팅 기술이 활용된다.

② 피지컬 컴퓨팅의 구성

피지컬 컴퓨팅은 크게 센서와 같은 입력장치, 마이크로 컨트롤러, 액추에이터 같은 출력장치로 구성된다. [그림 12-2]와 같이 피지컬 컴퓨팅에서 센서, 마이크로 컨트롤러, 액추에이터는 서로 긴밀하게 상호작용하여 시스템이 작동한다. 센서는 환경의 물리적 상태를 감지하여 마이크로 컨트롤러에 데이터를 전송하고, 마이

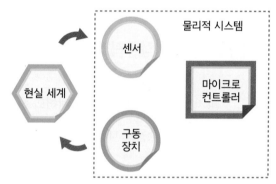

[그림 12-2] 피지컬 컴퓨팅의 구성 요소

크로 컨트롤러는 이 데이터를 처리하며 미리 프로그래밍된 로직에 따라 필요한 조치를 결정한다. 다음으로 마이크로 컨트롤러는 액추에이터에 신호를 보내어, 설정된 동작을 수행하도록 한다.

1. 센서(Sensor)

물리적인 환경의 상태를 감지하고 이를 전기 신호로 변환하여, 피지컬 컴퓨팅 시스템이 외부 세계의 정보를 인식할 수 있도록 한다. 센서는 피지컬 컴퓨팅 시스템에서 환경 정보를 수집하여 마이크로 컨트롤러로 전달하는 역할을 한다. 이를 통해 시스템은 외부 환경을 인식할 수 있게 되며, 적절한 반응을 할 수 있다.

센서에는 [그림 12-3]과 같이 온도 센서, 조도 센서, 적외선 센서, 초음파 센서, 압력 센서,

온도 센서

조도 센서

적외선 센서

초음파 센서

[그림 12-3] 피지컬 컴퓨팅의 센서

출처 오메가엔지니어링

가속도계 등이 있다. 각 센서는 감지할 수 있는 요소가 각각 다른데, 예를 들어 온도 센서는 주변 온도를 측정하고, 조도 센서는 주변의 빛의 양을 측정한다. 센서의 정확성과 감도는 전체 시스템의 성능과 효율성에 큰 영향을 미친다.

2. 마이크로 컨트롤러(Microcontroller)

마이크로 컨트롤러는 피지컬 컴퓨팅 시스템의 두뇌 역할을 하며, 작은 크기에도 불구하고 컴퓨터의 모든 주요 기능을 수행할 수 있는 장치이다. 마이크로 컨트롤러는 일반적으로 중앙 처리 장치(CPU), 메모리(ROM 및 RAM), 그리고 다양한 입력/출력 포트를 포함하고 있다. 마이크로 컨트롤러는 센서로부터 데이터를 수집하고 이를 처리한 후, 액추에이터를 제어하여 시스템이 의도한 동작을 수행하도록 한다.

피지컬 컴퓨팅의 마이크로 컨트롤러로는 아두이노, 라즈베리파이, 메이키 메이키 등과 같은 보드형과 마인드스톰, 햄스터봇과 같은 로봇형이 있다.

(1) 아두이노(Arduino)

아두이노(Arduino)는 프로토타이핑과 교육 목적으로 많이 사용되는 마이크로 컨트롤러 플랫폼이다. 아두이노는 다수의 스위치나 센서로부터 값을 받아들여, LED나 모터와 같은 외부 전자 장치들을 통제함으로써 환경과 상호작용이 가능한 물건을 만들어 낸다.

아두이노는 다양한 센서와 액추에이터를 쉽게 연결하

[그림 12-4] 아두이노

출처 위키백과

고 제어할 수 있어 교육 분야에서도 널리 활용되고 있다.

(2) 라즈베리 파이(Raspberry Pi)

라즈베리 파이(Raspberry Pi)는 교육용 프로젝트의 일환으로 개발된 소형 싱글 보드 컴퓨터로 ARM 기반 프로세서, RAM, 저장 공간, USB 포트, HDMI 출력 등을 갖춘 완전한 소형 컴퓨터이다. 라즈베리 파이는 리눅스 기반 운영 체제를 실행할 수 있어, 일반 컴퓨터와 같은 작업(웹 브라우징, 문서 작성 등)을 수행할 수 있다.

아두이노는 동시에 여러 작업을 수행하는 것이 어려워 단일 작업에 집중된 프로젝트에 적합한 반면, 라즈베리 파이는 더 높은 성능과 확장성을 제공하여 복잡한 애플리케이션에도 사용된다. 디스플레이, 키보드, 마우스 등 다양한 주변 장치를 쉽게 연결할 수 있다는 것도 라즈베리파이가 가진 장점이다.

[그림 12-5] 라즈베리 파이
출처: https://www.raspberrypi.com/

(3) 메이키 메이키(Makey Makey)

메이키 메이키(Makey Makey)는 꽃, 바나나, 물과 같은 일상적인 사물들을 입력 장치로 변환할 수 있게 해주는 전자 키트이다. 메이키 메이키는 USB 케이블을 통해 컴퓨터에 연결되며, 추가 드라이버나 소프트웨어 설치 없이 키보드와 마우스 입력을 통해 조작할 수 있어 초등학생들도 쉽게 사용할 수 있다.

메이키 메이키 보드에는 여러 개의 입력 핀이 있으며, 이를 통해 다양한 전도성 물체를 입력 장치로 사용할 수 있다. 예를 들어, 바나나, 포일, 물, 사람 등 전기를 통하는 물체를 이용해 키보드나 마우스 입력을 대신할 수 있다. 기본적으로 메이키 메이키는 추가적인 프로그래밍 없이 사용할 수 있지만, 추가적인 기능과 복잡한 프로젝트를 위해 아두이노 IDE를 통해 프로그래밍할 수도 있다. 학생들은 전

[그림 12-6] 메이키 메이키

기와 컴퓨터 입력의 기본 원리를 이해하고, 창의적인 프로젝트를 통해 학습과 재미를 동시에 경험할 수 있다.

3. 액추에이터(Actuator)

액추에이터는 전기 신호를 물리적인 동작으로 변환하는 장치로 피지컬 컴퓨팅 시스템이 환경에 영향을 미치고 제어할 수 있게 하는 핵심 요소이다.

액추에이터는 센서에서 수집된 데이터를 바탕으로 마이크로 컨트롤러의 제어 신호를 받아 작동하여 시스템의 출력 기능을 수행한다. 예를 들어, 온도 센서가 감지한 온도 값에 따라 마이크로컨트롤러가 신호를 보내면, 히터나 팬이 켜지거나 꺼지게 되는데, 여기서 히터나 팬이 바로 액추에이터이다. 이와 같은 작동 원리를 통해 액추에이터는 스마트 홈 시스템, 로봇 공학, 자동화 장비 등 다양한 분야에서 중요한 역할을 한다. 액추에이터의 성능과 정확성은 시스템의 효율성과 신뢰성에 직접적인 영향을 미치므로, 적절한 액추에이터를 선택하고 제어하는 것이 매우 중요하다.

이 세 요소의 상호작용을 통해 피지컬 컴퓨팅 시스템은 물리적 세계와 디지털 세계를 연결하고, 사용자의 입력에 따라 적절한 반응을 제공할 수 있다. 이 과정은 기술을 통해 우리의 일상생활을 더욱 편리하고 효율적으로 만드는 데 기여한다.

액추에이터에는 모터, LED, 스피커, 솔레노이드 등이 있으며, 특히 기계적 움직임을 생성할 수 있는 모터는 학생들의 창의적 사고력과 문제 해결 능력을 기르게 할 수 있어 자주 활용된다.

(1) 모터

피지컬 컴퓨팅에서 사용되는 모터는 주로 기계적 움직임을 생성하거나 제어하는 데 사용된다. 모터는 전기 에너지를 기계적 에너지로 변환하여 로봇, 기계 장치, 자동화 시스템 등에 적용된다. 마이크로 컨트롤러를 사용해 모터의 속도, 방향, 위치 등을 제어하거나 조절할 수 있다. 모터에는 [그림 12-7]과 같이 DC모터, 서보 모터, 스텝 모터 등이 있다.

DC 모터는 직류 전원을 공급받아 회전하는 모터로 전류의 방향을 바꾸어 일정한 방향으

DC모터

서보 모터

스텝 모터

[그림 12-7] 모터

출처 모터뱅크, 타워프로, 오토닉스

로 한다. 속도 제어가 비교적 쉽고 간단한 회로로 구동할 수 있다.

서보 모터는 특정 각도로 회전할 수 있도록 제어되는 모터이다. 내부에 위치 센서와 제어 회로가 포함되어 있어 정확한 위치 제어가 가능하다.

스텝 모터는 일정한 각도로 회전하는 모터로, 스텝마다 정해진 각도만큼 회전한다. 일반적으로 많은 극 수의 자석을 사용하여 높은 정밀도로 회전한다.

(2) LED

피지컬 컴퓨팅에서 LED(Light Emitting Diode)는 발광 다이오드로, 전기 신호를 시각적인 신호로 변환하는 간단하고 효과적인 장치이다. LED는 다양한 색상과 형태로 제공되며, 피지컬 컴퓨팅 프로젝트에서 상태 표시, 피드백 제공, 조명 효과 등 다양한 용도로 사용된다. LED에 순방향 전압을 인가하면 전류가 흐르고, 전자와 정공이 재결합하면서 에너지가 방출되는데 이 에너지가 빛의 형태로 방출되어 LED가 발광한다.

LED는 다이오드이기 때문에 한 방향으로만 전류가 흐른다. 일반적으로 짧은 다리가 음

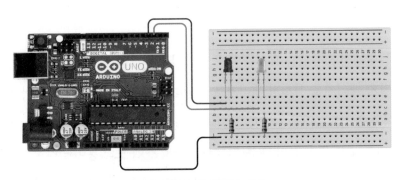

[그림 12-8] 아두이노 LED

출처 https://scipia.co.kr/cms/blog/147

극(-), 긴 다리가 양극(+)이다. 회로에 연결할 때는 반드시 저항을 함께 사용해야 한다. 저항은 LED를 보호하고 과전류로부터 손상을 방지한다.

4. 통신 장비 및 기타 부품

피지컬 컴퓨팅에는 센서, 마이크로 컨트롤러, 액추에이터뿐만 아니라 이들이 정보를 주고받을 수 있게 하는 통신 장비, 안정적인 전기를 공급하게 하는 브레드보드나 저항, 연결선과 같은 기타 부품들도 있다.

(1) 통신 장비

마이크로 컨트롤러는 케이블 및 무선 통신 장비를 통해 다른 기기들과 정보를 주고받는다. 기기 간 통신에 필요한 부품으로는 [그림 12-9]와 같이 시리얼 통신 케이블, 블루투스 모듈 등이 있다.

시리얼 통신은 아두이노와 컴퓨터 사이에서 메시지를 주고받는 방법으로 데이터를 연속적으로 한 비트씩 전송하는 직렬 통신의 방식이다. 대표적으로 아두이노는 USB 연결을 통해 시리얼 통신을 수행할 수 있다. 소스 코드를 컴파일한 후, USB를 통해 아두이노 보드에 업로드하는 과정도 시리얼 통신을 사용한다. 통신 속도는 bps로 측정되며, 보통 9,600bps로 설정하여 사용한다.

블루투스 모듈을 추가하면 시리얼 통신을 통해 데이터를 송수신할 수 있다. 블루투스를 이용하면 약 10미터 거리 내에서 무선으로 데이터를 주고받을 수 있어, 이를 통해 릴레이, 모터, 전등 등의 장치를 원격으로 제어할 수 있다. 다만, 블루투스의 통신 거리가 약 10미터로

시리얼 통신 케이블(LK EMBEDDED)　　　　　블루투스 모듈

[그림 12-9] 통신 장비

제한되므로, 이 범위를 벗어나면 연결이 끊어질 수 있다.

(2) 기타 부품

이 외에도 피지컬 컴퓨팅의 기타 부품들로는 [그림 12-10]과 같이 각 기기와 부품에 전기를 공급하는 브레드보드, 저항, 연결선(케이블) 등이 있다.

브레드보드는 전자 부품으로 회로를 구성하기 위해 부품을 끼울 수 있는 보드로, 별도의 납땜 없이 전자 부품과 점퍼 와이어를 연결해 회로를 빠르고 유연하게 변경할 수 있다. 브레드보드는 일반적으로 중앙의 두 개의 긴 전원 레일과 중간의 네 개의 짧은 홀을 갖추고 있다. 전원 레일은 전원 공급용으로, 짧은 홀은 신호 연결용으로 사용된다. 아두이노와 브레드보드를 사용하면 센서, LED, 버튼 등을 간편하게 연결하여 다양한 실험을 할 수 있어 아두이노를 활용한 프로젝트에서 필수적으로 활용된다.

저항은 전기 회로에서 전류의 흐름을 조절하는 부품으로 다양한 부품들이 적절한 전압과 전류를 받을 수 있게 하는 역할을 한다. 저항 값은 옴(Ω) 단위로 측정되며, 다양한 색상 코드로 표시되어 있다. 저항은 LED와 같은 민감한 부품을 보호하고, 전압 분배, 신호 조절 및 타이밍 회로에서 전류를 제한하며 센서, 액추에이터, 마이크로 컨트롤러 등의 부품을 안전하고 효율적으로 동작시킬 수 있게 한다.

연결선(케이블)은 아두이노와 브레드보드를 연결해 부품에 전류가 흐르도록 하는 역할을 한다. 연결선은 다양한 길이와 색상으로 제공되어 회로 설계를 직관적으로 구성하고, 오류를 최소화하는 데 도움을 준다. 연결선은 피복이 벗겨진 끝부분이 드러나 있어 브레드보드의 구멍에 쉽게 삽입할 수 있으며, 유연성이 있어 연결 및 분리가 쉽다.

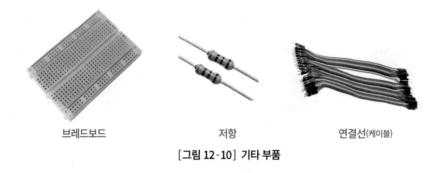

| 브레드보드 | 저항 | 연결선(케이블) |

[그림 12-10] 기타 부품

③ 피지컬 컴퓨팅 프로그램 개발 환경

피지컬 컴퓨팅을 위해서는 프로그래밍을 위한 소프트웨어 개발 환경이 필요하다. 대표적으로는 엔트리, Python과 같은 프로그래밍 언어 환경과 아두이노 IDE와 같은 통합 개발 환경(IDE)이 있다.

1. 엔트리 환경

피지컬 컴퓨팅에서 프로그래밍 언어를 직접 사용할 때는 사용자가 직접 텍스트 편집기, 컴파일러, 업로드 툴 등을 개별적으로 설치하고 설정하거나, 프로그래밍 언어와 피지컬 컴퓨팅을 위한 도구를 연결해야 한다.

대표적으로 엔트리를 살펴보면 엔트리에서 피지컬 컴퓨팅을 하기 위해서는 먼저 [연결 프로그램 다운로드]를 클릭하여 운영체제에 적합한 하드웨어 연결 프로그램을 다운로드하여 설치해야 한다. 연결 프로그램은 한 번 설치하고 나면 이후에는 다시 설치할 필요 없이 계속 활용할 수 있다.

연결 프로그램이 설치된 이후에는 [하드웨어 연결하기]를 선택한 후 새 창에서 연결할 마이크로 컨트롤러를 선택한다. 엔트리에서는 다양한 마이크로 컨트롤러를 연결할 수 있으며, '하드웨어 연결 성공'이라는 메시지가 나타나야 한다. 또한 해당 창을 종료하지 않고 계속 실행시킨 상태에서만 프로그래밍이 가능하다.

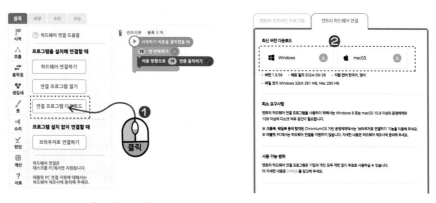

[그림 12-11] 엔트리 하드웨어 연결 프로그램 설치

[그림 12-12] 엔트리 하드웨어 연결

마이크로 컨트롤러를 처음 연결했을 때는 드라이버와 펌웨어를 설치해야 한다. 하드웨어가 제대로 연결된 후에는 연결한 마이크로 컨트롤러를 프로그래밍할 수 있는 새로운 블록들이 나타난다. 예를 들어, 엔트리에서 네오쏘코를 연결하면 [그림 12-13]과 같은 하드웨어 블록이 나타나며 마이크로 컨트롤러에 따라 하드웨어 블록은 달라질 수 있다.

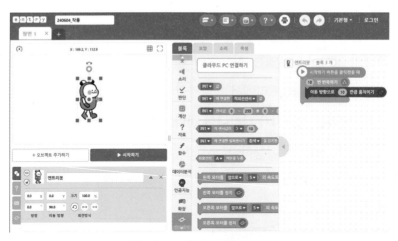

[그림 12-13] 엔트리 네오봇 블록

2. 아두이노 통합 개발 환경

아두이노 통합 개발 환경(Arduino Integrated Development Environment, IDE)은 하드웨어와 소프트웨어를 연동하여 프로그래밍, 컴파일, 디버깅, 업로드 등을 한 곳에서 수행할 수 있도록 도와주는 소프트웨어 도구다.

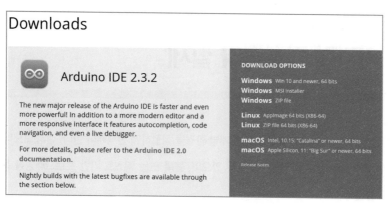

[그림 12-14] 아두이노 IDE 다운로드

아두이노 통합 개발 환경(IDE)을 사용하기 위해서는 홈페이지(http://arduino.cc)에서 아두이노 소프트웨어를 다운로드하여 설치해야 한다.

다운로드 옵션에서 Windows, Linux, macOS 등 운영체제에 맞는 항목 중 가장 최신인 것을 선택하여 다운로드한다. IDE는 필요한 모든 도구를 통합하여 제공하므로 별도의 프로그램을 다운로드하거나 하드웨어를 따로 연결하지 않아도 바로 사용할 수 있다. 또한 문법 강조 및 자동 완성 기능이 있어 초보자도 쉽게 사용할 수 있다. 아두이노 회로를 구성한 뒤 [그림 12-15]와 같이 아두이노 프로그램을 작성해 에러가 없을 경우, 보드에 업로드하여 동작을 확인할 수 있다. 이때 아두이노 IDE에서 작성한 코드를 아두이노 스케치라고 부른다.

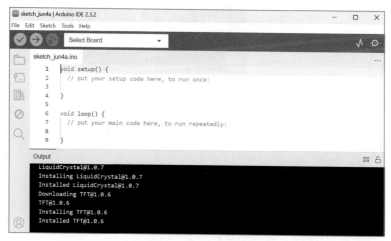

[그림 12-15] 아두이노 IDE

피지컬 컴퓨팅에서는 마이크로 컨트롤러 및 개발 환경을 적절하게 선택해야 한다. 센서 보드나 회로에 직접 연결하여 마이크로 컨트롤러를 구성할 수 있으며, 블록 또는 텍스트 기반 프로그래밍을 통해 피지컬 컴퓨팅을 구현할 수 있다.

1 바우카 활용

바우카는 [그림 12-16]과 같이 잇플보드를 사용해서 전자회로 지식이 없이도 손쉽게 자동차를 조립하고 직접 프로그래밍할 수 있는 모듈형 피지컬 컴퓨팅 교구다.

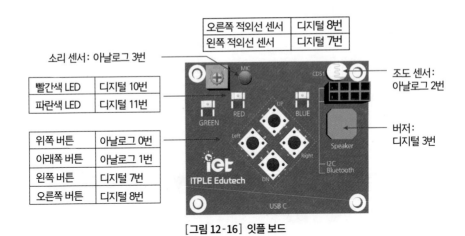

[그림 12-16] 잇플 보드

구성 요소	기능
LED	빨간색 LED 1개, 파란색 LED 1개
버튼	네 개의 버튼을 이용해 프로그램 작성 또는 실행
조도 센서	잇플 보드 주위의 밝기를 측정
소리 센서	잇플 보드 주변 소리 크기 측정
버저	경고음, 알림음, 또는 기타 소리를 내는 용도로 사용
USB 커넥터	컴퓨터와 잇플 보드 연결 및 프로그램 다운로드

잇플 보드는 아두이노 기반으로 만들어진 마이크로 컨트롤러 보드다. 마이크로비트와 같이 LED, 버튼, 다양한 센서 등 여러 부품이 내장되어 있다. 스크래치, 엔트리와 같은 블록 기반 프로그래밍 플랫폼뿐만 아니라 아두이노 IDE를 사용해서 C, C++ 같은 텍스트 기반 프로그래밍도 할 수 있다.

잇플 보드를 자동차 쉴드를 연결해서 라인 트레이서와 초음파 자율주행 자동차를 만들 수 있다. [그림 12-17]과 같이 전자회로 지식이 없이도 간단하게 자동차를 조립할 수 있다. 초보자나 어린 학생들이 피지컬 컴퓨팅을 쉽게 배울 수 있도록 설계되었다.

자동차 쉴드에 내장된 적외선 센서로 검은색 선을 따라서 움직이는 라인 트레이서를 프로그래밍할 수 있다. 또한 자동차 쉴드에 초음파 센서를 연결하면 장애물을 피해서 움직이는 초음파 자율주행 자동차를 프로그래밍할 수 있다.

엔트리로 바우카를 프로그래밍하기 위해서는 바우카 엔트리 프로그램을 다운로드(http://www.itpleinfo.com/)해서 사용해야 한다. 바우카 엔트리 프로그램은 엔트리로 만든 코드를 아두이노 코드로 바꿔 잇플 보드에 직접 업로드해준다. 그러면 컴퓨터와 USB선으로 연결하지 않아도 바우카가 작동된다.

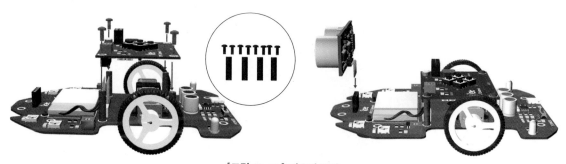

[그림 12-17] 바우카 조립

다음은 검은색 선을 따라서 움직이는 라인 트레이서를 프로그래밍한 것이다. 함수를 만들어서 전후좌우로 움직일 수 있도록 한다. 적외선 센서로 선의 밝기를 측정하고 검은색 쪽으로 움직이도록 프로그래밍한다.

함수 정의하기 forward
왼쪽 ▼ 모터 앞쪽 ▼ 방향으로 정하기
왼쪽 ▼ 모터 speed ▼ 값 속도로 정하기
오른쪽 ▼ 모터 앞쪽 ▼ 방향으로 정하기
오른쪽 ▼ 모터 speed ▼ 값 속도로 정하기

함수 정의하기 back
왼쪽 ▼ 모터 뒤쪽 ▼ 방향으로 정하기
왼쪽 ▼ 모터 speed ▼ 값 속도로 정하기
오른쪽 ▼ 모터 뒤쪽 ▼ 방향으로 정하기
오른쪽 ▼ 모터 speed ▼ 값 속도로 정하기

함수 정의하기 left
왼쪽 ▼ 모터 뒤쪽 ▼ 방향으로 정하기
왼쪽 ▼ 모터 speed ▼ 값 속도로 정하기
오른쪽 ▼ 모터 앞쪽 ▼ 방향으로 정하기
오른쪽 ▼ 모터 speed ▼ 값 속도로 정하기

함수 정의하기 right
왼쪽 ▼ 모터 앞쪽 ▼ 방향으로 정하기
왼쪽 ▼ 모터 speed ▼ 값 속도로 정하기
오른쪽 ▼ 모터 뒤쪽 ▼ 방향으로 정하기
오른쪽 ▼ 모터 speed ▼ 값 속도로 정하기

함수 정의하기 stop
왼쪽 ▼ 모터 앞쪽 ▼ 방향으로 정하기
왼쪽 ▼ 모터 0 속도로 정하기
오른쪽 ▼ 모터 뒤쪽 ▼ 방향으로 정하기
오른쪽 ▼ 모터 0 속도로 정하기

▶ 시작하기 버튼을 클릭했을 때
speed ▼ 를 50 (으)로 정하기 ?
value ▼ 를 100 (으)로 정하기 ?
계속 반복하기 ∧
    L ▼ 를 아날로그 (A7 ▼) 번 값 (으)로 정하기 ?
    R ▼ 를 아날로그 (A6 ▼) 번 값 (으)로 정하기 ?
    만일 〈 아날로그 (A0 ▼) 번 값 = 0 〉 (이)라면 ∧
        speed ▼ 에 5 만큼 더하기 ?
        만일 〈 speed ▼ 값 > 255 〉 (이)라면 ∧
            speed ▼ 를 255 (으)로 정하기 ?
    만일 〈 아날로그 (A1 ▼) 번 값 = 0 〉 (이)라면 ∧
        speed ▼ 에 -5 만큼 더하기 ?
        만일 〈 speed ▼ 값 < 20 〉 (이)라면 ∧
            speed ▼ 를 20 (으)로 정하기 ?
    만일 〈 L ▼ 값 < value ▼ 값 그리고 ▼ R ▼ 값 < value ▼ 값 〉 (이)라면 ∧
        forward
    만일 〈 L ▼ 값 > value ▼ 값 그리고 ▼ R ▼ 값 < value ▼ 값 〉 (이)라면 ∧
        left
    만일 〈 L ▼ 값 < value ▼ 값 그리고 ▼ R ▼ 값 > value ▼ 값 〉 (이)라면 ∧
        right
    0.01 초 기다리기 ∧

[그림 12-18] 엔트리 코드 업로드

바우카 엔트리 프로그램에서 업로드 버튼을 클릭하면 [그림 12-18]과 같이 엔트리 코드가 아두이노 코드로 변환되어 업로드된다. 바우카를 검은색 라인 위에 놓고 전원 버튼을 켜면 업로드된 코드에 따라 바우카가 검은색 선을 따라서 움직인다.

아래 그림은 초음파 자율주행 자동차를 프로그래밍한 것이다.

앞에 장애물이 있을 때까지 움직이다가 장애물을 만나면 왼쪽 또는 오른쪽으로 회전한 뒤에 앞으로 움직인다.

회전하는 방향을 무작위로 정하기 위해서 number 변수의 나머지를 사용한다. 짝수일 때는 왼쪽으로 회전하고 홀수일 때는 오른쪽으로 회전한다.

2 토리드론 활용

드론은 사물인터넷(IoT), 인공지능, 로봇, 센서 그리고 정밀측위기술, 항법기술, 자세제어 기술 등 다양한 기술이 융합된 최첨단 장치다.

[그림 12-19] 토리드론

토리드론은 [그림 12-19]와 같이 조종과 프로그래밍이 모두 가능한 로봇형 피지컬 컴퓨팅 교구로 어린 학생들도 쉽게 드론을 배울 수 있다. 스크래치, 엔트리, Python 등의 언어를 사용해서 직접 프로그래밍해서 드론을 조종할 수 있다.

처음 배우는 학생들도 드론의 기초 조종방법을 안전하게 배울 수 있도록 [그림 12-20]과 같은 토리드론 시뮬레이터 프로그램을 사용한다. 토리드론 시뮬레이터를 통해서 쓰로틀, 피치, 롤, 요우의 개념을 익혀서 드론을 조종할 수 있는 기초 실력을 쌓는다.

조종 방법	드론이 움직이는 방향
쓰로틀	위, 아래
피치	앞, 뒤
롤	왼쪽, 오른쪽
요우	시계방향 회전, 반시계방향 회전

[그림 12-20] 토리드론 시뮬레이터

[그림 12-21]은 앞에 있는 장애물을 피해서 목표지점에 착륙하도록 프로그래밍한 것이다. 피치(Pitch)를 50%로 정해서 드론이 앞으로 움직인다. 그리고 장애물 위를 지나도록 쓰로틀(Throttle)을 50%로 정해서 드론이 위로 움직인다. 그리고 다시 앞으로(피치) 움직이고 목

표 지점에 착륙한다.

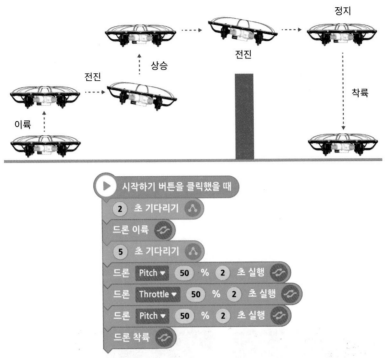

[그림 12-21] 토리드론 장애물 피하기

토리드론은 사각형 비행, 지그재그 비행, 원 비행 등이 가능하다. 파이썬으로 프로그래밍하는 경우 군집 비행도 가능하다.

pip install CodingRider로 CodingRider 라이브러리를 설치한다. CodingRider 라이브러리를 가져오고 Drone( )으로 드론 객체를 만들어서 프로그래밍한다.

```python
from time import sleep
from CodingRider.drone import *
from CodingRider.protocol import *

drone1 = Drone()
drone2 = Drone()
drone3 = Drone()
drone1.open('COM3')
drone2.open('COM4')
drone3.open('COM5')

# LED 색을 바꿉니다.
drone1.sendLightModeColor(LightModeDrone.BodyHold, 255, 255, 0, 0)
drone2.sendLightModeColor(LightModeDrone.BodyHold, 255, 0, 255, 0)
drone3.sendLightModeColor(LightModeDrone.BodyHold, 255, 0, 0, 255)
```

```
16
17  # 2초 있다가 동시에 이륙합니다.
18  sleep(2)
19  drone1.sendTakeOff()
20  drone2.sendTakeOff()
21  drone3.sendTakeOff()
22  # 5초 있다가 동시에 착륙합니다.
23  sleep(5)
24  drone1.sendLanding()
25  drone2.sendLanding()
26  drone3.sendLanding()
```

3 마이크로비트 활용

마이크로비트(Microbit)는 [그림 12-22]와 같이 초등 및 중등 학생들에게 프로그래밍과 전자 공학을 쉽게 배울 수 있도록 설계된 소형 마이크로 컨트롤러 보드이다.

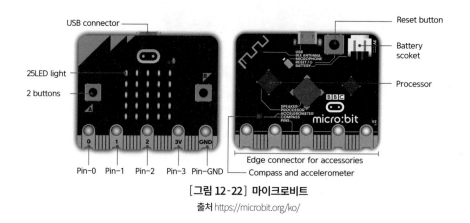

[그림 12-22] 마이크로비트

출처 https://microbit.org/ko/

다양한 센서, 모터, LED, 버튼 등을 추가로 연결하여 확장할 수 있으며 MakeCode, JavaScript, Python 등의 언어를 사용하여 프로그래밍할 수 있다. 마이크로비트의 구성 요소는 <표 12-1>과 같다.

마이크로비트는 메이크코드(MakeCode)라는 블록 기반 프로그래밍 플랫폼에서 프로그래밍할 수 있다. 메이크코드는 초보자나 어린 학생들이 프로그래밍을 쉽게 배울 수 있도록 설계되었으며 다양한 장치와 하드웨어를 지원한다. 또한 블록 코딩 뿐만 아니라 자바스크립트와 파이썬 같은 텍스트 기반 코딩도 가능하다.

〈표 12-1〉 마이크로비트 구성 요소

구성 요소	기능
LED 매트릭스	가로 5개, 세로 5개로 총 25개의 LED로 문자, 숫자, 그림 XII 등을 표현
버튼	두 개의 버튼을 이용해 프로그램 작성 또는 실행
디지털/아날로그 입력 단자	집게 전선으로 부품이나 센서를 연결
온도 센서	마이크로비트 주변 온도 측정
가속도/나침반 센서	마이크로비트의 방향 또는 움직임(기울임, 흔들기, 떨어뜨리기) 감지
USB 커넥터	컴퓨터와 마이크로비트 연결 및 프로그램 다운로드
외부 전원 연결 장치	컴퓨터에 연결되지 않은 상태에서 마이크로비트에 전원 공급

메이크코드를 사용하여 마이크로비트를 프로그래밍하기 위해서는 먼저 메이크코드 홈페이지(https://makecode.microbit.org/)에 접속해야 한다. [새 프로젝트]를 선택하면 메이크코드 에디터를 바로 사용할 수 있다.

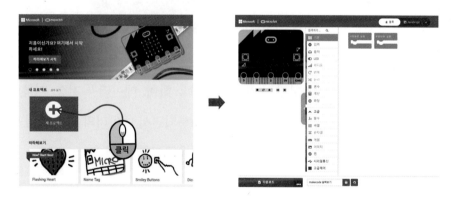

[그림 12-23] 메이크코드 실행 화면

메이크코드 에디터에는 [그림 12-23]과 같이 다양한 블록들이 제공된다. 기본 블록 외에도 입력, 출력, 논리, 수학, 루프 등 다양한 카테고리의 블록들을 사용할 수 있다. [그림 12-24]과 같이 메이크코드에는 좌측에 마이크로비트 시뮬레이터가 있어, 하드웨어가 연결되어 있지 않아도 코드를 테스트해 볼 수 있다는 장점이 있다.

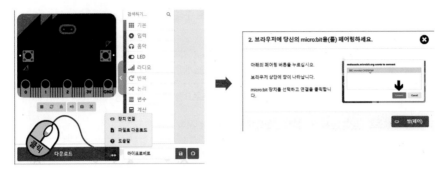

[그림 12-24] 마이크로비트 메이크코드 연결

마이크로비트를 활용하면 센서들을 통해 입력되는 데이터들을 기록하고 수집할 수 있

다. 예를 들어 [그림 12-25]와 같이 프로그

래밍하면 마이크로비트와 컴퓨터 사이의 시

리얼 통신을 통해 온도 데이터가 컴퓨터로

데이터가 전송되어 저장, 기록된다. 단, 데

이터 기록을 위해 컴퓨터와 마이크로비트

는 케이블을 통해 유선으로 연결되어 있어야

한다.

[그림 12-25] 온도 데이터 수집

마이크로비트는 데이터가 지나가는 경로의 역할을 하며, 데이터가 저장, 기록되는 장소

는 컴퓨터가 된다. 메이크코드에서 데이터가 바로 기록되면서 데이터의 기록 과정 및 기록된

데이터를 실시간으로 확인할 수 있으며 csv 파일로 다운로드할 수 있다.

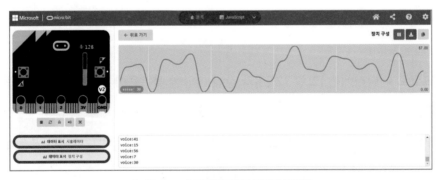

[그림 12-26] 마이크로비트 데이터 시각화

4 아두이노 보드 활용

아두이노는 2005년에 만들어진 오픈소스 하드웨어이다. 아두이노는 마이크로 컨트롤러 기반의 개발 보드와 이를 프로그래밍할 수 있는 통합 개발 환경을 제공한다.

1. 아두이노 보드

아두이노는 보드 형태의 피지컬 교구로 이를 프로그래밍하기 위해서는 아두이노 IDE를 사용한다. 또한 보드에 다양한 입출력 장치를 연결하여 전기 신호를 통해 외부 장치들을 제어할 수도 있다. 아두이노는 프로그래밍에 앞서 구조를 이해하는 것이 중요하다. [그림 12-27]은 가장 많이 사용되는 아두이노 우노 보드의 구조이다.

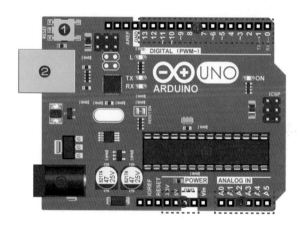

[그림 12-27] 아두이노 보드

① 리셋버튼: 아두이노를 처음부터 다시 프로그래밍할 때 사용

② USB 포트: 아두이노 보드에 전원 공급 및 프로그램 업로드 시 사용

③ 외부 전원 소켓: DC 전원 공급 시 사용

④ 디지털 핀: 디지털 입·출력 전기 신호 작동 시 사용

⑤ 마이크로컨트롤러: 아두이노 보드의 핵심 부분. 프로그램 저장 및 실행

⑥ 전원 핀: 전압 공급을 위한 부분과 접지 부분. 3. 3V, 5V, GND 등

⑦ 아날로그 핀: 아날로그 센서를 디지털 값으로 변환 시 사용

2. 아두이노 IDE의 구성

아두이노를 프로그래밍하기 위해서는 전용 소프트웨어(IDE)가 필요하다. 아두이노를 USB 포트를 사용해 컴퓨터와 연결한 후, 전용 소프트웨어에서 원하는 내용으로 프로그램 코드를 작성하여 업로드 하면 즉각 아두이노 마이크로 컨트롤러로 프로그램이 저장되며 실행된다. 이후 전원만 공급하면 컴퓨터와 분리하여도 아두이노에 저장된 프로그램이 작동된다.

아두이노 전용 소프트웨어(IDE)는 아두이노 공식 홈페이지(http://www.arduino.cc/)에서 다운로드할 수 있다. 아두이노 홈페이지에 접속한 후 SOFTWARE에서 Arduino IDE 최신 버전을 다운로드한다. 아두이노 전용 소프트웨어를 설치하면 바탕화면에 아이콘이 생성되며, 프로그램을 실행하면 다양한 코드를 작성할 수 있는 화면이 나타난다. 아두이노에서 작성하는 코드를 아두이노 스케치라고 부르며, 별도의 운영체제 없이 아두이노 IDE로 원하는 프로그램을 작성하고, 업로드 버튼을 누르면 아두이노의 마이크로 컨트롤러에 프로그램이 바로 업로드된다.

아두이노 전용 소프트웨어(IDE)의 주요 요소들을 살펴보면 [그림 12-28]과 같다.

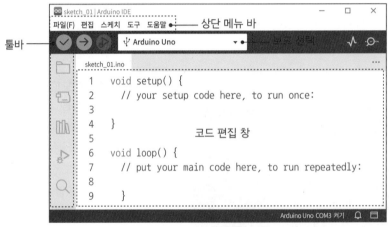

[그림 12-28] 아두이노 IDE

(1) 상단 메뉴 바

① File: 새로운 스케치를 만들거나 기존의 스케치를 열고, 저장할 수 있는 파일 메뉴. 보드 설정을 내보내거나 가져오는 옵션 포함

② Edit: 스케치의 텍스트를 편집할 수 있는 옵션 포함. 복사, 붙여넣기, 찾기 및 바꾸기 등의 기능 제공

③ Sketch: 스케치를 컴파일하거나 업로드 하는 옵션 포함. 스케치를 확인하거나 라이브러리 포함

④ Tools: 보드 및 포트 선택, 시리얼 모니터 열기, 프로세서 선택 등의 옵션 포함

⑤ Help: IDE 사용에 대한 도움말 제공

(2) 툴바

① 확인 버튼(체크 아이콘): 스케치의 문법 및 오류를 확인하는 버튼. 컴파일을 수행하여 코드가 올바른지 확인

② 업로드 버튼(화살표 아이콘): 컴파일된 스케치를 아두이노 보드에 업로드하는 버튼

③ 새 스케치 버튼(파일 아이콘): 새로운 스케치를 시작할 수 있는 버튼

④ 열기 버튼(폴더 아이콘): 기존 스케치를 열 수 있는 버튼

⑤ 저장 버튼(디스크 아이콘): 현재 작업 중인 스케치를 저장하는 버튼

⑥ 시리얼 모니터 버튼(돋보기 아이콘): 시리얼 모니터를 열어 보드와 시리얼 통신을 모니터링할 수 있는 버튼

(3) 보드 선택 드롭다운 메뉴

Select Board: 현재 사용 중인 아두이노 보드를 선택할 수 있는 드롭다운 메뉴로 다양한 아두이노 보드 중에서 선택 가능하다.

(4) 코드 편집창

사용자가 스케치를 작성하는 공간으로 기본적으로 setup( ) 함수와 loop( ) 함수가 포함한다.

① setup( ): 스케치를 처음 실행할 때 한 번만 실행되는 설정 코드

② loop( ): setup( ) 이후에 계속 반복 실행되는 메인 코드

③ 코드 주석: 코드 내에 설명을 추가할 수 있는 주석 기능. //로 시작하며, 해당 줄의 끝까지 주석으로 인식. 주석은 코드 실행에 영향을 미치지 않음

이 요소들은 아두이노 IDE의 기본적인 기능을 제공하며, 이를 통해 사용자는 쉽게 아두이노 보드를 프로그래밍할 수 있다.

3. 아두이노 프로그래밍

아두이노 프로그래밍은 기본적으로 C/C++ 언어를 기반으로 한다. 다음은 아두이노 스케치의 기초 프로그래밍과 관련된 구성 요소들이다.

(1) 기본 구조

아두이노 스케치를 이루는 주요 함수와 기본 문법은 다음과 같다.

① setup( ) 함수: 데이터를 초기화 및 설정하는 부분, 스케치가 시작될 때 한 번만 실행됨.

```
void setup() {
   // 초기 설정 코드
}
```

② loop( ) 함수: 아두이노를 제어하는 실질적인 프로그램의 주요 동작 코드를 작성하는 부분, 스케치가 실행되는 동안 계속 반복해서 실행됨.

```
void loop() {
   // 반복 실행 코드
}
```

③ { } 중괄호: 문단을 의미, { }로 둘러싸인 문단은 하나의 의미로 처리됨

④ ; 세미콜론: 명령의 끝에 붙어 명령이 끝났다는 것을 의미

⑤ //, /*, */ 주석: 프로그램을 만들 때 코드에 대한 설명을 적어두는 부분, 컴파일 시 코드가 작동되지 않음. */, /*는 여러 줄의 주석을 달 때, //는 한 줄짜리 주석을 달 때 사용.

(2) 변수

변수는 데이터를 저장하기 위해 사용하며 다양한 데이터 타입이 있다.

① int: 정수형 변수

② float: 실수형 변수

③ char: 문자형 변수

④ boolean: 불리언 변수(true 또는 false)

```
int ledPin = 13; //핀 번호를 저장하는 정수형 변수
float voltage = 3.3; //전압 값을 저장하는 실수형 변수
char myChar = 'A'; //문자를 저장하는 문자형 변수
boolean isOn = true; //LED 상태를 저장하는 불리언 변수
```

(3) 핀 설정

아두이노의 핀을 입력 또는 출력으로 설정할 수 있다.

pinMode(pin, mode): 핀 모드를 설정(INPUT, OUTPUN, INPUT_PULLUP)

```
void setup() {
  pinMode(leaPin, OUTPUT); //ledPin을 출력 모드로 설정
}
```

(4) 디지털 입출력

핀이 출력으로 설정되었을 때, 설정된 핀의 상태 값을 출력하는 함수이다.

① digitalWrite(pin, value): 디지털 핀에 HIGH 또는 LOW 값을 출력

② digitalRead(pin): 디지털 핀의 값을 읽음(HIGH 또는 LOW)

```
digitalWrite(ledPin, HIGH); //ledPin에 HIGH 출력(LED 켜짐)
int buttonState = digitalRead(buttonPin); //(buttonPin의 상태 읽기
```

(5) 아날로그 입출력

아두이노 보드의 아날로그 핀을 사용하여 센서 입력을 읽거나, 출력 장치에 아날로그값을 출력하는 함수이다.

① analogWrite(pin, value): PWM 신호 출력(0~255 사이의 값)

② analogRead(pin): 아날로그 핀의 값을 읽음(0~255 사이의 값)

(6) delay( ) 함수

delay( ) 함수 앞에서 내린 명령을 일정 시간 동안 유지시킬 때 사용하는 함수이다. 괄호 안 시간의 단위는 밀리세컨드로 1000밀리세컨드는 1초를 의미한다.

```
void loop() {
  digitalWrite(ledPin, HIGH);
  //1초 동안 대기합니다.
  delay(1000);
}
```

(7) 제어문

프로그램 흐름을 제어하기 위한 조건문과 반복문으로 if문, for문, while문이 있다.

① if문

```
if (buttonState == HIGH) {
  digitalWrite(ledPin, HIGH);
} else {
digitalWrite(ledPin, LOW);
}
```

② for문

```
for (int i = 0; i <10; i++) {
    digitalWrite(ledPin, HIGH);
    delay(500);
    digitalWrite(ledPin, LOW);
    delay(500);
}
```

③ while문

```
while (buttonState == HIGH) {
  digitalWrite(ledPin, HIGH);
  delay(1000);
  digitalWrite(ledPin, LOW);
  delay(1000);
  buttonState = digitalRead(button);
}
```

(8) 함수

반복되는 코드를 함수로 만들어 재사용할 수 있다.

```
void blinkLED(int times) {
  for (int i = 0; i <times; i++) {
    digitalWrite(ledPin, HIGH);
    delay(500);
    digitalWrite(ledPin, LOW);
    delay(500);
  }
}

void loop() {
  blinkLED(3); //LED를 3번 깜빡임
}
```

4. 아두이노 IDE 활용 예제

아두이노 프로그래밍을 통해 간단하게 LED를 켜고 끄도록 하는 실습 예제를 살펴보자.

(1) 준비물

아두이노 보드(ex. 아두이노 UNO), LED, 220Ω, 브레드보드, 점퍼 와이어

(2) 회로 구성

① 빨간색 LED를 아두이노의 13번 디지털 핀과 GND(접지)에 연결한다.

② LED와 13번 핀 사이에는 저항을 연결한다. LED에 과도한 전류가 흐르면 손상될 수 있으므로 적절한 저항을 사용하여 전류를 제한한다.

③ LED의 양극(긴 다리)은 저항을 통해 13번 디지털 핀에, 음극(짧은 다리)은 GND(접지)에 연결되어 있다. 이는 LED가 아두이노에서 공급되는 전류에 따라 켜지고 꺼지도록 한다.

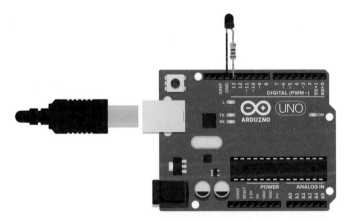

[그림 12-29] 아두이노 회로 구성

출처 https://www.tinkercad.com/

(3) 아두이노 코드

아두이노 IDE에 작성할 코드는 다음과 같다. 이 코드는 LED를 1초 간격으로 켜고 끄는 동작을 반복한다.

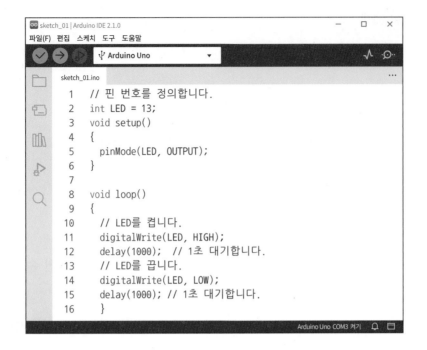

1 피지컬 컴퓨팅의 구성 요소 중 물리적인 환경의 상태를 감지하고 이를 전기 신호로 변환하여, 피지컬 컴퓨팅 시스템이 외부 세계의 정보를 인식할 수 있도록 하는 것은?

2 엔트리를 활용해 키보드 위쪽 화살표 키를 누를 때에는 드론이 앞으로, 아래쪽 화살표 키를 누를 때에는 드론이 뒤로 움직이도록 하는 프로그램을 작성해보시오.

3 빨간 LED를 아두이노의 핀 8번, 노란 LED 아두이노의 핀 9번, 초록 LED 아두이노의 핀 10번에 연결했을 때 빨강, 노랑, 초록을 순차적으로 5초씩 점등했다가 끄는 프로그램을 작성하시오.

13장 인공지능

과거에는 컴퓨팅 기술과 인공지능 기술은 특별한 분야의 전문가 또는 연구자들의 고유 영역으로 여겨졌다[1]. 그러나 인공지능 기술의 발전으로 인해 사회 전반에 혁신적인 변화가 일어나게 됨에 따라 인공지능을 통해 변화된 사회를 인식하고 본인의 분야에서 인공지능 기술을 활용할 수 있도록 인공지능 기본 사항을 이해하는 것이 중요하게 되었다[2].

즉, 과거에 읽기, 쓰기, 셈하기 등이 필수 소양이었던 것과 같이 최근에는 인공지능을 이해하고 인공지능과 함께 일할 수 있는 능력인 인공지능 소양도 현대 문해력의 필수적인 요소로 자리 잡고 있다.

인공지능 교육은 학생들이 단순한 인공지능 서비스의 소비자를 넘어, 책임감 있게 인공지능을 활용하고 형성하는 데 참여하게 하며, 비판적 사고를 바탕으로 인공지능과 함께 살아가기 위해 필요한 가치와 삶의 방식을 배우게 하는 데 그 목적이 있다[3]. 13장에서는 인공지능과 기계학습, 인공지능 윤리와 함께 인공지능 교육의 다양한 방법에 대해서 다룬다.

첫째, 인공지능의 이해에서는 인공지능의 역사, 인공지능의 개념과 특성, 지능 에이전트와 문제 해결에 대하여 다룬다.

둘째, 인공지능과 기계학습에서는 기계학습의 개념, 기계학습의 알고리즘, 인공신경망과 딥러닝에 대하여 다룬다.

셋째, 인공지능 윤리에서는 인공지능과 사회, 데이터 편향, 인공지능 윤리적 쟁점과 윤리 지침에 대하여 다룬다.

넷째, 인공지능 교육의 실제에서는 인공지능 교육을 인공지능 이해 교육, 인공지능 활용 교육, 인공지능 융합 교육, 인공지능 윤리 교육, 인공지능 활용 맞춤형 교육의 다섯 가지로 구분하여 교육의 실제에 대하여 다룬다.

1 한선관, 류미영, 김태령(2022). AI사고를 위한 인공지능 교육. 성안당. pp77
2 교육부, 과학기술정보통신부, 한국과학창의재단(2020). 인공지능 교육 길라잡이. pp4
3 교육부, 과학기술정보통신부, 한국과학창의재단(2020). 인공지능 교육 길라잡이. pp4.

1 인공지능의 이해

인공지능을 이해한다는 것은 단순히 알고리즘이나 기술의 작동 방식을 파악하는 것 이상의 의미가 있다. 인공지능의 개념과 특성은 물론 인공지능이 다양한 산업 분야에 활용되고 있는 양상과 그 영향, 인공지능 기술을 활용한 창의적인 문제 해결도 함께 다룬다. 그뿐만 아니라 인공지능 기술의 발전과 함께 발생하는 다양한 윤리적인 문제에 대한 비판적 사고를 하는 것도 인공지능을 올바르게 이해하기 위한 중요한 요소이다.

인공지능(Artificial Intelligence)이란 인간의 지능을 컴퓨팅 기술로 만든 소프트웨어[1]로, 인간의 학습 능력, 추론 능력, 지각 능력, 자연어 이해 능력 등을 컴퓨팅 시스템을 이용해 구현한 '인공적인 지능'을 말한다[2].

인공지능 이전의 컴퓨터는 정확한 입력을 통해서 규칙에 따른 출력만 가능하였으며, 데이터를 찾기 위해서는 탐색 기법을 이용하였다. 컴퓨터와 달리 인간은 외부 환경에 대해 감각을 통해 인식하고, 이를 바탕으로 추론, 판단, 행동을 할 수 있다. 인공지능이란 이러한 인간의 학습, 판단, 발전 등을 컴퓨터가 할 수 있도록 구현한 것이다.

1 튜링 테스트

튜링 테스트는 인공지능 분야에서 가장 중요하고 기초적인 개념 중 하나이다. 1950년 영국 수학자 앨런 튜링(Alan Turing)은 AI라고 불리는 분야의 문을 연 '컴퓨팅 기계와 지능(Computing Machinery and Intelligence)'이라는 제목의 논문을 발표했다. 논문 자체는 "기계가 생각할 수 있는가?"라는 간단한 질문을 제기하는 것으로 시작되었고 튜링은 기계가 생각할 수 있는지를 평가하는 방법, 즉 튜링 테스트를 제안하였다[3]. 튜링 테스트의 기본 아이디어는

---

1 김영일, 이왕렬, 강성훈, 김학인, 정승열(2023). 고등학교 인공지능 기초. 금성출판사. pp.12.

2 이철현, 김현철, 강근호, 이동윤, 박승유, 김형주, 설이태, 김지아(2023). 고등학교 인공지능 기초. 미래엔. pp.11.

3 Brian McGuire(2006). The History of Artificial Intelligence-The Turing Test. University of Washington December 2006. pp5-pp7.

기계가 인간과 동일한 수준으로 의사소통을 할 수 있는지를 평가하는 것이다. 특히, 이 테스트는 기계가 인간처럼 사고할 수 있는지를 판단하는 기준으로 사용되었다. 튜링은 이를 튜링테스트라 부르지 않고 '모방 게임(imitation game)'이라고 불렀으며 성별을 추리하는 과정이 포함되어 있었다. 그러나 후에 이 이미테이션 게임에서 발전하여 좀 더 넓은 개념으로 튜링 테스트가 사용되기 시작했고, 이 테스트의 핵심은 인간과 기계를 구분하는 것으로 바뀌었다.

1. 튜링 테스트의 구조

튜링 테스트는 간단한 구조로 이루어진다. 튜링 테스트에는 [그림 13-1]과 같이 세 참가자가 필요하다. 세 참가자의 역할은 다음과 같다.

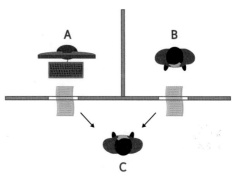

A(기계 응답자): 질문자의 질문에 답하며, 인간처럼 답변을 시도한다.

B(인간 응답자): 질문자의 질문에 답한다.

[그림 13-1] 튜링 테스트

C(인터뷰어(질문자)): 인간이며, 다른 두 참가자에게 질문을 한다.

이 세 참가자는 서로를 볼 수 없는 별도의 공간에 위치하며 텍스트로 대화를 나눈다. 인터뷰어는 A와 B 중 어느 쪽이 인간이고 어느 쪽이 기계인지 오직 그들의 답변만으로 판단해야 한다. 몇 번의 질문과 응답을 진행하고 질문자가 기계와 인간을 명확하게 구분하지 못한다면 기계가 지능을 가진 것으로 판단하는 것이다.

2. 튜링 테스트의 의의와 한계

튜링 테스트의 주된 목적은 기계가 인간과 구별할 수 없는 수준의 자연스러운 언어 능력을 보여줄 수 있는지를 확인하는 것이다. 이 테스트를 통해 기계의 지능 수준을 간접적으로 평가할 수 있으며, 이는 인공지능 연구의 중요한 기준점으로 작용하였다. 튜링 테스트가 인공지능 연구의 중요한 이정표로 여겨지지만, 이 테스트에는 몇 가지 비판과 한계가 있다.

첫째, 존 설(John Searle)은 기계가 특정 질문에 대해 사전에 준비된 답변을 제공하는 방식으로 테스트를 속일 수 있다고 지적하였다. 컴퓨터도 마찬가지로 주어진 프로그램과 데이터에 따라 답을 생성할 수는 있지만, 실제로 언어나 다른 개념들을 '이해'하지는 못하므로 튜링 테스트가 인공지능의 진정한 이해력을 판단하는 데 적합하지 않은 것이다. 즉, 이 테스트는 기계의 진정한 '지능'이나 '의식'을 평가하지는 못한다[1].

둘째, 와윅(Warwick)과 샤(Shah)는 기계가 심문 과정에서 침묵을 유지함으로써 튜링 테스트를 통과할 가능성이 있다고 지적하였다. 실제 튜링 테스트에서 발생한 여러 대화 기록의 일부에서는 침묵이 발생하였고, 심사관들이 기계와 인간을 정확히 구별하지 못하는 상황이 발생하였다. 이는 기계가 실제로는 인간의 행동을 모방하는 능력이 부족한데도 테스트를 통과할 수 있음을 시사한다[2].

2 인공지능 기술의 발전

인공지능은 20세기 중반에 등장해 약 70년 동안 [그림 13-2]에 제시된 것과 같이 '인공지능의 겨울'이라고 불리는 두 차례의 침체기를 겪으며 발전해 왔다[3].

1950년 앨런 튜링(Alan Turing)이 '생각하는 기계'의 개념을 제안한 이후, 1951년 마빈 민스키(Marvin Minsky)와 딘 에드먼드(Dean Edmonds)가 3,000개의 진공관을 사용해 SNARC라는 최초의 인공신경망(ANN)을 개발하였다. 이후 1956년 다트머스 콘퍼런스에서 '인공지능(Artificial Intelligence)'이라는 용어가 처음 제안되었다. 1958년 프랭크 로젠블랫(Frank Rosenblatt)은 데이터로부터 학습할 수 있고 현대 신경망의 기초가 된 퍼셉트론(Perceptron)을 개발하였다. 1959년 Arthur Samuel은 '컴퓨터가 명시적으로 프로그래밍되지 않고도 학습할 수 있는 능력'을 '기계학습(Machine learning)'으로 정의하였다[4].

1 Searle JR. (1980). Minds, brains, and programs. Behavioral and Brain Sciences. 1980;3(3):417-424.

2 Warwick, K. and Shah, H. (2016). Taking the fifth amendment in Turing's imitation game. Journal of Experimental & Theoretical Artificial Intelligence, volume 29 : 287-297

3 Wang, Lei & Liu, Zhengchao & Liu, Ang & Tao, Fei. (2021). Artificial intelligence in product lifecycle management. The International Journal of Advanced Manufacturing Technology. 114. 10.1007/s00170-021-06882-1.

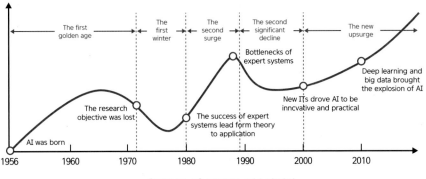

[그림 13-2] 인공지능 기술의 발전

1960년대에는 초기 자연어 처리(NLP)프로그램인 STUDENT, 최초의 전문가 시스템인 Dendral이 개발되며 인공지능 기술이 발전하기 시작하였다. 특히 1966년 조셉 와이젠바움 (Joseph Weizenbaum)은 최초의 자연어 챗봇 프로그램인 엘리자(ELIZA)를 개발하며 컴퓨터가 언어를 인식하고 이해하는 자연어 처리에 대한 가능성 및 인간과 기계 간 상호작용에 대한 통찰을 보여주며 후속 연구에 큰 영향을 미쳤다. 그러나 당시 인공지능 능력의 한계와 해결되지 않는 오류 등은 지속적으로 한계로 지적되었고 점차 사람들의 관심에서 멀어지게 되며 첫 번째 '인공지능의 겨울'을 맞이하게 되었다[5].

한동안 위축되었던 인공지능 연구는 1980년대에 전문가 시스템이 도입되며 다시 주목받기 시작하였다. 전문가 시스템(Experts system)이란 인간이 특정 분야에 대하여 가진 전문적인 지식을 정리하고 표현하여 컴퓨터에 기억시킴으로써, 일반인도 이 전문 지식을 이용할 수 있도록 하는 시스템이다. 전문가 시스템은 인간 전문가의 지식 체계를 따라 만들었으므로, 인간의 지식을 효과적으로 이식하여 인간을 대체할 수 있을 것이라는 기대를 만든 것이다[6]. 그러나 방대한 관리 방안과 투자 대비 효용성의 한계가 노출되면서 인공지능의 연구는 약화되었고 다시 두 번째 인공지능의 겨울이 찾아왔다.

---

4 Wiederhold, Gio & McCarthy, John. (1992). Arthur Samuel: Pioneer in Machine Learning. IBM Journal of Research and Development. 36. 329 - 331. 10.1147/rd.363.0329.

5 한선관, 류미영, 김태령(2022). AI사고를 위한 인공지능 교육. 성안당. pp116.

6 위키백과, 전문가시스템

그러나 두 번째 겨울도 계속되지는 않았다. 1997년 IBM의 딥블루(Deep Blue)가 역사적인 체스 재대결에서 카스파로프(Garry Kasparov)에게 승리하며 인공지능은 다시 주목받기 시작하였다. 이 사건은 컴퓨터는 인간을 이길 수 없다는 패러다임을 깨는 계기가 되었고, 복잡한 현실 세계의 문제를 해결할 수 있는 인공지능의 잠재력을 보여주었다.

2000년대 이후에 인공지능 기술에 대한 다양하고 활발한 연구들이 진행되었으며 특히 2010년대부터는 딥러닝 기술이 비약적으로 발전하였다. 2011년에는 독일 교통 표지 인식 대회에서 CNN(합성곱 신경망, Convolutional Neural Network)을 사용해 이미지에서 고해상도의 패턴을 효과적으로 인식하고 분류하는 모델이 공개되며 딥러닝의 강력한 성능이 증명되었다. 2016년에는 구글 딥마인드가 바둑 세계 챔피언인 이세돌에게 승리하였으며, 2018년에는 자연스러운 대화 기술을 사용하는 음성 인식 비서 인공지능 듀플렉스(Duplex)가 출시되었다. 2020년에는 사람과 자연스러운 대화가 가능하고 스스로 프로그래밍하는 언어 인공지능 GPT-3가 개발되었으며, GPT-3는 2022년에 GPT 3.5, 2023년에는 텍스트와 이미지 프롬프트를 모두 수신하는 GPT4. 0으로 발전했다[1].

3 인공지능의 특성

인공지능은 제4차 산업의 핵심이 되는 기술로 다양한 산업과 공공 분야에서 사용되고 있으며, 빅데이터와 사물인터넷 등 첨단 정보 통신 기술의 발전과 함께 더욱 발전하고 있다. 인공지능은 학습 능력, 문제 해결 능력, 범용성 등의 특성이 있다.

1. 학습 능력

전통적인 프로그래밍에서 컴퓨터는 입력한 값에 대한 출력만 가능하였지만, 인공지능은 학습할 데이터가 주어지면 스스로 학습을 통해 패턴을 파악하고 모델을 생성한다. 인공지능의 학습은 인공지능이 문제 해결에 필요한 데이터를 분석하여 패턴 및 규칙을 찾는 과정을 의

---

1 임희석, 조재춘, 김형기, 서성원, 김장환, 최정원(2023). 고등학교 인공지능 기초. 비상교육.pp14-pp15.

미한다. 인간이 여러 경험과 자료를 통해 학습하는 것과 같이 인공지능도 데이터를 기반으로 학습한다.

2. 문제 해결 능력

인공지능은 학습한 지식, 정보 등을 바탕으로 추론 및 예측 등을 통해 문제를 해결한다. 예를 들어 인공지능은 체스, 바둑의 게임 규칙을 이해하여 게임에 참여하는 등 지능적인 문제 해결력이 있다.

3. 범용성

범용성이란 여러 분야나 용도로 널리 쓰일 수 있는 특성을 말한다. 인공지능 기술은 특히 딥러닝 기술이 진화하며 특정한 분야에 국한되지 않고 여러 분야에서 다양한 용도로 활용되고 있다.

2 인공지능과 기계학습

기계학습이 등장하기 이전의 규칙 기반 인공지능은 컴퓨터가 작업을 수행하기 위해 취해야 할 단계와 규칙이 정확히 작성되어 있어야 했다. 반면, 기계학습은 컴퓨터에 모든 단계를 제공하지 않아도 행동하도록 하는 방식이다. 기계학습(Machine Learning)은 데이터를 학습하여 규칙을 찾고 문제를 해결할 수 있는 모델을 생성해 분류, 예측 등을 할 수 있는 인공지능의 한 분야이다.

1 기계학습의 개념과 원리

기계학습은 1959년에 아서 사무엘에 의해 '경험으로 학습할 수 있도록 컴퓨터를 프로그래밍'하는 것으로 최초로 정의되었다. 기계학습은 데이터를 반복 학습하여 정확도를 높임으로써 성능을 향상하며, 이때 충분한 양의 질 좋은 데이터와 적절한 알고리즘을 사용한다면 높은 성능의 인공지능 모델을 만들 수 있다. 기계학습의 목표는 기계가 학습을 통해 스스로 추론하게 하는 것이며, 이러한 과정을 거쳐 만들어진 인공지능 모델은 분류, 예측, 군집 등에 사용된다. 구글 딥마인드의 알파고, 자율주행 자동차 등 최근에 인공지능 기술이 급격히 발전한 것은 모두 기계학습의 발전과 관련이 있다.

기계학습은 충분한 양의 질 좋은 데이터가 주어지면 데이터에서 규칙과 패턴을 스스로 발견할 수 있으며 이 과정은 순환적이다. 즉, 학습한 데이터에서 발견한 규칙과 패턴은 새로운 데이터가 주어졌을 때 다시 적용되며, 이러한 학습을 반복하는 과정을 통해 모델이 발전해 간다.

[그림 13-3] 자율주행자동차

[그림 13-4] 구글 딥마인드

② 기계학습의 종류와 알고리즘

기계학습은 크게 지도학습, 비지도학습, 강화학습으로 나눌 수 있다.

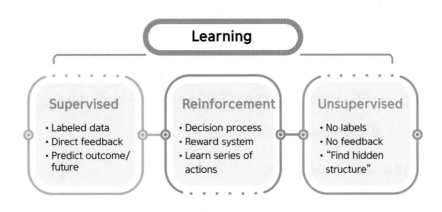

[그림 13-5] 기계학습의 종류

1. 지도학습(Supervised Learning)

지도학습은 학습할 데이터에 대하여 그에 해당하는 정답 레이블이 함께 제공되는 방식으로 기계학습에서 가장 널리 사용된다. 지도학습은 데이터와 레이블의 관계를 정의하는 함수식을 생성하는 것을 목표로 하며, 새로운 데이터는 함수식에 의해 판단된다.

지도학습은 레이블이 붙은 데이터를 사용하여 학습하기 때문에 질 좋은 충분한 양의 데이터가 제공될 경우 매우 정확한 예측을 할 수 있고, 정답 레이블이 있어서 모델의 성능을 쉽게 평가하고 개선할 수 있다는 장점이 있다. 그러나 레이블 작업(Labeling)은 많은 시간과 비용이 소요되는 작업이며, 주어진 레이블에만 기반하여 학습하기 때문에 새로운 문제에 적용했을 때 유연성이 떨어진다는 한계가 있다. 지도학습의 모델은 크게 분류 모델과 예측 모델로 나눌 수 있다.

(1) 분류

분류는 기계학습 분야에서 가장 자주 다뤄지는 문제로, 입력 데이터가 사전에 정의된 범주 중 어디에 속하는지를 결정하는 것이다. 숫자 이미지를 0~9 중 하나로 분류하거나 메일을 정상 메일 또는 스팸 메일로 분류하는 것이 그 예이다. 분류 모델은 다양한 형태의 데이터에 적용될 수 있고 분류하는 범주의 개수에 따라 이진 분류, 다중 분류 등으로 나뉜다.

로지스틱 회귀(Logistic Regression)

이진 분류 문제에서 주로 사용되며, 결과를 0과 1 사이의 확률로 예측한다.

의사결정나무(Decision Trees)

데이터를 여러 단계로 분할하여 각 클래스를 예측하는 방식으로 작동한다. 복잡한 데이터 구조를 모델링하는데 유용하다.

K-최근접 이웃(K-Nearest Neighbors, KNN)

주어진 데이터 포인트 주변의 K개의 가장 가까운 이웃을 찾고, 그 이웃들의 가장 흔한 클래스를 해당 데이터 포인트의 클래스로 예측한다.

서포트 벡터 머신(Support Vector Machines, SVM)

데이터를 분류하기 위해 경계선을 그리는 방법을 사용한다.

(2) 예측

예측은 분류와 달리 범주를 추정하지 않고 말 그대로 어떤 값을 예측하는 것이다. 즉, 학습된 모델을 이용해 새로운 입력값에 대한 정답을 생성하는 것이다[1]. 예를 들어 하루 동안의 평균 기온과 일일 붕어빵 판매량 데이터가 주어지면 기온에 따른 붕어빵 판매량을 예측하는 모델을 구하려고 할 때 예측 모델이 사용된다. 예측 모델을 만들 때 사용되는 알고리즘은 다음과 같다.

선형 회귀(Linear Regression)

가장 기본적인 회귀 모델로, 연속적인 값을 예측할 때 사용되며 하나 또는 여러 개의 독립 변수와 종속 변수 간의 선형적 관계를 찾는다.

다항 회귀(Polynomial Regression)

---

1 임희석, 조재춘, 김형기, 서성원, 김장환, 최정원(2023). 고등학교 인공지능 기초. 비상교육. pp79.

독립 변수의 고차항을 포함시키는 선형 회귀의 일종으로, 비선형 관계를 모델한다.

2. 비지도학습(Unsupervised learning)

비지도학습은 데이터에 정답 레이블이 제공되지 않는다는 점에서 지도학습과 차이가 있다. 레이블이 없는 데이터에서 숨겨진 데이터 구조와 패턴을 스스로 발견하고 이를 새로운 데이터에 적용하는 것이 비지도 학습의 목표이다. 구글이 사진에서 얼굴을 인식하기 위해 사용했던 접근 방식이 바로 비지도 학습이다.

비지도학습은 인간이 미처 찾아내지 못한 데이터 내의 숨겨진 패턴이나 구조를 찾아내어 데이터에 대한 통찰력을 얻는 데 활용된다. 또한 레이블이 없는 대규모의 데이터셋을 활용할 수 있다는 점에서 빅데이터 시대에 특히 유용하다. 그러나 레이블이 없기 때문에 모델의 성능을 객관적으로 평가하거나 개선하기 어렵고, 지도학습에 결과 해석이 어렵다는 단점이 있다. 비지도학습에는 대표적으로 군집 분석과 연관규칙 분석이 있다.

(1) 군집 분석

레이블이 지정되지 않은 데이터들을 유사도에 따라 자동으로 군집하는 것이다. 유사한 데이터들이 서로 가깝게 모여 무리를 이루고 있다면 이들을 그룹으로 묶어주는 것이다. 군집 분석의 과정에서 데이터 내 숨겨진 패턴이나 구조를 발견할 수 있으며 이를 통해 데이터를 더 잘 이해하고 식별할 수 있다. 군집 분석에 사용되는 알고리즘은 다음과 같다.

K-평균 클러스터링(K-means Clustering)

데이터를 K개의 클러스터로 나누고, 알고리즘은 각 클러스터의 중심(centroid)을 계산하여 각 데이터 포인트를 가장 가까운 중심에 할당한다. 중심과 포인트 간의 거리의 제곱 합을 최소화하는 방식으로 작동한다.

계층적 군집(Hierarchical Clustering)

클러스터를 계층적으로 구성하여 트리 구조를 형성한다. 두 가지 접근 방식이 있는데, 병합적 접근 방식은 각 포인트를 하나의 클러스터로 시작하여 점차 병합하고, 분할적 접근 방식은 전체 데이터를 하나의 클러스터로 시작하여 분할한다.

(2) 연관규칙 분석

데이터에서 자주 함께 일어나는 항목들을 찾아주는 것이다[1]. 연관규칙 분석은 온라인 쇼핑에서 고객의 구매 패턴을 분석해 서로 관련 있는 상품들을 파악하고 그 상품들이 함께 구매될 가능성이 높은 규칙을 발견하는 데 자주 활용된다. 연관규칙 분석에 사용되는 알고리즘에는 Apriori 알고리즘, FP-Growth 알고리즘, Eclat 알고리즘 등이 있다.

3. 강화학습(Reinforcement leaarning)

강화학습은 환경과 상호 작용하며 시행착오를 통해 학습하는 방식이다. 강화학습은 보상 시스템에 기반하기 때문에, 에이전트는 특정 환경에서 수행하는 일련의 행동을 통해 최대의 보상을 얻기 위한 방향으로 발전해 간다. 강화학습은 보상 시스템에 기반하여, 어떤 행동이 최선인지를 판단한다.

강화학습은 에이전트가 환경과 상호작용하면서 학습하므로, 정적 데이터만 사용하는 다른 학습 방법들과는 다르게 실시간으로 변화하는 환경에 적응할 수 있다는 장점이 있다. 또한 단기적인 보상뿐만 아니라 장기적인 보상을 최대화하기 위한 전략을 학습하기 때문에 복잡한 문제 해결에 유리하고, 다양한 종류의 문제와 환경에 적용될 수 있다. 그러나 효과적인 강화학습을 위한 적절한 보상 시스템을 설계하는 것은 매우 어려운 일이며, 이 때문에 많은 자원과 시간이 소요된다는 단점이 있다.

---

[1] 김현정(2023). 코딩책과 함께보는 인공지능 개념 사전, 궁리. pp69.

3 인공신경망과 딥러닝

인공신경망과 딥러닝은 밀접한 관계가 있다. 인공신경망은 인간의 뇌를 모방한 컴퓨팅 시스템으로, 다수의 노드(뉴런)가 서로 연결되어 복잡한 계산을 수행할 수 있게 하는 구조이다. 딥러닝은 인공신경망을 사용하여 학습하는 알고리즘을 말한다. 비유하자면 인공신경망이 건물이라면 딥러닝은 그 건물을 사용하는 방법론이라고 할 수 있다.

인공신경망(Artificial Neural Networks)은 지도, 비지도, 강화학습에 사용되는 생물학적 신경망의 구조 및 기능을 기반으로 하는 인공지능 알고리즘이다. 인간 뇌는 수십억 개의 뉴런으로 구성된 복잡한 네트워크로, 이 뉴런들은 서로 연결되어 복잡한 정보를 처리한다. 인간의 뉴런은 외부 자극에 반응하여 신경 전달 물질을 통해 신호를 전달하고, 이 신호가 임곗값을 초과하면 다음 뉴런으로 전달된다. 인공신경망 역시 여러 층의 뉴런으로 구성되어 있으며, 각 층은 다음 층과 연결되어 데이터를 전달하고 처리하는 구조로 되어 있다. 인공 뉴런은 여러 입력을 받아 가중치를 적용하고, 이들의 총합을 활성화 함수를 통해 처리하여 출력을 생성한다.

인공신경망은 [그림 13-6]과 같이 세 가지 유형의 레이어(layer)로 이루어져 있다.

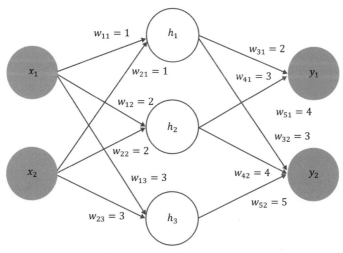

[그림 13-6] 인공신경망의 구조

출처 https://magmatart.dev/series/2021/02/17/UDL-6.html

첫째, 입력층은 신경망으로 들어오는 데이터를 받는 첫 번째 층이다. 이 층은 외부로부터의 자극을 이미지 픽셀들과 같은 수백만 개의 데이터 형태로 받아들인다.

둘째, 은닉층은 입력층과 출력층 사이에 위치하며, 신경망의 핵심적인 처리가 이루어지는 곳이다. 여기서 데이터는 가중치와 활성화 함수를 통해 변환된다. 은닉층의 가중치는 신경망에서 입력 데이터의 각 특성이 다음 레이어의 출력에 미치는 영향의 정도를 결정하는 것이다. 보통 초기에는 무작위로 설정되나, 학습 과정을 통해 조정된다. 활성화 함수는 은닉층 뉴런의 총 4 입력을 받아 이를 출력 신호로 변환하는 비선형 함수이다. 활성화 함수는 신경망이 선형이 아닌 복잡한 패턴을 학습할 수 있게 해준다.

셋째, 출력층은 신경망의 가장 마지막 층으로, 신경망의 예측 또는 결정을 나타낸다. 각 층을 거쳐 연산을 마치고 최종적으로 출력층에 도달하면 계산된 값을 바탕으로 예측하기 때문에 신경망의 최종값을 만든다는 의미에서 출력층이라고 한다.

이 세 층의 상호작용을 통해 인공신경망은 입력 데이터에서 복잡한 패턴을 학습하고, 새로운 데이터에 대한 예측을 생성한다. 학습 과정에서는 이 신경망을 통해 데이터가 전파되며, 각 뉴런의 가중치는 최적의 예측을 위해 조정된다.

4 경사하강법

경사하강법(Gradient descent)은 비용이 최소가 되도록 비용 함수의 경사를 하강해 가며 가중치를 조정하는 방법을 말한다[1]. 여기서 비용(cost)은 기대 출력과 실체 출력의 차이를 의미하며, 이 차이가 적어지는 방향으로 가중치를 조정하고 비용을 줄여야 한다.

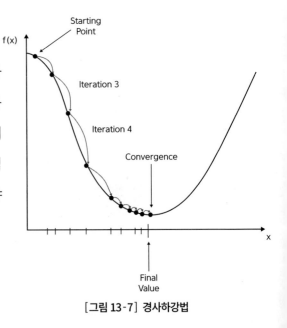

[그림 13-7] 경사하강법

---

1 김현정(2023). 코딩책과 함께보는 인공지능 개념 사전, 궁리. pp116.

⑤ 지능형 에이전트와 문제 해결

'에이전트(Agent)'와 '지능형 에이전트(Intelligent Agent)'는 컴퓨터 과학 및 인공지능 분야에서 사용되는 용어로, 유사하지만 다소 차이가 있다.

에이전트(Agent)란 주어진 환경에서 특정 목적에 대해 사용자를 대신하여 작업을 수행하는 자율적 프로세스를 말한다. 에이전트의 기능은 상대적으로 단순하며, 복잡한 추론이나 학습을 수행하지 않는 경우가 많다.

반면, 지능형 에이전트는 더 발전된 형태의 에이전트로, 인공지능 기술을 통해 환경에서의 데이터를 분석하고, 학습하며, 복잡한 문제를 해결할 수 있는 능력이 있다. 지능형 에이전트는 변화하는 환경에 적응하고, 과거의 경험을 통해 학습하여, 이를 기반으로 미래의 행동을 개선한다. 즉, 지능형 에이전트는 더 고도의 인지 능력, 학습 능력, 문제 해결 능력을 필요로 한다.

1. 지능형 에이전트의 특성

지능형 에이전트는 자율성, 사회성, 반응성, 능동성의 특징이 있다.

(1) 자율성(Autonomy)

에이전트가 다른 프로그램이나 사용자의 간섭이나 지시 없이도 스스로 판단해 작업을 수행하는 것을 말한다. 에이전트는 사용자의 지시가 없어도 기존의 수행을 통해 얻은 지식 또는 목표에 따라 스스로 판단하고 작업을 수행한다.

(2) 사회성(Social ability)

에이전트가 다른 에이전트와 협력해 작업을 수행하는 것을 말한다. 에이전트는 통신을 통해 사람 또는 다른 에이전트들과 데이터 등을 주고받으며 상호작용할 수 있다. 이러한 특성으로 인해 에이전트는 하나의 프로그램으로는 해결하기 어려운 복합적인 일을 처리할 수 있다.

(3) 이동성(Mobility)

에이전트가 네트워크를 통해 다른 컴퓨터 시스템으로 이동해 작업을 수행하는 것을 말한다. 이는 에이전트가 한 시스템에서 작업을 수행한 후 다른 시스템으로 자동으로 이동해 다음 작업을 수행할 수 있음을 의미한다. 이러한 이동성은 에이전트가 정보를 수집하거나 특정 작업을 수행하는 데 있어 유연성과 효율성을 크게 향상시킨다.

(4) 지능(Intelligent)

지능은 에이전트의 자율성, 사회성, 이동성을 가능하게 하는 필수적인 요소이다. 에이전트는 환경에 수동적으로 반응하여 행동하지 않고, 지식 처리 능력과 판단에 기반하여 목표 지향적으로 행동한다.

2. 지능형 에이전트의 동작

지능형 에이전트는 센서(Sensor), 환경(Environments), 지각(Percept), 작용기(Effectors), 반응(Action)으로 구성된다. 지능형 에이전트는 센서로 주위 환경의 다양한 상황을 지각하고 작동기를 통해 주어진 일을 수행한다.

환경: 에이전트가 작동하는 장소 또는 조건

▼

지각: 소리, 이미지, 글자 등을 인식하는 다양한 센서를 통해 환경에서 주어지는 정보를 지각

▼

학습 및 추론: 지각을 통해 주어진 정보를 판단하고 목표 달성을 위한 행동을 결정함

▼

행동: 문제 해결을 위해 판단하여 결정된 내용을 수행함

인공지능이 적용된 지능 에이전트는 사람을 대신해 정보를 수집하고, 학습 및 추론을 통해 행동함으로써 의료, 학습, 서비스 등 다양한 분야에서 인간의 지능적인 일을 도와주거나 대신하고 있다. 인공지능 기술이 발전함에 따라 지능 에이전트도 함께 고도화되고 있으므로 미래에는 지능 에이전트의 활용 분야는 더욱 넓어질 것으로 보인다.

3 인공지능 윤리

인공지능 윤리는 인공지능이 바르게 활용되기 위해 사회 구성원이 갖추어야 하는 가치관 및 행동 양식을 말한다. 인공지능 윤리는 1942년 아이작 아시모프(Isaac Asimov)의 단편 소설 'Runaround'에서 제시된 '로봇의 3대 원칙'으로부터 시작하였다. 아시모프는 기술이 급격히 발전하여 인공지능 로봇이 '자아'를 가지게 되면서 인간의 통제를 벗어나는 것을 우려하며 소설에 로봇이 꼭 지켜야 할 3원칙을 제시하였다. 아시모프가 제시한 로봇의 3원칙은 다음과 같다.

제1원칙

로봇은 인간에게 해를 끼치거나, 해를 끼칠 수 있는 상황에서 방관하여서는 안 된다.

제2원칙

로봇은 인간의 명령을 따라야 한다. 단, 그 명령은 제1원칙에 위배되지 않는 경우에 한한다.

제3원칙

로봇은 자신을 보호해야 한다. 단, 제1원칙 또는 제2원칙에 위배되지 않는 경우에 한한다.

이 원칙들은 단순한 이야기 소재를 넘어서 인공지능(AI)과 로봇공학 분야에서 실제 윤리적 지침과 토론의 기반이 되었다. 인공지능 기술이 빠르게 발전함에 따라 새로운 상황과 윤리적 질문이 생기게 되었으며, 인공지능 기술이 복잡해지고 그 영향력이 사회 전반에 걸쳐 확대됨에 따라 인공지능 윤리의 중요성도 커지게 되었다.

아시모프가 제시한 3원칙은 인간의 안전과 복지가 최우선이라는 인간 중심적 접근을 강조하고 있는데, 이는 현재 인공지능 윤리 연구에서 중요한 원칙 중 하나로 여겨지며 인공지능이 인간의 권리를 침해하지 않고 도와야 한다는 기본 전제를 제공하고 있다. 또한 이 원칙들은 인공지능이 인간의 명령에 복종해야 하며, 그들의 행동에 대한 최종 책임이 인간에게 있음을 시사하고 있다. 이는 현재 AI 시스템의 결정에 대한 책임 소재와 관련된 윤리적, 법적 문제를 다루는 데 중요한 기반이 되었다.

① 인공지능과 사회적 영향

1. 인공지능과 진로

　　인공지능 기술의 발전은 사회 각 분야의 직업, 진로에도 큰 변화를 일으켰다.　인공지능 기술의 발전과 함께 인간이 해 오던 많은 업무들을 컴퓨터와 로봇이 대신하게 되었고 이에 따라 인간의 역할도 변화하게 되었다.　어떤 직업은 인공지능이 대체하며 사라지게 되었으며, 인공지능과 관련된 새로운 직업들도 생겨나기도 하였다.　전문가들은 인공지능 기술이 발전함에 따라 앞으로 사회는 더욱 빠르게 변화할 것이며 직업의 세계에도 지속해서 영향을 줄 것으로 예측하고 있다.　다음은 인공지능 기술이 발전함에 따라 새롭게 등장한 직업들[1]이다.

신경회로망 연구원

　　신경회로망 연구원은 영상 및 음성인식, 로봇 제어, 통신 등에 사용되는 인공지능형 반도체 및 응용 기술을 연구하고 개발하는 일을 담당한다.　인간의 뇌와 뇌세포 구조에 대한 지식을 바탕으로 컴퓨터나 로봇 등이 인간과 같이 사고하고 학습하는 능력을 갖도록 하는 프로그램을 개발하고 연구한다.

스마트팜 운영자

　　농사 기술에 정보통신기술(ICT)을 결합한 스마트팜(농장)에서 농사를 운영한다.　스마트폰과 같은 모바일 기기로 농장의 상태를 관리하며 사물인터넷 기술을 이용해서 농작물의 환경을 분석하고 조정한다.

빅데이터 전문가

　　대량의 빅데이터로 사람들의 행동이나 시장의 변화 등을 분석하는 데 도움이 되는 정보를 제공한다.　구체적으로는 데이터 수집, 데이터 저장 및 분석, 데이터 시각화 등을 통한 정보 제공을 담당하며, 실시간으로 데이터를 수집·저장·분석하고 시각화하여 의미 있는 분석 결과를 도출한다.

무인 자동차 엔지니어

　　인공지능, 정보통신기술, GPS 등의 기술을 적용해 자율 주행 기술을 개발하고 설계하

---

[1] 출처: 주니어 커리어넷-직업 정보

여 자동차에 적용한다. 무인 자동차가 도로를 달리는 데 필요한 전문 분야의 첨단 기술을 설계하고 개발하는 일을 한다.

2. 윤리적 딜레마

인공지능은 스스로 판단하고 행동하는 것을 기본으로 하므로, 도덕적 판단을 해야 하는 상황에서 올바른 의사결정을 내리는 것이 중요하다. 인간이 윤리 의식을 바탕으로 판단과 행동을 한다면, 인공지능은 학습한 행동 규칙 및 가치 판단 기준을 바탕으로 논리적으로 판단한다. 따라서 보편적 윤리 개념을 기반으로 인공지능이 잘 학습할 수 있도록 상세하고 구체적이며 논리적인 기준을 정립한 학습이 필요하다. 이는 인공지능의 개발과 고도화, 보급의 과정 전반에서 필수적으로 고려해야 할 문제이다.

반면, 어떠한 도덕적 판단의 상황에서는 윤리 기준에 따른 명확한 판단이 어려워지기도 한다. 가장 보편적으로 알려진 사례는 트롤리 딜레마이다. 트롤리 딜레마는 위급 상황에서 누구를 살려야 하는지 선택하는 인간의 도덕성과 관련된 문제이다.

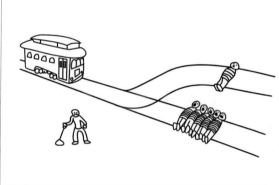

선로 위를 달리는 무인 트롤리가 고장 나서 멈출 수 없다. 선로 위에는 사람 5명이 묶여있고, 트롤리가 이대로 달리면 트롤리에 치여 5명 모두 사망할 것이다. 그러나 트롤리가 5명의 사람에게 도달하기 전 분기점에서 선로 전환기를 작동시켜 방향을 바꾸면 옆 선로로 트롤리를 보낼 수 있다. 옆 선로에는 사람이 1명 묶여 있다.
즉, 선로 전환기를 작동시켜 방향을 바꾸면 1명을 죽이는 대신 5명이 살 수 있다. 그러나 작동시키지 않고 가만히 두면 5명이 죽게 된다. 당신은 어떻게 할 것인가?

트롤리 딜레마를 공리주의적 관점에서 접근하면 다수인 5명을 살리고 소수인 1명을 희생시키는 것이 낫다고 생각할 수 있다. 그러나 운전자가 방향을 바꾸는 적극적인 행동으로 원래라면 죽지 않아도 되는 1명이 사망하게 된다. 이러한 진퇴양난의 상황을 만나면 우리는 선택에 어려움을 겪게 된다. 인공지능 또한 마찬가지이다. 인공지능이 문제를 해결하게 하기 위해서는 어떤 선택을 하도록 해야 하는데, 어떤 것을 선택해도 윤리적으로 온전히 바람직하지 않은 결과가 나오는 상황이 있다. 이를 인공지능의 윤리적 딜레마라고 한다. 이러한 윤리적 딜레마는 특히 인간의 생명과 직결된 자율주행 자동차, 의료용 인공지능, 군사용 인공지능에서 발생하며 개인정보 침해나 사생활 보호와 같은 문제에서 발생하기도 한다.

정답이 모호한 윤리적 딜레마 상황에서 인공지능이 어떤 윤리적 판단과 선택을 할지 결정하는 것은 일부 개발자나 관리자가 판단하거나 책임질 문제가 아니다. 각자 올바르다고 생각하는 윤리 의식과 책임성에 대한 의견이 다르기 때문이다. 따라서 모든 사회 구성원이 함께 윤리적 딜레마에 대한 충분한 사회적 합의를 거쳐야 한다.

2 데이터 편향

인공지능과 관련되어 제기되는 대표적인 윤리적인 문제가 바로 기계학습에 투입되는 학습 데이터의 편향(bias)이다. 편향이란 통계적 추정 결과가 한쪽으로 치우는 경향으로 나타나는 것을 말한다. 인공지능은 인간이 만들어 낸 데이터를 학습하는데, 이 데이터들은 학습하는 시점에서 봤을 때는 언제나 과거의 데이터이다. 인간은 불완전하며 이러한 불완전함을 조금씩 보완하며 진보해 왔으나, 인공지능이 학습한 데이터는 인간의 불완전함이 반영된 문제의 소지가 있는 데이터이다. 예를 들어 데이터 선정에서 편향으로 인한 오류, 계량화하거나 데이터화 할 수 없는 것에 생기는 데이터의 불완전성, 인간이 역사 속에서 쌓아 온 암묵적인 편향성, 학습 과정과 학습 데이터의 불투명함 등의 문제가 있다. 이러한 데이터 편향성은 인공지능의 학습에 그대로 반영되어 인공지능의 편향성을 만들게 된다.

데이터 편향의 대표적인 사례로는 미국 매사추세츠공과대학(MIT)에서 연구했던 얼굴 인식 시스템의 편향 사례가 있다. MIT의 조이 부올람위니(Joy Buolamwini)와 팀닛 게브루(Timnit Gebru)는 2018년 주요 기술 회사가 범용적으로 사용하는 얼굴 인식 시스템을 연구한 결과를 발표하였다. 연구 결과는 안면인식 기술이 성별, 피부색에 따른 인식률 차이가 보인다는 것이었다. 실험 결과, 흑인 여성의 얼굴 인식률은 백인 남성에 비해 매우 낮게 나타났다. 피부가 밝은 백인 남성의 오류율은 0.8%에 불과하였으나, 피부색이 어두운 흑인 여성은 오류율이 20~34%가량 나타났다. 이는 본 인공지능 시스템을 개발하기 위해 학습한 데이터들이 백인

Gender Classifier	Darker Male	Darker Female	Lighter Male	Lighter Female	Largest Gap
Microsoft	94.0%	79.2%	100%	98.3%	20.8%
FACE++	99.3%	65.5%	99.2%	94.0%	33.8%
IBM	88.0%	65.3%	99.7%	92.9%	34.4%

[그림 13-8] Gender Shades Joy Buolamwini (US), Timnit Gebru (ETH)

남성 데이터에 치우쳐져 있기 때문으로 분석되었다.

이와 더불어 데이터 편향과 관련하여 많이 언급되는 사례로는 구글 포토 서비스가 있다. 구글 포토 서비스는 상대적으로 더 높은 비율로 존재하는 백인의 이미지들을 토대로 만들어지면서 흑인 얼굴을 상대적으로 덜 정확하게 인식하는 결과가 나타났다. 기계학습을 위한 학습 데이터는 구축하고자 하는 인공지능 시스템의 종류 및 목표에 따라 현실에서 구해진

[그림 13-9] 구글 포토서비스 데이터 편향 사례
출처 Google PhotoGebru(ETH)

다. 보호집단(protected Group)으로 간주되는 소수 인종, 성(gender) 소수자, 문화 또는 나이에서의 소수자 등과 관련한 데이터는 상대적으로 적은 비율로 수집되는데, 이러한 불균형적인 데이터로 기계학습을 수행하면 적은 비율로 수집된 데이터에 대해서는 적절한 패턴이 학습되지 못한다.

1. 데이터 편향 문제 해결을 위한 노력

편향된 데이터를 학습한 인공지능은 편향성의 문제가 있어서 이차적으로 사회적, 윤리적인 문제를 발생시킨다. 이러한 데이터 편향성의 문제를 해결하기 위해서는 인공지능을 구성

하는 각 절차의 단계를 확인해야 한다. 인공지능의 편향은 데이터 수집 단계, 데이터 라벨링 단계, 모델링 단계 등 인공지능을 구성하는 절차의 단계마다 발생할 수 있기 때문이다. 편향성의 문제를 해결하기 위해서는 편향의 원인이 어떤 이유로 어떤 단계에서 발생하였는지 찾고 편향을 조정하기 위한 노력이 필요하다. 예를 들어 기계학습에 사용되는 데이터들에 편향성이 확인될 경우, 데이터들의 조정이 필요한 것이다. 이처럼 기계학습의 전처리, 처리 과정 중, 결과 산출 후 등 각 단계에서 편향을 완화하는 기술들을 '탈편향(debias) 기술'이라고 한다.

인공지능 시스템에서 '탈편향 기술'은 인공지능이 학습 과정에서 데이터의 편향성으로 인해 생기는 불공정하거나 차별적인 결과를 줄이기 위해 사용된다. 이러한 기술은 여러 단계에서 적용될 수 있으며, 주로 다음 세 가지 접근 방식이 있다.

(1) 데이터 단계에서의 탈편향

인공지능 모델의 훈련에 사용되는 데이터가 다양한 인구 집단을 공정하게 대표할 수 있도록 조정한다. 예를 들어, 성별, 인종, 연령 등에 따른 편향을 줄이기 위해 데이터를 추가하거나 수정할 수 있다. 데이터 샘플링 전략을 조정하거나 특정 그룹의 데이터를 더 많이 수집하여 편향을 완화할 수 있다.

(2) 알고리즘 단계에서의 탈편향

모델 자체의 알고리즘을 수정하여 편향을 인지하고 교정하는 방법이다. 예를 들어, 모델 학습 과정에 페널티 항목을 추가하여 특정 그룹에 대한 차별적인 패턴을 학습하지 않도록 조정할 수 있다. 또는 다양한 그룹 간의 예측 성능 차이를 최소화하는 방향으로 모델을 최적화할 수 있다.

(3) 결과 단계에서의 탈편향

모델의 출력 결과를 분석하여 특정 그룹에 대한 불공정한 편향이 있는지 검토하고, 필요한 경우 조정한다. 이 단계에서는 인공지능 모델의 판단, 결정에서 특정 그룹에 대해 불리하게 작용하는 요소를 수정하는 과정을 거친다.

이러한 탈편향 기술은 인공지능이 더 공정하고 윤리적인 방법으로 작동하도록 도울 수 있으며, 인공지능 기술의 공정성과 신뢰성을 높일 수 있다. 그럼에도 불구하고 인공지능의 완벽한 탈편향은 어려울 수 있으며, 지속적인 모니터링과 개선이 필요하다.

③ 인공지능 윤리 지침

인공지능 기술의 발전과 함께 등장한 편향과 차별, 안전성과 보안, 개인정보 보호 등 윤리적 논쟁이 발생하였고, 이에 따라 인공지능 윤리가 강조되면서 전 세계적으로 인공지능 윤리 지침과 가이드라인에 관한 연구도 다수 진행되었다.

1. 유럽 인공지능 윤리 가이드라인(유럽연합, 2019)

대표적으로는 2019년에 발표된 유럽연합의 '유럽 인공지능 윤리 가이드라인'이 있다. 유럽연합이 발표한 '신뢰할 수 있는 인공지능을 위한 윤리 가이드라인(Ethics guidelines for trustworthy AI)'은 인공지능 시스템이 인공지능이 법률을 준수하고, 윤리적 원칙과 가치에 부합하며, 기술적으로 및 사회적으로 견고하게 운용될 필요가 있다고 강조하고 있다. 이 가이드라인에서는 신뢰할 수 있는 인공지능을 위해 필요한 다음의 일곱 가지 핵심 요구 사항을 제시하였다.

인간 주체 및 감독
인공 지능 시스템은 인간 주체 및 기본권을 지지하고 인간의 자율성을 감소, 제한 또는 오도하지 않고 평등한 사회를 가능하게 해야 한다.

견고성 및 안전성
신뢰할 수 있는 인공지능은 시스템의 모든 라이프 사이클 단계에서 오류 또는 불일치를 처리할 수 있을 정도로 알고리즘이 안전하고 신뢰할 수 있으며 견고해야 한다.

개인 정보 보호 및 데이터 거버넌스
인간은 자신의 데이터를 완전히 통제할 수 있으며, 데이터는 해를 입히거나 차별하는 데에 사용되지 않는다.

투명성

인공지능 시스템의 추적성을 보장해야 한다.

다양성, 차별 금지 및 공정성

인공지능 시스템은 모든 범위의 인간 능력, 기술 및 요구 사항을 고려하고 접근성을 보장해야 한다.

사회 및 환경 복지

인공지능 시스템은 긍정적인 사회적 변화를 강화하고 지속 가능성 및 생태적 책임을 강화하는 데 사용해야 한다.

책임성

인공지능 시스템과 그 결과에 대한 책임과 책임을 보장하기 위한 메커니즘을 마련해야 한다.

이 가이드라인을 실제로 구현하기 위해 유럽연합은 세부적인 이행 가이드와 평가 목록을 개발하여 이러한 원칙들이 실제로 어떻게 적용될 수 있는지 지침을 제공하고 있으며, 광범위한 이해관계자의 피드백을 통해 지속적으로 개선되고 있다.

2. 사람이 중심이 되는 인공지능 윤리 기준(관계부처 합동, 2020)

우리나라도 2020년 국가 차원에서의 인공지능 윤리 가이드라인을 개발하였다. 과학기술정보통신부는 '인공지능 개발과 활용 전 단계에서 정부·공공기관, 기업, 이용자 등 모든 사회 구성원이 인공지능 개발에서 활용까지 전 단계에서 함께 지켜야 할 주요 원칙과 핵심 요건을 제시하는 기준으로서 '사람이 중심이 되는 인공지능(AI) 윤리 기준을 발표하였다. 이 윤리 기준은 '인간성을 위한 인공지능(AI for Humanity)'을 위해 인공지능 개발에서 활용에 이르는 전 과정에서 고려되어야 할 기준으로 3대 기본 원칙과 이를 실천하고 이행할 수 있도록 인공지능 전체 생명 주기에 걸쳐 충족되어야 하는 10가지 핵심 요건을 제시하였다. 이 인공지능 윤리기준에 제시된 3대 기본 원칙과 10대 핵심 요건은 다음과 같다.

(1) 3대 기본 원칙 – 인공지능 개발 및 활용 과정에서 고려될 원칙

① 인간 존엄성 원칙

- 인간은 신체와 이성이 있는 생명체로 인공지능을 포함하여 인간을 위해 개발된 기계제품과는 교환 불가능한 가치가 있다.

- 인공지능은 인간의 생명은 물론 정신적 및 신체적 건강에 해가 되지 않는 범위에서 개발 및 활용되어야 한다.

- 인공지능 개발 및 활용은 안전성과 견고성을 갖추어 인간에게 해가 되지 않도록 해야 한다.

② 사회의 공공선 원칙

- 공동체로서 사회는 가능한 한 많은 사람의 안녕과 행복이라는 가치를 추구한다.

- 인공지능은 지능정보사회에서 소외되기 쉬운 사회적 약자와 취약 계층의 접근성을 보장하도록 개발 및 활용되어야 한다.

- 공익 증진을 위한 인공지능 개발 및 활용은 사회적, 국가적, 나아가 글로벌 관점에서 인류의 보편적 복지를 향상시킬 수 있어야 한다.

③ 기술의 합목적성 원칙

- 인공지능 기술은 인류의 삶에 필요한 도구라는 목적과 의도에 부합되게 개발 및 활용되어야 하며 그 과정도 윤리적이어야 한다.

- 인류의 삶과 번영을 위한 인공지능 개발 및 활용을 장려하여 진흥해야 한다.

(2) 10대 핵심 요건 – 기본원칙을 실현할 수 있는 세부 요건

① 인권 보장

- 인공지능의 개발과 활용은 모든 인간에게 동등하게 부여된 권리를 존중하고, 다양한 민주적 가치와 국제 인권법 등에 명시된 권리를 보장하여야 한다.

- 인공지능의 개발과 활용은 인간의 권리와 자유를 침해해서는 안 된다.

② 프라이버시 보호

- 인공지능을 개발하고 활용하는 전 과정에서 개인의 프라이버시를 보호해야 한다.

- 인공지능 전 생애주기에 걸쳐 개인정보의 오용을 최소화하도록 노력해야 한다.

③ 다양성 존중

- 인공지능 개발 및 활용 전 단계에서 사용자의 다양성과 대표성을 반영해야 하며, 성별·연령·장애·지역·인종·종교·국가 등 개인 특성에 따른 편향과 차별을 최소화하고, 상용화된 인공지능은 모든 사람에게 공정하게 적용되어야 한다.
- 사회적 약자 및 취약 계층의 인공지능 기술 및 서비스에 대한 접근성을 보장하고, 인공지능이 주는 혜택은 특정 집단이 아닌 모든 사람에게 골고루 분배되도록 노력해야 한다.

④ 침해금지

- 인공지능을 인간에게 직간접적인 해를 입히는 목적으로 활용해서는 안 된다.
- 인공지능이 야기할 수 있는 위험과 부정적 결과에 대응 방안을 마련하도록 노력해야 한다.

⑤ 공공성

- 인공지능은 개인적 행복 추구뿐만 아니라 사회적 공공성 증진과 인류의 공동 이익을 위해 활용해야 한다.
- 인공지능은 긍정적 사회변화를 이끄는 방향으로 활용되어야 한다.
- 인공지능의 순기능을 극대화하고 역기능을 최소화하기 위한 교육을 다방면으로 시행하여야 한다.

⑥ 연대성

- 다양한 집단 간의 관계 연대성을 유지하고, 미래세대를 충분히 배려하여 인공지능을 활용해야 한다.
- 인공지능 전 주기에 걸쳐 다양한 주체들의 공정한 참여 기회를 보장하여야 한다.
- 윤리적 인공지능의 개발 및 활용에 국제사회가 협력하도록 노력해야 한다.

⑦ 데이터 관리

- 개인정보 등 각각의 데이터를 그 목적에 부합하도록 활용하고, 목적 외 용도로 활용하지 않아야 한다.
- 데이터 수집과 활용의 전 과정에서 데이터 편향성이 최소화되도록 데이터 품질과 위험을 관리해야 한다.

⑧ 책임성

- 인공지능 개발 및 활용 과정에서 책임 주체를 설정함으로써 발생할 수 있는 피해를 최소화

하도록 노력해야 한다.

- 인공지능 설계 및 개발자, 서비스 제공자, 사용자 간의 책임소재를 명확히 해야 한다.

⑨ **안전성**

- 인공지능 개발 및 활용 전 과정에 걸쳐 잠재적 위험을 방지하고 안전을 보장할 수 있도록 노력해야 한다.

- 인공지능 활용 과정에서 명백한 오류 또는 침해가 발생할 때 사용자가 그 작동을 제어할 수 있는 기능을 갖추도록 노력해야 한다.

⑩ **투명성**

- 사회적 신뢰 형성을 위해 타 원칙과의 상충관계를 고려하여 인공지능 활용 상황에 적합한 수준의 투명성과 설명 가능성을 높이려는 노력을 기울여야 한다.

- 인공지능 기반 제품이나 서비스를 제공할 때 인공지능의 활용 내용과 활용 과정에서 발생할 수 있는 위험 등의 유의사항을 사전에 고지해야 한다.

3. 교육 분야 인공지능 윤리 원칙(교육부, 2022)

인공지능의 안전한 개발과 활용을 위해 교육 분야 인공지능 관련 윤리 원칙도 2022년에 마련되었다. 교육 분야 인공지능 윤리 원칙은 교육에 활용되는 인공지능은 학습자의 성장에 미치는 영향이 작지 않을 것이고, 교육 현장 및 수업에도 변화를 불러올 것으로 예상하면서 그 필요성이 증대되었다. 이 원칙은 교육 분야에서 인공지능이 윤리적으로 개발되고 안전하게 활용될 수 있도록, 개발자와 교육 당사자들이 함께 준수해야 할 윤리 원칙이 포함되어 있으며, 자발적 실천과 준수를 독려하는 도덕적 규범 및 자율 규제이다.

[그림 13-10] 교육 분야 인공지능 윤리 원칙

4 │ 인공지능 교육의 실제

인공지능 기술의 빠른 발전과 함께 인공지능 시대가 도래하면서 세계적으로 많은 국가가 인공지능 교육을 강화하고 있다. 인공지능 교육은 인공지능 기술 자체에 대해 이해하는 것은 물론, 일상생활의 문제를 해결하기 위해 인공지능을 활용하는 능력을 함양하거나 인공지능 윤리에 대해서 배우는 등 다양한 내용을 다루고 있다. 인공지능 교육은 다양한 학자와 기관마다 다양한 형태로 나누어서 접근하고 있으나, 이 장에서는 인공지능 교육을 인공지능 이해 교육, 인공지능 활용 교육, 인공지능 융합 교육, 인공지능 윤리 교육, 인공지능 활용 맞춤형 교육으로 분류하여 제시하였다.

1 인공지능 이해 교육

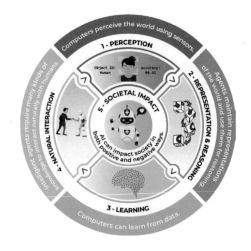

[그림 13-9] Five Big Ideas in Artificial Intelligence(AI4K12)

인공지능 이해 교육은 인공지능의 기본 개념에 대해서 교육한다. 인공지능이 무엇인지와 함께 알고리즘, 데이터, 기계학습, 딥러닝과 같은 인공지능과 관련된 기본 용어와 개념, 원리를 학습한다. 또한 이러한 이해를 바탕으로 인공지능 기술이 어떻게 우리의 삶에 영향을 미치는지 인식할 수 있도록 한다.

인공지능 이해 교육은 대표적으로 AI4K12가 제시하는 '인공지능에 관한 다섯 가지 빅 아이디어'를 살펴볼 수 있다. 인공지능에 관한 다섯 가지 빅 아이디어는 인식, 표현과 추론, 학습, 자연스러운 상호작용, 사회적 영향으로 이루어져 있으며 구체적인 내용은 다음과 같다.

인식(Perception)

컴퓨터는 센서를 이용해 세상을 인식한다. 인식은 센서에서 감지된 신호로부터 의미를 추출하는 과정이며, 실제적인 사용을 할 수 있도록 컴퓨터가 충분히 '보고', '듣도록' 만드는 것은 인공지능의 가장 중요한 성과 중 하나이다.

표현과 추론(Representation & Reasoning)

에이전트는 세상에 대한 표현을 만들고 이를 추론에 사용한다. 표현은 인공지능과 자연 지능 모두에서 근본적인 문제 중 하나이다. 컴퓨터는 자료 구조의 방식으로 표현을 구성하고 이러한 표현은 이미 알려진 것으로부터 새로운 정보를 얻는 추론 알고리즘을 생성하는 데 이용된다. 인공지능 에이전트는 매우 복잡한 문제를 추론할 수 있으며 인간의 추론 방법과는 다르게 진행된다.

학습(Learning)

컴퓨터는 데이터를 통해 학습한다. 머신러닝은 데이터의 패턴을 찾는 일종의 통계적 추론이다. 최근 몇 년간 새로운 표현을 만들어 내는 학습 알고리즘으로 인해 인공지능의 많은 영역이 크게 발전하였다. 이러한 접근 방식이 성공하기 위해서는 매우 많은 양의 데이터가 필요하다. 인공지능의 학습에 필요한 '훈련용 데이터(training data)'는 일반적으로는 사람이 제공하지만 때로는 기계가 스스로 수집하기도 한다.

자연스러운 상호작용(Social Impact)

지능형 에이전트가 인간과 자연스럽게 상호작용하기 위해서는 많은 종류의 지식이 필요하다. 에이전트가 인식한 행동의 의도를 추론하기 위해서는 인간의 언어로 대화하고, 표정과 감정을 인식하며, 사회적 관습과 문화에 대한 지식을 활용할 수 있어야 한다. 오늘날 인공지능 시스템은 제한된 범위에서 언어를 사용할 수는 있지만 일반적인 추론이나 대화 능력은 여전히 어린 아이보다도 부족한 수준이다.

사회적 영향(Social Impact)

인공지능은 긍정적이거나 부정적인 방식으로 사회에 영향을 미칠 수 있다. 인공지능 기술은 우리 삶의 많은 영역에서 우리가 살아가는 방식을 변화시키고 있다. 그러나 우리는 인공지능으로 인해 발생할 수 있는 잠재적 위험에 유의해야 한다. 예를 들어, 인공지능 시스템을 훈련하는 데에 편향된 데이터를 이용하면 일부 사람들은 해당 인공지능 시스템으로 인해 제대로 된 지원을 받지 못할 수도 있다. 그러므로 우리는 인공지능이 사회에 미치는 영향에 대하여 논의할 필요가 있고, 인공지능 기반 시스템의 윤리적 설계와 배치에 관한 기준을 개발하는 것이 중요하다.

② 인공지능 활용 교육

인공지능 활용 교육은 학생들이 인공지능 기술을 어떻게 실제로 사용할 수 있는지를 이해하고, 기술을 통해 문제 해결 능력을 향상하는 것을 목표로 한다. 또한 이 과정을 통해 학생들의 기술적 사고와 창의적 해결책을 개발할 수 있도록 지원한다. 인공지능 활용 교육에서는 주로 다음의 내용을 다룬다.

첫째, 인공지능 기술을 활용한 문제 해결에 대하여 교육한다. 예를 들어, 인공지능 스피커를 활용해 일상생활에 필요한 간단한 질의응답을 하는 것, 자연어 처리를 이용한 챗봇을 활용하는 것, 인공지능 번역기를 활용해 번역하는 것, 인공지능 기술 기반의 건강 관리 진단 시스템을 활용해 건강을 관리하는 등 인공지능 기술을 활용한 실제적인 문제 해결에 대해 학습한다.

둘째, 인공지능 활용 교육에서는 프로젝트 기반 학습을 진행하기도 한다. 학생들이 직접 프로젝트를 기획하고 실행하는 활동을 통해 인공지능 활용 방법을 실습한다. 간단한 인공지능 앱을 만들어 보거나, 학교생활을 편리하게 만드는 인공지능을 발명하는 등 다양한 프로젝트를 통해 학생들에게 문제 정의부터 해결 방안 모색, 구현에 이르는 전 과정을 참여하게 할 수 있다.

인공지능 기반 헬스케어 서비스

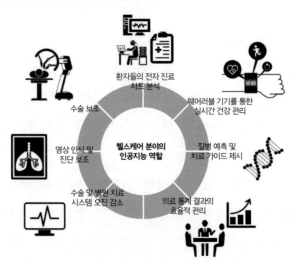

출처 Frost & Sullivan(2015)/KISTI, 청년의사(http://www.docdocdoc.co.kr)

③ 인공지능 융합 교육

인공지능 융합 교육은 학생들이 인공지능을 다른 학문과 융합하여 새로운 접근 방식과 해결책을 모색할 수 있는 역량을 키우는 것을 목표로 한다. 학생들의 다학제적 사고를 촉진하고, 다양한 분야에서 인공지능 기술의 잠재력을 탐구하도록 지도한다. 인공지능 융합 교육은 다음과 같은 방식으로 접근할 수 있다.

첫째, 인공지능 기술에 대한 다학제적 접근이 필요하다. 학생들은 인공지능 기술이 어떻게 과학, 사회학, 예술 역사 등 다른 학문 분야와 융합되어 새로운 지식과 가치를 창출할 수 있는지 학습한다. 예를 들어, 인공지능을 활용하여 역사적 사건의 패턴을 분석하거나, 생태학 연구에서 생물 다양성 데이터를 처리하는 방법 등을 탐구할 수 있다.

둘째, 창의성과 혁신의 관점에서 인공지능 기술을 다룬다. 학생들에게 인공지능 기술이 예술, 디자인, 음악 등 창의적 분야에서 어떻게 활용될 수 있는지를 탐구하게 한다. 인공지능을 활용한 작곡, 그림 그리기, 또는 디지털 미디어와 같은 창의적 과정에서 어떻게 도움을 줄 수 있는지를 이해한다.

④ 인공지능 윤리 교육

인공지능 윤리 교육은 학생들이 인공지능의 개발과 활용 과정에서 발생할 수 있는 윤리적 문제들을 인식하고, 책임 있는 기술 사용에 대한 이해를 심화시키는 것을 목표로 한다. 이 교육은 학생들이 인공지능 기술을 올바르게 사용하기 위해 필요한 도덕적 가치를 탐구하도록 한다. 인공지능 윤리 교육에서는 다음과 같은 내용을 다룬다.

첫째, 인공지능 기술의 윤리적 기초를 교육한다. 학생들에게 인공지능 기술의 개발과 적용이 가져올 수 있는 윤리적 고려 사항을 제시한다. 데이터 편향, 개인 정보 보호, 기술 접근성 및 공정성 등을 포함한다. 이를 통해 학생들에게 인공지능 기술 사용 시 고려해야 할 주요 윤리적 문제들을 이해하게 한다.

둘째, 인공지능과 관련된 윤리적 문제에 관해 탐구한다. 실제 사례를 통해 인공지능 기술의 윤리적 문제들을 구체적으로 분석한다. 예를 들어, 얼굴 인식 기술의 사용에서 발생할 수 있는 인종 차별 문제, 챗봇이 개인 데이터를 어떻게 처리하는지 등의 사례를 통해 학생들은 윤리적 딜레마를 직접 탐구하고 토론한다.

셋째, 올바른 윤리적 의사결정에 대하여 사고하게 한다. 학생들이 앞서 탐구한 직접 윤리적 딜레마를 해결하는 활동을 수행하게 한다. 이를 통해 학생들은 다양한 상황에서 발생할 수 있는 문제에 대해 비판적으로 생각하고, 윤리적 가치를 기반으로 의사결정을 하는 방법을 학습한다. 이 과정은 롤플레이, 그룹 토론 등을 통해 진행될 수 있다.

넷째, 인공지능 윤리와 관련된 올바른 행동 양식에 대해 다룬다. 넓은 의미에서 학생들에게 디지털 환경에서의 책임 있는 행동과 디지털 시민윤리 교육을 강조한다. 인공지능과 관련된 사이버 안전, 저작권 존중, 디지털 발자국 관리 등을 포함하여 학생들이 디지털 세계에서 윤리적으로 행동하는 법을 학습한다.

평가문항

1 인간이 특정 분야에 가진 전문 지식을 정리하고 표현하여 컴퓨터에 기억시킴으로써, 일반인도 이 전문 지식을 이용할 수 있도록 하는 시스템은?

2 입력층, 은닉층, 출력층의 용어를 사용해 인공신경망의 원리를 간단하게 설명하시오.

3 인공지능이 학습 과정에서 데이터의 편향성으로 인해 생기는 불공정하거나 차별적인 결과를 줄이기 위해 사용되는 탈편향 기술 중 한 가지를 설명하시오.

4 AI4K12가 제시하는 '인공지능에 관한 다섯 가지 빅 아이디어'를 바탕으로 학생들에게 인공지능 이해를 교육할 때 교수할 내용을 설명하시오.

디지털 문화

> 14장에서는 디지털 사회의 정의와 특징에 대해 알아보고, 디지털 시대를 살아가는 데 필요한 디지털 윤리 문제와 사례를 제시하였다. 또한 개인정보 보호와 저작권 보호 등 최근 대두되고 있는 디지털 사회에서 보호해야 하는 개념들에 관해 사례와 해결 방법 중심으로 제시하였다.

1 디지털 사회

디지털 사회란 정보통신기술(ICT)의 급격한 발전과 확산으로 인해 나타난 새로운 형태의 사회를 의미한다. 이는 단순히 기술적 변화만을 의미하는 것이 아니라, 경제, 문화, 정치, 사회 전반에 걸쳐 큰 변화를 초래하고 있다.

디지털 기술은 경제, 문화, 교육, 정치 등 사회 전반에 영향을 미치며, 기존의 질서와 가치관, 생활 방식에도 변화를 불러오고 있다. 이에 따라 새로운 기회와 위험, 과제가 대두되고 있어 디지털 사회에 대한 종합적인 이해와 대응이 필요한 시점이다.

1 디지털 사회로의 변화

디지털 사회로의 변화 과정은 오랜 기간에 걸쳐 점진적으로 진행되어 왔다. 주요 변화 과정을 시기별로 살펴보면 다음과 같다.

1940~1970년대

디지털 혁명의 시작 시기로 1940년대 후반 최초의 디지털 컴퓨터인 ENIAC이 등장했고, 1960년대 인터넷의 시초인 ARPANET이 개발되었다. 1970년대 초에는 세계 최초 마이크로프로세서와 개인용 컴퓨터가 등장했다.

[그림 14-1] ENIAC
출처 전국과학관길라잡이

1980~1990년대

디지털 기술의 상용화와 보편화가 이루어진 시기이다. 1980년대 IBM PC 등 퍼스널 컴퓨터의 보급이 확산되었고, 1990년대 초 월드와이드웹(WWW) 서비스 개시로 인터넷이 대중화되었으며 1990년대 후반 구글, 야후

[그림 14-2] IBM PC
출처 전국과학관길라잡이

등 주요 인터넷 기업이 등장했다.

2000년대

모바일 및 소셜 미디어 혁명이 일어난 시기이다. 2000년대 초 스마트폰, 태블릿PC 등의 모바일 기기의 공급이 확산되었고, 소셜 미디어 플랫폼인 페이스북, 트위터 등이 등장했다. 클라우드 컴퓨팅, 빅데이터 등 새로운 디지털 기술이 태동한 시기이다.

[그림 14-3] 스마트폰
출처 픽사베이

2010년대

4차 산업혁명과 지능정보화 시대가 도래하였다. IoT, 인공지능, 빅데이터 등 첨단 기술이 급속하게 발전하였다. 플랫폼 경제의 부상과 디지털 전환이 가속화되었으며 메타버스, NFT 등 새로운 디지털 영역이 등장하였다.

2020년대 이후

초지능과 6G 환경의 시기이다. 인간의 지능을 넘어서는 초지능 AI 기술의 범용화가 예상되며 6G 네트워크 상용화로 초연결, 초지능 사회가 더욱 가속화될 것으로 기대되고 있다. 포스트 디지털 시대의 도래와 새로운 패러다임 전환을 모색하는 시기이다.

[그림 14-4] 메타버스
출처 픽사베이

[그림 14-5] 6G 환경
출처 Freepik

2 디지털 사회의 특징

디지털 사회란 정보통신기술이 사회 전반에 광범위하게 퍼져 있고, 이를 기반으로 새로운 사회문화적 현상이 나타나는 사회를 말한다. 디지털 사회의 주요 특징은 다음과 같다.

첫째, 정보와 지식의 디지털화이다. 정보와 지식이 디지털 형태로 저장, 처리, 전송되며, 디지털 기술로 인해 정보 생산, 공유, 접근성이 획기적으로 향상되었다.

둘째, 네트워크 연결성이 증대되었다. 인터넷을 통해 전 세계가 하나의 거대한 네트워크로 연결되어 있으며 시공간의 제약에서 벗어나 언제 어디서나 정보 교환이 가능해졌다.

셋째, 가상현실과 증강현실의 발달이다. 디지털 기술로 현실 세계와 가상 세계의 경계가 모호해졌고, 증강현실 기술은 현실과 가상의 혼합된 경험을 제공한다.

넷째, 빅데이터의 활용이 증가하였다. 디지털 기기와 센서를 통해 대규모 데이터 수집이 용이해졌으며, 빅데이터 분석으로 새로운 가치가 창출되고 빅데이터가 의사결정에 활용된다.

다섯째, 디지털 경제로의 전환이다. 디지털 기술 기반의 새로운 비즈니스 모델과 산업이 등장하였고, 디지털 플랫폼 기업들의 영향력이 확대되었다.

여섯째, 초연결사회로의 진화이다. 사물인터넷(IoT)을 통해 모든 사물이 네트워크로 연결되고 있으며, 사람-사물-공간 등 만물이 상호작용하는 초연결 체제로 발전하고 있다.

일곱째, 디지털 격차 문제가 대두되었다. 디지털 기술 접근성과 활용 능력의 차이로 새로운 계층 간 격차가 발생했고, 디지털 소외계층에 대한 교육 및 제도 보완의 필요성이 증가하였다.

③ 디지털 사회와 직업

디지털 사회에서는 정보의 생성, 수집, 분석, 공유가 전례 없이 빠르게 이루어지며, 이는 직업 세계에도 큰 변화를 가져왔다. 디지털 기술의 발전은 새로운 직업을 창출하고 기존의 직업들을 재편하는 동시에, 일부 직업들은 자동화와 기계화로 인해 사라지거나 축소되는 현상을 보이고 있다.

디지털 사회는 데이터 과학자, 소프트웨어 개발자, 인공지능 전문가, 사이버 보안 분석가 등과 같은 새로운 직업들을 창출하였다. 이들은 디지털 정보를 처리하고, 보호하며, 새로운 가치를 창출하는 역할을 수행한다. 또한, 소셜 미디어 매니저, 디지털 마케팅 전문가, UI/UX 디자이너와 같은 직업들도 등장하였는데, 이는 기업들이 디지털 공간에서의 존재감과 영향

력을 확대하기 위해 필요한 직업
이다.

　디지털 기술의 발전은 기존
의 많은 직업에도 변화를 가져왔
다. 예를 들어, 전통적인 매장에
서의 소매업은 온라인 쇼핑의 증
가와 함께 크게 변화하였다. 이로
인해 물류 관리, 온라인 고객 서비
스, 전자 상거래 관리 등의 분야에
서 새로운 기술과 역량이 요구되고

[그림 14-6] 미래 직업 변화 트렌드
출처 미래 일자리의 길을 찾다(지식공감)

있다. 교육 분야에서도 디지털 기술은 교사들로 하여금 온라인 학습 플랫폼을 활용하고, 디
지털 콘텐츠를 개발하는 방식으로 교육 방법을 변화시켰다.

　자동화와 로봇공학의 발전은 제조업, 물류, 일부 서비스 직종에서 사람의 역할을 줄이

〈표 14-1〉 4차 산업혁명 시대의 유망직업 10선과 위기 직업 8선
출처 한국고용정보원

유망직업 10선		위기 직업 8선	
직업명	관련 기술	직업명	관련 기술
사물인터넷 전문가	무선통신, 프로그램 개발 등	콜센터 요원	인공지능, 빅데이터 분석
인공지능 전문가	인공지능, 딥러닝	생산 및 제조 관련 단순종사원	스마트공장
빅데이터 전문가	빅데이터	치과기공사	3D프린팅
가상현실 전문가	가상현실	의료진단 전문가	의료기기 헬스, 인공지능
3D프린팅 전문가	3D프린팅	금융사무원	핀테크, 빅데이터, 인공지능
드론 전문가	드론	번역가	인공지능, 음성 인식
생명공학자	생명공학, IT	창고작업원	사물인터넷, 센서 기술, 증강현실 기술 등
정보보호 전문가	보안		
응용소프트웨어 개발자	ICT	계산원	디지털화, 핀테크
로봇공학자	기계공학, 재료공학, 컴퓨터공학, 인공지능 등		

고 있다. 예를 들어, 자동차 조립 라인, 창고 내 물품 분류, 청소 등의 작업은 점점 더 로봇이나 자동화 시스템에 의해 수행되고 있다. 이러한 변화는 특히 단순 반복적인 업무를 수행하는 직업들에 큰 영향을 미치며, 이로 인해 일부 직업은 소멸하거나 크게 축소될 위험에 처해 있다.

디지털 사회의 도래는 직업 세계에 근본적인 변화를 가져왔다. 이는 우리에게 새로운 기회를 제공하는 동시에, 기존의 역할과 직업에 대한 재고와 적응을 요구한다. 미래에는 디지털 역량과 지속적인 학습, 유연성이 더욱 중요해질 것이다. 우리 사회와 교육 시스템은 이러한 변화에 대비하여 인력을 양성하고, 개인은 자신의 기술과 지식을 지속적으로 업데이트하여 변화하는 직업 시장에서 경쟁력을 유지해야 할 것이다.

2 디지털 윤리

현대 사회에서 기술은 눈부신 속도로 발전하고 있으며, 이는 우리의 일상생활, 교육, 의료, 업무 방식 등에 큰 변화를 가져왔다. 그러나 이러한 변화는 개인정보 보호, 사이버 보안, 인공지능의 윤리적 사용 등 새로운 윤리적 문제를 불러왔다.

디지털 윤리는 기술 발전이 인간의 삶에 미치는 영향을 이해하고, 이를 바탕으로 기술을 책임감 있게 사용하기 위한 지침을 제공한다. 기술이 가져오는 혜택을 최대화하고 잠재적 위험을 최소화하기 위해 디지털 윤리의 중요성이 강조되고 있다.

1 디지털 윤리의 정의와 필요성

디지털 윤리는 디지털 환경에서의 행위와 의사결정에 관한 도덕적 원칙과 기준을 다루는 분야를 의미한다. 이는 정보기술의 발전과 디지털 미디어의 확산으로 인해 새롭게 대두된 윤리적 문제들을 해결하기 위한 지침을 제공한다. 디지털 윤리는 인간의 행동, 기술의 설계 및 사용, 데이터의 수집과 처리, 개인정보 보호, 지식재산권, 사이버 범죄 및 사이버 안보 등 광범위한 주제를 포함한다.

디지털 윤리의 필요성은 디지털 환경이 우리 삶의 많은 부분을 재구성하고 있다는 데서 비롯된다. 디지털 기술은 통신, 교육, 업무 등 우리의 일상 활동에 깊숙이 통합되어 있다. 이러한 기술의 통합은 새로운 형태의 상호작용, 데이터 공유 및 커뮤니케이션을 가능하게 하지만, 동시에 개인정보 침해, 사이버 괴롭힘, 디지털 격차, 저작권 침해와 같은 윤리적 문제들을 불러온다.

또한, 디지털 기술의 발전은 기존의 윤리적 기준을 재검토하고 새로운 윤리적 문제에 대응하기 위한 새로운 접근 방식을 요구하고 있다. 예를 들어, 인공지능과 빅데이터 기술의 발전은 데이터의 수집, 분석, 활용 방식에 대한 새로운 윤리적 고민을 제기한다. 이러한 기술은 개인의 프라이버시를 보호하는 한편, 사회적으로 유용한 정보를 추출하고 활용하는 방법에 대한 균형을 찾아야 한다.

디지털 윤리는 이러한 문제들에 대해 고민하고, 디지털 환경에서의 책임 있는 행동을 촉진하는 데 목적이 있다. 이는 기술의 사용자뿐만 아니라 개발자, 정책 입안자, 기업 등 다양한 이해관계자들이 디지털 환경에서의 행동과 결정에 있어 도덕적 책임을 인식하고 실천할 수 있도록 돕는다. 디지털 윤리의 실천은 디지털 환경을 더 정의롭고, 포용적이며, 지속 가능한 방식으로 발전시키는 데 필수이다.

2 사이버 폭력

사이버 폭력은 인터넷, 소셜 미디어, 모바일 기기 등 디지털 기술을 이용해 개인이나 집단에 행해지는 폭력적 행위를 말한다. 이는 전통적인 대면 폭력과 달리 물리적인 접촉 없이도 가해자가 피해자에게 심리적, 정서적, 때로는 경제적 피해를 줄 수 있다.

1. 사이버 폭력의 특징

사이버 폭력은 일반적으로 다음과 같은 특징이 있다.

첫째, 익명성과 비대면성의 특징이 있다. 가해자는 익명성을 이용해 실제 신원을 드러내지 않고 폭력을 행사하며 직접 대면하지 않아 가해자가 피해 인식을 제대로 하지 못하는 경우도 있다.

둘째, 가시성과 지속성이 있다. 디지털 콘텐츠는 인터넷상에 지속적으로 남아 2차 피해를 유발한다. SNS를 통해 폭력 행위가 확산하여 피해의 가시성이 높아진다.

셋째, 초국가성의 특징이 있다. 인터넷의 초국가적 특성으로 국가 간 규제와 법적 제재가 어려운 특성이 있다.

넷째, 낮은 위험 인식이다. 가해자는 가상공간에서 피해 심각성을 제대로 인식하지 못한다. 일상적 의사소통으로 폭력성이 은폐, 정당화되기도 한다.

다섯째, 피해 확산의 용이성이다. 디지털 콘텐츠의 복제와 전파가 쉬워 2차 가해 및 집단 괴롭힘으로 이어지는 경향을 보이기도 한다.

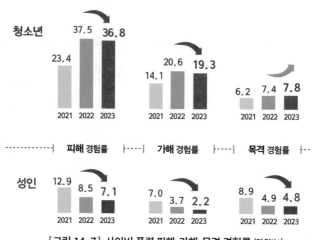

[그림 14-7] 사이버 폭력 피해·가해·목격 경험률 (단위:%)
출처 2023 사이버 폭력 실태조사 보고서, 방송통신위원회, 한국지능정보사회진흥원

여섯째, 피해 입증과 규제의 어려움이다. 사이버 공간의 익명성과 초국가성으로 가해자 특정이 힘들고, 통일된 국제 규범 부재로 사이버 폭력 규제에 한계가 있다.

2. 사이버 폭력의 유형

사이버 폭력은 사이버 언어폭력, 사이버 명예훼손, 사이버 스토킹, 사이버 성폭력, 신상

〈표 14-2〉 사이버 폭력의 유형

유형	내용
사이버 언어폭력	인터넷, 스마트폰 문자 서비스 등을 통해 욕설, 거친 언어, 인신 공격적 발언 등을 하는 행위
사이버 명예훼손	사실 여부와 상관없이 다른 사람/기관의 명예를 훼손하는 글을 인터넷, SNS 등에 올려 아무나(불특정 다수) 볼 수 있게 하는 행위
사이버 스토킹	특정인이 원치 않음에도 반복적으로 공포감, 불안감을 유발하는 이메일이나 문자(쪽지)를 보내거나, 블로그, SNS 등에 방문하여 댓글 등의 흔적을 남기는 행위
사이버 성폭력	특정인을 대상으로 성적인 묘사 혹은 성적 비하 발언, 성차별적 욕설 등 성적 불쾌감을 느낄 수 있는 내용을 인터넷이나 스마트폰을 통해 게시하거나 음란한 동영상, 사진을 퍼뜨리는 행위
신상정보 유출	개인의 사생활, 비밀 등을 인터넷, SNS 등에 언급 또는 게재하거나 신상정보(이름, 거주지, 재학 중인 학교 등)를 유포하는 행위
사이버 따돌림	인터넷 대화방이나 스마트폰, 카카오톡 등에서 상대방을 따돌리는 행위
사이버 갈취	인터넷에서 나의 사이버(게임) 머니, 스마트폰 데이터 등을 빼앗는 행위
사이버 강요	인터넷에서 다른 사람에게 그 사람이 원치 않는 말, 행동을 하도록 강요하거나 심부름을 시키는 행위

정보 유출, 사이버 따돌림, 사이버 갈취, 사이버 강요 등 다양한 유형으로 폭넓게 나타나고 있다.

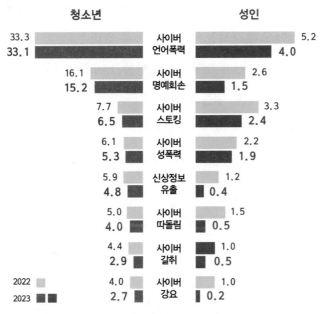

[그림 14-8] 사이버 폭력 유형별 피해 경험(단위:%)

출처 2023 사이버 폭력 실태조사 보고서, 방송통신위원회, 한국지능정보사회진흥원

3. 사이버 폭력 예방

사이버 폭력은 다양한 방법으로 예방할 수 있으며 온라인 공간이 더 안전하고 긍정적인 곳이 되기 위해서는 모두의 적극적인 참여와 실천이 필요하다. 사이버 폭력 예방법은 다음과 같다.

첫째, 사이버 폭력을 예방하기 위해서는 먼저 온라인 공간에서의 예의를 인식해야 한다. 온라인 공간에서는 익명성이 보장되는 경우가 많다. 하지만 익명성 뒤에 숨어 부적절한 언행을 하는 것은 올바른 예의가 아니다. 실제 이름과 얼굴을 드러내고 있다고 생각하며, 언제나 존중과 예의를 갖춘 태도로 소통해야 한다.

둘째, 자신의 개인정보는 함부로 공개하지 않고, 타인의 개인정보를 존중하며 공유하지 않는 것이 중요하다. 개인정보가 사이버 폭력의 수단으로 사용될 수 있기 때문이다. 온라인 상에서 개인정보가 유출될 경우 심각한 피해를 볼 수 있으므로, 개인의 정보를 보호하기 위한 조치를 취해야 한다.

셋째, 소셜 미디어나 온라인 커뮤니티에서 타인을 비방하거나 욕설하는 행위는 사이버 폭력에 해당한다. 비방과 욕설을 자제하는 것은 온라인 공간은 물론 일상생활에서도 중요한 예의로 이러한 행위는 상대방에게 심각한 정신적 피해를 줄 수 있으며, 소통의 질을 저하시키고, 개인의 명예와 이미지에도 부정적인 영향을 미칠 수 있다.

넷째, 온라인에서의 행동도 실제 생활에서의 행동과 마찬가지로 책임이 따른다. 인터넷이라는 익명성 뒤에 숨어 부적절한 행동을 하는 것은 다른 사용자에게 심각한 피해를 줄 수 있으며, 이로 인해 발생하는 사회적, 법적 책임도 매우 크다. 온라인에서 책임감 있는 행동을 유지하는 것은 개인의 명예와 신뢰성을 지키는 데에도 중요하다.

다섯째, 사이버 폭력을 목격하거나 경험했을 때, 침묵하지 말고 적극적으로 대응해야 한다. 사이버 폭력은 피해자에게 심각한 정신적 고통을 주며, 때로는 더 심각한 결과를 초래할 수 있다. 따라서 사이버 폭력을 발견했을 때는 적극적으로 대응하는 것이 중요하다. 사이버 폭력이 발생했다면 피해 내용을 증거로 확보해야 한다. 스크린샷이나 메시지를 저장하는 것이 좋으며, 이는 추후 법적 대응이나 신고 과정에서 중요한 역할을 한다.

여섯째, 온라인 공간에서 긍정적인 문화를 만들기 위해 노력해야 한다. 친절하고 격려하는 말을 사용하고, 타인의 성취를 축하해 주는 등 긍정적인 행동을 실천해야 한다. 긍정적인 온라인 문화를 만드는 것은 모든 인터넷 사용자에게 이익이 되며, 온라인 공간을 더 안전하고 즐거운 곳으로 만들 수 있다.

일곱째, 디지털 리터러시, 즉 온라인 정보를 이해하고 판단하는 능력을 키우는 것도 중요하다. 디지털 리터러시는 정보 기술을 이해하고 사용하여 정보를 찾아내고, 평가하고, 생성하며, 공유하는 능력을 의미한다. 디지털 사회에서 필수적인 기술이 되었기에, 이를 향상시키는 것은 매우 중요하다. 이를 통해 사이버 폭력과 관련된 잘못된 정보나 가짜 뉴스를 걸러낼 수 있다.

여덟째, 온라인상에서도 타인의 감정을 이해하고 공감하는 능력이 필요하다. 온라인상에서도 상대방의 말에 주의 깊게 경청하고 이해하려는 태도가 중요하다. 글이나 메시지를 통해 상대방의 감정과 의도를 파악하려고 노력해야 한다. 온라인 커뮤니케이션에서는 비언어적 신호가 부족하지만, 이모티콘, 사진, 비디오 등을 통해 감정을 표현하고 이해할 수 있으므로 이러한 요소들을 주의 깊게 관찰해야 한다.

아홉째, 사이버 폭력에 대한 지속적인 교육과 인식 제고도 필요하다. 학교, 가정, 사회 전반에서 사이버 폭력의 심각성과 예방 방법에 대해 지속적으로 교육하고 인식을 높여야 한다.

3 디지털 중독

디지털 중독은 인터넷, 스마트폰, 게임 등 디지털 기기 및 서비스의 과도한 사용으로 일상생활에 부정적인 영향을 미치는 상태를 말한다. 디지털 중독은 사용자가 실제로 필요 이상으로 디지털 기기에 의존하게 되며, 이로 인해 신체적, 정신적, 사회적 문제를 겪게 된다.

1. 디지털 중독의 특징

디지털 중독은 일반적으로 다음과 같은 특징이 있다.

첫째, 사용 시간이 증가한다. 디지털 중독의 경우 디지털 기기나 서비스를 사용하는 시간이 지속해서 증가하게 된다. 중독자는 대부분의 시간을 온라인 활동에 할애하며, 이로 인해 필요한 휴식 시간이나 다른 중요한 활동을 소홀히 하게 된다.

둘째, 통제력이 상실된다. 사용자는 디지털 기기의 사용을 줄이거나 통제하려는 시도에도 불구하고 자주 실패하게 된다. 그들은 자신이 설정한 사용 제한을 지키지 못하며, 이로 인해 자책감이나 좌절감을 느끼기도 한다.

셋째, 금단 증상이 나타난다. 디지털 기기 사용을 중단하거나 제한할 때 불안, 우울, 짜증 등의 금단 증상을 경험하게 된다. 이러한 증상은 디지털 기기에 대한 의존도가 높은 것을 반영하는 것이다.

넷째, 대인 관계 및 사회생활이 손상된다. 디지털 중독은 가족, 친구, 직장 동료와의 관계를 저해하는 주요한 요인이다. 중독자는 대인 관계보다는 온라인 활동을 우선시하며, 이로 인해 사회적 고립이나 갈등이 발생할 수 있다.

다섯째, 업무의 성과가 저하된다. 학업이나 직장 생활에서의 성과가 저하된다. 디지털 기기 사용에 지나치게 많은 시간을 소비함으로써 업무나 공부에 필요한 시간과 집중력이 감소하게 된다.

여섯째, 건강 문제를 동반한다. 장시간 동안 디지털 기기를 사용함으로써 신체적 문제가 발생한다. 눈의 피로, 수면 장애, 목과 등의 통증 등이 대표적인 예이다.

2. 디지털 중독의 유형

디지털 중독은 다양한 형태로 나타날 수 있으며, 각각의 유형은 고유한 특징과 사용자 행동 양상을 가지고 있다. 주요 유형은 다음과 같다.

〈표 14-3〉 디지털 중독의 유형

유형	내용
인터넷 중독	웹 서핑, 정보 검색, 온라인 쇼핑 등 인터넷 사용이 과도하게 이루어져 일상생활에 지장을 주는 상태로 이 유형의 중독자는 온라인 활동 없이는 일상을 지속하기 어려워한다.
스마트폰 중독	문자 메시지, 앱 사용, 소셜 미디어 등 스마트폰 기능에 지나치게 의존하는 상태로 스마트폰이 없으면 불안감을 느끼며, 대인 관계보다 스마트폰과의 상호작용을 선호하는 경향이 있다.
소셜 미디어 중독	페이스북, 인스타그램, 트위터 등 소셜 네트워킹 서비스(SNS) 사용이 과도하게 이루어져 실제 대인 관계나 일상생활에 영향을 미치는 상태로 사용자는 소셜 미디어상의 승인, 좋아요, 팔로워 수에 지나치게 집중하며 자아 가치를 판단하는 기준으로 삼는다.
온라인 게임 중독	비디오 게임이나 온라인 게임을 지나치게 오랜 시간 동안 플레이하며, 이로 인해 개인적, 사회적, 직업적 측면에서 문제가 발생하는 상태로 게임 중독자는 게임을 멈추지 못하고, 게임 이외의 활동에 관한 관심이 감소한다.
사이버 관계 중독	온라인상의 인간관계에 지나치게 몰입하여, 실제 대인 관계를 소홀히 하게 되는 상황으로 이 유형의 중독자는 온라인 친구와의 관계를 실제 관계보다 더 중요하게 여기며, 대부분의 시간을 가상의 인간관계에 투자한다.
정보 탐색 중독	정보 탐색 중독은 끊임없이 새로운 정보를 검색하고 탐색하는 데 많은 시간을 소비하는 상태로 이러한 중독자는 정보를 수집하는 것에 대한 강박적인 욕구를 가지며, 실질적으로 필요하지 않은 정보까지도 수집하려는 경향이 있다.

3. 디지털 중독 예방

디지털 중독을 예방하기 위한 방안은 개인 차원과 사회 차원에서 다양하게 접근할 수 있다. 개인 차원으로는 먼저 자신의 디지털 기기 사용 습관을 주기적으로 점검하고, 과도한 사용이 일상생활에 미치는 영향을 인식하는 것이 중요하다. 디지털 기기 사용에 대한 명확한 시간제한을 설정하고, 알람이나 타이머를 이용해 사용 시간을 관리해야 한다. 특정 시간 동안은 디지털 기기를 완전히 멀리하는 '디지털 디톡스' 시간을 가질 수도 있다. 온라인 활동 이외에도 실생활에서 즐길 수 있는 취미나 관심사를 개발함으로써 디지털 기기에 대한 의존도를 낮출 수도 있다. 가족, 친구, 동료와 대면 소통과 활동을 증가시키고, 온라인 관계보다 실제 대인 관계에 더 많은 시간과 노력을 투자해야 한다.

사회 차원으로는 학교와 직장에서 디지털 중독의 위험성에 관한 교육을 실시하여, 개인이 건강한 디지털 기기 사용 습관을 형성하도록 돕는 방법이 있고, 정부와 관련 기관은 디지털 기기 및 서비스의 건강한 사용을 촉진하기 위한 정책과 규제를 마련할 수 있다. 청소년의 밤늦은 시간대 인터넷 사용을 제한하는 규제 등이 방법이 될 수 있다. 디지털 기기 제조사와 서비스 제공업체는 사용자가 자신의 디지털 기기 사용을 더 잘 관리할 수 있도록 돕는 다양한 기능을 제공할 수 있다. 사용 시간을 제한하거나, 특정 시간 동안 알림을 끄는 기능 등을 제공할 수 있다. 지역사회 차원에서 오프라인 모임이나 활동을 조직하여, 사람들이 디지털 기기 없이도 서로 소통하고 교류할 수 있는 기회를 마련할 수도 있다.

디지털 중독 예방은 일상생활에서의 작은 습관 변화부터 시작된다. 개인과 사회가 함께 노력한다면, 디지털 기기의 긍정적인 면을 최대한 활용하면서도 중독으로 인한 부정적인 영향을 최소화할 수 있을 것이다.

〈표 14-4〉 청소년 자가 진단용 인터넷 중독 진단 검사지

출처 한국정보문화진흥원

번호		항목	전혀 그렇지 않다	때때로 그렇다	자주 그렇다	항상 그렇다
1	1	인터넷 사용으로 인해서 생활이 불규칙해졌다.	1	2	3	4
	2	인터넷 사용으로 건강이 이전보다 나빠진 것 같다.	1	2	3	4
	3	인터넷 사용으로 학교 성적이 떨어졌다.	1	2	3	4
	4	인터넷을 너무 사용해서 머리가 아프다.	1	2	3	4
	5	인터넷을 하다가 계획한 일들을 제대로 못 한 적이 있다.	1	2	3	4
	6	인터넷을 하느라고 피곤해서 수업 시간에 잠을 자기도 한다.	1	2	3	4
	7	인터넷을 너무 사용해서 시력 등에 문제가 생겼다.	1	2	3	4
	8	다른 할 일이 많을 때도 인터넷을 사용하게 된다.	1	2	3	4
	9	인터넷 사용으로 인해 가족들과 마찰이 있다.	1	2	3	4
2	10	인터넷을 하지 않을 때도 하는 듯한 환상을 느낀 적이 있다.	1	2	3	4
	11	인터넷을 하고 있지 않을 때도, 인터넷에서 나오는 소리가 들리고 인터넷을 하는 꿈을 꾼다.	1	2	3	4
	12	인터넷 사용 때문에 비도덕적인 행위를 저지르게 된다.	1	2	3	4
3	13	인터넷을 하는 동안 나는 가장 자유롭다.	1	2	3	4
	14	인터넷을 하고 있으면, 기분이 좋아지고 흥미진진해진다.	1	2	3	4
	15	인터넷을 하는 동안 나는 더욱 자신감이 생긴다.	1	2	3	4
	16	인터넷을 하고 있을 때 마음이 제일 편하다.	1	2	3	4
	17	인터넷을 하면 스트레스가 모두 해소되는 것 같다.	1	2	3	4
	18	인터넷이 없다면 내 인생에 재미있는 일이란 없다.	1	2	3	4
4	19	인터넷을 하지 못하면 생활이 지루하고 재미가 없다.	1	2	3	4
	20	만약 인터넷을 다시 할 수 없게 된다면 견디기 힘들것이다.	1	2	3	4
	21	인터넷을 하지 못하면 안절부절못하고 초조해진다.	1	2	3	4
	22	인터넷을 하고 있지 않을 때도 인터넷에 관한 생각이 자꾸 떠오른다.	1	2	3	4
	23	인터넷 사용 때문에 실생활에서 문제가 생기더라도 인터넷 사용을 그만두지 못한다.	1	2	3	4
	24	인터넷을 할 때 누군가 방해를 하면 짜증스럽고 화가 난다.	1	2	3	4
5	25	인터넷에서 알게 된 사람들이 현실에서 아는 사람들보다 나에게 더 잘해준다.	1	2	3	4
	26	온라인에서 친구를 만들어 본 적이 있다.	1	2	3	4
	27	오프라인에서보다 온라인에서 나를 인정해 주는 사람이 더 많다.	1	2	3	4
	28	실제에서보다 인터넷에서 만난 사람들을 더 잘 이해하게 된다.	1	2	3	4
	29	실제 생활에서도 인터넷에서 하는 것처럼 해보고 싶다.	1	2	3	4
6	30	인터넷 사용 시간을 속이려고 한 적이 있다.	1	2	3	4
	31	인터넷을 하느라고 수업에 빠진 적이 있다.	1	2	3	4
	32	부모님 몰래 인터넷을 한다.	1	2	3	4
	33	인터넷 때문에 돈을 더 많이 쓰게 된다.	1	2	3	4
	34	인터넷에서 무엇을 했는지 숨기려고 한 적이 있다.	1	2	3	4
	35	인터넷에 빠져 있다가 다른 사람과의 약속을 어긴 적이 있다.	1	2	3	4
7	36	인터넷을 한번 시작하면 생각했던 것보다 오랜 시간을 인터넷에서 보내게 된다.	1	2	3	4
	37	인터넷을 하다가 그만두면 또 하고 싶다.	1	2	3	4
	38	인터넷 사용 시간을 줄이려고 해보았지만 실패한다.	1	2	3	4
	39	인터넷 사용을 줄여야 한다는 생각이 끊임없이 들곤 한다.	1	2	3	4
	40	주위 사람들이 내가 인터넷을 너무 많이 한다고 지적한다.	1	2	3	4

〈표 14-5〉 인터넷 중독 자가 진단 해석지

출처 한국정보문화진흥원

채점 방법	1점: 전혀 그렇지 않다 2점: 때때로 그렇다 3점: 자주 그렇다 4점: 항상 그렇다	채점하기	총점: ① 1~40번 합계 요인별 합계: ② 1요인(1~9번) 합계 ③ 4요인(19~24번) 합계 ④ 7요인 (36~40번) 합계

고위험 사용자군	중고교생	총점: ① 108점 이상 요인별: ② 1요인 26점 이상 ③ 4요인 18점 이상 ④ 7요인 17점 이상
	초등학생	총점: ① 94점 이상 요인별: ② 1요인 21점 이상 ③ 4요인 16점 이상 ④ 7요인 15점 이상

판정: ①에 해당하거나, ②~④ 모두 해당되는 경우

인터넷 사용으로 인하여 일상생활에서 심각한 장애를 보이면서 내성 및 금단 현상이 나타난다. 대인관계는 사이버 공간에서 대부분 이루어지며, 해킹 등 비도덕적 행위와 막연한 기대가 크고, 일상생활에서도 인터넷에 접속하고 있는 듯한 착각을 하기도 한다. 인터넷 접속 시간은 중·고생의 경우 1일 약 4시간 이상, 초등생 약 3시간 이상이며, 중·고생은 수면시간도 5시간 내외로 줄어든다. 대개 자신이 인터넷 중독이라고 느끼며, 학업에 곤란을 겪는다. 또한 심리적으로 불안정감 및 대인관계 기피, 우울한 기분을 느끼는 경우가 흔하며, 성격적으로 자기조절에 심각한 어려움을 보이며, 충동성도 높은 편이다. 현실 세계에서 대인관계에 문제를 겪거나, 외로움을 느끼는 경우도 많다.

▷ 인터넷 중독 성향이 매우 높으므로 관련 기관의 전문적인 지원과 도움이 요청된다.

잠재적 위험 사용자군	중고교생	총점: ① 95~107점 요인별: ② 1요인 23점 이상 ③ 4요인 16점 이상 ④ 7요인 15점 이상
	초등학생	총점: ① 82~93점 요인별: ② 1요인 18점 이상 ③ 4요인 14점 이상 ④ 7요인 13점 이상

판정: ①~④ 중 한 가지라도 해당되는 경우

고위험 사용자에 비해 경미한 수준이지만, 일상생활에서 장애를 보이며, 인터넷 사용 시간이 늘어나고 집착하게 된다. 학업에 어려움이 나타날 수 있으며, 심리적 불안정감을 보이지만 절반 정도의 학생은 자신이 아무 문제가 없다고 느낀다. 대체로 중·고생은 1일 약 3시간 정도, 초등생은 2시간 정도의 접속 시간을 보이며, 다분히 계획적이지 못하고 자기조절에 어려움을 보이며, 자신감도 낮은 경향이 있다.

▷ 인터넷 과다 사용의 위험을 깨닫고 스스로 조절하고 계획적으로 사용하도록 노력한다. 인터넷 중독에 대한 주의가 요망되며, 학교 및 관련 기관에서 제공하는 건전한 인터넷 활용 지침을 따른다.

일반 사용자군	중고교생	총점: ① 94점 이하 요인별: ② 1요인 22점 이하 ③ 4요인 15점 이하 ④ 7요인 14점 이하
	초등학생	총점: ① 81점 이하 요인별: ② 1요인 17점 이하 ③ 4요인 13점 이하 ④ 7요인 12점 이하

판정: ①~④ 모두 해당되는 경우

중·고생의 경우 1일 약 2시간, 초등생 약 1시간 정도의 접속 시간을 보이며, 대부분 인터넷 중독 문제가 없다고 느낀다. 심리적 정서 문제나 성격적 특성에서도 특이한 문제를 보이지 않으며, 자기 행동을 잘 관리한다고 생각한다. 주변 사람들과의 대인관계에서도 자신의 충분한 지원을 얻을 수 있다고 느끼며, 심각한 외로움이나 곤란함을 느끼지 않는다.

▷ 인터넷의 건전한 활용에 대하여 자기 점검을 지속해서 수행한다.

3 개인정보와 저작권

개인정보와 저작권은 디지털 시대에 매우 중요한 두 가지 법적 개념이다. 이들은 정보의 디지털화와 인터넷의 보급으로 인해 더욱 중요성이 증가하고 있다. 대부분의 국가는 개인정보 보호법을 통해 개인정보의 수집, 사용, 저장, 전송 등에 관한 규정을 마련하고 있고, 저작권법은 국가마다 다르지만, 대부분의 경우 창작물이 창작되는 순간 자동으로 발생한다. 개인정보 보호와 저작권은 디지털 시대에 개인과 창작자의 권리를 보호하는 데 핵심적인 역할을 한다. 이러한 법적 개념을 이해하고 존중하는 것은 디지털 사회에서 책임감 있는 시민이 되기 위해 필수이다.

① 개인정보

개인정보는 개인의 사생활을 보호하고 부적절한 사용으로부터 개인을 보호하기 위해 함부로 사용되어서는 안 된다. 이는 디지털 시대에 매우 중요해졌으며, 개인정보의 수집, 사용, 저장, 공유, 파기 등 모든 과정에 걸쳐 개인정보의 보호가 이루어져야 한다.

1. 개인정보의 개념과 유형

'개인정보 보호법'에서 정의하는 개인정보는 살아 있는 개인에 관한 정보로 성명, 주민등록번호 및 영상 등을 통하여 개인을 알아볼 수 있는 정보와 해당 정보만으로는 특정 개인을 알아볼 수 없더라도 다른 정보와 쉽게 결합하여 알아볼 수 있는 정보를 의미한다.

개인정보에는 성명, 주민등록번호 같은 기본 인적 사항부터 사회적·경제적 위치, 교육 수준, 건강 상태, 재산 규모, 문화적 활동, 정치적 견해 등과 같은 개인의 내부적인 비밀에 이르는 다양한 범위의 정보가 포함된다. 사용자가 어떤 서비스에 가입하거나 등록하는 과정에서 사업체에 제공하는 정보뿐만 아니라, 서비스 이용 중에 발생하는 통화 기록, 접속 로그, 구매 이력 등 역시 개인정보에 해당한다.

<표 14-6> 개인정보의 유형

출처 개인정보 포털

구분		내용
인적 사항	일반 정보	성명, 주민등록번호, 주소, 연락처, 생년월일, 출생지, 성별 등
	가족 정보	가족관계 및 가족구성원 정보 등
신체적 정보	신체 정보	얼굴, 홍채, 음성, 유전자 정보, 지문, 키, 몸무게 등
	의료, 건강 정보	건강 상태, 진료기록, 신체장애, 장애등급, 병력, 혈액형, IQ, 약물 테스트 등의 신체검사 정보 등
정신적 정보	기호, 성향 정보	도서·비디오 등 대여 기록, 잡지구독 정보, 물품구매 내역, 웹사이트 검색 내역 등
	내면의 비밀 정보	사상, 신조, 종교, 가치관, 정당·노조 가입 여부 및 활동 내역 등
사회적 정보	교육정보	학력, 성적, 출석 상황, 기술 자격증 및 전문 면허증 보유 내역, 상벌 기록, 생활기록부, 건강 기록부 등
	병역 정보	병역 여부, 군번 및 계급, 제대유형, 근무부대, 주특기 등
	근로 정보	직장, 고용주, 근무처, 근로 경력, 상벌 기록, 직무평가 기록 등
	법적 정보	전과·범죄 기록, 재판 기록, 과태료 납부내역 등
재산적 정보	소득 정보	봉급액, 보너스 및 수수료, 이자소득, 사업소득 등
	신용 정보	대출 및 담보 설정 내역, 신용카드번호, 통장계좌번호, 신용평가 정보 등
	부동산 정보	소유 주택, 토지, 자동차, 기타 소유 차량, 상점 및 건물 등
	기타 수익 정보	보험(건강, 생명 등), 가입 현황, 휴가, 병가 등
기타 정보	통신정보	E-mail 주소, 전화 통화 내역, 로그파일, 쿠키 등
	위치정보	GPS 및 휴대폰에 의한 개인의 위치정보
	습관 및 취미 정보	흡연 여부, 음주량, 선호하는 스포츠 및 오락, 여가 활동, 도박 성향 등

2. 개인 정보 보호의 중요성

개인정보 보호의 중요성은 디지털 시대에 들어서면서 더욱 증가하고 있다. 정보 기술의 발전은 우리 삶을 편리하게 해주지만, 한편으로는 개인정보가 노출되거나 부적절하게 사용될 위험도 커지게 만들기 때문이다.

개인정보는 사람들의 사생활과 밀접하게 연결되어 있다. 이메일 주소, 전화번호, 주소 등의 기본적인 정보부터, 건강 상태, 금융 거래 내역, 온라인에서의 행동 패턴에 이르기까지 다양한 정보가 포함될 수 있다. 이러한 정보가 무단으로 공개되거나 남용될 경우, 개인의 사생활이 심각하게 침해될 수 있다.

개인정보가 유출될 경우, 이를 이용한 신원 도용이나 금융 사기 등의 범죄에 노출될 위험이 커진다. 범죄자들은 타인의 개인정보를 이용하여 신용카드를 발급받거나, 은행 계좌에서 돈을 인출하는 등 다양한 범죄를 저지를 수 있다. 이는 개인에게 큰 재정적 손실과 정신적 스트레스를 초래할 수 있다.

개인정보 보호는 개인의 권리와 자유를 보호하는 데 중요한 역할을 한다. 사람들은 자신의 정보가 어떻게 수집되고 사용되는지 알 권리가 있으며, 자신의 정보에 대한 통제권을 가져야 한다. 이는 개인의 자유와 독립성을 유지하는 데 필수적인 요소이다.

기업이나 기관이 개인정보를 적절하게 관리하고 보호한다면, 이는 고객이나 사용자와의 신뢰 관계 구축에 매우 중요하다. 반대로, 개인 정보 유출 사건은 고객의 신뢰를 상실하게 만들고, 기업의 평판에도 큰 타격을 줄 수 있다.

많은 국가에서는 개인 정보 보호를 법적으로 요구하고 있다. 예를 들어, 유럽연합의 일반 데이터 보호 규정(GDPR)은 개인 정보 보호에 관한 엄격한 규정을 제시하고 있다. 법적 요구사항을 준수하지 않을 경우, 기업이나 기관은 높은 벌금이나 법적 제재를 받을 수 있다.

이처럼 개인정보 보호는 개인의 사생활 보호, 범죄 예방, 권리와 자유의 보호, 신뢰 구축, 법적 요구사항 준수 등 다양한 측면에서 중요하다. 따라서 개인과 기업, 기관 모두가 개인정보의 중요성을 인식하고 적극적으로 보호 조치를 취해야 한다.

3. 개인 정보 보호 원칙

개인정보 보호 원칙은 개인정보를 안전하게 관리하고 보호하기 위한 기본적인 가이드라인을 제공하고 있다. 이 원칙들은 개인정보 보호법 제3조의 내용으로 개인정보의 수집, 처리, 저장, 전송 및 폐기 과정 전반에 걸쳐 적용된다.

- 개인정보처리자는 개인정보의 처리 목적을 명확하게 하여야 하고 그 목적에 필요한 범위에서 최소한의 개인정보만을 적법하고 정당하게 수집하여야 한다.
- 개인정보처리자는 개인정보의 처리 목적에 필요한 범위에서 적합하게 개인정보를 처리하여야 하며, 그 목적 외의 용도로 활용하여서는 아니 된다.

- 개인정보처리자는 개인정보의 처리 목적에 필요한 범위에서 개인정보의 정확성, 완전성 및 최신성이 보장되도록 하여야 한다.

- 개인정보처리자는 개인정보의 처리 방법 및 종류 등에 따라 정보 주체의 권리가 침해받을 가능성과 그 위험 정도를 고려하여 개인정보를 안전하게 관리하여야 한다.

- 개인정보처리자는 제30조에 따른 개인정보 처리방침 등 개인정보의 처리에 관한 사항을 공개하여야 하며, 열람청구권 등 정보 주체의 권리를 보장하여야 한다.

- 개인정보처리자는 정보 주체의 사생활 침해를 최소화하는 방법으로 개인정보를 처리하여야 한다.

- 개인정보처리자는 개인정보를 익명 또는 가명으로 처리하여도 개인정보 수집 목적을 달성할 수 있는 경우 익명 처리가 가능한 경우에는 익명에 의하여, 익명 처리로 목적을 달성할 수 없는 경우에는 가명에 의하여 처리될 수 있도록 하여야 한다.

- 개인정보처리자는 이 법 및 관계 법령에서 규정하고 있는 책임과 의무를 준수하고 실천함으로써 정보 주체의 신뢰를 얻기 위하여 노력하여야 한다.

2 저작권

저작권은 창작물에 대한 창작자의 권리를 보호하는 법적 제도를 말한다. 여기에는 문학, 음악, 미술, 영화, 프로그램 코드와 같은 다양한 형태의 창작물이 포함된다. 저작권은 창작물이 창작되는 순간 자동으로 발생하며, 창작자에게 창작물의 복제, 배포, 공연, 전시, 번역 및 변형 등의 권리를 부여한다.

1. 저작권의 분류

저작권은 크게 저작인격권과 저작재산권으로 분류된다. 이 두 가지 권리는 저작물을 창작한 저작자에게 부여되며, 저작물에 대한 권리를 보호하는 핵심적인 역할을 한다.

저작인격권은 저작자의 인격적인 이익을 보호하기 위한 권리를 말한다. 이 권리는 저작자의 개인적이고 정신적인 창작 활동의 결과로 나온 저작물에 대한 저작자의 정신적 유대를 인정하고 보호하는 것이다. 저작인격권은 일반적으로 양도하거나 포기할 수 없으며, 저작자가 사망한 후에도 일정 기간 보호되며 저작인격권에는 다음과 같은 권리가 포함된다.

공표권
저작물이 공개될지를 결정할 권리

성명표시권
저작물에 자신의 이름이나 필명을 표시할 권리

동일성유지권
저작물의 내용이나 형태를 변경되지 않도록 보호받을 권리

저작재산권은 저작물을 이용하여 경제적 이익을 얻을 수 있는 권리를 말한다. 이러한 권리는 저작물의 복제, 배포, 공연, 전시, 방송, 번역, 각색 등 저작물의 이용 방식에 대한 권리를 포함한다. 저작재산권은 일정 기간만 유효하며, 그 기간이 지나면 저작물은 공공영역에 속하게 된다. 저작재산권에 포함되는 주요 권리는 다음과 같다.

복제권
저작물을 복제, 인쇄, 사진 촬영, 또는 음악 CD를 MP3 파일 형태로 전환하는 등의 활동을 할 수 있는 권한

공연권
저작물을 공연하거나 상영, 노래 부르는 등의 방식으로 다수의 사람 앞에서 공개하는 권한으로 녹음된 소리나 영상을 재생하는 것도 포함

전시권
미술 작품, 사진, 건축물 등의 저작물을 원본이나 복사본 형태로 전시할 수 있는 권리

배포권
저작물의 원본이나 복제본을 다수의 사람에게 배포하거나 대여할 수 있는 권리

공중송신권
여러 사람이 저작물에 접근하거나 받아볼 수 있도록 전달하거나 제공하는 권리로 TV, 라디오 방송, 웹사이트, 소셜 미디어에 저작물 업로드 및 다운로드, 인터넷 라디오 방송 등이 포함

2차 저작물 작성권

기존 저작물을 번역하거나, 편곡, 변형, 각색 또는 영상 제작 등 새로운 형태로 창작하는 데 필요한 권리

대여권

상업용 음반과 상업적 목적으로 공개된 프로그램에만 부여되는 특별한 권리로 저작물이 최초로 판매된 후에는 원칙적으로 저작권자의 허가 없이도 자유롭게 재판매나 대여가 가능한데, 예외적으로 음반과 컴퓨터 프로그램에 대해서는 저작권자의 동의 없이 영리 목적으로의 대여가 제한되는 것

2. 저작물의 종류

저작물은 매우 다양하지만, 그 표현 방식에 따라 몇 종류로 나누어 볼 수 있다.

〈표 14-7〉 저작물의 종류
출처 문화체육관광부

구분	내용
어문 저작물	단순히 서적, 잡지, 팸플릿 등만이 여기에 해당되는 것이 아니라, 문자화된 저작물과 연술 등과 같은 구술적인 저작물이 모두 여기에 포함된다. 일반적으로 카탈로그나 계약 서식 등은 저작물로 인정되지 않으나, 표현의 방법이 독창적인 경우에는 저작물로 인정될 수도 있다.
음악 저작물	음악저작물이란 클래식, 팝송, 가요 등 음악에 속하는 모든 저작물을 말한다. 음악저작물에는 악곡 외에 언어를 수반하는 오페라, 뮤지컬 등도 모두 포함된다. 즉흥 음악과 같이 악곡이나 가사가 고정되어 있지 않은 것도 독창성이 있으면 음악저작물로 보호받을 수 있다.
연극 저작물	이 저작물 속에는 연극, 무용, 무언극 등과 같이 인간의 사상이나 감정을 신체의 동작으로 표현한 것은 모두 포함된다. 연극이나 무용 그 자체는 하나의 실연이므로 저작인접권의 보호 대상에 속하지만, 무보(舞譜) 등은 연극 저작물로 보호된다.
미술 저작물	미술저작물이란 형상 또는 색채에 따라 미적으로 표현된 것을 뜻하며, 회화, 서예, 조각, 공예, 응용미술저작물 등이 포함된다. 흔히 미술작품과 같은 저작물의 경우에는 그 저작물을 소유하는 사람이 모든 저작권을 행사할 수 있다고 생각하기 쉽지만, 이는 잘못이다. 즉, 미술작품의 소유권과 저작권은 구별되어야 한다.
건축 저작물	건축저작물이란 건축물을 건축하기 위한 설계도, 모형과 건축된 건축물을 포함한다. 통상적인 형태의 건물이나 공장 등은 건축저작물에 포함되지 않으며, 사회 통념상 미적인 가치가 인정되는 것만이 저작권으로 보호된다.
사진 저작물	저작권법상 사진저작물이란 단순히 기계적인 방법을 통하여 피사체를 다시 재현시킨 것이 아니라 사진작가의 사상·감정을 창작적으로 표현한 사진으로서 독창적이면서도 미적인 요소를 갖춘 것이어야 한다. 다만, 인물사진의 경우 초상권과 경합하여 일부 권리가 제한된다.
영상 저작물	영상저작물이란 음의 수반 여부와 관계 없이 연속적인 영상이 수록된 창작물로서, 기계 또는 전자장치에 의하여 재생하거나 볼 수 있는 것을 말한다. 통상적으로 영화, 드라마 등이 이 범주에 포함된다.

도형 저작물	도형저작물이란 지도, 도표, 약도, 모형 그밖에 도형에 의해 표현되는 저작물로서, 지도처럼 하천과 같은 지형이나 도로와 같은 지물을 사실 그대로 정해진 표현 방법에 따라 표현하는 경우와 같이 소재의 선택이나 표현 방법에 있어 작성자의 창작성이 발휘될 여지가 적은 경우가 많아 보호가 미치는 범위가 다른 저작물에 비해 좁다.
컴퓨터 프로그램 저작물	컴퓨터프로그램이란 특정한 결과를 얻기 위하여 컴퓨터 등 정보처리 능력을 가진 장치 내에서 직접 또는 간접으로 사용되는 일련의 지시나 명령으로 표현되는 창작물을 말한다. 저작권법은 컴퓨터프로그램 저작물의 보호에 대해서는 별도의 법으로 정하도록 하고 있다가, 제17차 개정(2009년)에 의해 저작권법으로 일관되게 보호하게 되었다. 다만, 컴퓨터프로그램의 특수성을 고려하여 저작재산권 제한 규정 등에 대하여 일부 특례 규정을 두고 있다.
2차적 저작물	2차적 저작물이란 기존의 원저작물을 번역·편곡·변형·각색·영상 제작, 그 밖의 방법으로 작성한 창작물을 뜻한다(제5조). 예를 들면, 소설을 영화로 만드는 경우 그 영화는 2차적 저작물이 되며, 외국 소설을 한국어로 번역하는 경우에는 그 번역물이 2차적 저작물이 된다.
편집 저작물	편집저작물이란 편집물로서 그 소재나 구성 부분의 저작물성 여부와 관계없이 소재의 선택 또는 배열에 창작성이 있는 저작물을 말한다. 이 경우, 편집물에는 논문, 수치, 도형, 기타 자료의 집합물로서 이를 정보처리장치를 이용하여 검색할 수 있도록 체계적으로 구성한 것(데이터베이스)을 포함한다(제6조). 편집저작물의 대표적인 예로는 백과사전이나 명시선집 등을 들 수 있다.

3. 올바른 저작물 이용 방법

저작물을 올바르게 이용하는 것은 단순히 법적인 문제를 넘어서 저작권자의 노고와 창

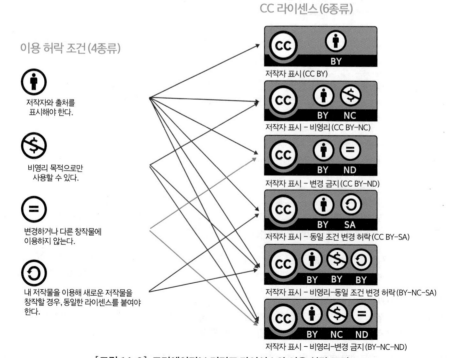

[그림 14-9] 크리에이티브 커먼즈 라이선스와 이용 허락 조건

출처 https://ccl.cckorea.org/

작의 가치를 인정하며, 건강한 창작 문화의 유지와 발전에 기여하는 핵심적인 행위이다. 이를 위해 저작권에 대한 기본적인 이해와 함께, 몇 가지 중요한 지침을 염두에 두고 행동해야 한다.

저작물을 사용하고자 할 때, 가장 먼저 수행해야 할 절차는 바로 저작권자로부터의 명시적 허가를 받는 것이다. 이 과정에서 저작권자와 이용자 간의 명확한 라이선스 계약이 이루어지며, 이 계약은 저작물 사용에서 범위, 기간, 조건 등을 상세히 명시함으로써 양 당사자 모두의 권리와 의무를 보호한다. 이러한 절차를 통해 저작물을 합법적으로, 그리고 안전하게 사용할 수 있는 길이 열린다.

다음으로 중요한 개념은 '공정 이용'이다. 공정 이용은 특정 조건에서 저작권이 있는 작품을 허가 없이도 사용할 수 있게 하는 법적 규정으로, 주로 교육적 목적, 비평, 논평, 보도, 연구 등의 경우에 해당한다. 공정 이용의 판단 기준에는 이용 목적, 작품의 성격, 사용량 및 비

01 단계 **어떤 저작물을 이용할 것인지를 결정한다.**
어떤 저작물을 어떤 방법으로 이용할 것인지

02 단계 **그 저작물이 보호를 받는 것인지 확인한다.**
• 보호기간이 지났는지
• 저작권법에서 정하고 있는 보호를 받지 못하는 저작물인지
보호를 받지 못하는 경우: 이용

03 단계 **저작물 이용 방식이 저작권법상 허용되는 방식인지 확인한다.**
저작권법에서 정하고 있는 저작권자의 허락이 없어도 이용할 수 있는 경우의 조건에 맞는지
허용되는 방식: 이용

04 단계 **저작권자에게 저작물 제목과 이용하려는 방법 등을 자세히 알리고 허락을 받는다.**
허락을 도와주는 단체
• 저작권 신탁 관리단체
• 저작권 대리 중계업체   허락을 받고 다음 단계로

05 단계 **허락을 받은 범위 내에서만 이용한다.**
저작자 표시, 출처 표시를 명확히 하고 사용

[그림 14-10] 저작물 이용 단계
출처 한국저작권위원회

율, 그리고 시장에 미치는 영향 등이 포함된다. 이는 상황에 따라 다양하게 해석될 수 있으므로, 공정 이용에 대한 명확한 이해가 필요하다.

또한, 크리에이티브 커먼즈 라이선스와 같은 대안적 라이선싱 방식을 적극적으로 활용하는 것도 좋은 방법이다. 이 라이선스들은 저작물이 어떤 조건에서 자유롭게 사용될 수 있는지를 명시하며, 저작권자가 자기 작품을 어느 정도 공개하길 원하는지에 따라 다양한 옵션을 제공한다.

저작물을 사용할 때는 반드시 출처를 명확히 밝히고, 저작권자의 이름을 표시하는 것이 필수이다. 이는 저작권자의 권리를 인정하고 그들의 노력에 대한 존중을 표현하는 동시에, 정보의 투명성을 보장한다.

마지막으로, 각국의 저작권 법률에 대한 이해는 필수적이다. 저작권법은 국가마다 다를 수 있으며, 글로벌하게 작품을 이용하고자 할 때는 국제적인 저작권 협약에 대해서도 알아둘 필요가 있다. 이러한 지식은 저작권 침해의 위험을 줄이고, 법적 분쟁을 예방하는 데 도움이 된다.

평가문항

1 디지털 사회란 정보통신기술이 사회 전반에 광범위하게 퍼져 있고, 이를 기반으로 새로운 사회문화적 현상이 나타나는 사회를 말한다. 디지털 사회의 주요 특징을 설명하시오.

2 사이버 폭력은 인터넷, 소셜 미디어, 모바일 기기 등 디지털 기술을 이용해 개인이나 집단에 행해지는 폭력적 행위를 말한다. 사이버 폭력의 특징을 설명하시오.

3 저작권은 크게 저작인격권과 저작재산권으로 분류된다. 이 두 가지 권리는 저작물을 창작한 저작자에게 부여되며, 저작물에 대한 권리를 보호하는 핵심적인 역할을 한다. 저작인격권과 저작재산권에 관해 설명하시오.

평가문항 정답

1장. 정보과 교육의 환경

1   제4차 산업혁명에 따른 사회의 변화는 크게 기술·산업구조, 고용구조, 직무역량 등 세 가지 측면에서 살펴볼 수 있다. 먼저 기술·산업구조 측면에서의 제4차 산업혁명의 특징을 살펴보면, 초지능(super-intelligence), 초연결(hyper-connectivity), 초융합(hyper-convergence)이다. 초지능은 최적의 의사결정을 통해 문제 해결 등 더 나은 서비스를 제공하는 역량을 의미하며, 초연결은 사람, 사물 등 개체 간의 상호 연결성이 확장됨을 의미한다. 초융합은 초연결 환경의 조성으로 이전에는 생각할 수 없었던 서로 다른 기술과 산업 사이의 결합이 촉진되어 새로운 융합 산업 출현이 촉진됨을 뜻한다. 둘째, 제4차 산업혁명은 고용구조에도 큰 변화를 불러오고 있다. 인공지능 기술의 발전으로 업무의 자동화가 가속화됨에 따라 단순 반복적인 업무의 경우 상당 부분 기계로 대체되고 있고 특히 최근 생성형 인공지능의 발전으로 인간 고유의 영역이라고 여겨졌던 창의적인 업무 분야에서도 인공지능이 인간을 대체하고 있어 앞으로 고용구조의 변화는 더 빠르게 진행될 것으로 전망된다. 셋째, 직무역량의 변화이다. 기업들은 기업의 성과를 극대화하기 위해 향후 5년(2023~2027) 동안 분석적 사고, 창의적 사고, AI 및 빅데이터, 리더십 및 사회적 영향력 등을 우선으로 갖춰야 할 역량으로 보았다. 자동화에 따라 창의적 사고가 분석적 사고에 비해 중요하게 여겨지며 기술의 성장 속도가 빨라짐에 따라 호기심이나 평생학습 등의 중요성도 강조되었다.

2   디지털 인재란, 디지털 신기술을 개발·활용·운용하는 데 필요한 지식과 역량을 갖춘 인재를 말한다. 2022 개정 교육과정에서는 전인적 성장을 바탕으로 자아정체성을 확립하고 자신의 진로와 삶을 스스로 개척하는 '자기 주도적인 사람', 폭넓은 기초 능력을 바탕으로 진취적 발상과 도전을 통해 새로운 가치를 창출하는 '창의적인 사람', 문화적 소양과 다원적 가치에 대한 이해를 바탕으로 인류 문화를 향유하고 발전시키는 '교양 있는 사람', 공동체 의식을 바탕으로 다양성을 이해하고 서로 존중하며 세계와 소통하는 민주시민으로서 배려와 나눔, 협력을 실천하는 '더불어 사는 사람'을 추구하는 인간상으로 제시하고 있다. 이러한 인간상을 구현하기 위해 중점적으로 기르고자 하는 핵심역량으로 자기관리 역량, 지식정보처리 역량, 창의적 사고역량, 심미적 감성 역량, 협력적 소통 역량, 공동체 역량을 제시하고 있다.

3   전통 사회에서는 신분 질서가 존재하였고 이러한 세계의 두드러진 가치와 윤리 체계는 복종의 윤리였다. 따라서 교육에서 '듣는 것(listening)'은 복종의 의미였으며 소수의 유한 계층이 일대일 방식의 교육을 통해 신비적, 권위적, 세습적 습속을 따르는 것이 지성을 형성하는 방법이었다. 반면에 시민사회가

형성된 산업사회 패러다임에서는 개인의 합리성이 윤리적 판단의 근거가 되었다. 이때 교육은 듣는 것보다 보는 것 'seeing'에 치중되었으며 합리적 판단과 자율이 존중되었다. 하지만 지식사회 패러다임에서는 개인의 합리성이 오히려 집단지성의 출현에 방해가 될 수 있으며 접속(linking), 유대(solidarity), 호혜(reciprocity)의 윤리가 강조된다. 이는 엮는 교육, 'weaving' 또는 통합 교육, 학제 간 교육이라 할 수 있겠다.

2장. 정보과 교육의 목적

1　첫째, 교육과정 측면에서는 삶과 연계된 주제 중심의 교육과정으로 재구성해야 한다. 교과 지식을 실생활의 맥락과 관련하여 학습하도록 해야 하며 이를 위해 교과 내, 교과 간, 교과와 창의적 체험활동 간 연계·통합을 통한 교육과정 재구성이 필요하다. 둘째, 교수·학습 측면에서는 학생 참여 수업·협력 학습·자기 성찰이 필요하다. 과제 및 문제 해결을 위해 학습자가 지식이나 기능, 전략 등을 능동적으로 사용하고 그 과정에 대한 반성적 성찰을 통해 자신의 역량을 확장해 가도록 해야 한다. 또한 또래끼리의 협력 학습, 토의·토론을 통한 문제 해결 과정에 대한 경험 역시 제공할 수 있어야 한다. 셋째, 평가 측면에서는 과정 중심의 수행평가가 필요하다. 평가 과정 자체가 학습자의 역량 개발을 위한 학습 경험이 되도록 해야 하며 과제 해결을 위해 필요한 지식이나 기능을 창조적으로 재구성할 수 있는 수행 능력을 평가하는 데 초점을 두어야 한다. 넷째, 학교 문화 측면에서는 학교 구성원 간 협력이 필요하다. 권위주의적이고 위계적인 학교 문화에서 수평적이고 협력적인 학교 문화로 전환해야 하므로 교사 간, 교사와 학생 간, 교사·학생·학부모·지역사회 간 협력이 원활하게 이루어져야 한다.

2　첫째, 컴퓨팅 사고력의 '문제 분석'은 인간이 문제를 이해하고, 정의하며 분석하는 과정을 거친다. 인공지능 사고력의 '인식'은 인공지능이 여러 센서를 활용해 다양한 자료를 인식하고 이해하며 분석하는 과정을 거친다는 점에서 유사하다. 둘째, 컴퓨팅 사고력의 '자료 분석'은 자료 수집, 자료 표현, 자료 구성으로 이루어져 있다. 인공지능 사고력의 '표현과 추론'은 인공지능이 인식한 자료에서 논리적인 사고를 통해 문제해결에 필요한 인공지능 모델을 추론하는 과정을 거친다는 점에서 비슷한 면이 있다. 셋째, 컴퓨팅 사고력의 '프로그래밍'은 문제해결의 방법이나 절차를 추상화하고 이를 프로그래밍으로 자동화하는 과정 등을 거친다. 인공지능 사고력의 '훈련과 학습'에서도 문제해결 방법으로써 추론한 인공지능 모델을 훈련용 데이터, 시험용 데이터 등을 활용해 인공지능이 문제해결에 적절하게 작동되는지 알아본다. 넷째, 컴퓨팅 사고력의 '일반화' 단계는 문제해결의 전 과정을 살펴보며 평가하고 비슷한 문제에 적용하거나 응용해 보는 과정을 거친다. 인공지능 사고력의 '상호작용과 평가'를 통해 이와 같은

역할을 수행함을 알 수 있다.

3 내용교수지식(PCK)은 교과 내용을 잘 가르치기 위한 효과적인 전략과 교수 방법에 대한 지식이다. 학생들의 이해를 촉진할 수 있도록 가르치는 방법에 대한 교사의 지식으로 볼 수 있겠다. 테크놀로지 내용지식(TCK)은 다양하고 적절한 테크놀로지를 활용해 교수 내용을 효과적으로 전달하기 위한 지식을 말하며, 테크놀로지 교수지식(TPK)은 교수·학습의 전 과정에 테크놀로지를 적절히 활용할 수 있는 지식으로서 교수전략과 설계에 도움이 되는 테크놀로지를 선택하고 사용하는 방법에 대한 지식을 의미한다.

3장. 정보과 교육과정

1

교육과정	교육과정		
	초등학교	중학교	고등학교
2015 개정	▪ 실과(5~6학년군): 17시간 – 소프트웨어 소양 교육 – 소프트웨어 툴 활용을 통한 코딩 이해	▪ 정보: 필수 과목 – 소프트웨어 소양 교육 – 문제해결 학습을 통한 알고리즘 이해 및 프로그램 제작 능력	▪ 정보: 일반 선택 과목 – 컴퓨터 융합 활동을 통한 창의적 산출물 제작 및 대학 진로 연계 학습 – 프로그래밍 언어 학습
2022 개정	▪ 실과(5~6학년군): 17시간 – 디지털 사회와 인공지능 영역 ▪ 학교 자율시간: 17시간 – 디지털 사회와 인공지능 영역	▪ 정보과의 필수 과목인 '정보' – 컴퓨팅 시스템, 데이터, 알고리즘과 프로그래밍, 인공지능, 디지털 문화 등 5대 영역	▪ 정보과의 일반 선택: 정보 – 컴퓨팅 시스템, 데이터, 알고리즘과 프로그래밍, 인공지능, 디지털 문화 등 5대 영역 ▪ 정보과의 진로 선택: 인공지능 기초, 데이터 과학 ▪ 정보과의 융합 선택: 소프트웨어와 생활

2

범주 구분	내용 요소
	초등학교 5~6학년
지식·이해	▪ 컴퓨터의 개념 ▪ 문제 찾기와 문제 해결 절차 ▪ 컴퓨터에 명령하는 방법 ▪ 데이터의 종류와 표현 ▪ 생활 속 인공지능

영역	중학교	고등학교
컴퓨팅 시스템	• 컴퓨팅 시스템의 동작 원리 • 운영 체제의 기능 • 피지컬 컴퓨팅의 개념	• 네트워크의 구성 • 사물인터넷 시스템의 구성 및 동작 원리
데이터 영역	• 디지털 데이터 표현 방법 • 데이터 수집과 관리 • 데이터 구조화 및 해석	• 디지털 데이터 압축과 암호화 • 빅데이터 개념과 분석
알고리즘과 프로그래밍	• 문제 추상화 • 알고리즘 표현 방법 • 순차적인 데이터 저장 • 논리 연산 • 중첩 제어 구조 • 함수와 디버깅	• 문제 분해와 모델링 • 정렬, 탐색 알고리즘 • 자료형 • 표준 입출력과 파일 입출력 • 다차원 데이터 활용 • 제어 구조의 응용 • 클래스와 인스턴스
인공지능	• 인공지능의 개념과 특성 • 인공지능 시스템	• 지능 에이전트의 역할 • 기계학습의 개념과 유형
디지털 문화	• 디지털 사회와 직업 • 디지털 윤리 • 개인정보와 저작권	• 디지털 사회와 진로 • 정보 보호와 보안

4장. 정보과 교수학습

1   문제 중심의 원리(Problem-Centered Principle)

학습자가 실제 상황에서 직면할 수 있는 과제나 문제를 중심으로 학습을 진행하면서 지식을 적용하고 통합할 수 있도록 한다.

활성화의 원리(Activation Principle)

학습은 학습자가 갖고 있는 기존의 지식이 학습 경험을 활성화하여 새로운 지식과 연계함으로써 학습자가 깊이 있는 이해를 할 수 있도록 한다.

시연의 원리(Demonstration Principle)

학습할 내용이나 기능을 예시나 교수자의 시범을 통해 정확하고 구체적으로 제시함으로써 학습자가 학습 내용에 대한 이해도를 높이고 기능이나 기술을 올바르게 익힐 수 있도록 한다.

적용의 원리(Application Principle)

학습자가 배운 내용을 실제로 적용하고 연습할 수 있도록 실습과 피드백을 제공함으로써 학습한 내용을 내재화하고 숙달할 수 있도록 한다.

통합의 원리(Integration Principle)

학습자가 새로운 지식을 일상생활과 통합할 수 있도록 토론과 발표, 프로젝트 등을 수행하고, 학습
내용을 공유하고 확장할 수 있도록 한다.

2

모델명	교수법	수업 절차
시연 중심	직접 교수	Demonstration(시연) → Modeling(모방) → Making(제작)
재구성 중심	발견학습	Using(놀이) → Modify(수정) → reCreate(재구성)
개발 중심	탐구학습	Discovery(탐구) → Design(설계) → Development(개발)
디자인 중심	프로젝트학습	Needs(요구) → Design(디자인) → Implementation(구현) → Share(공유)

3   문제 제시하기

언플러그드 활동으로 해결하고자 하는 문제 상황을 제시한다. 학습자가 직접 경험할 수 있는 실생
활과 관련된 문제를 제시함으로써 학습자의 관심과 동기를 유발한다.

활동 안내하기

학습자에게 언플러그드 활동을 구체적으로 안내한다. 교사가 계획한 언플러그드 활동을 명확하게
안내하고, 인지 능력이 부족한 학습자는 별도의 자료를 준비하여 모든 학습자가 활동 내용과 방법을
명확히 인지할 수 있게 한다.

해결 방법 찾기

학습자가 탐색 활동을 통해 문제를 인지하고, 언플러그드 활동을 통해 문제 해결 방법을 찾는다. 해
결 방법은 학습자 혼자가 아닌 다양한 의견을 수렴하여 찾을 수 있도록 모둠별 활동을 강화한다.

해결 방법 나누기

모둠에서 찾은 해결 방법을 발표하고 다른 모둠과 서로 의견을 나누며 문제를 해결한다. 문제를 해
결하지 못할 때는 학습자들의 사고를 자극할 수 있는 자료를 제공하여 스스로 문제를 해결하도록
유도한다.

일반화하기

문제 해결 결과를 유사한 문제에 적용한다. 해결 방법을 통해 실제 문제에 적용함으로써 해결 방법
을 평가하고, 그것을 유사한 문제에도 적용함으로써 일반화를 유도하고, 문제 과정에 포함된 핵심
개념을 정확하게 인지하게 한다.

5장. 정보과 교재 및 교구

1   AI 디지털 교과서형 교재는 학생 개인의 능력과 수준에 맞는 다양한 맞춤형 학습 기회를 지원하고자 인공지능을 포함한 지능정보기술을 활용하여 다양한 학습 자료 및 학습 지원 기능 등을 탑재한 소프트웨어이다. 따라서 AI에 의한 학습 진단과 분석(Learning Analytics)이 가능하고, 개인별 학습 수준과 속도를 반영한 맞춤형 학습(Adaptive Learning)이 이루어진다. 또한 학생의 관점에서 설계된 학습 코스웨어를 제공(Human-Centered Design)한다는 특성을 가진다. 학생은 최적화된 맞춤형 학습 콘텐츠를 통해 배울 수 있고, 교사는 학생의 학습 데이터를 기반으로 수업을 설계할 수 있으며 학부모는 자녀의 학습 활동에 관한 정보를 제공받는다.

2   ADDIE 모형은 분석(Analysis), 설계(Design), 개발(Development), 실행(Implementation), 평가(Evaluation)의 5단계로 구성된다. 첫째 분석(Analysis) 단계는 교사와 학생의 요구, 교육과정, 교육 내용, 학습 환경 등 교재 개발과 관련된 요인을 분석하는 단계이다. 교재의 대상이 누구인지, 학습의 목표는 무엇인지, 학습 형태는 어떠한지 등에 따라 교재 개발 방향은 달라질 수밖에 없으므로 교재 개발과 관련된 인적, 물적 자원에 대한 분석을 실시한다. 둘째, 설계(Design) 단계는 교재를 통해 달성해야 하는 목표를 이해하고, 목표 달성에 필요한 내용을 조직하며 평가 도구를 계획하는 단계이다. 교재 개발에 필요한 교수·학습 이론과 모형, 방법 등을 구체화하며 교재에 사용할 교구나 매체 유형을 결정한다. 셋째, 개발(Development) 단계는 실제로 수업에 사용할 교재 및 보조 교재를 개발하는 단계이다. 시행착오를 줄이기 위해 샘플 교재를 먼저 개발한 뒤 수정 보완을 거쳐 최종 교재를 개발하도록 한다. 또한 필요에 따라 교재 활용에 도움이 되는 가이드라인을 함께 개발하도록 한다. 넷째, 실행(Implementation) 단계는 완성한 교재를 실제 수업 상황에 적용해 보는 단계이다. 개발된 교재를 활용하는 데 필요한 학습 환경이나 준비 상황, 교재를 활용하는 데 필요한 교사의 역량, 교재를 활용한 실제 필요 수업 시간 등을 확인할 수 있다. 다섯째, 평가(Evaluation) 단계는 실행 결과에 따라 평가하고 환류하는 단계이다. 교재 평가를 위한 기준을 마련하고, 기준에 따라 교재가 수업 목표 달성에 적합한지 판단해야 하며 판단 결과에 따라 교재는 수정 보완될 수 있다.

3   안전성(안전사고의 위험성이 없는가?), 교과 호환성(다양한 교육활동에 사용이 가능한가?), 발달 적절성(학생의 발달 단계에 적합한가?), 다기능성(다양한 교육용 프로그래밍 언어를 지원하는가?), 조작 용이성 및 성능 신뢰성(쉽게 수업에 사용 가능한가?), 교육과정 적합성(교육과정의 요구가 가능한 것인가?), 경제성(학교 예산 항목 안에서 구입 가능한가?), 내구성(반복 사용해도 고장이나 파손이 일어나지 않는가?) 등을 고려해야 한다.

6장. 정보과 교육 평가

1   학생 발달 측정

정보과 교육에 참여한 학생의 발달 정도를 측정하기 위함이다. 학생의 발달 정도는 초중등학교 정보과 교육과정에 명시된 성취 기준을 통해 판단할 수 있다.

교수·학습 개선

정보과 교육의 교수·학습 과정과 방법을 결정하기 위함이다. 학생의 학업 성취도와 발달 정도 등을 종합적으로 평가하여 정보과 교육 과정이나 교육 방법에 대한 개선 방향을 마련할 수 있다.

개별학습 지원

학생들의 학습 진도와 이해 수준을 진단하고, 그에 따른 처방을 통해 개별화된 교육을 제공하기 위함이다. 학습 능력이 우수한 학생과 추가적인 지원이 필요한 학생을 구별하여 적절한 개별화 전략을 설계하는 데 도움이 된다.

학습 동기 부여

평가 결과는 학생들에게 자신의 학습 상태를 인식하게 하여 학습 동기를 부여하기 위함이다. 학생들은 정보과 교육 평가를 통해 자신의 강점과 약점을 파악하고, 이를 바탕으로 자기 주도적 학습을 촉진하여 책임감 있는 학습자로 성장할 수 있다.

2   • 평가의 목적이 무엇인지를 명확히 한다.
    • 평가하려는 것이 무엇인지를 분명하게 명시한다.
    • 평가의 신뢰도와 타당도가 적절한지를 분석한다.
    • 평가 내용이 학생의 나이에 적절한지를 판단한다.
    • 평가 대상이 개인인지 집단인지를 정한다.
    • 상대 평가인 경우 비교할 만한 집단이 적절한지를 판단한다.
    • 평가를 위해 평가자의 전문적인 훈련이 필요한지를 판단한다.
    • 평가 과정에서 학생에게 어떠한 영향을 미칠 수 있는지를 예측한다.
    • 평가 결과가 학생에게 어떠한 피드백을 줄 수 있는지를 확인한다.
    • 평가 후에 평가 과정이나 결과에 대한 반성의 기회를 갖는다.

3   인지적 관점

단순한 암기나 표면적 지식의 습득이 아니라, 컴퓨팅사고력의 핵심 개념을 얼마나 깊이 이해했는지를 평가한다.

실행적 관점

학습자가 컴퓨팅 도구를 사용하여 문제를 실제로 해결하고 구현하는 능력을 평가한다.

정의적 관점

컴퓨팅 사고가 필요한 팀 기반 프로젝트나 협력적 학습 상황에서 어떻게 협력했는지를 평가한다.

7장. 컴퓨팅 시스템

1 중앙처리장치

컴퓨터의 '뇌'라고 할 수 있으며, 주로 명령어를 해석하고 실행하는 역할을 한다. 산술 연산, 논리 연산, 데이터 처리 등을 수행하며, 컴퓨터 시스템 전체의 제어와 조정을 담당한다.

기억장치

기억장치는 데이터를 저장하는 역할을 한다. 주기억장치(RAM)는 컴퓨터가 현재 실행 중인 프로그램과 데이터를 일시적으로 저장하며, 휘발성 메모리로 전원을 끄면 데이터가 사라진다. 반면, 보조기억장치(하드디스크 드라이브, SSD 등)는 데이터를 영구적으로 저장한다.

입력장치

입력장치는 사용자가 컴퓨터에 데이터를 전달하는 장치로 대표적인 입력장치로는 키보드, 마우스, 스캐너, 마이크 등이 있다. 이러한 장치를 통해 사용자는 명령어를 입력하거나 데이터를 컴퓨터에 제공할 수 있다.

출력장치

출력장치는 컴퓨터가 처리한 데이터를 사용자에게 전달하는 장치로 모니터, 프린터, 스피커 등이 있다.

2

하드웨어 관리

CPU, 메모리, 저장 장치, 입출력 장치 등의 하드웨어 자원을 관리하고 할당하는 역할을 한다.

프로그램 관리

프로그램 실행, 종료, 메모리 할당 등 프로그램 관리 기능을 제공한다.

파일 관리, 파일 생성, 삭제, 복사, 이동 등 파일 관리 기능을 제공한다.

보안

컴퓨터 시스템을 악성 프로그램 및 불법 접근으로부터 보호한다.

사용자 인터페이스

사용자가 컴퓨터를 쉽게 사용할 수 있도록 그래픽 사용자 인터페이스(GUI) 또는 명령줄 인터페이스(CLI)를 제공한다.

3   LAN

건물 내부에서 사용하는 네트워크로 집, 학교, 사무실 등에서 사용하는 네트워크가 LAN에 해당된다. LAN은 서로 연결된 컴퓨터, 프린터, 서버 등의 장치 간에 데이터를 공유하고 통신할 수 있도록 한다.

MAN

도시 범위에서 사용하는 네트워크로 광역 네트워크가 여기 해당한다. 일반적으로 다수의 LAN을 라우터로 연결해서 구성하며 설치 비용이 다소 비싸지만, LAN보다 넓은 범위를 빠른 속도로 연결해 준다.

WAN

국가 또는 전 세계의 광범위한 지역에서 사용하는 네트워크로 인터넷이 대표적인 예이다. 넓은 범위를 연결한다는 장점이 있지만, 설치 비용이 많이 들고, 속도가 느릴 수 있다.

8장. 데이터

1   • 데이터는 정보를 나타내는 수량이며, 이는 문자, 숫자, 이미지, 음성 등의 형태로 나타날 수 있다. 데이터는 관찰이나 측정을 통해 얻은 값이며, 이러한 값들은 일반적으로 컴퓨터나 기타 디지털 장치로 저장, 처리, 전송된다.

• 정보는 데이터를 분석이나 이해를 위해 가공한 것을 말한다. 정보는 데이터를 해석하고 의미를 부여한 결과물로, 의사결정이나 문제 해결에 도움이 되는 지식을 제공한다.

• 지식은 정보를 이해하고 활용하는 능력을 말한다. 지식은 개념, 규칙, 경험 등을 통해 형성되고, 정보를 바탕으로 패턴을 인식하고 문제를 해결하는 등의 과정을 통해 얻을 수 있다.

• 지혜는 지식을 토대로 상황에 적절하게 대처하는 능력을 말한다. 지식을 적용하고 상황에 맞게 유연하게 대처하여 최선의 결과를 끌어내는 것이 지혜의 특징이다.

- 비트맵은 픽셀이라는 작은 색 점들의 모임으로 이미지를 표현하는 방식이다. 각각의 픽셀은 고정된 크기와 색 정보를 가지고 있으며, 이미지 해상도는 픽셀의 개수로 결정된다. 비트맵 이미지는 사진처럼 실제 대상을 그대로 표현하는 데 강점이 있으며 다양한 색상 표현이 가능하다는 장점이 있다. 하지만 파일 용량이 크고, 이미지 크기를 변경하면 품질이 저하될 수 있다. 편집을 할 경우 픽셀을 직접 조작해야 하므로 번거롭고 정밀도가 떨어질 수 있다. JPG, PNG, GIF 이미지 파일이 대표적인 비트맵 방식의 파일이다.
- 벡터는 수학적 방정식을 사용하여 선, 면, 도형 등을 정의하고 이미지를 표현하는 방식이다. 이미지의 크기를 자유롭게 변경해도 품질이 유지되며 편집이 쉽고 정밀도가 높다. 또한 파일 용량이 작다는 장점이 있다. 하지만 실제 대상을 사실적으로 표현하는 데 어려움이 있으며 복잡한 이미지 표현보다는 단순한 이미지 표현에 더 적합하다. AI, EPS, SVG 이미지 파일이 대표적인 벡터 방식의 파일이다.

3

- 데이터 정제는 데이터의 오류를 수정하고 결측치를 처리하며 이상치를 제거하는 과정이다. 결측치는 평균, 중앙값, 회귀 분석 등을 사용하여 대체하거나 제거하며 이상치는 값을 제거하든지 값을 특정 범위로 제한하는 방법을 통해 처리한다.
- 데이터 변환은 데이터를 분석에 적합한 형식으로 변환하는 과정이다. 데이터의 평균을 0, 표준편차를 1로 만들어 데이터를 정규 분포로 변환하는 작업인 표준화, 데이터를 특정 범위로 변환하여 범위를 일치시키는 정규화, 데이터를 로그값으로 변환하는 로그 변환 등이 데이터 변환에 해당한다.
- 데이터 필터링은 데이터의 오류를 발견하고 삭제 및 보정을 통해 데이터의 품질을 향상시키는 과정이다. 특정 조건에 맞는 데이터를 선택하는 조건 기반 필터링, 특정 범위 내에 있는 데이터를 선택하는 범위 기반 필터링, 중복된 데이터를 제거하는 중복 제거 등이 데이터 필터링에 해당한다.
- 데이터 통합은 여러 개의 데이터를 하나의 데이터로 결합하는 과정이다. 여러 개의 데이터를 공통된 열을 기준으로 결합하는 병합, 여러 개의 데이터를 순서대로 연결하는 방법이 데이터 통합에 해당한다.
- 데이터 축소는 데이터의 크기를 줄이면서 중요한 정보를 유지하는 과정이다.

9장. 문제 해결

1

- 문제 인식은 문제가 발생했음을 인식하는 것이다. 문제의 본질을 파악하고 명확히 정의하는 과정이다.

- 문제 파악은 문제의 원인을 분석하고, 문제를 해결하기 위해 어떤 정보와 자료가 필요한지 결정하는 것이다. 문제를 구체적으로 표현하여 문제의 본질을 깊이 이해할 수 있도록 돕는다.
- 가설 설정은 문제를 해결하기 위한 잠정적인 해결책을 설정하는 것이다. 학습자는 다양한 해결 방법을 생각해 보고, 그중에서 가장 적절한 해결책을 선택하여 시도할 준비를 한다.
- 가설 검증은 설정한 가설을 실험하고, 탐색하며, 이를 통해 가설이 타당한지 검증하는 것이다. 이 과정에서 학습자는 다양한 자료를 수집하고, 실험이나 조사를 통해 얻은 데이터를 바탕으로 가설을 검토한다.
- 해결안 수락은 실험 결과를 바탕으로 결론을 도출하고, 문제 해결 과정을 평가하는 것이다. 학습자는 자신이 내린 결론이 문제 해결에 적합한지, 다른 문제에도 적용할 수 있는지 검토하고, 필요한 경우 새로운 문제 해결 방법을 모색할 수도 있다.

2
- 절차 중심 접근법은 문제 해결에 필요한 다양한 절차를 확인하고, 이를 구별하여 세부적으로 나누는 과정이다. 문제 해결 과정을 여러 개의 하위 절차로 나누고, 각 절차가 해결해야 할 작업을 정의한다.
- 성분 중심 접근법은 문제를 이루는 기본 요소들을 파악하고, 이들을 분류하여 상세히 나누는 과정이다. 문제를 독립적인 구성 요소로 나누어 해결하는 방법으로 각 구성 요소는 독립적으로 개발되고, 전체 시스템의 일부로서 기능을 수행한다. 이 방법은 문제를 기능 단위나 객체 단위로 나누는 경우가 많다.

3
- **식단 계획**
  - 가족 구성원의 취향을 고려해 메뉴를 결정한다.
  - 단백질, 탄수화물, 지방 등 영양소의 균형을 고려한다.
- **재료 준비**
  - 냉장고와 찬장에 있는 재료를 사용하고, 부족한 재료는 구매한다.
  - 재료를 씻고 손질하여 조리에 필요한 상태로 만든다.
- **조리**
  - 조리 순서에 따라 조리한다.
- **테이블 세팅**
  - 음료와 필요한 식기류를 준비합니다.
  - 조리가 끝난 후 바로 먹을 수 있도록 테이블을 세팅한다.

- **식사 후 정리**
  - 식사 후 주방을 정리한다.

10장. 알고리즘

1   홀수와 짝수를 판별하는 순서도

2   5번

첫 번째 분할: [4, 3, 2] 6 [8, 6, 7] (1회)

두 번째 분할: [3, 2] 4 (1회)

세 번째 분할: [2] 3 (1회)

네 번째 분할: [6, 7] 8 (1회)

다섯 번째 분할: [6] 7 (1회)

따라서 총 5번의 분할 과정이 필요하다.

3   8번

순차 탐색은 배열에서 특정 값을 찾기 위해 배열의 첫 요소부터 마지막 요소까지 순서대로 모든 요소와 찾고자 하는 값을 비교한다. 따라서 3, 5, 9, 11, 4, 6, 8, 12를 순차적으로 비교하게 되므로 총 8번 비교가 필요하다.

11장. 프로그래밍

1   구문 분석

2

3

```
1  def convert_days_to_hours():
2          days = float(input("일수를 입력하세요"))
3          hours = days * 24
4          print(f"[days]일은 {hours}시간입니다.")
5
6  convert_days_to_hours()
```

12장. 피지컬 컴퓨팅

1 센서

2 변수를 만들어 초기 속도를 10으로 정하고, 2초 후 드론이 이륙한 다음, 5초 후부터 키보드 조종에 따라 움직이게 하면 아래와 같이 프로그래밍할 수 있습니다.

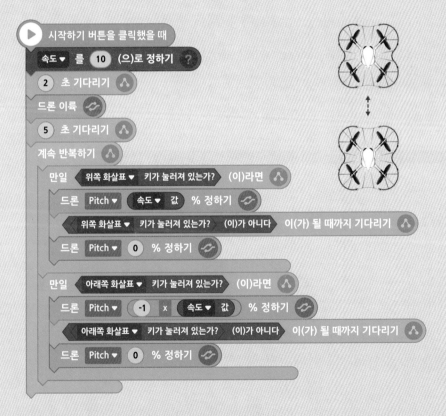

3

```
sketch_01 | Arduino IDE 2.1.0                                    —   □   ×
파일(F)  편집  스케치  도구  도움말

  ✓  →  ⫸      ↳ Arduino Uno              ▼                      ⋀  ⊙⋯

  ▭   sketch_01.ino                                                   ⋯
  ▭     1    int redPin = 8;
  ⧉     2    int yellowPin = 9;
        3    int greenPin = 10;
  ▥     4
        5    void setup() {
  ⊳     6      pinMode(redPin, OUTPUT);
  ⎇     7      pinMode(yellowPin, OUTPUT);
        8      pinMode(greenPin, OUTPUT);
  ◯     9    }
        10
        11   void loop() {
        12     digitalWrite(redPin, HIGH);
        13     delay(5000);
        14     digitalWrite(redPin, LOW);
        15
        16     digitalWrite(yellowPin, HIGH);
        17     delay(5000);
        18     digitalWrite(yellowPin, LOW);
        19
        20     digitalWrite(greenPin, HIGH);
        21     delay(5000);
        22     digitalWrite(greenPin, LOW);
        23     }

                                   Arduino Uno  COM3 켜기  ♩  ▤
```

13장. 인공지능

1   전문가 시스템

2   인공신경망에서 입력층은 외부 데이터를 받아들이고, 은닉층에서 가중치와 활성화 함수로 데이터를 변
     환하며 복잡한 패턴을 학습한다. 각 층을 거친 데이터는 출력층에서 최종 예측값으로 계산된다. 인공
     신경망에서는 이 세 층의 상호작용을 통해 입력된 데이터로부터 예측할 수 있다.

3   인공지능 모델의 훈련에 사용되는 데이터가 성별, 인종, 나이 등 다양한 인구 집단을 공정하게 대표할
     수 있도록 조정하는 방법이 있다.

4　학생들에게 인공지능 이해를 교육할 때, 먼저 컴퓨터가 센서를 이용해 세상을 인식하는 방법과 인공지능 에이전트가 세상에 대한 표현과 추론을 통해 문제를 해결하는 방법을 가르쳐야 한다. 또한 인공지능이 데이터에서 패턴을 인식하고 학습하는 방식, 특히 대량의 데이터가 필요한 머신러닝의 원리를 강조한다. 또한, 인공지능이 인간과 자연스러운 상호작용을 위해 언어와 감정을 이해하는 방법을 설명하고, 마지막으로 사회적 영향을 다루며 인공지능이 사회에 미치는 긍정적, 부정적 영향을 이해하고 윤리적 설계의 중요성에 대해 토의할 수 있게 한다.

14장. 디지털 문화

1
- 정보와 지식이 디지털 형태로 저장, 처리, 전송되며, 디지털 기술로 인해 정보 생산, 공유, 접근성이 획기적으로 향상되었다.
- 인터넷으로 전 세계가 하나의 거대한 네트워크로 연결되어 있으며 시공간의 제약에서 벗어나 언제 어디서나 정보 교환이 가능해졌다.
- 디지털 기술로 현실 세계와 가상 세계의 경계가 모호해졌고, 증강현실 기술은 현실과 가상의 혼합된 경험을 제공한다.
- 디지털 기기와 센서를 통해 대규모 데이터 수집이 용이해졌으며, 빅데이터 분석으로 새로운 가치가 창출되고 빅데이터가 의사결정에 활용된다.
- 디지털 기술 기반의 새로운 비즈니스 모델과 산업이 등장하였고, 디지털 플랫폼 기업들의 영향력이 확대되었다.
- 사물인터넷(IoT)으로 모든 사물이 네트워크로 연결되고 있으며, 사람-사물-공간 등 만물이 상호작용하는 초연결 체제로 발전하고 있다.
- 디지털 기술 접근성과 활용 능력의 차이로 새로운 계층 간 격차가 발생했고, 디지털 소외계층에 대한 교육 및 제도 보완의 필요성이 증가하였다.

2
- 익명성과 비대면성 특징을 가진다.
- 가시성과 지속성이 있다.
- 초국가성 특징을 가진다.
- 가해자가 낮은 위험 인식을 가지고 있다.
- 피해 확산이 용이하다.
- 피해 입증과 규제의 어려움이 있다.

3
- 저작인격권은 저작자의 인격적인 이익을 보호하기 위한 권리를 말한다. 이 권리는 저작자의 개인적이고 정신적인 창작 활동의 결과로 나온 저작물에 대한 저작자의 정신적 유대를 인정하고 보호하는 것이다. 저작인격권은 일반적으로 양도하거나 포기할 수 없으며, 저작자가 사망한 후에도 일정 기간 보호된다.
- 저작재산권은 저작물을 이용하여 경제적 이익을 얻을 수 있는 권리를 말한다. 이러한 권리는 저작물의 복제, 배포, 공연, 전시, 방송, 번역, 각색 등 저작물의 이용 방식에 대한 권리를 포함한다. 저작재산권은 일정 기간만 유효하며, 그 기간이 지나면 저작물은 공공영역에 속하게 된다.

1장

1   경제정보센터. (2023). 지금은 4차 산업혁명시대. 월간 [나라경제].

2   고성능컴퓨터 기술 및 산업발전방향. (1997). 전자통신동향분석 제12권. 제3호.

3   과학기술정보통신부. (2021.10.05.), 보도자료. 코로나 이후 시대, 4차 산업혁명으로 촉발된 디지털 전환은 어떻게 진행되고 있나? https://eiec.kdi.re.kr/policy/materialView.do?num=218758.

4   과학기술정보통신부. (2021). ICT 관련분야 연구개발 기술분류체계. 정보통신·방송 연구개발 관리규정 제14조 (별표) [시행 2021.3.26] [과학기술정보통신부고시 제2021-23호, 2021.3.26, 전부개정].

5   교육부. (2020). 미래사회 인구구조 변화에 따른 생애단계별 교육정책과제 발굴 연구 차년도 기본과제. 미래인재양성을 위한 교육체제 변화 방안 모색.

6   교육부. (2022). 2022 개정교육과정 총론.

7   교육부. (2022). 2022 교육정보화백서.

8   교육정책네트워크. 2020 OECD 미래 학교교육 시나리오와 시사점. 이슈 페이퍼 CP 2020-20, 세계교육정책 인포메이션 7호.

9   국토교통부(2022). 디지털대전환 시대의 도래와 정책적 의미. 특집호 <디지털대전환 시대의 국토정책 과제>.

10 김철. (2023). 4차 산업혁명 시대의 인재상에 대한 교육철학적 접근. 교육혁신연구 제33권 제1호.

11 김현진, 김은영, 이은상, 계보경 & 이은환. (2017). 미래학교 설립·운영 모델 개발 연구. 연구보고 CR, 2017-6, 대구: 한국교육학술정보원.

12 대통령직속 4차 산업혁명위원회. (2018). 4차 산업혁명시대에 적합한 미래교육 프레임워크와 미래학교 연구. 4차 산업혁명위원회 연구과제 최종보고서.

13 대한민국 정부. (2016). 제4차 산업혁명에 대응한 지능정보사회 중장기 종합대책. 서울: 대한민국 정부.

14 대한상공회의소. (2023). 100대 기업 인재상 보고서.

15 류태호. (2021). 코로나19가 앞당긴 4차 산업혁명 시대의 창의적 미래인재 양성을 위한 과제.

16 삼성뉴스룸. (2017.05.17.), 엣지 컴퓨팅, 클라우드 컴퓨팅 시대의 새 장(場) 열다, 스페셜 리포트.

17 세계경제포럼(WEF). (2023). The Future of Jobs Report 2023.

18 https://www.weforum.org/publications/the-future-of-jobs-report-2023/

19 소프트웨어정책연구소. (2017). 제4차 산업혁명과 디지털 전환 : 위기와 전략. 연구보고서 2016-003.

20 연구개발특구진흥재단. (2021). 유망시장 이슈 리포트: 인지 컴퓨팅(2021).

21 융합연구정책센터. (2018). 융합 weekly tip, 캄성 컴퓨팅 연구 동향, 2018 JULY vol.130.

22 장석인. (2017). 제4차 산업혁명 시대의 산업구조 변화 방향과 정책 과제. 특집호 산업연구원.

23 한국과학기술평가원. (2017). 제4차 산업혁명 시대, 미래사회 변화에 대한 전략적 대응방안 모색.

24 한국과학기술기획평가원. (2023). 과학기술인재정책 동향 리포트, 일자리의 미래 보고서 2030 <세계경제포럼>.

25 한국과학기술기획평가원. (2023). 일자리의 미래 보고서. 2023 세계경제포럼.

26 한국교육개발원. (1999). 지식기반사회에서의 한국교육 정책 방향과 과제, 연구보고 RR 99-10, P.44~54.

27 한국교육개발원. (2016). 문명 패러다임 변혁에 따른 교육적 과제. 한국교육 Vol.43, No. 4, December 2016.

28 한국인적자원연구센터. (2008). 인적자원개발기본법 및 국가인재정책의 방향과 과제.

29 한국전자통신연구원. (2020). 엣지컴퓨팅기술동향.

30 한국전자통신연구원. (2021). 인공지능기반 지능형 엣지 네트워킹 플랫폼.

31 한국전자통신연구원. (2022). 디지털전환의 개념과 디지털 전환 R&D의 범위. 기술정책 트렌드 2022-02.

32 한국전자통신연구원. (2022). 클라우드(차세대컴퓨팅산업-휴먼컴퓨팅).

33 한옥영. (2023). GPT 시대의 소프트웨어교육 패러다임 변화.

34 IBM 5150, 위키백과[이미지], https://ko.wikipedia.org/wiki/IBM_PC

35 IBM 메인프레임, 위키백과 사진[이미지], https://ko.wikipedia.org/wiki/IBM_%EB%A9%94%EC%9D%B8%ED%94%84%

EB%A0%88%EC%9E%84

36 Lund, B. D., & Wang, T. (2023). Chatting about ChatGPT: how may AI and GPT impact academia and libraries?. Library Hi Tech News, 40(3), 26-29

37 NextService. (2020). Digitize vs Digitalize: Why You Need to Know the Difference, 2020.8.11.(게시일자), https://nextservicesoftware.com/news/digitize-vs-digitalize-know-the-difference

38 OECD. (2015). https://www.oecd.org/education/2030-project/

39 Schwab, K. (2017). The fourth industrial revolution. Currency

40 Schwab, K. (Ed.). (2016). The global competitiveness report 20162017: insight report. World Economic Forum

2장

1 강지연. (2023). TPACK 기반의 신임교원 교수역량 개발 프레임워크 설계. 고등교육, Journal of Higher Educational Research, 2023, Vol.6, No.1, pp.279~307.

2 교육부. (2015). 소프트웨어 교육 운영지침. 세종: 교육부.

3 교육부. (2020). 실과(기술·가정)/정보과 교육과정 교육부 고시 제2015-74호 [별책 10](교육부고시 제2020-236호 일부개정 포함). 교육부.

4 교육부. (2021). 2022 개정 교육과정 총론 주요사항의 신·구대비표. 교육부.

5 교육부. (2022a). 2022 개정 정보과 교육과정 시안(최종안) 개발 연구.

6 교육부. (2022c). 2022 개정 교육과정 총론 해설.

7 김인숙, 서수현, 김종윤, & 옥현진. (2020). 증거 중심 설계를 활용한 디지털 리터러시 평가도구 개발. 한국교육방법학회 32(3), 437-459.

8 김자미. (2020). 초중등 정보과 표준 교육과정 개발 방법론. 휴먼 사이언스.

9 박영균, 김동일, & 김성희. (2009). 아동청소년 역량개발을 위한 능동적 복지정책 추진방안 - 장애아동청소년의 역량개발, 한국청소년정책연구원 연구보고서, 3-5.

10 변순용, 유정수, 최숙영, 김홍기, 김봉제, & 신승기. (2022). 한국과학창의재단 연구과제 보고서, 미래세대 AI 함양을 위한 교원의 AI교육 역량 강화 방안 연구.

11 설연경. (2020). '변혁적 역량기반(Transformative Competencies)' 미래지향적 교육설계·방안, Korean Journal of General Education 2020. 6. Vol. 14, No. 3, PP. 25-38.

12 이상은 & 소경희. (2019). 미래지향적 교육과정 설계를 위한 OECD 역량교육의 틀 변화 동향 분석: 'Education 2030'을 중심으로, 교육과정연구 37(1), 139-164.

13 이지은. (2023). 국제비교를 통한 2015, 2022 개정 교육과정 총론의 특징 및 향후 과제 분석, 미래사회Journal of Future Society 2023. Vol. 14, No. 1, 35-61.

14 이철현. (2020). 4차 산업혁명 시대 디지털 역량 함양을 위한 소고.

15 이철현 외(2020). 4차 산업혁명 시대의 디지털 역량 탐구. 학습자중심교과교육연구, 20(14), 311~338.

16 정기민, 김수환, & 김현철. (2023). 일반 교원을 위한 인공지능 소양 프레임워크 개발. 컴퓨터교육학회, 26(6).

17 정영식. (2022). AI 사고력과 컴퓨팅 사고력의 비교 분석. 정보교육학회. 13(1).

18 최숙영. (2018). 제4차 산업혁명 시대의 디지털 역량에 관한 고찰. https://doi.org/10.32431/kace.2018.21.5.003

19 최현종. (2021). 컴퓨팅 사고력에 기반한 인공지능 사고력 교육에 대한 고찰.

20 한국교육과정평가원. (2017). 핵심역량 함양을 위한 학교 교육과정 설계, 어떻게 할까요?, 이슈페이퍼 OMR 2017-66-7.

21 한국교육학술정보원. (2018). 초등교사 소프트웨어(SW) 교육 역량 강화 연수. 대구: 한국교육학술정보원.

22 한국교육과정평가원. (2018.11.15.), 핵심역량 함양을 위한 학교 교육과정 설계, 어떻게 할까요?, 현장과 소통하는 KICE 연구·정책 브리프, No. 11.

23 한국교육학술정보원. (2022). 교사의 디지털 교육 역량 프레임워크 및 역량강화전략. KERIS 디지털교육 동향, 심층호 제8호.

24 한국교육학술정보원. (2023). 예비·현직 교원의 ai·디지털 역량 측정도구 개발.

참고문헌

25 한정선, 오정숙, 임현정, & 전주성. (2006). 지식 정보 역량 개발 지원을 위한 디지털 리터러시 지수 개발 연구. 한국교육학술정보원 연구보고 CR 2006-13.

26 홍지연. (2023). 초등학생의 디지털·AI 리터러시 향상을 위한 연결·확장·정서 기반 디지털·AI 융합 (CEM-DAIC) 교수·학습 모형 개발 및 적용, 한국교원대학교 컴퓨터교육과 박사학위 논문.

27 황영식, 김희규, 신형석, & 주영효(2023). 초·중등학교 교사의 AI·디지털 공통역량에 관한 조작적정의 및 하위역량 개발, 교육행정학연구, Korean Journal of Educational Administration 2023, 제41권, 제2호, pp. 227~253, http://dx.doi.org/10.22553/keas.2023.41.2.227

28 Aoun, J. E. (2017). ROBOT-P ROOT: Higher education in the age of artificial intelligence. CAmbridge, MA: MIT Press, DOI: http://dx.doi.org/10.22838/jher.2023.6.1.279.

29 Chappell, C., Gonczi, A., & Hager, P. (2000). "Competency-based education", Praise for the first edition of Understanding Adult Education and Training 192.

30 CSAT & ISTE. (2011). Computational Thinking in K-12 education teacherresources, 2nd edition. CSAT & ISTE.

31 Daniel Dajun Zeng. (2013). From Computational Thinking to AI Thinking, Intelligent Systems, IEEE 28(6), 2-4.

32 Gilster, P. (1997). Digital literacy. New York: Wiley Computer Publications. https://doi.org/10.46392/kjge.2020.14.3.25

33 Koehler, M., & Mishra, P. (2009). What is technological pedagogical content knowledge (TPACK)?. Contemporary issues in technology and teacher education, 9(1), 60-70.

34 Long, D., & Magerko, B. (2020, April). What is AI literacy? Competencies and design considerations. In Proceeding of the CHI Conference on Human actors in Computing Systems(pp. 1-16).

35 Mishra, P. (2019). Considering contextual knowledge: The TPACK diagram gets an upgrade. Journal of Digital Learning in Teacher Education, 35(2). p.77을 재구성.

36 Mishra, P. (2019). Considering contextual knowledge: The TPACK diagram gets an upgrade. Journal of Digital Learning in Teacher Education, 35(2), 76-78.

37 Mishra, P., & Koehler, M. J. (2006). Technological pedagogical content knowledge: A framework for teacher knowledge. Teachers college record, 108(6), 1017-1054.

38 OECD(2015). Suggestions for an OECD key competencies framework, OECD/EDU/EDPC/RD(2015)25.

39 OECD(2018). The future of education and skills: education 2030: the future we want, position paper.

40 OECD(2019). Change management for curriculum implementation: Facilitating and hindering factors of curriculum implementation.

41 Redecker, C. (2017). European framework for the digital competence of educators: DigCompEdu (Report No. JRC107466). Seville: Joint Research Centre.

42 Shulman, L. S. (1986). Those who understand: Knowledge growth in teaching. Educational researcher, 15(2), 4-14.

43 UNESCO. (2021), 미래교육을 위한 교사 역량개발

44 Wing, J. M. (2006). Computational Thinking. Communication of the ACM,49(3), 33-35.Wing, J. M.(2008). Computational Thinking and thinking about computing.Philosophical Transactions of the Royal Society A: Mathematical,Physical and Engineering Sciences, 366(1881), 3717-3725.

3장

1 국가교육과정정보센터(2014). 우리나라 교육과정(제3차 교육과정부터 2022 개정 교육과정까지). http://ncic.kice.re.kr.

2 교육부(2015). 초·중등학교 교육과정 총론. 교육부 고시 제2022-33호 [별책 1]

3 교육부(2022). 실과(기술·가정)/정보과 교육과정. 교육부 고시 제2022-33호 [별책 10]

4장

1 교육부(2022). 실과(기술·가정)/정보과 교육과정. 교육부 고시 제2022-33호 [별책 10]

2 김소희, 정영식(2018). 스토리 기반의 PUMA 교수법을 활용한 피지컬 프로그래밍 교육 방법. 정보교육학회 학술논문집, 9(2), 117-122.

3 김연순, 정현미(2013). Merrill의 수업 기본 원리를 적용한 면대면 수업의 설계 및 효과, 교육공학연구 29(3), 599-636. 한국교육 공학회.

4 김진동, 양권우(2010). 실생활 속 사례를 통한 알고리즘 학습이 논리적 사고력에 미치는 영향. 한국정보교육학회 논문지, 14(4), 555-560.

5 배지혜(2012). 대학 IT교육에서의 4C/ID모델 기반 학습환경 설계. 한국컴퓨터교육학회 학술발표대회논문집, 16(1), 169-172.

6 서인숙, 김종한, 김태영(2010). 언플러그 협동학습 수업 설계 연구. 2010년 한국컴퓨터교육학회 하계 학술발표논문집, 14(2).

7 성영훈, 박남제, 정영식(2017). 정보과 교육과정 표준모델을 위한 알고리즘 및 프로그래밍 영역 프레임워크 개발. 정보교육학회 논문지, 21(1), 77-87.

8 신수범, 김철, 박남제, 김갑수, 성영훈, 정영식(2016). 정보과 교육과정에서 융합형 컴퓨팅사고력 구성 전략. 정보교육학회논문지, 20(6), 607-616.

9 오은진, 정영식(2018). 전래동화를 활용한 T-PUMA 교수법 사례 연구. 정보교육학회 학술논문집, 9(2), 163-168.

10 임서은, 정영식(2017). 컴퓨팅사고력 향상을 위한 알고리즘 기반의 교수학습방법 개발. 정보교육학회논문지, 21(6), 629-638.

11 임철일(2003), 교수 설계 이론: 학습 과제 유형별 교수전략, 교육과학사.

12 임철일, 윤순경, 박경선, 홍미영(2009). 온라인 지원 시스템 기반의 '창의적 문제 해결 모형'을 활용하는 통합형 대학 수업 모형의 개발. 교육공학연구, 25(1). 171-203. 한국교육공학회. 63-68.

13 조미헌, 이용학(1994). 인지적 도제 방법을 반영한 교수설계의 기본 방향. 교육공학연구, 9(1), 147-161. 한국교육공학회.

14 한국항공대학교 교수학습센터(2020). 효과적 캠스톤디자인 수업 설계. Retrieved 2024.10.1. from https://ctl.kau.ac.kr/upfile/2020/09/20200921092301-8333.pdf.

15 한선관(2010). 언플러그드 컴퓨팅과 EPL을 이용한 초등정보영재교육 프로그램의 개발. 한국정보교육학회 논문지, 15(1), 31-38. 한국정보교육학회.

16 Collins, A., Brown, J. S., & Newman, S.F.(1989). Cognitive Apprenticeship: Teaching the Crafts of Reading, Writing, and Arithmetic. In L. B. Resnick(Ed.), Kowing, Learning, and Instruction : Essays in the Honor of Robert Glaser, Hillsdale, NJ : LEA.

17 Jeroen J. G. van Merriënboer, Richard E. Clark, Marcel B. M. de Croock (2002). Blueprints for Complex Learning: The 4C/ID-Model. ETR&D, 50(2). The AECT Annual Conference.

18 M. David Merrill(2002). A Pebble-in-the-Pond Model For Instructional Design. Performance Improvement, 41(7), 39-44. www.ispi.org.

19 M. David Merrill(2006). Levels Of Instructional Strategy. Educational Technology, 46(4), 5-10. http://mdavidmerrill.com/Papers/Levels_of_Strategy.pdf

20 Merriënboer, J. J. G. van, & Kirschner, P. A. (2013). Ten steps to complex learning: a systematic approach to four-component instructional design. London: Routledge. Retrieved from www.itunes.apple.com

21 Merrill, M. D. (2002). First principles of instruction. Educational Technology Research and Development, 50(3), 43-59.

22 OmniSkills(2014). Creative Problem Solving (CPS): The 5 - Minute Guide. creativeproblemsolving.com.

23 Paul Kirschner, Jeroen J. G. van Merriënboer(2014). Ten Steps to Complex Learning : A New Approach to Instruction and Instructional Design. Building Leanring Environments. 245-253. DSpace at Open Universiteit.

24 The Co-Creativity Institute(1998). Creative Problem Solving. http://www.ctp.bilkent.edu.tr/~cte206/cps.pdf

5장

1 경기도교육청. (2023). 2023학년도 교과용 도서 선정 계획.

참고문헌 ————————————————————————————————————

2   공영민. (2022). 1950년대 저개발 세계의 기초교육과 시청각 교육, 유네스코의 활동과 한국 신생활 교육원을 중심으로. 한국학연구 학술자료집. No.65, 373-406.

3   교육부. (2023). AI 디지털교과서 개발 가이드라인.

4   권성연, 김혜정, 노혜란, 박선희, 박양주, 서희전, 양유정, 오상철, 오정숙, 윤현, 이동엽, 정효정, & 최미나. (2018). 교육방법 및 교육 공학. 파주; 교육과학사.

5   김다솜 & 전석주. (2022). 유아 및 초등학교 수업에서 활용되는 피지컬 컴퓨팅 교구 분석.

6   김미량, 허희옥, 김민경, 이옥화, & 조미헌. (2018). 정보교육을 위한 교재의 이해와 활용 3판, 교육과학사.

7   변영계, 김영환, & 손미. (2012). 교육방법 및 교육공학 (제3판). 서울: 학지사.

8   안득하. (2019). 중학교 sw교육을 위한 피지컬 컴퓨팅 교구 선정 도구 개발, 한국교원대학교 컴퓨터교육과 석사학위논문.

9   오상희. (2023). 중등교육에서 로봇을 활용한 인공지능 교육 프로그램에 관한 연구. 성균관대학교 석사학위 논문.

10   이영재. (2017). 2015 개정 교육과정에 따른 초등학교 소프트웨어 교육을 위한 피지컬 컴퓨팅 교구 선택기준 개발 및 적용. 석사학위 논문, 한국교원대학교.

11   에듀넷. (2024). https://dtbook.edunet.net/viewCntl/ARMaker?in_div=nedu&pg=install

12   전북교육포털. (2023). 2023학년도 교과서(PDF 및 디지털 교과서) 활용 안내.

13   전형기. (2018). 2015 개정 초등 교육과정의 SW교육을 위한 피지컬 컴퓨팅 교구 선정 도구 개발 및 적용. 한국교원대학교 석사학위 논문.

14   전형기 & 김영식. (2018). 2015 개정 초등 교육과정의 SW교육을 위한 피지컬 컴퓨팅 기반 교구 평가 준거 개발. 컴퓨터교육학회. 21(5).

15   정영식, 유정수, 임진숙, & 홍지연. (2023). 소프트웨어교육론.

16   정하나 & 전영석. (2018). 컴퓨터 및 정보 리터러시 관점에서의 피지컬 컴퓨팅 교육 교재 분석. 한국정보교육학회. 22(4). 473-489.

17   조익형. (2023). 초, 중, 고등학교 교사의 교구 활용 만족도 및 지속 사용의도에 영향을 미치는 교구 선택 요인에 대한 연구.

18   한국교육학술정보원. (2013). 블룸의 디지털 텍사노미, KERIS 이슈 리포트. 2013-6.

19   한국교육학술정보원. (2019). 국검정 디지털 교과서 발행 목록.

20   Bruner, J. S. (1960). The process of education. Harvard University Press. 이홍우 역. (1973). 브루너 교육의 과정. 서울: 배영사.

21   Dewey, J. (1938). Experience and deucation. John Dewey: The later works. Vol.13. Carbondale and Edwardsville: Southern Illinois

22   O'Sullivan, D., & Igoe, T. (2004). Physical computing: sensing and controlling the physical world with computers. Course Technology Press.

23   University Press. 엄태동 편역(2001). 존 듀이의 경험과 교육. 서: 원미사.

24   YILDIRIM, K. (2008). A Case Study on the Use of Materials by Classroom Teachers. Educational Sciences: Theory & Practice, 8(1), 305-322.

6장

01.   교육과학기술부(2011). 융합인재교육(STEAM) 활성화 방안.

02.   교육부(2022). 실과(기술·가정)/정보과 교육과정. 교육부 고시 제2022-33호 [별책 10]

03.   김수환, 한선관(2012). Computational Thinking 향상을 위한 디자인기반 학습. 정보교육학회논문지, 16(3), 319-326.

04.   김용진, 고성우, 민재식, 이윤형, 한효정 (2018). 융합인재교육(STEAM) 평가모델 개발 연구. 서울: 한국과학창의재단.

05.   김지영(2021). 인공지능 기반의 창의융합 디자인교육 프로그램 개발. 한국디자인리서치학회, 6(1), 217-226.

06.   박현주, 김나형(2019). 융합인재교육(STEAM) 프로그램의 학습 평가 경향 분석. 19(17), 1229-1246.

07.   손유정(2021). AIENG 챗봇 기반 옹알이 프로그램으로 영어 의사소통 역량 기르기. 제15회 교육정보화연구대회 연구보고서

08. 신승기(2020). Computational Thinking 기반 인공지능교육을 통한 학습자의 인지적역량 평가 프레임워크 설계. 정보교육학회논문지, 24(1), 59-69.

09. 신진선, 조미헌(2021). 초등학생을 위한 활동중심 인공지능 융합교육 프로그램 개발 및 적용. 정보교육학회논문지, 25(3).

10. 이성혜(2020). 디자인씽킹 프로세스 기반의 인공지능(AI) 교육 프로그램 적용 효과분석. 컴퓨터교육학회 논문지, 23(4), 49-59.

11. 이재호, 이승규, 이승훈(2021). AI융합교육이 초등학생의 AI 인식에 미치는 영향. 정보교육학회논문지, 25(3), 483-490.

12. 이재호, 이승훈, 이동형(2021). 초등 AI융합교육 프로그램의 교육 효과성 분석. 정보교육학회논문지, 25(3), 471-481.

13. 이정수(2021). 인공지능 기반 C.S.I2 엔트리를 탐구학습 프로그램을 통한 과학과 핵심역량 기르기. 교육정보화연구대회 연구보고서

14. 이현국, 유인환(2021). 마이크로비트를 활용한 지도학습 중심의 머신러닝 교육 프로그램의 개발과 적용. 정보교육학회논문지, 25(6), 995-1003

15. 장동호, 정영식(2019). 융합교육에서 컴퓨팅사고력에 의한 상상표현의 수업 방법 연구. 전주교육대학교 SWEET 사업 보고서.

16. 정영식, 김갑수, 김영식, 최숙영(2021). AI융합교육 전공 교육과정 내실화 연구. 교육부·AI융합교육연구지원센터.

17. 정유남, 이영희(2022). 인공지능 콘텐츠를 활용한 국어과 융합교육 사례연구. 학습자중심교과교육학회, 22(5), 681-705.

18. 최민서, 최봉준(2021). 컴퓨팅사고력 향상을 위한 문제 중심학습 기반 인공지능 교육 방안. 융합신호처리학회 논문지, 22(3), 110-115.

19. 한규정, 안형준(2021). 초등학교에서의 엔트리를 활용한 인공지능 융합교육 사례. 창의정보문화연구, 7(4), 197-206.

20. 황지연, 김성원, 이영준(2021). 인공지능 교육 교수·학습 방법에 대한 국내 연구 동향 분석. 한국컴퓨터교육학회 학술발표대회논문집, 25(2 (A)), 31-33.

21. Bloom, B. S. (1956). Taxonomy of educational objectives. Vol. 1: Cognitive domain. New York: McKay, 20-24

22. Brennan, K., & Resnick, M. (2012, April). New frameworks for studying and assessing the development of computational thinking. In Proceedings of the 2012 annual meeting of the American Educational Research Association, Vancouver, Canada

23. Kirkpatrick, D. L. (1959). Techniques for evaluation training programs. Journal of the american society of training directors, 13, 21-26.

24. Kirkpatrick, J. (2015). An Introduction to the New World Kirkpatrick® Model. K. Partners (Ed.). Newnan, GA, USA: Kirkpatrick Partners, LLC.

25. Ng, D., Leung, J., Chu, S., & Qiao, S. (2021). Conceptualizing AI literacy: an exploratory review, Computers and Education: Artificial Intelligence Available online 22 November 2021.

26. Oldridge, M. (2017). Is it about coding? No. It's about computational thinking. Retrieved from https://medium.com/@MatthewOldridge/is-it-about –coding-no-its-about-computational-thinking-fe0ba30add61

27. Su, J., Zhong, Y., & Ng, T. (2022). A meta-review of literature on educational approaches for teaching AI at the K-12 levels in the Asia-Pacific region, Computer and Education: Artificial Intelligence, 3.

28. Tabesh, Y. (2017). Computational thinking: A 21st century skill. Olympiads in Informatics, 11, 65-70.

7장

29. 김성민(2019). 사물인터넷과 오픈소스 하드웨어 기술의 광업분야 활용사례 분석. 한국자원공학회지, 56(5), 447-456.

30. 김재휘 김동호(2016). 컴퓨팅 사고력 향상을 위한 초등 피지컬 컴퓨팅 교육과정 개발. 정보교육학회논문지, 20(1), 69-82.

31. 에듀넷. (2021). 정보 기기와 사이버 공간. https://www.edunet.net/nedu/contsvc/viewDanwonContPost.do?contents_id=fs_a0000-2015-0205-0001-000000000034&head_div=w2015

32. 이은경(2019). 초·중등학교 피지컬 컴퓨팅 교육 연구의 메타 종합 분석. 컴퓨터교육학회 눈문지, 22(5), 1-9.

33. 정기철. (2020). 인공지능 시대를 위한 컴퓨터 과학 개론. 한빛아카데미.

8장

34. Ackoff, R. L. (1989). From data to wisdom. Journal of Applied Systems Analysis, 16, 3-9.

35. Abela, A. V. (2008). Chart suggestions: A thought-starter. Extreme Presentation Method.

36. CS Field Guide. (n.d.). Pixel Viewer. https://www.csfieldguide.org.nz/en/interactives/pixel-viewer/

37. Gartner. (2012). Analytic Ascendancy: The Five Levels of Data Maturity.

38. 정기철. (2020). 인공지능 시대를 위한 컴퓨터 과학 개론. 한빛아카데미.

39. 정지선. (2012). 빅 데이터의 새로운 가능성과 대응전략. 한국정보화진흥원.

9장

40. Dewey, J. (1933). How we think: A restatement of the relation of reflective thinking to the educative process. Boston, MA: D.C. Heath.

41. Polya, G. (1973). How to solve it: A new aspect of mathematical method (2nd ed.). Princeton, New Jersey: Princeton Univeversity Press.

42. Schoenfeld, A. (1980). Teaching Problem Solving skills, Amer. Math. Monthly, 87, 794-805.

43. Voskoglou, M. Gr. & Buckley, S., "Problem Solving and Computers in a Learning Environment", Egyptian Computer Science Journal, 36 (4), 28-46, 2012.

44. 네이버 지도. (n.d.). 네이버 지도 서비스. https://map.naver.com

45. 정기철(2020). 인공지능 시대를 위한 컴퓨터 과학 개론. 한빛아카데미.

46. 안성진 외(2022). 컴퓨팅 사고 인공지능 컴퓨터처럼 생각하기. 인피니티북스.

10장

47. 정영식(2015). 소프트웨어교육론. 씨마스.

11장

48. Allen B. Tucker(2006). Programming Language Principles and Paradigms

49. https://www.python.org/

50. https://playentry.org/

51. www.tiobe.com

12장

52. 위키백과(아두이노)

53. https://www.raspberrypi.com

54. http://arduino.cc

55. https://microbit.org/ko

56. https://makecode.microbit.org/

57. https://www.tinkercad.com/

13장

58. 한선관, 류미영, 김태령(2022). AI사고를 위한 인공지능 교육. 성안당.

59. 컴퓨터인터넷IT용어대사전 '에이전트'

60. 교육부, 과학기술정보통신부, 한국과학창의재단(2020). 인공지능 교육 길라잡이

61. 한국교육학술정보원(2022). 체험과 실습을 통해 이해하는 AI윤리.

62. 김현정(2023). 코딩 책과 함께 보는 인공지능 개념 사전, 궁리. pp116.

63. 강민제(2020). 딥러닝을 위한 경사하강법 비교. 한국산학기술학회논문지 21.2 : 189-194.

64. 김영일, 이왕렬, 강성훈, 김학인, 정승열(2023). 고등학교 인공지능 기초. 금성출판사. pp.12.

65. 이철현, 김현절, 강근호, 이동윤, 박승유, 김형주, 설이태, 김지아(2023). 고등학교 인공지능 기초. 미래엔. pp.11.

66. Brian McGuire(2006). The History of Artificial Intelligence-The Turing Test.

67. University of Washington December 2006. pp5-pp7.

68. Searle JR. (1980). Minds, brains, and programs. Behavioral and Brain Sciences. 1980;3(3):417-424.

69. Warwick, K. and Shah, H. (2016). Taking the fifth amendment in Turing's imitation game. Journal of Experimental & Theoretical Artificial Intelligence, volume 29 : 287-297.

70. Wang, Lei & Liu, Zhengchao & Liu, Ang & Tao, Fei. (2021). Artificial intelligence in product lifecycle management. The International Journal of Advanced Manufacturing Technology. 114. 10.1007/s00170-021-06882-1.

71. Wiederhold, Gio & McCarthy, John. (1992). Arthur Samuel: Pioneer in Machine Learning. IBM Journal of Research and Development. 36. 329 - 331. 10.1147/rd.363.0329.

72. 위키백과, 전문가 시스템

73. 임희석, 조재춘, 김형기, 서성원, 김장환, 최정원(2023). 고등학교 인공지능 기초. 비상교육.pp14-pp15.

74. 임희석, 조재춘, 김형기, 서성원, 김장환, 최정원(2023). 고등학교 인공지능 기초. 비상교육. pp79.

75. https://magmatart.dev/series/2021/02/17/UDL-6.html

76. Timnit Gebru

77. 관계부처 합동(2020). 사람이 중심이 되는 인공지능 윤리 기준.

78. 교육부(2020). 교육 분야 인공지능 윤리 원칙.

79. https://ai4k12.org/

80. http://www.docdocdoc.co.kr

14장

81. CC 라이선스. nd. creative commons license. https://ccl.cckorea.org/about

82. ENIAC. n.d. 전국과학관 길라잡이 과학학습콘텐츠. https://smart.science.go.kr/scienceSubject/computer/view.action?menuCd=DOM_000000101001007000&subject_sid=249

83. IBM 5150. n.d. 전국과학관 길라잡이 과학학습콘텐츠. https://smart.science.go.kr/scienceSubject/computer/view.action?menuCd=DOM_000000101001007000&subject_sid=225

84. 개인정보보호위원회. (n.d.). 개인정보 보호 개요. https://www.privacy.go.kr/front/contents/cntntsView.do?contsNo=35

85. 김동규, 김중진, 김한준, 최영순, 최재현. (2018). 4차 산업혁명 미래 일자리 전망. 한국고용정보원.

86. 미래창조과학부 미래준비위원회, 한국과학기술기획평가원(KISTEP), KAIST 문술미래전략대학원. (2017). 10년 후 대한민국, 미래 일자리의 길을 찾다. 지식공감.

87. 방송통신위원회, 한국지능정보사회진흥원. (2023). 2023 사이버폭력 실태조사 보고서.

88. 올바른 저작권 이용법. n.d. 한국저작권위원회. https://www.copyright.or.kr/education/educlass/learning/correct-use/index.do

89. 한국정보문화진흥원(2003). 인터넷중독자기진단검사(k-척도)와 예방교육프로그램. 서울: 한국정보문화진흥원 인터넷중독예방상담센터.

아두이노 내친구 by 스크래치
1편: 기초[교재+키트]

아두이노에 대한 기초적인 내용을 알아보고, 스크래치로 아두이노와 전자 회로를 작동하는 법을 배울 수 있게 구성했습니다.

정가: 45,000원

아두이노 내친구 by 스크래치
2편: 라인트랙 자동차 만들기[교재+키트]

라인 센서, 모터, 모터 드라이버 모듈 등의 전자 부품을 사용해서 직접 코딩하여 자신만의 멋진 라인 트랙 자동차를 만들어 봅니다.

정가: 54,000원

아두이노 내친구 by 스크래치
3편: 자율주행 자동차 만들기[교재+키트]

초음파 센서, 서보모터, 모터, 모터 드라이버 모듈 등의 전자부품을 사용해서 독자들이 직접 코딩하여 자신만의 자율주행 자동차를 만듭니다.

정가: 61,000원

아두이노 내친구
1편: 자동차 만들기 기초[교재+키트]

아두이노와 컴퓨터를 연결하는 방법, 전자부품(LED, 저항 등)에 대한 기초적인 지식 등 《2편 자동차 만들기》할 때 꼭 알아야 하는 내용으로 구성했습니다.

정가: 39,000원

아두이노 내친구
2편: 라인트랙 자동차 만들기[교재+키트]

전자회로 구성을 이해하고, 아두이노 보드를 제어하여 직접 라인트랙 자동차를 만들어 볼 수 있게 구성했습니다.

정가: 39,000원

아두이노 내친구
3편: 블루투스/자율주행/앱 만들기[교재+키트]

초음파 기술로 자율주행하는 자동차를 만들고, 블루투스를 연결해서 블루투스 무선조종 자동차를 만듭니다. 또한 스마트폰 앱을 만들어 자동차를 제어해 볼 수 있게 구성했습니다.

정가: 84,000원

KODU 게임메이커

KODU로 직접 사과먹기 게임, 레이싱 게임과 같은 3D 게임을 만들면서 코딩을 익힐 수 있게 구성한 교재입니다. 단계별로 그림과 함께 설명해서 누구나 쉽게 이해할 수 있게 했습니다.

정가: 11,800원

엔트리 교과서 코딩
초등 1: 국어, 통합교과

먼저 엔트리를 익히고, 초등학교 1학년 국어 교과서 내용을 엔트리로 코딩하여 작품을 만드는 과정을 통해 교과서 내용과 코딩을 동시에 익힐 수 있게 구성한 교재입니다.

정가: 18,000원

엔트리 교과서 코딩
초등 1: 수학, 통합교과

먼저 엔트리를 익히고, 초등학교 1학년 수학 교과서 내용을 엔트리로 코딩하여 작품을 만드는 과정을 통해 교과서 내용과 코딩을 동시에 익힐 수 있게 구성한 교재입니다.

정가: 18,000원

엔트리 교과서 코딩
Vol.3: 수학, 통합교과

먼저 엔트리를 익히고, 초등학교 1학년 수학 교과서 내용을 엔트리로 코딩하여 작품을 만드는 과정을 통해 교과서 내용과 코딩을 동시에 익힐 수 있게 구성한 교재입니다.

정가: 18,000원

아두이노 메이킹

아두이노 보드, 다양한 센서와 부품에 관한 지식을 익히고, 독자가 직접 코딩하여 음주측정기, 스마트팜, 스파클링 분수를 만들어 보는 아두이노 피지컬 입문 교재입니다.

정가: 16,000원

SW·AI를 위한
아두이노 인공지능 스탠드 만들기

인공지능을 활용한 작품 만들기
틴거캐드 활용, 전자회로 기초, p5.js 기초, 미디어 아트 작품 만들기, 아두이노 인공지능 스탠드 만들기

정가: 98,000원

잇플의 IT 도서

SW · AI를 위한 마이크로비트
with MakeCode[교재+키트]

마이크로비트의 구조와 기능, MakeCode 사용법을 익히고 LED 전광판, 효과음 작곡하기, 생일 축하카드를 만들며 디지털 제품의 동작 원리, 인공지능과 사물인터넷(IoT) 기술을 이해할 수 있게 구성했습니다.

정가: 118,000원

10대를 위한 데이터과학
with 엔트리

데이터 과학에 입문하는 청소년들이 이론에 얽매이지 않고 데이터 과학을 체험해 볼 수 있게 구성한 실습서입니다.

정가: 26,500원

코딩과 드론 날로먹기[교재+키트]

코딩과 드론을 동시에 배울 수 있는 코딩 드론 입문서입니다. 드론을 배우고 싶었지만 막막했던 초보자에게 스크래치로 쉽게 드론 코딩하는 방법을 설명합니다.

정가: 107,800원

파이썬과 드론 날로먹기[교재+키트]

드론에 대한 이론과 조종기로 드론을 제어하는 방법, 파이썬으로 기초 프로그램을 만들어 드론을 제어하는 등 SW와 HW를 골고루 활용해 볼 수 있게 구성한 교재입니다.

정가: 107,800원

생각대로 파이썬
파이썬 성장 프로젝트

파이썬에 입문하려는 분을 위해 그림으로 파이썬 문법을 설명했습니다. 예제를 통해 파이썬 개념을 이해하고 파이썬을 활용하는 인공지능 예제도 소개합니다.

정가: 23,000원

파이썬 첫걸음

파이썬 언어를 배우고 싶은 고등학생과 일반인을 위한 교재입니다. 파이썬 기초와 클래스, 객체 이해, 그래픽과 애니메이션으로 게임 만들기 등을 다루었습니다.

정가: 26,000원

누구나 파이썬
너도 데이터 가지고 놀 수 있어!

데이터를 다루는데 필요한 Pandas 모듈과 시각화하는데 필요한 matplotlib 모듈에 대해 알아보고, 다양한 예제로 데이터 분석을 학습할 수 있는 교재입니다.

정가: 18,000원

데이터 사이언스 입문 A to Z

파이썬 수학 라이브러리인 numpy, 데이터 통계 라이브러리인 pandas와 matplotlib에 관한 설명과 예제를 수록했고, 금융 데이터·공공 데이터 분석 예제로 데이터 분석 활용법을 소개한 책입니다.

정가: 45,000원

개발자가 원하던 파이썬

개발자인 저자가 경험을 바탕으로 파이썬에 대한 개념, 사용법, 활용법을 예제와 함께 설명했습니다. 특히 실무를 위해 꼭 알아야 할 데코레이터와 디스크립터를 중점 설명한 교재입니다.

정가: 32,000원

딥러닝, 머신러닝을 위한 넘파이

넘파이를 완전분석한 책으로 기초부터 고급기능까지 배울 수 있습니다. 풍부한 예제를 이용해서 수학에 자신이 없어도 쉽게 이해할 수 있게 구성했습니다.

정가: 35,000원

Fusion 360 with 3D Printer[기본편]

3D 프린터와 코딩을 따로 다루는 책과는 다르게 두 분야를 융합한 교재입니다. 기본편은 3D 프린터의 유래와 개념, 퓨전 360의 메뉴를 익히며 피젯스피너, LED 명패, 만능 연필꽂이 등 다양한 작품을 만들어 봅니다.

정가: 23,600원

Fusion 360 with 3D Printer[실전편]

실전편에서는 3D 모델링과 아두이노로 자동펌핑기, 미니 무드등과 같은 다양한 작품을 제작합니다. 개념과 원리를 기초부터 이해하고, 자기 생각을 반영하여 자신만의 작품을 만들 수 있게 구성했습니다.

정가: 17,500원

잇플의 IT 도서

앱인벤터 한권으로 끝내기

앱 인벤터의 기초 사용법과 앱 인벤터가 제공하는 인공지능 기술을 접목하는 방법을 배웁니다. 각 chapter마다 응용 작품을 만들어 볼 수 있게 구성해서 학습 내용을 확실히 이해할 수 있게 했습니다.

정가: 28,500원

소프트웨어 사고력 올림피아드

SW 사고력 올림피아드 사무국 지정 공식 교재

기출문제를 분석하여 답안 작성 방법을 소개하고, 답안 표현 방법을 다양하게 제시해서 표현력을 기를 수 있게 했습니다. 실제 대회에 참가한 학생의 답안과 기출 문제와 유사하게 연습 문제도 수록했습니다.

정가: 28,500원

정보 영재원 대비 문제집[초등 3~5학년]

영재 선발 시험에 대비할 수 있게 영재원 대비법, 영재성 검사, 창의적 문제해결검사, 심층면접, 모의고사 총 5개 PART로 구성. 기출문제와 논문, 관련 서적도 참고해서 대학과 교육청의 정보 및 로봇 영재원 시험에 최적화된 교재입니다.

정가: 28,000원

정보 영재원 대비 문제집[중등, 초6~중2]

영재 선발 시험에 대비할 수 있게 영재원 대비법, 영재성 검사, 창의적 문제해결검사, 심층면접으로 구성했습니다. 기출문제와 논문, 관련 서적도 참고해서 대학과 교육청의 정보 및 로봇 영재원 시험에 최적화된 교재입니다.

정가: 28,000원

IT 영재를 위한 이산수학[초등]

정보올림피아드나 정보(SW)영재원을 대비하는 수험생은 이산수학 내용을 모두 공부할 필요는 없고, 출제되는 이산수학 내용만 집중 학습하면 됩니다. 따라서 기출문제를 중심으로 시험에 최적화된 내용으로 구성했습니다.

정가: 28,000원

IT 영재를 위한 이산수학[중등]

정보올림피아드나 정보(SW)영재원을 대비하는 수험생은 이산수학 내용을 모두 공부할 필요는 없고, 출제되는 이산수학 내용만 집중 학습하면 됩니다. 따라서 기출문제를 중심으로 시험에 최적화된 내용으로 구성했습니다.

정가: 28,000원

혼자 공부하는 ROS2; 로봇 SW

ROS의 역사나 아키텍처가 아니라 ROS의 원리와 사용법을 빠르게 익혀 독자들이 하고 싶은 일을 하게 하는 것이 이 책의 목표입니다. ROS의 기본적인 사용법을 중심으로, Linux 사용법도 간략히 설명합니다.

정가: 27,300원

코틀린 프로그래밍 A to Z

인공지능 서비스를 앱이나 백엔드 시스템에서 실행하려면 코틀린 언어가 필요합니다. 코틀린 언어는 기본으로 자바 지식이 있어야 하지만 이 책은 자바를 몰라도 쉽게 접할 수 있게 모든 설명을 코틀린 기반으로 구성했습니다.

정가: 39,000원

코스페이시스 한권으로 끝내기

손쉽게 가상현실 개발 제작 도구를 익히고 SDGs의 지속 가능한 미래가치를 담은 가상현실 제작하기.

정가: 28,500원

(10대를 위한) 데이터 과학 with 파이썬

파이썬의 기초 문법과 라이브러리를 익히고, 데이터 과학이 무엇인지 살펴보고, 데이터 분석에서 많이 사용되는 pandas 라이브러리의 기초 기능과 이를 활용해 데이터를 분석하여 주어진 문제들을 해결합니다.

정가: 27,000원

엔트리 인공지능과 함께하는 토리드론

이 책은 초등학생부터 성인까지 재미있고 즐겁게 드론과 인공지능을 배울 수 있도록 내용을 구성하였습니다. 블록 코딩으로 레고를 조립하듯이 마우스로 블록을 연결하면 드론을 조종할 수 있어서 코딩의 즐거움을 느낄 수 있습니다.

교재+드론set 정가: 135,000원

파이썬 인공지능과 함께하는 토리드론

이 책은 초등학생부터 성인까지 재미있고 즐겁게 파이썬, 드론, 인공지능을 배울 수 있도록 내용을 구성하였습니다. 다양한 파이썬 예제로 드론과 인공지능을 융합한 프로그램을 만들면서 드론과 인공지능에 대한 이해를 높일 수 있습니다

교재+드론set 정가: 138,000원

정보과 교육 이론과 실제

....

2024년 11월 27일 1판 1쇄 발행

저자   정영식, 홍지연, 임서은, 임지원
발행자   정지숙

....

발행처   (주)잇플ITPLE
주소   서울 동대문구 답십리로 264 성신빌딩 2층
전화   0502.600.4925
팩스   0502.600.4924
홈페이지   www.itple.info
이메일   itple333@naver.com
카페   http://cafe.naver.com/arduinofun

....

ISBN 979-11-91198-48-5 93000